Research on Post Cold War US Export Control

冷战后
美国
出口控制研究

刘子奎________著

商务印书馆
创于1897 The Commercial Press

图书在版编目（CIP）数据

冷战后美国出口控制研究 / 刘子奎著 . — 北京：商务印书馆，2025. — ISBN 978 – 7 – 100 – 24851 – 8

Ⅰ. F757.120

中国国家版本馆 CIP 数据核字第 2025S3H648 号

冷战后美国出口控制研究

刘子奎 著

商 务 印 书 馆 出 版

（北京王府井大街36号 邮政编码 100710）

商 务 印 书 馆 发 行

山东临沂新华印刷物流

集团有限责任公司印刷

ISBN 978 – 7 – 100 – 24851 – 8

2025年7月第1版　　开本 640×960 1/16

2025年7月第1次印刷　　印张 22½

定价：108.00元

目录

·绪 论·

传统上，各国只在战争时期或紧急情况下实行出口控制，目的是保护国内基本物资供应和促使商品向符合需要的方向流动；作为商品控制计划的一部分，或确保物资公平分配，或限制对外销售以维持人为的高价；或作为双边协议的一部分，控制两国间商品流动和平衡收支，或报复实施进口限制的国家。[1]“二战”后美国对社会主义国家的出口控制目的与上述显然不一样。随着美苏从盟友变为势不两立的对手，美国确立了对苏遏制战略。基于强大的经济和技术优势，美国认为，美国与苏东国家的贸易是单行道。鉴于苏联社会的性质，苏联会努力把从西方获得的技术用于发展军事力量，这样，东西方贸易的战略风险超过了任何潜在的政治或经济利益。[2]如果孤立苏联集团，而不是把它们纳入自由世界经济中，美国的安全利益将得到最好维护。于是，美国开始在和平时期以国家安全的名义对苏、中等社会主义国家实施最大限度的出口控制，建立了历史上最广泛、最全面，也是最严格的出口控制制度和以它自己为中心的国际出口控制机制，单方面限制几乎所有商品向苏联集团国家出口，开始了持续半个世纪的两极国际经济对抗，成为冷战的一个持久象征。

---

1 “Export Controls”, *The Yale Law Journal*, vol. 58, no. 8, July, 1949, pp. 1325–1326.

2 Gordon B. Smith, *The Politics of East-West Trade*, Westview Press, 1984, pp. 2, 160.

美国出口控制不仅极大影响西方同盟内部的关系和世界经济版图，固化和强化了东西经济对峙，更主要的是影响甚至塑造了冷战双方的战略态势，成为美国与地缘政治对手争夺霸权进而实现其冷战战略的重要手段和外交政策目标的有效工具。美国出口控制所发挥的独特作用引起了历史学、法学、政治学和经济学等相关学科研究者的强烈兴趣和长盛不衰的研究，新成果自20世纪60年代以来不断问世，其角度、深度和广度也呈现新的面貌。20世纪90年代以来，以崔丕为代表的一批中国学者也积极参与美国出口控制的研究，并取得相当成果。为更好地了解国外学者对该主题的研究和促进国内学者更深入的研究，笔者认为有必要对国际、国内学界的相关研究进行总结。

一、美国出口控制研究历程

作为实现冷战战略的重要工具，美国对社会主义国家的出口控制基本上随着东西方政治关系的恶化或改善而收紧或放松。但美国出口控制并没有像政治和军事遏制那样从开始就引起学者们的热情关注。

（一）美国出口控制研究的初步发展：1949—1979年

"二战"结束时，美国的强大国力使它能根据自己的偏好塑造整个世界，也有力量要求盟国采取符合自己希望的政策。为实现经济上遏制苏联集团的目标，1948年3月，美国制定涵盖广泛的出口控制清单。1949年，美国颁行战后第一个《出口控制法》，它是美国在制度上对正在形成的苏联集团实行出口控制的第一个重大努力。有效的出口控制必须得到西方盟国的支持与合作，美国开始要求盟国与它协调各自的战略和军事物资出口；作为协调的主要工具，1949年11月，巴黎统筹委员会（巴统）成立。根据巴统的规定，如果某一物资因为其战略价值而被某一成员实施出口控制，则所有成员国都不得出口，除非获得巴统成员国一致同意才能出口。至此，美国成功地把它对苏联集团国家的单方面出口控制转变为国际多边行动。为说服盟国遵守美国出口控制政策，美国1951年制定《共同防卫援助法》，规定终止对任何参与损害美国国家安全利益贸易的国家的经济和军事援助。此后，以国内完善的出口控制制度和国际出口控制机制为依托，美国不断强化对苏联集团国家的出口控制。

美国的政策引起了一些学者的关注。1949年，《耶鲁法律杂志》发表《出口控制》一文，从传统的经济角度探讨出口控制的必要性。[1] 1967年，哈罗德·J. 贝尔曼等撰文，注意到美国出口控制及其实施的冷战背景，但该文主要探讨出口控制法的演变和美国出口控制的管理结构以及盟国关系因出口控制而出现的新现象，指出了出口控制对美国的有利和不利之处。[2]同年，维尔钦斯基发表《战略禁运的前景》，讨论了美国战略禁运的目的、苏联集团国家的脆弱性以及出口控制对东西方的影响。[3]严格地说，这一时期美国出口控制研究的有限成果基本不是从美苏冷战角度进行研究的结果。何以如此？主要由于这一时期美国在经济、军事和技术上处于霸权地位，与苏东国家的贸易额很少[4]，甚至可以说东西贸易实际上不存在。[5]同时，美国经济发展状况也较好，对出口控制的经济代价

1 "Export Controls", *The Yale Law Journal*, vol. 58, no. 8, July, 1949, pp. 1325–1359.

2 Harold J. Berman, John R. Garson, "United States Export Controls: Past, Present, and Future", *Columbia law review*, vol. 67, no. 5, May, 1967, pp. 791–890.

3 J. Wilczynski, "Strategic Embargo in Perspective", *Soviet Studies*, vol. 19. no. 1, July, 1967.

4 1948年以来，西方与苏联集团国家的贸易基本上降至微不足道的水平。1957年后，西方与苏联集团的贸易开始逐步增加，从1961年的43亿美元增加到1971年的137亿美元。尽管大幅增加，仍不到经合组织国家外贸总额的3%。参阅Robert V. Roosa, Michiya Matsukawa, *Economic Relations with the Soviet Union and Eastern Europe*, A Task Force Report to the Trilateral Commission, New York University Press, 1982, p. 13。

5 Gordon B. Smith, *The Politics of East-West Trade*, Westview Press, 1984, p. 4.

或成本不敏感。因此，在冷战的第一个20年里，尽管美国出口控制已成为国际政治经济中的一道独特风景线，但学者尤其是美国学者对出口控制研究缺乏热情，研究明显滞后。

对美国出口控制的真正研究始于缓和开始前后。斯时，美国面临既不能退出又不能主宰世界舞台的困境。尼克松上台后，不得不大力调整美国外交政策。他一方面，推动美苏缓和，美苏完成战略核武器第一轮会谈（SALT I），东西缓和逐步达到高潮，同时，打开中美关系的大门，中美关系解冻；另一方面，调整经济遏制战略。长期而严厉的出口控制既没有给美国带来经济也没有带来战略好处，随着西欧和日本经济的复兴以及近一个世纪以来美国贸易赤字的首次出现，美国不得不严肃考虑严厉的出口控制制度及其经济成本，试图解决经济发展目标与国家安全之间的冲突。1969年，美国以《出口管理法》（EAA）代替《出口控制法》，允许除可能会加强潜在对手军事力量的商品外的所有商品出口，以恢复和加强美国经济。随着缓和的进一步发展，《出口管理法》修正案继续减少对出口的限制，对于那些外国供应者能提供与美国同等数量和同样质量的物资，修正案规定，解除其出口控制。[1]

美国政策的调整和这一过程中美国政府各部门间持续不断的争论[2]使学者们越来越多地关注和重视出口控制对经济和政治的影响，学者们开始投入到对美国出口控制的研究中。第一个从冷战角度研究美国出口控制的是卡尔逊。继1964年发表《论东西经济关系》和1967年发表《东西贸易问题》后，1968年，卡尔逊出版《西方经济战》。[3]这是研究美国出

1 L. J. Kuten and Brian C. Murphy, *An Overview of United States Export Controls*, Klwuer Law and Taxation Publishers, 1989, pp. 4–5.

2 William J. Long, *U.S. Export Control Policy: Executive Autonomy vs. Congressional Reform*, Columbia University Press, 1989.

3 Gunnar Adler-Karlsson, *Western Economic Warfare 1947–1967: A Case Study in Foreign Economic Policy*, Almquist and Wiksell, 1968.

口控制的第一部专著，开创了出口控制研究的先河。受卡尔逊启发，沃尔夫在《美国东西贸易政策》一书中讨论美国对外经济政策的形成和演变，系统分析国家安全与美国东西贸易政策之间的关系，探讨在对外经济政策中实施经济战的意义。[1]遵循这一模式，诺弗讨论了东西贸易对东西方的重要性、东西贸易与缓和的关系、东西贸易是否符合美国的利益、美国的政策选择以及在什么情况下美国可以利用苏联对西方技术日益增加的依赖通过出口控制来影响苏联政策。[2]

这一时期，研究美国出口控制的主要成果还包括格罗斯鲍夫斯主编的《东西贸易》[3]，安东尼·萨顿的详细讨论苏联各经济部门发展与西方技术的关系的三卷本《西方技术与苏联经济发展》[4]，布拉达和威普夫的《美国对苏联集团出口控制的影响》[5]，美国国会技术评估办公室的《技术和东西贸易》等。[6]

（二）美国出口控制研究的蓬勃发展：1980—1990年

苏联1979年12月入侵阿富汗标志缓和的终结，促使美国认为缓和是错误的，它极大促进了苏联军事力量的发展，再也不能把出口控制作为对外政策工具来惩罚苏联的冒险行为和鼓励苏联与美国合作。另外，进入80年代，美国认为，由于苏联自1965年以来的周期性改革不愿触动苏

1 Thomas A. Wolf, *U.S. East-West Trade Policy: Economic Warfare versus Economic Welfare*, Lexington Books, 1973.

2 Alec Nove, *East-West Trade: Problems, Prospects, Issues*, The Center for Strategic and International Studies, 1978.

3 Kazimierz Grzybowski ed, *East-West Trade*, Oceana Publications, 1973.

4 Anthony Sutton, *Western Technology and Soviet Economic Development: 1917 to 1965*, Hoover Institution Press, 1968–1973.

5 Josef C.Brada, Larry J.Wipf, "The Impact of U.S. Trade Controls on Exports to the Soviet Block", *Southern Economic Journal*, vol. 41, no. 1, July 1974.

6 U.S. Congress, OTA, *Technology and East-West Trade*, U.S. Government Printing Office, 1979.

联根本的体制问题，苏联近期内不可能进行任何重大经济改革，而苏联与美国缓和关系的重要考虑就是认为大规模进口西方技术会消除进行经济改革带来的政治上的危险。[1]因此，美国认为，不能继续缓和时期的出口控制政策，而必须收紧出口控制。里根政府在1981年重新审查了东西贸易政策，再次收紧出口控制，不仅加强了对社会主义国家的出口控制，也加强了对所有非社会主义国家的出口控制。美苏再度交恶和美国出口控制政策的转变引发了学者们强烈关注，美国出口控制研究进入蓬勃发展阶段，无论是深度和广度都出现可喜的变化。

出口控制与美苏关系是学者们的关注焦点。1982年，卢萨等的《十字路口的东西贸易》讨论了冷战以来的东西经济关系和冷战高峰时期与缓和高峰时期东西贸易总额和贸易结构的变化[2]，试图为美国未来的出口控制政策找到更好的方向。次年，伯茨等主编的《国家安全与技术转移：东西贸易的战略维度》出版，详细探讨了东西贸易与技术转移的政治、经济和军事影响，建议在促进东西贸易的同时，努力保护国家安全。[3]1984年，史密斯的《东西贸易的政治》出版，讨论出口控制对美国和苏联经济及安全两方面的影响，认为美国在苏联入侵阿富汗后对苏联的贸易制裁对西方盟国的损害超过了对苏联的损害，造成盟国之间的尖锐冲突，这不符合美国的利益。[4]罗德等主编的《经济战或缓和》于1985年出版，讨论东西贸易与缓和的关系，以及把出口控制作为促进缓和的

---

1 Ellen L. Frost, Angela E. Stent, "NATO's Troubles with East-West", *International Security*, vol. 8, no. 1, Summer 1983, pp. 179–200.

2 Robert V. Roosa, Michiya Matsukawa, *East-West Trade at a Crossroads: Economic Relations with the Soviet Union and Eastern Europe*, A Task Force Report to the Trilateral Commission, New York University Press, 1982.

3 Gary K. Bertsch, John R. McIntyre, *National Security and Technology Transfer: The Strategic Dimensions of East-West Trade*, Westview Press, 1983.

4 Gordon B. Smith, *The Politics of East-West Trade*, Westview Press, 1984.

工具是否合适。[1]詹特尔森则以美国阻止盟国向苏联出口石油管道为例，探讨美国出口控制的政治经济考虑。[2]福尼杰洛详细讨论了自冷战爆发以来到“新冷战时期”的美苏贸易关系。[3]在冷战即将结束之际，适应美国不再把苏联经济成就看作潜在威胁的转变，1990年，卡伦主编了《后遏制手册》，探讨美国出口控制与美苏经济关系的变化。[4]

高新技术是80年代美国出口控制的重点[5]，学者非常重视高新技术出口控制与美苏关系。帕罗特在《贸易、技术与美苏关系》中讨论了西方对苏联应采取什么技术出口控制政策和如何有效地处理与莫斯科的关系以及与苏联的政治和经济关系之间的联系。[6]佩里和菲尔茨格拉夫主编的《出售绞死资本主义的绳索?》，以美国出口控制政策的演变为背景，探讨技术转移对美苏和中美关系的影响。伯茨则从权力、政治和政策的角度探讨东西贸易和技术转移。[7]

出口控制的根本问题实际上是如何处理与盟国的关系，这是学者们关注的一个重点。20世纪80年代初，伯茨和库皮特以及福斯特等分别撰文，研讨巴统和北约盟国与美国在出口控制上的合作与冲突。[8]当时，围

---

1 Reinhard Rode, Hanns-D. Jacobsen eds, *Economic Warfare or Detente: An Assessment of East-West Relations in the 1980s*, Westview Press, 1985.

2 Bruce Jentleson, *Pipeline Politics: The Complex Political Economy of East-West Energy Trade*, Cornell University Press, 1986.

3 Philip J. Funigiello, *American-Soviet trade in the Cold War*, University of North Carolina Press, 1988.

4 Robert Cullen ed, *The Post-Containment Handbook*, Westview Press, 1990.

5 参阅崔丕:《美国的冷战战略与巴黎统筹委员会、中国委员会（1945—1994）》，中华书局2005年，第六章。

6 Bruce Parrott ed, *Trade, Technology, and Soviet-American Relations*, Indiana University Press, 1985.

7 Charles M. Perry, Robert L. Pfaltzgraff, Jr., *Selling the Rope to Hang Capitalism? The Debate on West-East Trade & Technology Transfer*, Pergamon-Brassey's, 1987; Gary K. Bertsch ed, *Controlling East-West Trade and Technology Transfer: Power, Politics, and Policies*, Duke University Press, 1988.

8 Gary K. Bertsch, *East-West Strategic Trade: CoCom and the Atlantic Alliance*, Atlantic Institute for International Affairs, 1983; John Mclntyre, Richard Cupitt, "COCOM and Strategic Trade Controls: Crumbling Consensus?", *Survey*, vol. 25, issue 2, 1980; Ellen L. Frost, Angela E. Stent, "NATO's Troubles with East-West", *International Security*, vol. 8, no. 1, Summer 1983, pp. 179–200.

绕对苏联的出口控制产生的盟国之间的激烈争吵及其潜在后果也引起了美国政府的注意。为防止西方内部在出口控制上出现的严重冲突损害西方安全利益，经过充分讨论，美国国家科学院于1987年公开发表《艾伦报告》，报告肯定西方安全利益在相当程度上得益于先进技术在主要军事体系中的运用，出口控制的重点应是阻止先进技术外流。但美国出口控制的范围太广，削弱了美国的出口增长，破坏了控制计划的有效性。[1]该报告为学术界的研究提供了新的推动力，更多的研究成果出现了。1988年，阿伦·P. 多布森的《英美特殊经济关系的政治，1940—1987年》出版，专门探讨英美两国在出口控制上的冲突与一致。[2]马斯坦多诺专门谈论了战后初期美国与盟国在出口控制上的矛盾。[3]鲍德温等探讨出口控制与大西洋联盟的关系。[4]

值得注意的是这一时期美国相关部门在出口控制上的矛盾和冲突。小贝兰德·L. 西沃德于1987年主编的《技术控制，竞争和国家安全》，以《出口管理法》的演变为中心，考察美国行政部门、国会和产业界对出口控制的看法。[5]菲利普·J. 福尼杰洛、约翰·麦金太尔等考察了立法部门对出口控制的反应和出口控制权力在相关部门的变化。[6]威廉·J. 龙认为

1 National Academy of Sciences, Panel on the Impact of National Security Controls on International Technology Transfer, *Balancing the National Interest: U.S. National Security Export Controls and Global Economic Competition*, National Academy Press, 1987.

2 Alan P. Dobson, *The politics of the Anglo-American economic special relationship, 1940–1987*, Wheatsheaf Books, 1988.

3 Michael Mastanduno, "Trade as a Strategic Weapon: American and Alliance Export Control Policy in the Early Postwar Period", *International Organization*, vol. 42, no. 1, Winter 1988, pp. 121–150.

4 David A. Baldwin, Helen V. Milner eds, *East-West Trade and the Atlantic Alliance*, The Macmillan Press, 1990.

5 Berand L. Seward, Jr. ed, *Technology Control, Competition and National Security*, University Press of America, 1987.

6 Philip J. Funigiello, *American-Soviet trade in the Cold War*, University of North Carolina Press, 1988, pp. 50–75; Gary K.Bertsch ed, *Controlling East-West Trade and Technology Transfer: Power, Politics, and Policies*, Duke University Press, 1988, pp. 17–18.

行政部门在出口控制立法和制定政策过程中被赋予极大权力，甚至处于支配或垄断地位。这得到史蒂文·埃利奥特和宋浩辛等人的赞成。[1]更多学者，如米切尔·马斯坦多诺、亚历山德拉·阿什伯恩等认为，不仅行政部门与国会在出口控制上存在矛盾，而且行政部门之间也存在冲突，断言国务院、国防部和商务部之间的紧张关系是出口控制改革的一个主要障碍。

（三）冷战后美国出口控制研究的新局面

冷战以苏联解体和西方的胜利结束为出口控制研究进一步深入注入新活力。2000年，库皮特发表《杜鲁门、艾森豪威尔、布什和克林顿，勉强获胜：美国总统的政策和战略出口控制》。该书以杜鲁门、布什、艾森豪威尔和克林顿总统的出口控制为中心，主要从国内政治而不是国际政治层面考察杜鲁门和布什政府缘何实施出口控制以及艾森豪威尔和克林顿总统缘何继续实施出口控制。他认为出口控制不仅仅是对外部威胁和环境变化的反应，为此，他提出了公共活动家和国内非国家层面参加者的概念。[2]相较而言，2001年杰克逊出版的《经济冷战：美国、英国和东西贸易》更为聚焦，以英美贸易关系为中心对出口控制的起源及盟国在出口控制上的冲突与合作提供新解释。[3]随着欧美各国档案的进一步解密，出现了美国出口控制研究的通史。继1988年完成《英美特殊经济关系的政治，1940—1987年》后，作者多布森十数年磨一剑，于2002年

---

1 William J. Long, *U.S. Export Control Policy: Executive Autonomy vs. Congressional Reform*, Columbia University Press, 1989; Gary K. Bertsch ed, *Controlling East-West Trade and Technology Transfer: Power, Politics, and Policies*, Duke University Press, 1988, pp. 17–18; Seong Ho Sheen, "Trade, Technology, and Security: U.S. Bilateral Export-Control Negotiations with South Korea, Taiwan, Singapore and Australia", PhD dissertation, Tufts University, Fletcher School of Law and Diplomacy, 2001, p. 65.

2 Richard T. Cupit, *Truman, Eisenhower, Bush, and Clinton, Reluctant Champions: U.S. Presidential Policy and Strategic Export Controls*, Routledge, 2000.

3 Ian Jackson, *The Economic Cold War: American, Britain and East-West Trade, 1948–63*, Palgrave, 2001.

出版《美国为生存治理国家的经济之术，1933—1991年》[1]，他把美国出口控制置于法西斯和苏联的持续安全威胁以及美国外交政策的背景下进行历史考察，试图重现美国领导人如何以及怎样做出出口控制决定。

这一时期一个显著特点是出口控制研究与美国出口控制改革同步。冷战后，美国与盟国的出口控制合作不仅没有削弱或结束出口控制，相反，在程序和实质协调方面的合作都进一步增强，不仅参加以美国为首的国际出口控制机制的国家的数量大大增加，而且各国同意更经常地审查出口控制清单。在这种背景下，系统探讨和审视美国出口控制的过去、现在与未来成为新的课题。1991年，美国参议员海因茨出版《美国战略贸易：20世纪90年代的出口控制机制》[2]，在探讨美国出口控制政策的演变后，作者对如何有效组织和实施出口控制以维护冷战的胜利果实以及如何通过控制保持美国技术优势和美国竞争力进行了思考，并就美国未来应建立什么样的出口控制机制和实施怎样的出口控制政策提出建议。美国国家科学院同年出版的《找到共同点：全球环境变化下的美国出口控制》试图通过研究冷战后世界政治、经济和技术情况的发展变化来阐释美国应制定和实施怎样的出口控制政策以及探讨美国出口控制政策是否与美国的整体利益相一致。[3]麦克丹尼尔则以技术出口控制为个案，对高技术出口控制政策进行了评估。[4]

进入新世纪，美国出口控制研究出现新趋势。一是学者们试图通过考察欧洲对美国出口控制的反应来诠释美国出口控制的国际化和对美国

---

1 Alan P. Dobson, *US Economic Statecraft for Survival 1933-1991: Of Sanctions, Embargoes and Economic Warfare*, Routledge, 2002.

2 John Heinz, *U.S. Strategic Trade: An Export Control System for the 1990s*, Westview Press, 1991.

3 National Academy of Sciences, Panel on the Future Design and Implementation of U.S. National Security Export Controls on International Technology Transfer, *Finding Common Ground: U.S. Export Controls in a Changed Global Environment*, National Academy Press, 1991.

4 Douglas E. McDaniel, *United States Technology Export Control: An Assessment*, Praeger, 1993.

出口控制政策的影响。这与以前学者们单方面研究美国出口控制的国际化和美国出口控制对盟国政策的影响明显不同。霍夫汉塞尔以国家安全出口控制为视角，论述美国和德国如何平衡出口控制中彼此某些相互冲突的目标。[1]2007年，凯恩出版《冷战时期欧洲治理国家的经济之术》，集中考察欧洲盟国对美国出口控制的反应及其对美国出口控制演变的影响。[2]二是随着巴统的解散和美国出口控制改革的逐步推行，巴统研究备受关注。托尔·埃吉尔·福兰于1991年撰文，分析了经济战和战略物资概念之间的关系，给巴统研究带来清醒的思想。[3]马斯坦多诺于1992年出版《经济遏制：巴统和东西贸易的政治》[4]，这是巴统研究，也是美国出口控制研究的经典和集大成之作。他把巴统置于美苏冷战背景下进行历史考察，揭示美国与巴统成员国从冷战爆发到20世纪90年代初期在对社会主义国家出口控制上的协调与合作和矛盾与冲突。崔丕的《美国的冷战战略与巴黎统筹委员会、中国委员会（1945—1994）》是巴统研究的又一力作[5]，以美国冷战战略为背景，考察巴统及中国委员会建立、发展演变及其消亡。

二、学者们争论的主要问题

半个多世纪以来，美国出口控制研究取得令人欣喜的成绩，产生了诸多经典研究成果。这些成果几乎涉及出口控制的各个方面。由于档案文献解密的滞后性以及研究方法和研究视角的差异，学者们在许多问题

1 Claus Hofhansel, *Commercial Competition and National Security: Comparing U.S. and German Export Control Polices*, Praeger, p. 199.

2 Frank Cain, *Economic Statecraft during the Cold War*, Routledge, 2007.

3 Tor Egil Førland, "'Economic Warfare' and 'Strategic Goods': A Conceptual Framework for Analyzing COCOM", *Journal of Peace Research*, vol. 28, no. 2, May 1991.

4 Michael Mastanduno, *Economic Containment: CoCom and the Politics of East-West Trade*, Cornell University Press, 1992.

5 崔丕：《美国的冷战战略与巴黎统筹委员会、中国委员会（1945—1994）》，中华书局2005年。

上的观点和看法远非一致；相反，出现诸多差异明显甚至完全对立的看法和观点。限于篇幅，本文仅对研究中学者们普遍关注且争议较大的四个问题进行讨论。

（一）关于美国出口控制效果的研究

美国出口控制的目的是确保自己的军事和技术优势，防止具有重大军事意义的技术、物资和产品流向以苏联为首的社会主义国家，阻遏社会主义国家军事力量和军事工业发展，减缓其经济增长，进而给苏联集团国家经济造成损失和混乱，从而使其领导人愿意进行和平谈判，或使他们做出政治让步。[1]其实施效果究竟如何呢?

库皮特和鲍德温、萨顿认为，由于技术落后于西方，苏联需要西方关键军事和两用技术，出口控制使它难以获得这样的物资。因此，意在削弱苏联军事能力的战略出口控制是各种经济制裁措施中最有效的形式和相对低成本的制裁选择。在削弱苏联军事能力上，出口控制获得很大成功，他们甚至认为出口控制是最有效的经济制裁形式。[2]作为出口控制研究的集大成者，马斯坦多诺认为，出口控制不仅有效，而且具有极大战略利益。在他看来，西方对先进两用技术的禁运极大阻碍了苏联集团军事装备小型化的努力，如果放松出口控制，将给予苏联军事力量"实现其基本使命的能力"。[3]萨姆纳·本森和伯茨及艾略特–高尔甚至认为出

1 J. Wilczynski, "Strategic Embargo in Perspective", *Soviet Studies*, vol. 19, no. 1, July, 1967.

2 Richard T. Cupit, *Reluctant Champions, U.S. Presidential Policy and Strategic Export Controls*, Routledge, 2000, p. 10; David A. Baldwin, *Economic Statecraft*, Princeton University Press, 1985; George Tsebelis, "Are Sanctions Effective? A Game-Theoretic Analysis", *Journal of Conflict Resolution*, vol. 34, no. 1, March 1990; Anthony Sutton, *Western Technology and Soviet Economic Development, 1945–1965*, Hoover Institution Press, 1973; Lisa Martin, *Coercive Cooperation: Explaining Multilateral Economic Sanctions*, Princeton University Press, 1992.

3 Michael Mastanduno, *Economic Containment: CoCom and the Politics of East-West Trade*, Cornell University Press, 1992, p. 124.

口控制帮助美国及盟国恢复了军事力量，使苏联领导人对西方采取更为合作的政策，如里根政府重新实行严格的出口控制，这帮助恢复了美国的军事优势并使苏联重新回到核武器谈判桌上来。[1]

与上述研究稍有不同，一些学者通过案例研究，认为出口控制在削弱对手的军事能力方面取得部分成功。如加里·C. 赫夫鲍尔、杰弗里·J. 肖特、金伯利·A. 埃利奥特等在对115例出口控制制裁进行研究后，发现只有41例是成功的。[2]唐纳德·戈尔茨坦的研究更细致，根据他的研究，到20世纪80年代初，在20个最重要的基本技术领域，美国处于优势的有9个，美国由优势转向平等的有6个，美苏平等的有4个，苏联处于优势的有1个。但在某些领域，苏联大大缩短了与西方的差距，从相差10年缩短到2年以内。[3]很明显，总体来看，他们都认为出口控制有助于维持西方的技术领先地位。

与上述学者的结论相反，卡尔逊、约翰·加尔通、玛格丽特·多西等从苏联经济增长并没有明显受到禁运影响出发，认为出口控制“太原始”、虚弱且“没有什么效果”，甚至认为是失败的。[4]阿尔文德·帕克甚至认为出口控制根本不能阻止苏联获得两用物项，因为苏联成功从西方获得希望得到的物资的70%都属于国家安全出口控制的对象。显然，

1 Gary K. Bertsch, Steven Elliott-Gower eds, *Export Control in Transition, Perspectives, Problems, and Prospects*, Duke University Press, 1992, pp. 9, 28.

2 Gary C. Hufbauer, Jeffrey J. Schott, Kimberly A. Elliott, *Economic Sanctions Reconsidered: History and Current Policy*, Institute for International Economics, 1990, p. 16.

3 Gordon B. Smith, *The Politics of East-West Trade*, Westview Press, 1984, pp. 168–170.

4 Gunnar Adler-Karlsson, *Western Economic Warfare 1947–1967: A Case Study in Foreign Economic Policy*, Almqvist and Wiksell, 1968, p. 9; Harold J. Berman, John R. Garson, “United States Export Controls-Past, Present, and Future”, *Columbia Law Review*, vol. 67, no. 5, May 1967, p. 837; Johan Galtung, “On the Effects of International Economic Sanctions: With Examples from the Case of Rhodesia”, *World Politics*, vol. 19, April 1967; Margaret Doxey, “International Sanctions: A Framework for Analysis with Special Reference to the U.N. and Southern Africa”, *International Organization*, vol. 26, Summer 1972; Robin Renwick, *Foreign Economic Sanctions*, Harvard University Center for International Affairs, 1981.

出口控制既使美国公司承担了控制的成本，在阻止对手获得军事敏感技术方面又是无效的。因而，出口控制“是一个费钱而无效的工具”。[1]卡尔逊则直接宣布，美国出口控制政策失败了。[2]

对于美国出口控制为什么没有起到美国政府预想的作用，有学者认为是因为美国霸权的衰落。美国霸权的衰落削弱了美国政府把其制裁扩大到美国跨国公司的能力。为更好地进行分析，他们把霸权分为结构霸权和意识形态霸权：前者代表一个国家经济资源关注度，它不仅使单方面的制裁更有效，而且它使占支配地位的国家有能力强迫第三方支持它的行动[3]；后者代表占支配地位的国家说服其他行为者把霸权国安排作为它们自己安排的能力。在这种情况下，其他行为者将某种形式的限制看作霸权国公共物品的供应，因而可能遵守霸权国的偏好而不需要奖励和威胁。[4]

马斯坦多诺认为，这种假说不能解释艾森豪威尔政府时期英法等国不理睬美国制裁威胁而放松对苏东国家出口控制的行为，也不能解释冷战后美国一超独霸的情况下制裁越来越不起作用的现实。如何评价美国出口控制的效果呢？他认为，关键在于如何看待美国出口控制的目的。如果控制的目的是阻止苏联成为难以克服的军事对手，则美国出口控制失败了；但如果控制的目的是推迟苏联获得西方相关军事技术以帮助美

1 Arvind Parkhe, “U.S. National Security Export Controls: Implications for Global Competitiveness of U.S. High-Tech firms”, *Strategic Management Journal*, vol. 13, issue 1, 1992, pp. 47–66.

2 Gunnar Adker-Karlsson, “The Efficiency of Embargoes and Sanctions”, in Reinhard Rode and Hanns-D. Jacobsen eds, *Economic Warfare or Detente: An Assessment of East-West Relations in the 1980s*, Westview Press, 1985, pp. 286, 291.

3 Robert O. Keohane, “The Theory of Hegemonic Stability and Changes in International Economic Regimes, 1967–1977”, in Ole R. Holsti, Randolph M. Siverson and Alexander George eds., *Change in the International System*, Westview Press, 1980, pp. 131–162

4 G. Johan Ikenbery, Charles A. Kupchan, “Socialization and Hegemonic Power”, *International Organization*, vol. 44, no. 3, Summer 1990, pp. 283–315; Ernst B. Haas, “Why Collaborate? Issue Linkage and International Regimes”, *World Politics*, vol. 32, no. 3, April 1980, pp. 357–407.

国及其西方盟国维持在军备竞赛中的优势，则认为美国出口控制取得了成功是合情合理的。[1]他说，冷战初期，在说服其他国家政府把禁运和出口控制扩大到其海外公司方面，美国一般能获得盟国的合作。但盟国一般更愿意限制具有直接军事意义的物资出口而鼓励扩大非战略贸易。[2]也就是说，一般而言，只有在涉及直接具有军事意义的物项时，盟国才同意扩大出口控制。

出口控制是把双刃剑，在对制裁对象国产生不利影响的同时，制裁国也必然要承担相当的经济代价。相较对苏联的影响，学者们更关注出口控制对美国自身的影响。

作为研究美国出口控制的先驱，贝尔曼认为美国出口控制对自身和盟国的影响相当不利。一方面，它使大量的美国与社会主义国家的贸易转移到了西欧、日本和其他国家，这使美国企业丧失了许多与社会主义国家贸易的机会。另一方面，因为美国绝大部分许可证不是向社会主义国家出口，而是向自由世界出口。由于担心被转口，美国采取了严格的许可证制度。这使盟国从美国进口比从其他国家进口更难，恶化美国与盟国的关系。[3]简言之，即出口控制代价高昂。

遵循这一分析模式，库皮特和杰尔·W. 莫尔黑德等认为出口控制代价太大，对国内工业经常产生极为不利影响[4]，使美国成为一个不可相信

---

1 Michael Mastanduno, *Economic Containment: CoCom and the Politics of East-West Trade*, Cornell University Press, 1992, p. 119.

2 Michael Mastanduno, *Economic Containment: CoCom and the Politics of East-West Trade*, Cornell University Press, 1992, pp. 40–52.

3 Harold J. Berman, John R. Garson, "United States Export Controls-Past: Present, and Future", *Columbia law review*, vol. 67, no. 5, May 1967, p. 878.

4 Richard T. Cupit, *Reluctant Champions, U.S. Presidential Policy and Strategic Export Controls*, Routledge, 2000, p. 3; Jere W. Morehead, David A. Dismuke, "Export Control Policies and National Security: Protecting U.S. Interests in the New Millennium", *Texas International Law Journal*, vol. 34, no. 173, 1999.

的出口商[1]，是削弱美国经济竞争力的最大因素，使美国高技术在全球的出口量下降。[2]罗兰·汤普森甚至认为，美国出口控制已成为美国公司竞争力的毒药。[3]因而，格里斯巴赫认为，承受出口控制最大损害的不是敌人，而主要是美国自己。[4]

在他们看来，出口控制不仅无效，而且代价巨大。美国国家科学院说，美国从出口控制中所获得的国家安全上的利益的外交和经济代价相当大。20世纪70年代以来，美国商人在东方和许多非社会主义国家都获得了不值得信任的供应者的名声，这成为美国出口降低的首要原因，以致消费者表示将转向美国以外的供应商，以避免卷入美国的控制。[5]总统的工业竞争委员会估计，仅在1年内它就使美国对外销售损失47亿美元。[6]在1980—1981年的谷物禁运期间，美国损失115亿美元，丧失310000个工作机会，国民收入损失31亿美元，这还不包括政府的直接成本。[7]甚至美国商务部负责出口管理事务的副部长威廉·A. 赖因施也认为，美国出口控制“既浪费美国政府的钱财，又没有改善美国的国家安全”[8]。就此看来，美国出口控制有点像“搬起石头砸自己脚”，是

1 John Heinz, *U.S. Strategic Trade: An Export Control System for the 1990s*, Westview Press, 1991, p. 114.

2 Arvind Parkhe, “U.S. National Security Export Controls: Implications for Global Competitiveness of U.S. High-Tech firms”, *Strategic Management Journal*, vol. 13, issue 1, 1992, pp. 47–66; J. David Richardson, *Sizing Up U.S. Export Disincentives*, Institute of International Economic, 1993.

3 Loren Thompson, “How Export Controls Can Hurt National Security”, June, 2015, https://www.forbes.com/sites/lorenthompson/2015/06/02/how-export-controls-can-hurt-national-security/.

4 Gordon B. Smith, *The Politics of East-West Trade*, Westview Press, 1984, p. 228.

5 National Academy of Sciences, Panel on the Impact of National Security Controls on International Technology Transfer, *Balancing the National Interest: U.S. National Security Export Controls and Global Economic Competition*, National Academy Press, 1987, p. 247.

6 John Heinz, *U.S. Strategic Trade: An Export Control System for the 1990s*, Westview Press, 1991, p. 4.

7 Gordon B. Smith, *The Politics of East-West Trade*, Westview Press, 1984, p. 217.

8 Department of Commerce BXA press report, “Commerce Report: Growing Demand For U.S. High Performance Computers”, January 1999, http://www.bxa.doc.gov/.

削弱美国经济竞争力的最大因素。

相较上述看法，其他一些学者认为相比国家安全，出口控制的代价或经济成本不可同日而语。H. 斯蒂芬·加德纳认为，确切地说出美国对苏联实施出口控制对美国出口的影响是不可能的。相应地，他认为出口控制对美国经济的影响既不应被低估，也不应被夸大。尽管美国经济确实受到出口控制的不利影响，但考虑到市场经济的自动调整，出口的减少并不必然造成国内工作岗位的减少。因此，出口控制导致美国出口的减少是“适度的”，甚至是“很不明显”和“可以忽略不计的”，它对整体经济的影响并不大，而只对特定行业的影响比较大。[1]

出口控制的效果是一个见仁见智的话题，这在相当程度上取决于如何定义美国出口控制的目的。客观而言，出口控制对美国的有利影响和不利影响都是相当大的。如果认为出口控制的目的是推迟苏联获得西方相关军事技术以帮助美国及其西方盟国维持在军备竞赛中的质量优势，则说美国出口控制取得成功是有道理的。因为它对于阻止潜在对手获得能极大改善或提升其经济和军事潜力的物资或技术发挥了积极作用，但在一定程度上也不利于美国经济和科学技术发展。

（二）出口控制与西方联盟关系研究

西方出口控制史实际上是美国与西方盟国合作与冲突史。在整个冷战时期，尽管美国与西方盟国保持了出口控制上的合作，但彼此冲突更是司空见惯，以致有学者认为，在出口控制上，西方除保持了一个共同的出口控制清单外，一直缺乏有效的协调与合作。[2]

---

1 H. Stephen Gardner, “Assessing the Cost to the U.S. Economy of Trade Sanctions against the U.S.S.R.”, in Gordon B. Smith, *The Politics of East-West Trade*, Westview Press, 1984, pp. 189, 194.

2 Alec Nove, *East-West Trade: Problems, Prospects, Issues*, The Center for Strategic and International Studies, 1978, p. 17.

美国和盟国在出口控制上何以会出现如此多的矛盾和冲突？有学者认为是禁运本身导致美国与盟国出现矛盾。贸易制裁、禁运使美国与盟国的关系处于紧张中。禁运的物资通常也可以从其他国家获得或苏联本身可以生产。[1]而美国在出口控制上的单边主义政策加剧了西方联盟的紧张。[2]如马斯坦多诺认为，美国出口控制的突出特征是政治和安全目标重于经济目标，为此，必须把出口控制扩大到本土以外，即实行治外法权出口控制。[3]这势必引起盟国的强烈反应。

有的学者认为双方的矛盾是对战略物资的定义不同所导致的。对于战略物资的定义，尤其是两用物资的定义，美国与盟国之间存在严重分歧。所谓战略物资，即相对来说不是用于民用而主要是用于国防的物资。由于所处地缘和经济地位不同，英国等西欧盟国认为只有那些对敌国的军事潜力有直接或间接帮助的物资才是战略物资，主张只对那些对苏联具有重大军事意义的物资实行有效的出口控制。[4]准确定义“重大军事意义”极易引起争论。实际上，“重大军事意义”的定义始终在不断变化。[5]每个国家定义“重大军事意义”时都倾向于与本国实行的出口控制政策一致。这样的禁运，尽管西方将付出经济上的一些牺牲，但在可以接受的范围内。因此，盟国愿意限制那些对苏联军事能力有极大促进作用的关键技术的出口，但不愿意参加纯粹因政治原因对苏联实施范围广大的

---

1 Gordon B. Smith, *The Politics of East-West Trade*, Westview Press, 1984, p. 25.

2 Gary K.Bertsch ed, *Controlling East-West Trade and Technology Transfer: Power, Politics, and Policies*, Duke University Press, 1988, pp. 369–389.

3 Michael Mastanduno, “The United States Defiant: Export Controls in the Postwar Era”, *Daedalus*, vol. 120, no. 4, Fall 1991, pp. 91–112.

4 Ian Jackson, *The Economic Cold War: American, Britain and East-West Trade, 1948–1963*, Palgrave, 2001, p. 6.

5 Gary K. Bertsch ed, *Controlling East-West Trade and Technology Transfer: Power, Politics, and Policies*, Duke University Press, 1988, pp. 97–133.

出口控制。[1]出于遏制苏联的考虑，美国假设苏联经济的首要功能是服务于军事目的，西方的贸易将加强苏联的经济实力，从而间接有利于苏联军事力量的发展和强大。因此，美国往往扩大战略物资的范围，认为几乎所有物资都与战争潜力有关，都会增加战争潜力。因而美国不仅要求对具有直接军事意义的物资实行禁运，而且要求对那些对苏联经济复兴和发展具有重要作用的物资实行禁运。[2]西欧认为这在经济上和政治上都很容易刺激苏联，对于接受这样的逻辑和参加广泛的经济战战略非常警惕。

一些学者认为双方的矛盾是欧美对威胁的不同认知和经济利益诉求差异的结果。加里·伯茨和约翰·麦金太尔等认为，对苏联威胁的不同看法和大西洋联盟内部在东西贸易和经济政策上的持续紧张是非常重要的原因。[3]美国在东西贸易中首要关心的目标是安全，安全概念中具有压倒优势的是军事安全。因此，东西贸易是零和游戏，其首要目标是政治目标，贸易只是实现政治目标的工具。美国认为即使与苏联进行民用技术贸易也存在潜在危险，因为它们会被苏联用于军事，即使严格地限于民用，也使苏联把那些他们以前用于制造业生产的资源转用于军事物资的生产。因此，一直到1956年，美国与东欧国家的贸易几乎可以忽略不计。[4]西欧认为东西贸易是好事，是双向的，西方从东西贸易中获得的好处甚至比苏联更大，其东西贸易首要目标是经济目标。由于战后供应不

1 Gordon B. Smith, *The Politics of East-West Trade*, Westview Press, 1984, p. 20.

2 Gary K. Bertsch ed, *Controlling East-West Trade and Technology Transfer: Power, Politics, and Policies*, Duke University Press, 1988, p. 244.

3 Gordon B. Smith, *The Politics of East-West Trade*, Westview Press, 1984, pp. 210–212; Bruce Parrott ed, *Trade, Technology, and Soviet-American Relations*, Indiana University Press, 1985, pp. 284–290.

4 Bruce Parrott ed, *Trade, Technology, and Soviet-American Relations*, Indiana University Press, 1985, p. 285; Michael Mastanduno, *Economic Containment: CoCom and the Politics of East-West Trade*, Cornell University Press, 1992, p. 74.

足和需要重建，西欧需要大量的来自苏东国家的原材料和食物。为获得这些商品，西欧需要向东欧出口。随着东西方关系出现缓和，以英国为代表的西方盟国不断要求放松严厉的出口控制，并采取单方面放松出口控制的行动。[1]

出口控制更多的是西方联盟内部的问题而不是东西问题，它涉及日本和西欧在多大程度上遵守美国制定的而它们不同意的政策这样一个根本问题。[2]因此，更多学者认为矛盾和冲突是美国迫使西欧盟国遵守其政策的结果。作为研究美国出口控制的先驱，卡尔逊发现，美国利用西欧对美国援助的依赖，通过经济高压措施，迫使西方盟国遵守其僵硬的控制与社会主义国家贸易的政策。[3]这一解释为研究东西贸易的学者所广泛接受。安原洋子和维贝克·索伦森等人明确说，美国运用它强大的经济力量迫使盟国实施美国的政策。[4]沃洛克和伯茨强调了美国把援助作为强迫工具的重要性。[5]其他分析家也强调美国拒绝提供援助对于盟国接受出口控制发挥了关键作用，指出美国把马歇尔援助计划与盟国实施有效的技术出口控制相联系，即迫使盟国遵守美国

1 Frank Cain, *Economic Statecraft during the Cold War*, Routledge, 2007, pp. 100–108; Bruce Parrott ed, *Trade, Technology, and Soviet-American Relations*, Indiana University Press, 1985, p. 285.

2 Bruce Parrott ed, *Trade, Technology, and Soviet-American Relations*, Indiana University Press, 1985, p. 285.

3 Gunnar Adler-Karlsson, *Western Economic Warfare 1947–1967: A Case Study in Foreign Economic Policy*, Almquist and Wiksell, 1968, pp. 45–49.

4 Yoko Yasuhara, "The Myth of Free Trade: The Origins of CoCom, 1945–1950", *Japanese Journal of American Studies*, vol. 4, 1991, pp. 127–148; Vibeke Sorensen, "Economic Recovery versus Containment: The Anglo-American Controversy over East-West Trade, 1947–51", *Cooperation and Conflict*, vol. 24, no. 2, June 1989, pp. 69–97; Klaus E. Knorr, *The Power of Nations: the political economy of international relations*, Basic Books, 1975, p. 142; Gary K.Bertsch, Richard T .Cupitt, Takehiko Yamamoto, *U.S. and Japanese Nonproliferation Export Controls: Theory, Description and Analysis*, University Press of American, 1996, p. 147.

5 Stephen Woolcock, *Western Policies on East-West Trade*, Routledge and Kegan Paul, 1982, p. 8; Gary Bertsch, *East-West Strategic Trade, CoCom, and the Atlantic Alliance*, Atlantic Institute of International Affairs, 1983, p. 10.

出口控制政策，也增强了美国政府在巴统中的讨价还价的地位。[1]甚至美国国会技术评估办公室在提交的东西贸易权威报告中也做了同样的判断。[2]

20世纪80年代后，随着英美相关档案的相继解密，在研读档案的基础上，多布森和托尔·埃吉尔·福兰认为，美国政府并没有诉诸经济高压迫使西欧国家遵守美国的战略禁运要求。[3]这得到以马斯坦多诺为代表的修正主义者的支持，他们认为美国没有强迫盟国遵守美国的出口控制政策。马斯坦多诺认为，尽管美国经常威胁进行制裁，但从未真正实施。对于美国把援助与遵守美国禁运法律联系起来的做法，他坚持说，此举目的是安抚国会，而不是强迫盟国，政府从来就没有援引这一立法条款对西欧实施制裁。因而，美国的威胁对欧洲盟国来说从来是不可信的，因为它们认识到美国在西欧经济复兴中的目标要高于对技术实行有效控制的目标。他甚至认为，美国不仅没有强迫盟国，艾森豪威尔政府还试图与盟国合作终止这种做法。[4]马斯坦多诺的分析被广泛接受。哈罗德·J. 贝尔曼等许多学者都认为，美国没有迫使盟国进行出口控制，没

1 Beverly Crawford, Stephanie Lenway, "Decision Modes and International Regime Change: Western Collaboration on East-West Trade", *World Politics*, vol. 37, no. 3, April 1985, p. 388; Richard J. Ellings, "Embargoes and World Power: Lessons from American Foreign Policy", *Journal of International Studies*, vol. 16, no. 2, 1987; Bruce Jentleson, *Pipeline Politics: The Complex Political Economy of East-West Energy Trade*, Cornell University Press, 1986, pp. 71–73.

2 U.S. Congress, OTA, *Technology and East-West Trade*, U.S. Government Printing Office, 1979, pp. 114, 154.

3 Alan P. Dobson, *The Politics of the Anglo-American Economic Special Relationship, 1940–87*, Wheatsheaf Books, 1988, pp. 127–134; Tor Egil Forland, "Economic Warfare and Strategic Goods: A Conceptual Framework for Analysing CoCom", *Journal of Peace Research*, vol. 28, no. 2, 1991, pp. 191–204.

4 Michael Mastanduno, "Trade as a Strategic Weapon: American and Alliance Export Control Policy in the Early Postwar Period", *International Organization*, vol. 42, no. 1, Winter 1988, pp. 121–150; Michael Mastanduno, *Economic Containment: CoCom and the Politics of East-West Trade*, Cornell University Press, 1992, pp. 85–89; Lisa L. Martin, *Coercive Cooperation: Explaining Multilateral Economic Sanctions*, Princeton University Press, 1994, p. 188.

有以根据《巴特尔法案》的规定拒绝提供援助相威胁。[1]

至于为什么美国没有强迫盟国遵守，哈罗德·J. 贝尔曼和杰克·W. 霍奇斯认为是经济利益诱使盟国自愿遵守美国的出口控制政策。在他们看来，战后初期美国具有充分的经济和技术优势，其国内市场是盟国公司最有利可图的地方。美国政府不需要强迫盟国遵守，相反，盟国公司自愿遵守财政部的命令，自愿防止国外附属公司参加与美国的外交优先选择不一致的事务。[2]

马斯坦多诺则认为，主要出于国家安全的考虑，美国没有强迫西欧遵守美国出口控制政策，并不是美国不愿意使用它的实质性力量威胁盟国，而是因为代价太高：一方面，美国如果威胁拒绝提供援助，将损害北约的政治团结、凝聚力，阻碍西欧经济复兴；另一方面，也是更重要的，停止援助会削弱北约防务而导致大西洋联盟的破裂，从而损害美国安全。就是说，美国不愿意为追求更狭窄的东西贸易上的获利而危及更广泛的联盟目标。[3]马斯坦多诺的观点获得广泛支持。马丁和多布森等认为正是由于担心损害多边安全合作，美国威胁不出售技术和威胁削减援助都不可信，因为“美国在复兴欧洲的事业中拥有比欧洲更高的价值目

1 Harold J. Berman, John R. Garson, “United States Export controls: Past, Present, Future”, *Columbia Law Review*, vol. 67, no. 5, May 1967, pp. 791–890; Jack W. Hodges, “The Trade with the Enemy Act of 1917 and Foreign-Based Subsidiaries of American Multinational Firms: A Time of Abstain from Restraining”, *San Diego Law View*, vol. 11, issue 1, November 1973, pp. 206–226; Ian Jackson, *The Economic Cold War: American, Britain and East-West Trade, 1948–1963*, Palgrave, 2001, pp. 11–158; Alan P. Dobson, *The Politics of the Anglo-American Economic Special Relationship, 1940–87*, Wheatsheaf Books, 1988, pp. 127–134.

2 Harold J. Berman, John R. Garson, “United States Export controls: Past, Present, Future”, *Columbia Law Review*, vol. 67, no. 5, May 1967, pp. 791–890; Jack W. Hodges, “The Trade with the Enemy Act of 1917 and Foreign-Based Subsidiaries of American Multinational Firms: A Time of Abstain from Restraining”, *San Diego Law View*, vol. 11, issue 1, November 1973, pp. 206–226.

3 Michael Mastanduno, *Economic Containment: CoCom and the Politics of East-West Trade*, Cornell University Press, 1992, pp. 88–89, 311.

标”。因而，尽管受到国会强大压力，美国领导人仍不愿对不遵守美国禁运要求的西欧国家实行制裁。[1]

尽管美国与盟国在出口控制上存在明显分歧，但西方盟国总体上维持了出口控制机制的运行，何以如此呢？以卡尔逊为代表的经典研究认为，美国与盟国的合作建立在美国霸权的基础上，是美国利用其霸权地位强迫或说服盟国与它合作的结果。战后，美国依靠自己的霸权地位，利用欧洲和日本在经济复兴和国家安全上对自己的严重依赖，把对盟国的经济军事援助与欧洲在出口控制上的合作联系起来。因此，“尽管所有西欧国家都不愿意，但还是在禁运政策方面与美国合作。何以如此？答案很清楚，即美国威胁切断援助，如果它们不遵守的话”[2]。哈里森把这一政策称为“胡萝卜加大棒政策”，凡是遵守的盟国就能根据马歇尔计划获得援助以复兴其受到战争严重破坏的经济，而拒绝遵守则很难获得美国新技术。[3]这实际上是欧洲盟国在出口控制上进行合作的“最重要原因”。罗德曼等也认为霸权使美国成功地获得了盟国在出口控制上的合作。[4]但与前述不同的是，他们强调的是美国意识形态霸权，而不是物质性霸权，

1 Lisa L. Martin, *Coercive Cooperation: Explaining Multilateral Economic Sanctions*, Princeton University Press, 1994, p. 188; Ian Jackson, *The Economic Cold War: American, Britain and East-West Trade, 1948–1963*, Palgrave, 2001, pp. 11–158; Alan P. Dobson, *The Politics of the Anglo-American Economic Special Relationship, 1940–87*, Wheatsheaf Books, 1988, pp. 127–134.

2 Gunnar Adler-Karlsson, *Western Economic Warfare 1947–1967: A Case Study in Foreign Economic Policy*, Almquist and Wiksell, 1968, pp. 45–49; Yoko Yasuhara, “The Myth of Free Trade: The Origins of CoCom, 1945–50”, *Japanese Journal of American Studies*, vol. 4, 1991, pp. 127–148; Vibeke Sorensen, “Economic Recovery versus Containment: The Anglo-American Controversy over East-West Trade, 1947–51”, *Cooperation and Conflict*, vol. 24, no. 2, June 1989, pp. 69–97.

3 Gary K. Bertsch, Richard T. Cupitt, Takehiko Yamamoto, *U.S. and Japanese Nonproliferation Export Controls: Theory, Description and Analysis*, University Press of American, 1996, p. 147.

4 Kenneth A. Rodman, “Sanctions at Bay? Hegemonic Decline, Multinational Corporations, and U.S. Economic Sanctions since the Pipeline Case”, *International Organization*, vol. 49, no. 1, Winter 1995, pp. 105–137; Bruce W. Jentleson, “From Consensus to Conflict: The Domestic Political Economy of East-West Energy Trade Policy”, *International Organization*, vol. 38, no. 4, Autumn 1984, pp. 625–660.

因为盟国的合作更多是基于自愿而不是美国的强迫。

马斯坦多诺和布鲁斯·W. 詹特尔森等认为盟国合作主要是共同的安全和战略利益的结果。冷战爆发后，美国和盟国都面临来自苏联集团日益增加的战略和安全威胁，尤其是欧洲盟国，由于处于直接与苏联对抗的前沿，它们一直担心苏联入侵。朝鲜战争的爆发使西欧产生了深刻的安全危机，作为苏联咄咄逼人的外交政策的结果，它们接受了美国把苏联经济与苏联军事能力联系起来的做法，同意美国使用出口控制作为反对斯大林的遏制姿态的一部分。马斯坦多诺进一步论证说，面对威胁，北约从“纸上”联盟向能反抗苏联进攻、提供足够防御的联盟转化，在这个过程中，美国的军事援助发挥了关键作用。因此，西方在出口控制上进行合作主要不是美国霸权的结果，而是苏联迫在眉睫的威胁和美国有意识的政策协调及发挥领导作用的结果。[1]在他看来，这种领导作用至关重要，凡是在美国发挥了有效领导的时期，西方与美国在出口控制上都进行了很好的合作；反之，彼此的矛盾和冲突就变得非常明显。可惜的是，在战后大部分时间里，美国没有提供持续的、有效的领导；相反，美国忽视了其领导责任，并滥用他们的地位。[2]以共同的安全关切为基础，克劳斯·诺尔等学者认为，经济利益促使盟国进一步与美国在出口方面进行合作。尽管与苏东国家的传统贸易有利于西欧盟国的经济复兴，但

1 Michael Mastanduno, *Economic Containment: CoCom and the Politics of East-West Trade*, Cornell University Press, 1992, pp. 84–92, 318; Tor Egil Førland, "'Economic Warfare' and 'Strategic Goods': A Conceptual Framework for Analyzing COCOM", *Journal of Peace Research*, vol. 28, no. 2, May 1991; Bruce W. Jentleson, "The Western Alliance and East-West Energy Trade", in Gary K.Bertsch ed, *Controlling East-West Trade and Technology Transfer: Power, Politics, and Policies*, Duke University Press, 1988, p. 324; Gordon B. Smith, *The Politics of East-West Trade*, Westview Press, 1984, pp. 219–220; Bruce W. Jentleson, *Pipeline Politics: The Complex Political Economy of East-West Energy Trade,* Cornell University Press, 1986, pp. 117–123.

2 Michael Mastanduno, *Economic Containment: CoCom and the Politics of East-West Trade*, Cornell University Press, 1992, pp. 10, 14.

美国对西欧国家的经济和军事援助远远超过西欧国家与东欧传统的贸易，因此盟国接受了美国的禁运标准。[1]

美国与西方盟国在出口控制上的争论和冲突并不是根本性的，而主要是出口控制的范围和深度，不是要不要出口控制的问题。因此美国并不需要压倒性的力量资源迫使盟国遵守美国的规定。只要存在共同的安全威胁，美国与盟国仍将在争吵和冲突中继续实行对苏联集团国家的出口控制。实际上，尽管面对盟国的压力，美国经常不得不妥协并放松出口控制，但巴统成员国整体上屈服并接受美国把出口控制战略作为经济战的要求。美国出口控制制度的另一个基础是美国的技术优势，只要美国的技术始终处于世界领先地位，西方盟国在技术上都有求于美国时，美国总能在一定程度上要求盟国遵守其出口控制规定。

（三）经济战还是战略禁运

一般而言，出口控制有两种形式，即经济战和战略禁运。围绕美国出口控制是实行经济战还是战略禁运这一问题，学者们展开了热烈讨论。

何为经济战？何为战略禁运？作为经济遏制研究的集大成者，马斯坦多诺认为，经济战是采取经济措施而不是采取军事手段来对抗敌人。它是一个战略工具，是国家或国家集团用来削弱目标国的战略和工业基础的手段，其直接或最近目标是通过阻止控制对象国从国际经济交流中获得好处而延迟目标国的军事发展和削弱其民用经济、工业联合体。它与其他传统战争技术一起，会摧毁或严重削弱敌对国家的军事-工业基

---

1 Klaus E. Knorr, *The Power of Nations: the political economy of international relations*, Basic Books, 1975, p. 142；据统计，1949—1955年，美国对西欧的经济和军事援助总额分别为67.26亿美元、38.56亿美元、28.73亿美元、23.63亿美元、41.32亿美元、28.63亿美元、20.07亿美元。同期东西贸易总额为18.44亿美元、14.66亿美元、17.56亿美元、17.38亿美元、17.0亿美元、20.13亿美元、24.58亿美元。Gunnar Adler-Karlsson, *Western Economic Warfare 1947–1967: A Case Study in Foreign Economic Policy*, Almqvist and Wiksell, 1968, pp. 6, 95.

础。[1]战略禁运被定义为限制战略物资出口，它被看作是进行经济战的方式或主要是控制军用物资出口的方式。[2]

在马斯坦多诺看来，经济战和战略禁运有明显不同，战略禁运只禁止能直接和极大改善敌方军事能力的物资的贸易。而美国不仅希望阻止苏联集团国家军事能力的提高，而且希望削弱其经济。只有经济战才能满足美国加剧苏联负担并在两个超级大国争夺影响的地缘政治竞争中获得决定性好处的目标。因此，马斯坦多诺断言，"美国对苏联的政策的最突出特征是它最系统地使用经济战作为在和平时期的战略工具"[3]。

作为研究美国出口控制的先驱，卡尔逊明确表示，美国实施了经济战。[4]这为后来诸多研究者接受。如沃尔夫和威廉·龙认为，美国实行了最大限度的经济战，其目的就是给"苏联及其卫星国经济造成最大损害"。伯茨等则说，不仅美国，而且盟国也支持并接受了对苏联集团的经济战。[5]拉里·D. 斯特拉瑟和国会技术评估办公室甚至说，1949年《出口控制法》的名字和意图就意味着经济战，因为它"明确要求对那些仅

---

1 Michael Mastanduno, *Economic Containment: CoCom and the Politics of East-West Trade*, Cornell University Press, 1992, pp. 39–63.

2 Tor Egil Førland, "'Economic Warfare' and 'Strategic Goods': A Conceptual Framework for Analyzing COCOM", *Journal of Peace Research*, vol. 28, no. 2, May 1991.

3 Michael Mastanduno, *Economic Containment: CoCom and the Politics of East-West Trade*, Cornell University Press, 1992, pp. 40–41; Michael Mastanduno, "The United States Defiant: Export Controls in the Postwar Era", *Daedalus*, vol. 120, no. 4, Fall 1991, pp. 91–112.

4 Gunnar Adler-Karlsson, *Western Economic Warfare 1947–1967: A Case Study in Foreign Economic Policy*, Almquist and Wiksell, 1968.

5 Thomas A. Wolf, *U.S. East-West Trade Policy: Economic Warfare versus Economic Welfare*, Lexington books, 1973, pp. 47–66; William Long, *U.S. Export Control Policy: Executive Autonomy vs. Congressional Reform*, Columbia University Press, 1990, p. 15; Gary K.Bertsch ed, *Controlling East-West Trade and Technology Transfer: Power, Politics, and Policies*, Duke University Press, 1988; Yoko Yasuhara, "The Myth of Free Trade: The Origins of CoCom, 1945–50", *Japanese Journal of American Studies*, vol. 4, 1991, pp. 127–148; Vibeke Sorensen, "Economic Recovery versus Containment: The Anglo-American Controversy over East-West Trade, 1947–51", *Cooperation and Conflict*, vol. 24, no. 2, June 1989, pp. 69–97.

仅具有间接军事使用价值的物项的出口进行控制”。[1]

与其他认为美国实行经济战的学者不完全一样，马斯坦多诺并不认为美国一直在实行经济战，他认为美国只是在1949—1958年和1980—1984年里根政府初期实行了经济战。其他时期，经济战不是美国政府和西欧政府的首选。从50年代中期到60年代末，巴统对东西贸易实行战略禁运，而20世纪80年代中后期，实行联系战略，把苏联国内政策或外交行为作为对苏贸易的前提条件。[2]这得到一些学者响应，如菲利普·汉森认为，美国在20世纪80年代初对苏联实行了最大限度的战略禁运和制裁，这等同于经济战。加里·伯茨则肯定了马斯坦多诺对前一阶段的说法，“在战后初期，作为冷战政策，经济战获得了高度的一致认可，对于美国的控制，国内就几乎没有什么反对”。[3]

马斯坦多诺的研究遭到福兰的有力挑战。后者认为，一方面，西方出口控制的目的不是迫使苏联领导人改变行为，而是削弱苏联的军事能力，只有作为经济战争才能更好理解巴统。显然，巴统的存在本身就是在和平时期实施经济战。另一方面，他认为，经济战与战略禁运并不是两种截然不同的战略，而是并列的。在他看来，经济战是西方盟国的战略，战略禁运则是实现这一战略的方式。在整个多边出口控制政策形成过程中，美国与盟国都实行了一致的反苏联的经济战战略。基于这一立

---

1 Office of Technology Assessment, *Technology and East-West Trade*, Allanheld, Osmun and Company, 1981, p. 112; Larry D. Strawser, “Conflicts in East-West Trade and Technology Transfer (1949–1989): Were Export Controls Worth the Cost?”, A Research Report Submitted to the Faculty in Fulfillment of the Curriculum Requirement, Maxwell Air Force Base, Alabama, December 16, 1994, p. 5.

2 Michael Mastanduno, *Economic Containment: CoCom and the Politics of East-West Trade*, Cornell University Press, 1992, p. 13; Michael Mastanduno, “CoCom and American Export Control Policy: The Experience of the Regan Administration”, in David A. Baldwin, Helen V. Milner eds, *East-West Trade and the Atlantic Alliance*, the Macmillan Press, 1990, pp. 191–197.

3 Gary K. Bertsch ed, *Controlling East-West Trade and Technology Transfer: Power, Politics, and Policies*, Duke University Press, 1988.

场，他认为，西方在整个冷战期间都实行了经济战战略。[1]

与大多研究者的结论相反，伊恩·杰克逊和拉里·D. 斯特拉瑟等认为，1948—1963年，西方盟国没有实施针对社会主义国家的经济战，而只是实施了经济遏制或经济防务，即战略禁运，目的是限制具有战略意义的物资出口从而阻止苏联军事能力的提高。[2]甚至有学者认为出口控制与经济问题很少存在关系或几乎没有关系。[3]因此，根本谈不上对苏联集团实行了经济战。就里根政府的出口控制而言，唐纳德·J. 戈德斯坦认为，尽管里根政府在制定与苏联集团的贸易政策时把商业和战略目标结合起来考虑，但里根政府拒绝了极端的经济战，没有把贸易作为武器使用，也无意在经济上削弱苏联。[4]

（四）巴统研究

巴统是以美国为首的西方主要资本主义国家对社会主义国家实行出口控制的国际组织。作为北约的经济武器，它的建立“使美国在推行冷战战略方面有了一个新的工具，它使美国单方面对苏联、东欧国家的贸易管制变成西方国家的联合行动”[5]。在整个冷战期间，为遏制苏联集团，西方通过巴统在经济领域进行了相当成功的合作与协调，加剧了东西分

---

1 Tor Egil Førland, "'Economic Warfare' and 'Strategic Goods': A Conceptual Framework for Analyzing COCOM", *Journal of Peace Research*, vol. 28, no. 2, May 1991, pp. 192–204.

2 Ian Jackson, *The Economic Cold War: America, Britain and East-West Trade, 1948–1963*, Palgrave, 2001. pp. 1, 6; Jonathan B. Bingham, Victor C. Johnson, "A Rational Approach to Export Controls", *Foreign Affairs*, vol. 57, no. 4, Spring 1979, pp. 894–920; Larry D. Strawser, "Conflict in East-West Trade and Technology Transfer (1949–1989): Were Export Controls Worth the Costs?", A Research Report Submitted to the Faculty in Fulfillment of the Curriculum Requirement, Maxwell Air Force Base, Alabama, December 16, 1994, pp. 29–30.

3 Raymond Vernon, "The Fragile Foundations of East-West Trade", *Foreign Affairs*, vol. 57, no. 5, pp. 1035–1051.

4 Gordon B. Smith, *The Politics of East-West Trade*, Westview Press, 1984, p. 162.

5 崔丕:《美国的冷战战略与巴黎统筹委员会、中国委员会（1945—1994）》，中华书局2005年，第147—148页。

裂。同时，巴统也是西方联盟争论的一个源泉，使美国与其他西方国家一直处于冲突之中。鉴于它的特殊作用，学者们一直对它非常关心。

关于巴统的起源与性质，迈克尔·利普森和伯茨认为，巴统是冷战两极结构的产物和西方反对苏联社会主义的经济防波堤，尽管它不是北约的附属机构，但却是“北约的经济武器”和进行经济战的有效工具。[1]威廉·龙等认为巴统是美国强迫盟国的产物。[2]理查德·T. 库皮特、苏赛特·R. 格里洛认为，巴统不仅是冷战的产物，更是讨论出口控制问题的论坛，包括国家出口控制政策、威胁评估、外国可替代性、新军事技术、技术转移和执行等。[3]对此，戴维·鲍德温深表赞同，他说，巴统使西方在40多年里支持其外交主张和宣传，同时避免军事威胁或干预。因而，巴统和出口控制是可供选择的最好的治理国家之术。[4]

究其实质而言，卡尔逊认为巴统是美国霸权的副产品。此后许多学者接受了这一说法。如萨姆纳·本森就直言它实际上是为美国主导的集体安全机制服务的出口控制组织。[5]也有学者认为它是美国技术帝国主义

1 Michael Lipson, “The Reincarnation of CoCom: Explaining Post-Cold War Export Controls”, *The Nonproliferation Review*, vol. 6, issue 2, Winter 1999, p. 42; Gary K. Bertsch, Steven Elliott-Gower eds, *Export Control in Transition, Perspectives, Problems, and Prospects*, Duke University Press, 1992, Introduction.

2 Richard T. Cupitt, William J. Long, “Multilateral Cooperation and Nuclear Nonproliferation”, in Zachary S. Davis, Benjamin Frankel eds., *The Proliferation Puzzle: Why nuclear weapons Spread and What Results*, Frank Cass, 1993, pp. 332–344.

3 Richard T. Cupitt, Suzette R. Grillot, “COCOM is Dead, Long Live COCOM: Persistence and Change in Multilateral Security Institutions”, *British Journal of Political Science*, vol. 27, no. 3, July 1997, pp. 361–389.

4 David A. Baldwin, *Economic Statecraft*, Princeton University Press, 1985, p. 250.

5 Gunnar Adler-Karlsson, *Western Economic Warfare 1947–1967: A Case Study in Foreign Economic Policy*, Almquist and Wiksell, 1968; Michael Mastanduno, *Economic Containment: CoCom and the Politics of East-West Trade*, Cornell University Press, 1992; Sumner Benson, “The Security Perspective on Export Control Policy in the 1990s”, in Gary K. Bertsch, Steven Elliott-Gower eds, *Export Control in Transition, Perspectives, Problems, and Prospects*, Duke University Press, 1992, p. 12; Claus Hofhansel, “From Containment of Communism to Saddam: The Evolution of Export Control Regimes”, *Arms Control*, vol. 14, issue 3, December 1993, pp. 371–404.

的工具[1]，因为它与美国对西欧主权的侵犯联系在一起。

对于以卡尔逊为代表的经典研究对巴统的解释，马斯坦多诺并不同意。在他看来，巴统很大程度上是朝鲜战争的结果，尽管它是冷战联盟，但说它建立在美国威胁、强迫欧洲盟国的基础上根本不可信。[2]相反，他认为巴统的建立更接近于合作，因为巴统是一个非正式协议，它不是建立在国际条约或法律上，而是建立在协议上的国际组织。而“作为一个自愿性的组织，巴统并没有一个强迫成员国遵守其建议的机制”[3]。

巴统是西方经济遏制的工具，但它由17个国家组成，不仅许多成员国与东欧有长期贸易关系，而且，西德在1990年德国统一前与东德有特别的贸易关系。因此，巴统成员国之间存在分歧是很自然的，它们之间的关系是学者们关注的一个焦点。

作为君子协定，巴统每个成员国都承认任何违反出口控制的行为是对西方经济和安全利益的威胁。在这一意义上，一些学者认为，巴统成员国的合作相当好。库皮特等认为巴统不仅在程序问题上进行了很好的协调，而且在实质问题上也是如此。[4]詹特尔森则以巴统控制清单物资的增加为例说明成员国之间达成了一致。[5]据统计，到1950年1月，成员国开始无任何条件地对苏联集团国家禁运144种物项，第一次明确实施多边

1 Michael Mastanduno, *Economic Containment: CoCom and the Politics of East-West Trade*, Cornell University Press, 1992, p. 297.

2 Michael Mastanduno, "Trade as a Strategic Weapon: American and Alliance Export Control Policy in the Early Postwar Period", *International Organization*, vol. 42, no. 1, Winter 1988, pp. 121–150.

3 Michael Mastanduno, *Economic Containment: CoCom and the Politics of East-West Trade*, Cornell University Press, 1992, pp. 78–82.

4 Richard T. Cupitt, Suzette R. Grillot, "COCOM is Dead, Long Live COCOM: Persistence and Change in Multilateral Security Institutions", *British Journal of Political Science*, vol. 27, no. 3, July 1997, p. 365.

5 Bruce W. Jentleson, *Pipeline Politics: The Complex Political Economy of East-West Energy Trade*, Cornell University Press, 1986, pp. 65–69.

出口控制战略，禁止具有重大军事意义的技术和产品出口。[1]菲利普·A.班尼特认为，至少在常规武器和两用技术出口方面，巴统进行了有效的协调与合作。[2]

以马斯坦多诺为代表的学者不同意上述论断。马斯坦多诺没有一般地讨论巴统成员国之间的关系，而是分为不同的时期进行讨论。他认为，巴统的第一个十年，盟国之间充满矛盾和冲突，只有朝鲜战争期间联盟内部没有发生冲突，各国赞成实行全面禁运。朝鲜战争一结束，西欧就要求美国大幅度削减巴统控制清单。美国不得不接受，但仍然单方面继续实行经济战。相比第一个十年，巴统成员国第二个十年的关系相当和谐，关于禁运目的和方向未出现大的争吵和冲突。对清单的周期性审查成为巴统日常工作，清单中物资的数量保持相对稳定。[3]但此后直到巴统解散，成员国之间的冲突和争吵一直不断。因此，总体而言，他认为，在巴统历史上，遵守和执行政策上缺乏协调性一直折磨着巴统。[4]相较而言，这种分析更贴近实际。

巴统何以未能始终维持一致的出口控制而矛盾多多？传统研究认为主要是美国霸权相对衰落使美国不能发挥有效的领导作用。马斯坦多诺不同意这种看法，他说，20世纪70和80年代，尽管美国继续拥有足够资

1 Michael Mastanduno, *Economic Containment: CoCom and the Politics of East-West Trade*, Cornell University Press, 1992, p. 90.

2 Philip A. Bennett, "Globalization: U.S. Export Control Policy and Implications for U.S. Military Dominance", *Strategy Research Project*, April 07, 2003, p. 11.

3 Gary K. Bertsch ed, *Controlling East-West Trade and Technology Transfer: Power, Politics, and Policies*, Duke University Press, 1988, pp. 244–245.

4 National Academy of Sciences, Panel on the Impact of National Security Controls on International Technology Transfer, *Balancing the National Interest: U.S. National Security Export Controls and Global Economic Competition*, National Academy Press, 1987, pp. 135–137; Michael Mastanduno, *Economic Containment: CoCom and the Politics of East-West Trade*, Cornell University Press, 1992.

源，但美国没有迫使盟国遵守。[1]因此，巴统未能始终实施一致政策的原因有二，其一是美国的领导，西方其他国家在巴统中的全面合作取决于美国履行义务的能力和意愿。其二是美国强行把外交政策考虑引入巴统，违反巴统外交准则，而且不愿意解除对不具有敏感性物资的控制。这不仅损害了巴统控制过程的完整性，在巴统中引起了对美国动机的怀疑，而且加重了控制过程的管理成本和经济负担。[2]自然，其他成员国很难实施与美国一致的政策。

关于巴统禁运的效果，卡里克和怀尔斯认为巴统禁运复杂而适当。彼得认为，与其他禁运相比，巴统是“最好的范本”，由于其切实可行的方式和目标，巴统只采取了“最低限度的敌对行动以保卫和平”。[3]与此相反，卡尔逊和萨顿等研究者声称巴统的禁运政策是失败的，不仅因为巴统的禁运是“碎片”或“正在枯萎”，而且相当多的证据表明，苏联从西方获得的技术极大地促进了苏联军事建设和国防工业的发展，在关键的武器系统和军事技术方面，苏联大大缩短了与西方的技术差距，从相差10年缩短到2年以内。[4]

马斯坦多诺认为，不能简单地说巴统的禁运政策是成功还是失败。

---

1 Michael Mastanduno, *Economic Containment: CoCom and the Politics of East-West Trade*, Cornell University Press, 1992, pp. 318–321.

2 Michael Mastanduno, *Economic Containment: CoCom and the Politics of East-West Trade*, Cornell University Press, 1992, pp. 278–283; Michael Mastanduno, “The Management of Alliance Export Control Policy: American Leadership and the Politics of COCOM”, in Gary K.Bertsch ed, *Controlling East-West Trade and Technology Transfer: Power, Politics, and Policies*, Duke University Press, 1988, pp. 242–243.

3 Michael Mastanduno, *Economic Containment: CoCom and the Politics of East-West Trade*, Cornell University Press, 1992, pp. 118–119.

4 Gordon B. Smith, *The Politics of East-West Trade*, Westview Press, 1984, pp. 170–171; Michael Mastanduno, *Economic Containment: CoCom and the Politics of East-West Trade*, Cornell University Press, 1992, p. 118; Gunnar Adler-Karlsson, *Western Economic Warfare 1947–1967: A Case Study in Foreign Economic Policy*, Almqvist and Wiksell, 1968, p. 9.

正确的做法是根据适当的标准判断巴统是否成功。如果假定1968年前巴统的目的是经济战，则巴统是失败了，苏联集团经济增长受出口控制的影响很小。如果从相对更适当的战略禁运标准看，则巴统是成功的。[1]作为禁运工具，巴统有时强大，有时比较虚弱。具体说，巴统在70年代表现得相当虚弱，政策执行很松懈，成员国对清单的解释不一致。80年代以来，巴统相对变强了，但也面临着许多困难和冲突，巴统的能力和长期生存前景出现了问题。[2]

诸多学者以经济压力或美国霸权衰落解释各个时期巴统出口控制政策是否有效。奥德尔等认为，在70年代石油禁运打击和增长速度放缓的情况下，东欧市场特别具有吸引力，西欧在东欧市场的激烈竞争对巴统禁运产生了压力。西欧政府对经济压力和刺激做出反应，削弱了它们对巴统承担的义务。[3]以基欧汉等为代表的霸权稳定论声称，强有力机制的维护依赖霸权国家的存在。70年代以来，美国霸权相对衰落，美国不再享有压倒性优势的资源，这降低了美国维护强有力机制的能力，不能使其他国家遵守巴统的规定。[4]马斯坦多诺认为，上述两种解释不能揭示美国与盟国在出口控制上的关系状态。尽管经济竞争对巴统禁运产生了很大的损害，但作为一般解释，经济压力解释并不充分。因为巴统清单从1958年以来基本上是选择性的和狭窄的，这意味着出口竞争的加强至少

---

1 Michael Mastanduno, *Economic Containment: CoCom and the Politics of East-West Trade*, Cornell University Press, 1992, p. 119.

2 Gary K. Bertsch ed, *Controlling East-West Trade and Technology Transfer: Power, Politics, and Policies*, Duke University Press, 1988, p. 242.

3 John S. Odell, *U.S. International Monetary Policy: Markets, Power, and Ideas as Sources of Change*, Princeton University Press, 1982; Gary K. Bertsch ed, *Controlling East-West Trade and Technology Transfer: Power, Politics, and Policies*, Duke University Press, 1988, p. 255.

4 罗伯特·基欧汉：《霸权之后：世界政治经济中的合作与纷争》，苏长和等译，上海人民出版社2006年；Stephen Krasner ed, *International Regimes*, Cornell University Press, 1982。

在原则上可与战略禁运相容。60年代东西方贸易迅速发展也未损害战略禁运；80年代初，尽管出口的经济利益很大，但成员国都同意支持战略禁运。因而，这与东欧市场重要性的增加没有多少关系，相反与美国参与了西方的竞争有更大关系。[1]至于霸权解释论，他认为这种理论在解释巴统有效性时是有用的，但也存在某种局限性。因为尽管美国在80年代权力相对衰落，但80年代以来巴统的战略禁运却加强了。显然，美国相对于其他国家在资源上的压倒性优势对于维持有效的合作不是必须的。因此，美国的出口控制政策和多边机制的相互作用，而不是经济压力或权力分散是美国和西方出口控制是否有效的关键因素。[2]

三、研究中存在的问题

美国出口控制研究拓宽和深化了冷战国际史研究，有助于更深刻和更真实地理解与认识冷战。纵观50年来的美国出口控制研究，尽管取得很大成绩，但仍存在一些不尽如人意之处。

从文献资料来说，既有研究主要是利用美国的资料，而基本没有或很少利用多边或多国文献资料，还没有建立在对多国多边史料的挖掘、收集与整理基础上的研究成果。美国出口控制政策并不完全或仅仅基于美国国内政治、经济状况做出的决定，在某一时段或某一事件上，在相当程度上受到盟国或社会主义国家行为的影响。这就决定了基于其他国家的文献史料来解读当事国的意图或设想相当重要，但目前基本只限于英美史料，而其他国家诸如法国、苏联的资料很少得到使用。

---

1 Gary K. Bertsch ed, *Controlling East-West Trade and Technology Transfer: Power, Politics, and Policies*, Duke University Press, 1988, p. 255.

2 Gary K. Bertsch ed, *Controlling East-West Trade and Technology Transfer: Power, Politics, and Policies*, Duke University Press, 1988, pp. 276–278.

这与冷战国际史研究的其他领域中建立在充分利用多国或多边档案基础上的跨国或国际史研究还存在相当差距。

从研究视角看，目前，关于美国出口控制的研究基本是研究美国出口控制的演变，至多涉及盟国对美国出口控制的反应，少许研究涉及其他国家（英国）对美国出口控制的影响。固然，作为世界上最强大的国家，美国包括出口控制在内的外交政策更多是基于国内政治，但这并不否认国际政治对美国外交政策的影响。实际上，美国出口控制在相当程度上受到其出口控制对象，尤其是苏联的政策和行为的影响。如，东西方关系的缓和或紧张实际上促使美国放松或强化出口控制。就迄今为止的研究成果而言，社会主义国家对美国出口控制有何反应，这种反应是否以及在多大程度上影响到美国的出口控制政策等，这些都基本没有得到展开研究。显然，从苏联或其他社会主义国家的角度尽心研究将有助于更好认识美国出口控制。

一些研究结论看似合理但实际上是有问题的。如关于美国与盟国为什么同意在出口控制上进行合作，学者们都以共同安全威胁这一现实主义理论来解释。这用来解释杜鲁门政府和里根政府的出口控制是有说服力的，但无法解释冷战后为什么西欧国家和美国还要建立新的出口控制国际机制。众所周知，冷战后，世界形势已经发生天翻地覆的变化。一方面，俄罗斯对西方的安全威胁已被基本消除或大大降低；另一方面，美国不再具有“二战”结束时的经济和技术上的压倒性优势，也不再是西方联盟毫无疑问的意识形态领袖，因而不再具有对盟国行为的强大影响力。但以美国为首的西方仍继续强化出口控制合作，在实质层面，西方协调了它们的法律、法规和实施程序，并同意更经常地审查出口控制清单。在关键程序领域，利用妥协政策工具的频率增加，同时，参加协议合作的国家数量大大增加。马斯坦多诺试图提供新解释，他认为，合作并不必然要求美国拥有压倒性优势的力量，而是继续发挥领导作用，为多边合作提供适当刺激。因而，即使没有美国的霸权，西方联盟在战略贸易控制上实行合作仍然是可能的。[1]这解释了霸权后的合作是可能的，但不能解释为什么冷战后美国还继续强化国际出口控制合作以及为什么美国竭力要实现国际出口控制机制的美国化。

1 Gary K. Bertsch ed, *Controlling East-West Trade and Technology Transfer: Power, Politics, and Policies*, Duke University Press, 1988, pp. 241–276.

第一章　冷战时期美国出口控制

“二战”后，为促进美国经济发展和盟国经济复兴，美国把自由主义作为主要的对外经济战略。一方面，这一战略为美国带来了经济和政治上的巨大收益；但另一方面，对于拥有军事和技术优势的美国来说，与地缘政治竞争对手和潜在的军事对手进行贸易会产生国家安全问题，使美国国家安全时刻面临危险。因为自由贸易可能极大提高敌人的军事能力。因此，在整个冷战期间，美国在对其他国家实行自由贸易的同时，对与苏联及其盟国的贸易实行严厉的出口控制，试图以此阻止其他国家，尤其是潜在对手或敌国道德军事力量增长，削弱其经济力量和影响它们的国内或外交政策。

作为实现美国冷战战略的重要手段和美国对外政策目标的经济工具，出口控制常通过说服、奖励或惩罚以影响国际政治和其他国家的外交行动来达到目的。实现目的的手段一般是阻止或剥夺真正的或潜在的敌人获得美国和西方的能极大提高军事潜力的先进物资和技术。[1]实践中，出口控制在阻碍潜在或真正的敌人获得先进技术和物资的同时，也在相当

1　John Heinz, *U.S. Strategic Trade: An Export Control System for the 1990s*, Westview Press, 1991, p. 3.

程度上不利于本国贸易的扩大和经济发展。因此，如何平衡国家安全战略需要与经济利益之间的矛盾，把握好这两者之间的度是战后从杜鲁门到老布什的历届美国政府都不得不面临的严峻课题。

一、杜鲁门、艾森豪威尔时期的出口控制政策

第二次世界大战以前，在战争时期或紧急情况下，美国多次实行阶段性出口控制。战后，随着美苏从盟友变为敌人，美国政府决定对苏联采取强硬的政治和经济政策。在大战略上，1947年3月，杜鲁门主义出笼，美国正式确立了对苏联集团的遏制战略。作为这一战略在经济领域的表现，美国决定对苏联集团实行全面经济战，以给“苏联及其卫星国经济造成最大损害”[1]，并确保美国的军事、经济和技术优势，防止国内供应短缺和促进美国外交利益以及实现国家安全目标。[2]为执行这一政策，政府扩大了其战时权力，对一切被认为在国内经济中短缺的物资的出口都实行控制。于是，美国开始在和平时期把出口控制运用于苏联及其盟国，并使之制度化、法律化。

杜鲁门政府决定对苏联集团实行出口控制或贸易禁运的基础很简单，根据作为杜鲁门主义理论基础的凯南的主张，美国不可能指望在可预见的将来在政治上与苏联建立亲善关系，双方只能作为对手。即美国与苏联集团的矛盾是不可调和的，而美国的经济和技术都比苏联集团先进，苏联集团经济的恢复和发展依赖于与美国的贸易；如果两国之间开展正常贸易，其结果将更有助于苏联而不是美国，因为它必然会相对提高苏

---

1 William J. Long, *U.S. Export Control Policy: Executive Autonomy vs. Congressional Reform*, Columbia University Press, 1990, p. 15.

2 William J. Long, *U.S. Export Control Policy: Executive Autonomy vs. Congressional Reform*, Columbia University Press, 1990, p. 16.

联的力量。最初，美国并没有明确规定任何正式的目的国控制，杜鲁门政府依靠非正式的方法和狂怒的反社会主义情绪来阻止国内公司的有问题的出口。出口控制本来主要是针对苏联和苏联控制的东欧国家的，因而随着美苏在欧洲对抗的升级，美国国会和公众强烈反对与苏联集团的贸易，他们坚信苏联是和平时期美国利益的永久威胁。1948年2月捷克社会主义者的政变和上台进一步加强了国会和政府反共产主义情绪。2月28日，参议院通过1948年《经济合作法案》，根据该法案，政府成立经济合作署。该法案要求政府停止援助，如果受援国的情况变得不利于美国。参议员外交关系委员会成员解释说，它实际上是说，如果共产党接管某个国家，美国就将停止对该国的援助。[1]3月，美国政府正式开始实施对苏联的出口控制。1949年2月，在苏联控制东欧后，美国国会制定战后第一部《出口控制法》，禁止向苏联集团国家出口会极大提高军事潜力的物资，从法律上规定对苏联集团国家实行出口控制。以此为开端，美国不断加强对社会主义国家的出口控制。

尽管对苏联东欧国家开始实施出口控制，但美国清楚，美国没有办法阻止经合组织国家向苏联出口，甚至不能防止美国物资的再出口。换句话说，没有国际支持，禁运就没有机会获得成功而只会使美国出口商人处于不利的地位。美国官员认识到，任何反社会主义的出口控制机制要取得效果，就必须得到美国欧洲盟国的合作。于是，杜鲁门政府在反社会主义基础上开始建立多边出口控制体制。捷克斯洛伐克事件和第一次柏林危机期间，美国利用西欧对苏联扩张的恐惧，把西欧复兴与对苏联集团的出口控制联系起来，着手构建国际多边出口控制体制，把美国的单方面行动转化为西方联盟的共同政策。

1　Richard T. Cupit, *Reluctant Champions, U.S. Presidential Policy and Strategic Export Controls*, Routledge, 2000, p. 65.

1948年9月，美国与马歇尔计划受援国进行谈判，要求它们实施出口控制，以防止没有参加马歇尔计划的苏联通过与第三国的贸易来获得战略物资。1949年3月初，美国督促西欧国家建立多边委员会，就控制清单每个月进行协商。杜鲁门政府把多边协议看作是对那些不愿意采取严厉控制的西欧国家的一种集体压力。正在美国与西欧各国就多边出口控制机制进行谈判的时候，苏联引爆了自己的第一颗核武器，进一步增加了西方决心实施出口控制的紧迫性。1949年11月，美英等7国建立协商小组，继而成立巴黎统筹委员会，以美国的控制清单为基础，制定了三个国际出口控制清单（IL），正式确立了西方对社会主义国家实施出口控制的多边合作体制。朝鲜战争爆发使美国认为社会主义的扩张和威胁加剧，美国于是扩大出口控制范围。为强迫西欧各国采取美国的标准，1951年8月美国通过《共同防御援助控制法》(《巴特尔法案》)，明确把美国的援助与西欧在出口控制上与美国全面合作相联系，规定凡是向威胁美国安全的任何国家、国家集团输出《巴特尔法案》清单中物资的国家，美国将全面停止对该国的军事援助、经济援助和财政援助。[1]

在远东，中国共产党获得内战胜利并加入社会主义阵营后，美国主导成立巴统中国委员会并迫使巴统国家对巴统三个IL上的物资及根本不属于巴统控制对象的许多物资都对中国实施出口控制。这就是所谓的“中国差别”。在建立亚洲版的巴统失败后，美国决意利用日本加强对中国的禁运。1952年9月，美日签订秘密备忘录，日本政府同意：今后日本对巴统贸易管制清单中的所有物品、美国贸易管制清单中的所有物品、根据美日秘密备忘录确定增加的所有物品一律实行管制。至此美国建立

---

1 John McIntyre, Richard Cupitt, “COCOM and Strategic Trade Controls: Crumbling Consensus?”, *Survey*, vol. 25, issue 2, 1980, p. 92; *FRUS, 1951*, vol. I, pp. 1025–1052；崔丕：《美国〈共同防卫援助统制法（1951）〉的形成及其影响》，《历史研究》，2002年第3期。

了对社会主义国家的完整的国内、国际出口控制机制，极大加强了美国对东西贸易的控制能力。

盟国在遏制苏联方面与美国有共同的战略利益，而且美援的价值当时远远高于与社会主义国家的贸易。[1]同时，西方盟国在战后初期的主要任务是恢复和发展经济以满足国内需求，几乎很少或基本没有能力争夺出口市场，也基本不关心出口政策，它们不愿意与唯一有能力出口和根据马歇尔计划正向它们提供援助的美国发生冲突。这是盟国在相当程度上接受美国出口控制标准的原因。但由于西欧盟国对贸易的依赖程度比美国高得多，在控制范围、广度以及对战略物资的界定方面，与美国存在相当程度的分歧，不赞成美国的严厉的出口控制。另外，朝鲜战争结束后，无论是东方还是西方都出现巨大变化，西方盟国经济此时已经恢复并迅速发展起来，迫切需要开辟出口市场；苏联方面，斯大林死后，苏联新领导人表示愿意与西方和平共处并表现出与西方贸易的强烈兴趣。[2]在这种情况下，美国与盟国之间在出口控制上潜在的冲突逐步显现出来，如果美国坚持自己的立场，可能引起西方联盟分裂，这是美国不能承受之重。于是主张走中间路线的艾森豪威尔政府于1954年大量削减IL禁运物资数量。[3]但西方盟国坚决反对继续维持“中国差别”，它们认为经济上的损失应该有战略上的必要性。维持“中国差别”意味着放

1　从1949到1955年，美国对西欧的经济和军事援助总额分别为67.26亿美元、38.56亿美元、28.73亿美元、23.63亿美元、41.32亿美元、28.63亿美元、20.07亿美元。而同期东西贸易总额为18.44亿美元、14.66亿美元、17.56亿美元、17.38亿美元、17.0亿美元、20.13亿美元、24.58亿美元。Gunnar Adler-Karlsson, *Western Economic Warfare 1947–1967: A Case Study in Foreign Economic Policy*, Almqvist and Wiksell, 1968, p. 6.

2　Gunnar Adler-Karlsson, *Western Economic Warfare 1947–1967: A Case Study in Foreign Economic Policy*, Almqvist and Wiksell, 1968, pp. 84–85.

3　修改后的IL/I从250种削减到170种；IL/II从90种削减到20种；IL/III则只包括34种物资。Ian Jackson, *The Economic Cold War: American, Britain, and East-West Trade, 1948–1963*, Palgrave, 2001, pp. 126–142.

弃潜在的巨大的中国市场。西方拒绝向中国出口的物资也会从西方向苏联集团欧洲国家出口的物资中转运到中国。在要求美国放弃“中国差别”未果的情况下，英国1957年5月单方面放松对华出口控制，巴统其他国家纷纷仿效。[1]“中国差别”实际被废除。虽然美国认为英国的行为是符合逻辑的，并不得不默认巴统国家的做法[2]，但美国认为如果它自己也放松对中国的出口控制，将使亚洲盟国怀疑美国反社会主义的坚定立场，使亚洲社会主义国家对美国采取更加不妥协的立场；也会向远东非社会主义国家发出信号，削弱美国在远东进行冷战的决心。因此美国仍单方面坚持对中国的严厉控制。[3]

艾森豪威尔本人对西欧要求放松对苏东国家出口控制的立场持同情态度，他说，与东方的贸易对西欧来说是非常重要的，试图对此加以禁止是不可能的，也是愚蠢的。[4]他认为切断东欧物资流向西方，只会使它们更加依赖苏联，因此，主张实行有选择的出口控制政策。[5]同时，艾森豪威尔认为太严厉的出口控制政策将造成美国与盟国关系的疏远，威胁到战略物资的供应。上述因素与“中国差别”的废除一起，迫使艾森豪威尔政府重新审查出口控制政策。1957年9月，NSC5704/3号文件出台，它强调美国必须依靠盟国的合作才能加强出口控制体系；解除对不再属于新技术

1 Thomas A. Wolf, *U.S. East-West Trade Policy: Economic Warfare versus Economic Welfare*, Lexington Books, 1973, pp. 69–70.

2 Alan P. Dobson, *US Economic Statecraft for Survival 1933–1991: Of Sanctions, Embargoes and Economic Warfare*, Routledge, 2002, p. 146.

3 US Concern Over Discriminatory Tax Features in the Exec. Secy, to the NSC. Sept. 16, 1957, Eisenhower Library, White House Office, Office of the Spec. Asst. for Nat. Security Affairs: Records, 1952–61, Folder: NSC 5704/3, US Economic Defense Policy, Box 73, Sep 16, 1957, Declassified Documents Reference System (DDRS), CK3100435332—3100435332.

4 Ian Jackson, "Leadership: The Eisenhower Administration, East-West Trade and the Cold War, 1953–1954", *Diplomacy & Statecraft*, vol. 11, no. 3, November 2000, pp. 115–116.

5 Robert J. Donovan, *Eisenhower: The Inside Story*, Harper & Brothers, 1956, pp. 10–11.

的物资或苏联集团可从其他国家获得的物资的控制，把新技术物资适时纳入控制；维持对中国的严格控制；利用出口控制促进和鼓励东欧争取民族自决和独立。[1]艾森豪威尔政府的出口控制政策进入调整时期。[2]此后，对盟国要求放松出口控制的要求，美国基本上都做出相当积极的回应。

在1958年巴统审查会议前，美国的西方盟国，尤其是英国主张大幅度降低对中苏集团国家的出口控制水平，因为当时对贸易的多边控制已经过时了。对此，杜勒斯国务卿在1958年2月6日召开的国家安全委员会（NSC）会议上说，美国应该严肃考虑英国的建议。艾森豪威尔总统完全同意杜勒斯的意见，并要求对外经济政策委员会进行研究后提出具体意见。[3]1958年2月13日，由商务部助理部长帮办布罗姆利·史密斯（Bromley Smith）、商务部副部长沃尔特·威廉姆斯（Walter Williams）、国防部助理部长曼斯菲尔德·斯普雷格（Mansfield Sprague）和国务院助理国务卿道格拉斯·狄龙（Douglas Dillon）组成的对外经济政策委员会建议说，对于盟国的要求，美国应对国际控制清单标准的某些方面进行修改：IL/I，即国际禁运清单，应由141种特别物资组成；IL/II，即进行数量控制的清单，可以考虑废除；IL/III，即监视清单，应继续保留。[4]上述建议为美国政府接受并成为1958年美国巴统谈判代表的指导方针。因此，在1958年巴统审查会上，IL/I被削减为148种物资，IL/II被废除。[5]

---

1 *FRUS, 1955–1957*, vol. X, pp. 495–498.

2 Michael Mastanduno, *Economic Containment: CoCom and the Politics of East-West Trade*, Cornell University Press 1992. p. 17.

3 U.K. Informally Proposes Reduction in Multilateral Controls Covering Trade with the Sino-Soviet Bloc; Eisenhower Appoints a committee to Study the U.K. Proposal, Feb 6, 1958, DDRS, CK3100458131.

4 Recommendations by DOS and DOC on Reviewing the 1954 Criteria and International Lists which Constitute the Basis for Multilateral Control of Trade with the Sino-Soviet Bloc, Feb 13, 1958, DDRS, CK3100179800.

5 Richard T. Cupitt, *Reluctant Champions, U.S. Presidential Policy and Strategic Export Controls*, Routledge, 2000, pp. 130–140.

这样，到艾森豪威尔任期届满时，总体而言，美国的出口控制是倾向逐步放松的。当然，由于美国与西方盟国尤其是英国在出口控制的程度和范围上存在严重分歧，为削弱苏联集团的战争潜力，鼓励苏联的卫星国实现自决和独立，避免完全依赖苏联集团市场，艾森豪威尔政府单方面对许多物资实行出口控制。总体而言，艾森豪威尔政府对苏联、东欧国家的出口控制政策仍比西欧严厉得多。

二、肯尼迪、约翰逊政府的出口控制政策

肯尼迪入主白宫时，美国面临着全新的国际形势：

首先，在政治上，社会主义世界已不再是铁板一块。中苏已经公开分裂，统一的社会主义阵营已不复存在。军事上，美苏力量对比已发生重大变化，双方核武器发展到能在数分钟内摧毁对方乃至整个人类社会的规模。肯尼迪认为它“改变了对所有问题的所有答案”[1]。美苏全面对抗以至发生大战的前景变得不可想象。虽然赫鲁晓夫以来，苏联提倡和平共处，对西方的军事威胁减小，但第三世界成为美苏争夺的新战场。肯尼迪相信，战争可能由于决策者的误判或偶然事件而爆发。为避免美苏迎头相撞，双方必须保持接触和对话，实现缓和。[2]放松出口控制、扩大东西贸易被看作是实现缓和的一个重要手段；经济上，美国控制世界经济的能力已大为减弱。战后初期，美国国民生产总值和对外贸易量在世界上占绝对优势。这是60年代前美国在出口控制上对盟国发挥巨大影响的基础。肯尼迪上台时，美国国际经济地位相对下降，贸易赤字正以令人吃惊的速度增加，美元危机不断爆发，黄金外流加剧。就在肯尼迪就

---

1 Theodore C. Sorensen, *Kennedy*, Harper & Row, 1965, p. 577.

2 资中筠:《战后美国外交史——从杜鲁门到里根》，世界知识出版社1994年，第362页。

职前一天，艾森豪威尔政府的财政部长安德森告诉他说“黄金流失正以美国无法承担的速度进行着，从1961年1月1日到16日，黄金流失就达到2.25亿美元”。肯尼迪认为这是与核战争一样的真正“麻烦的事”，不仅是对继续推行美国外交政策的威胁，而且也是对美国在世界范围内保卫西方价值观所做努力的威胁。[1]肯尼迪认为，解决这一麻烦的重要措施是扩大与苏东国家的贸易，这既能加强美国与苏联打交道的政治地位，也能解决贸易赤字。[2]由于美国严厉的出口控制，大量的与社会主义国家的贸易转到了西欧、日本和其他国家，肯尼迪不希望因为美国的出口控制政策而使美国公司在与西欧在对苏联市场的竞争中处于不利地位，不能从苏联正蓬勃发展的市场上获得应有的好处。[3]最后，冷战爆发以来对苏联实施的严厉的出口控制并没有减缓苏联发展先进武器和投送系统的速度。如苏联先于美国发射了卫星，这意味着苏联具有了洲际打击能力。因此，没有必要继续实行严厉的禁运。

显然，艾森豪威尔政府对社会主义国家的出口控制政策看起来很难继续维持下去了。根据新的国际安全形势，无论是维护美国国家安全，还是发展美国经济，美国都需要改革严厉的出口控制政策。对许多人来说，维持与巴统其他国家不同的控制水平在经济上看起来是不合理的；美国公司不能从这种东西贸易中获得好处，同时，美国也不能影响苏联集团的经济或军事潜力，但这种政策可能服务于象征性的政治目的，即美国将继续根据冷战形势采取行动。对于肯尼迪政府而言，一个可替代的方法是向下调整美国的国家安全出口控制，使之与其他不同国家的控

1 *FRUS, 1961–1963*, vol. IX, Doc. 1, 2.

2 Philip J. Funigiello, *American-Soviet Trade in the Cold War*, University of North Carolina Press, 1988, p. 123.

3 Harold J. Berman, John R. Garson, “United States Export Controls-Past: Present, and Future”, *Columbia Law Review*, vol. 67, no. 5, May 1967, p. 830.

制水平保持一致，同时简化许可证程序，这样，美国公司就能在一个更平等的基础上进行竞争。这样的措施同时还有外交上的好处，使美国官员从一直要求西欧国家采取美国的出口控制制度的痛苦任务中解脱出来。另一个选择是联系战略，即美国努力利用出口控制作为讨价还价的工具，以使苏联和其他社会主义国家做出政治上的妥协。根据这种选择，贸易自由首先是作为政治的一个工具，经济目标则是第二位的。肯尼迪和约翰逊政府都赞成这个战略，但他们受到国会和国防部等部门的牵制而无法实施。

作为温和的自由主义者[1]，肯尼迪主张放松对社会主义国家的出口控制政策，但他最终把上述两个方案糅合起来。1957年，肯尼迪还是参议员的时候就提出修改《巴特尔法案》、允许援助社会主义国家以鼓励苏联集团多中心主义。[2]他说："我们必须用更灵活的经济工具武装我们……应修改《巴特尔法案》，使总统能运用我们的经济力量促进铁幕后面国家的和平演变，这将使那些被苏联控制的国家远离克里姆林宫暴君的统治。"[3]在1960年的大选中，他许诺自己一旦当选总统，将把上述建议变成法律。

在以微弱多数赢得大选成为候任总统后，他立即兑现诺言，要求即将担任国务院负责经济事务的副国务卿乔治·W. 鲍尔（George W. Ball）就放松出口控制进行研究。1960年12月，鲍尔完成报告，主张放松出口控制。报告建议：承认发展东西方贸易的潜在利益，在经合组织的框架

---

1 Alan P. Dobson, "The Kennedy Administration and Economic Warfare against Communism", *International Affairs*, vol. 64, no. 4, Autumn 1988.

2 Digital National Security Archive (DNSA), Presidential Directives, PD00642.

3 Ian Jackson, *The Economic Cold War: American, Britain and East-West Trade, 1948–1963*, Palgrave, 2001, p. 163; Gunnar Adler-Karlsson, *Western Economic Warfare 1947–1967: A Case Study in Foreign Economic Policy*, Almqvist and Wiksell, 1968, p. 105; Thomas A. Wolf, *U.S. East-West Trade Policy: Economic Warfare Versus Economic Welfare*, Lexington Books, 1973. p. 71.

内，寻求建立对苏联集团贸易的共同战略；在缔结一项真正有实效的公平协定后，鼓励自由世界与苏东的贸易，增加东欧国家的离心倾向；修改《出口控制法》和《巴特尔法案》，使总统在处理与共产党国家的贸易时有更大的自由和灵活性，以此作为未来与苏联进行单边或双边谈判时的工具；禁止出口直接或间接有利于提高苏联军事潜力的物资，树立一种“建设性的政策形象”；它甚至建议美国采用巴统清单。[1]

这一报告的核心内容有两点：其一是实行选择性出口控制，即对与东欧国家的贸易控制更少，而对与苏联的贸易控制更多，其目的是引诱东欧国家脱离苏联；其二是禁止向苏联出口会直接或间接提高苏联军事力量的物资或技术。这与肯尼迪放松对苏东出口控制的政治、经济目标一致，成为肯尼迪推行出口控制改革的指导方针。

1961年1月30日，肯尼迪给国会的咨文就体现了上述思想。他要求国会修改《巴特尔法案》和《约翰逊法》，授予总统斟酌裁断的自由，以便他能使用经济工具“帮助重建与东欧国家的历史性友好联系”[2]；建议对波兰等东欧国家实行比对苏联更自由的出口政策，认为这是符合“国家利益的”，因为这“表明我们对波兰人民持久的友谊和兴趣”。同时，他给副总统约翰逊（Lyndon B. Johnson）和众议院主席萨姆·雷伯恩（Sam Rayburn）写信，要求允许援助除苏联和远东社会主义者控制地区（中国、朝鲜、北越）外的任何一个国家。[3]通过国情咨文，肯尼迪明确发出了准备对东欧国家采取更自由的贸易政策的信号。

但政府内部有关部门在这个问题上意见不一，国务院坚持鲍尔报告

1 Philip J. Funigiello, *American-Soviet Trade in the Cold War*, University of North Carolina Press, pp. 125–127; Alan P. Dobson, *US Economic Statecraft for Survival 1933–1991: Of Sanctions, Embargoes and Economic*, Routledge, 2002, pp. 155–160.

2 *FRUS, 1961–1963*, vol. IX, Doc. 296.

3 John F. Kennedy, *Public Papers of the Presidents of the United States: John F. Kennedy, 1961*, U.S. Government Printing Office, 1962, p. 26.

的立场，商务部、国防部、国会等部门主张实行严厉的出口管制。用负责经济事务的助理国务卿帮办特瑞茨（Philip H. Trezise）的话说，基本的问题是"商务部用远远超过战略出口管制的经济战来代替目前对苏联集团的有选择性的出口管制政策"[1]。这种观念上的分歧对肯尼迪政府的出口管制政策产生了极大影响，用约翰逊政府的东西贸易办公室主任罗伯特·B. 怀特（Robert B. Wright）的话说，"这种观念上的差异导致美国政府在出口管制的政策和行动上出现分歧"[2]。直到肯尼迪被暗杀，他也未能克服这种分歧。

为统一政府内部意见、协调各部门行动，1961年5月，肯尼迪下令成立由商务部长任主席，有国务卿和国防部长等有关部门负责人参加的出口管制审查委员会，以确保在高层考虑出口管制政策时有关的主要部门能达成一致意见。此后，政府各部门最终就修改《巴特尔法案》达成一致并提交国会。但许多国会议员坚决反对，5月15日众议院否决了政府的要求，参议院则根本没有进行表决。[3]同时，针对肯尼迪在出口控制上要求有更多自由裁量权的做法，国会针锋相对，于1962年修改《出口控制法》，它使行政部门更难以放松国家安全出口控制。[4]肯尼迪放松出口管制的努力一开始就蒙上阴影。此后，尽管肯尼迪总统和他的相关助手利用各种有利时机，尤其是利用他在古巴导弹危机中因表现出对苏强硬和"挽救自由"的决心而获得的政治上的有利地位做出极大努力，力图促使美国放松出口控制，但在"冷战时代的危机年代"，绝大多数美国人认为美国国家安全受到严重威胁，把苏联共产主义扩张当作这种威胁的主

---

1 *FRUS, 1961–1963*, vol. IX, Doc. 308.

2 Centralized Control for Exports Discussed, Department of State, Sep 30, 1968. DDRS, CK3100245371.

3 *FRUS, 1961–1963*, vol. IX, Doc. 298, 299, 300; DDRS, CK3100515721.

4 Thomas A. Wolf, *U.S. East-West Trade Policy: Economic Warfare vs. Economic Welfare*, Lexington Books, 1973.

要来源，他们反对放松对社会主义国家的出口控制。在这种背景下，国会毫不妥协，不仅准备起诉与苏东国家贸易的公司和发放出口许可证的政府官员，而且准备采取立法措施，禁止与社会主义国家贸易，禁止进出口银行为任何社会主义国家购买美国的谷物提供担保或扩大贷款。[1]尽管肯尼迪不愿意，但在国会的强大压力下，不得不反对盟国向苏联出口被认为具有军事意义的大口径石油管道。这样，肯尼迪放松出口控制的改革基本上无果而终。

管道冲突事件后，肯尼迪政府认识到必须调整美国的出口控制政策。他要求国务院全面审查美国政策并提出长期战略建议。在罗斯托的领导下，名为《美国与欧洲苏联集团国家的贸易政策》的报告于1963年7月完成。

作为基础前提，报告接受了苏联集团在相当程度上是自足的，以及苏联集团与西方的贸易超过美国的影响的看法。报告说，苏联集团与西方的贸易主要发生在它与盟国之间，而不是它与美国，这超出了美国影响的范围，控制不会影响现有力量平衡，既不会增强苏联力量，也不会削弱美国力量，即使在最大程度上禁止东西贸易，苏联仍能保持其内部的社会、政治秩序和相当快的经济增长；美国与苏联的贸易量非常小，对苏联基本上没有战略意义，完全可以忽略不计，与贸易本身的好处相比，放松出口管制对美国具有不成比例的政治和心理上的好处。所以贸易控制政策的主要问题是政治问题，不是战略或经济问题，既不能完全放开，也不能全部否定，问题本质是美国在处理与苏东关系时如何最有效地使用贸易政策这个工具。

基于上述认识，报告建议：应继续把东西贸易政策作为工具。目标

1　关于肯尼迪政府出口控制改革情况，参阅刘子奎：《肯尼迪政府对苏东国家的出口管制政策》，《历史研究》，2013年第2期。

应从削弱苏联经济能力转向努力影响苏联集团的事件进程和政策演变；由于苏联把经济歧视看作政治歧视，美国应把贸易政策作为适当的谈判工具，如果政治缓和是值得欢迎的，则美国应实行经济缓和；因为美国的贸易杠杆是象征性的，所以有效的联系战略至少在最初不应该依赖盟国的合作。即使盟国是经济上令人满意的替代者，苏联也有兴趣与美国贸易。[1]这种把贸易与苏东国家的政策相联系，而不仅仅是通过禁止有关物资的贸易从而阻止苏东国家经济和军事潜力的增长的做法更符合美国和西方盟国的政治、安全和经济利益，因而得到肯尼迪和腊斯克的欢迎。[2]

尽管肯尼迪和约翰逊政府欢迎这一建议，但它只有到尼克松上台后才得到实施。肯尼迪出口控制改革也并非毫无成果。在肯尼迪被暗杀后，国会两院经过协商，决定把进出口银行是否为社会主义国家提供贷款或贷款担保的自由裁量权交给总统，如果总统认为这样做符合美国国家利益并在30天内报告国会的话。它成为1964年对外援助法案的一部分。这为约翰逊总统继续改革出口控制创造了条件。

尽管取得了这一成果，但约翰逊深知，美国民众仍把美苏关系视为正义与邪恶之间你死我活的争斗，许多议员都把贸易政策看作是美国决心抗击社会主义意识形态及其侵略的重要象征。被行政部门看作是“搭桥”的行为，国会认为是“帮助敌人”。虽然行政部门相信社会主义世界出现的多中心主义证明了与东欧贸易的正确性，但国会仍坚持认为社会主义是铁板一块，与任何社会主义国家进行贸易都是不道德的。他们把拒绝与社会主义国家进行贸易看作冷战武器，是美国政治和道义决心的象征。作为这一情绪的反应，1964年，国会通过《对外援助和拨款法

---

1 *FRUS, 1961–1963*, vol. IX, Doc. 324.

2 *FRUS, 1961–1963*, vol. IX, Doc. 326.

案》，它禁止进出口银行借款给任何社会主义国家，除非总统认为允许贷款符合国家利益。[1]作为熟悉国会运作和善于与国会打交道的政治家，约翰逊总统决定继续实行将巴统控制与西方内部的贸易区分开来的做法，以减轻放松出口控制面临的阻力。直到60年代结束，国会的看法仍很流行。尽管它看起来不合理，也违反了自由贸易的原则，但大多数国会议员宁愿保持现状。由于整个社会舆论不支持发展与社会主义国家的贸易，因此，有兴趣发展与社会主义国家贸易的美国公司在数量和影响上仍然是有限的，它们支持美国的出口控制政策应该与其他国家保持一致这种设想。另一方面，美国与社会主义国家的贸易总额在美国对外贸易总额中所占的比例仍非常小[2]，严厉的出口控制措施对美国经济而言没有多大影响。因此，即使行政部门也对与社会主义国家的贸易不敏感。这导致他们在东西贸易的经济利益与国家安全战略或对外政策的利益之间，对后者的重视一直占压倒性优势。[3]他们更愿意把出口控制作为讨价还价的工具使用。因此，虽然欧洲与社会主义国家的经济和贸易关系在几乎整个60年代不断扩大，但美国继续对社会主义国家实行比西欧和日本等盟国严厉得多的和平时期控制。在巴统控制的物资以外，美国单方面对包括战时可能被转作军事用途的机器和装备或拥有重大工业意义的技术和物资实行控制。

但要走出越南战争的泥潭，美国不论在政治上还是经济上都需要缓

---

1 Gary K.Bertsch ed, *Controlling East-West Trade and Technology Transfer: Power, Politics, and Policies*, Duke University Press, 1988, p. 4.

2 据统计，1961—1969年，美国对苏联出口总额分别为4560万美元、1970万美元、2260万美元、14640万美元、4520万美元、4170万美元、6020万美元、5770万美元和10550万美元，占美国出口总额的比例极小，基本可以忽略不计。参阅Michael Mastanduno, *Economic Containment: CoCom and the Politics of East-West Trade*, Cornell University Press, 1992, p. 112。

3 关于美国政府出口控制的这一特点，参阅Michael Mastanduno, *Economic Containment: CoCom and the Politics of East-West Trade*, Cornell University Press, 1992, pp. 29–31。

和与社会主义国家尤其是苏联的关系。1968年，美国重新评价了扩大西方与社会主义国家贸易的政治与经济上的价值和好处。要继续控制对苏东国家迅速发展非常重要的先进技术基础，巴统成员国的合作非常必要。因此，在先进物资上，美国的政策开始允许“可接受水平的贸易”，这样，西方就可以创造和利用与社会主义集团国家的贸易机会，而这对社会主义国家军事能力的加强几乎没有任何帮助。

三、尼克松、福特政府时期美国出口控制政策

随着越南战争的结束和美苏缓和的开始，美国对社会主义国家僵硬的出口控制政策越来越难以维持下去了。

20世纪60年代后期，美国在世界上的政治和经济地位发生了很大变化。一方面，经济上，随着西欧和日本经济的复兴，资本主义世界已经形成美、日和西德三足鼎立的态势，同时，先进技术也不断向各国扩散，美国不再处于垄断地位。其经济优势不再像战后到60年代初期那样显赫。盟国的竞争和陷于越南战争泥潭又使美国的支付形势日益恶化，商业的竞争力也日益下降。美国单方面对社会主义国家严厉的出口控制面临越来越严峻的考验。另一方面，随着各主要盟国经济的复兴，其政治上出现了对美国的离心倾向。1969年，西德总理勃兰特宣布的“新东方政策”，努力推动实现与苏联和东欧关系正常化，其重要表现就是放松对苏东国家的出口控制，扩大贸易和进行技术合作以“搭起与东方的桥梁”。尼克松认识到，世界力量对比的新结构和欧洲经济政治条件的变化意味着美国担任保护者的时代已经结束。要推行尼克松主义，必须加强欧美关系，因此，“美国同新欧洲的关系非改不可”。[1]

1 《尼克松1973年对外政策报告》，上海人民出版社1973年，第129—131页。

面对新的政治经济形势，要继续保持美国领导地位和发挥美国领导作用，必须继续保持美国强大的经济竞争力。而强大的竞争力有赖于贸易的繁荣和发展，这就涉及是否放松出口控制。围绕这一点美国内部出现激烈争论。反对解除贸易控制者声称，这等于向外表明美国决心的削弱，将严重损害美国在东南亚与社会主义进行战斗的士气和东欧那些民族主义改革者的士气。他们怀疑与社会主义国家进行贸易的道德合理性，认为这是向社会主义国家提供“射向美国的子弹”。赞成者则宣称“根据我们自己的利益，我们必须停止限制我们的贸易”。反对者说贸易将释放苏联的资源，使苏联既有枪，也有黄油。赞成者说美国单方面限制对苏联没有影响，因为盟国在与苏联进行贸易。[1]尼克松赞成放松出口控制，1969年2月，他要求总统国家安全事务助理基辛格就一份主题为美国贸易政策的文件提出建议，其中包括具体问题如东西贸易。[2]3月28日，他再次要求基辛格专门研究“对共产党国家的贸易政策”，主要包括美国对巴统的政策、美国的差别控制、美国对东欧的贸易、美国对亚洲社会主义国家和古巴的贸易禁运以及贸易控制的外部影响等。[3]

最终赞成者获得胜利。1969年12月，国会通过新的《出口管理法案》。该法案一方面继续要求在最大可能的范围内与盟国合作，制定所有国家都应遵守的统一的对社会主义国家的出口控制政策；另一方面，法案要求扩大东西贸易，它声称“无根据地限制美国出口对于我们的贸易平衡具有严重的不利影响。某些种类物资的出口控制政策的不确定状况阻碍了美国的商业出口，损害了美国改善贸易平衡的全部努力”。因

1　Michael Mastanduno, *Economic Containment: CoCom and the Politics of East-West Trade*, Cornell University Press, 1992, p. 140.

2　National Security Study Memoranda 16 (NSSM), U.S. Trade Policy, February 5, 1969, http://www.nixonlibrary.gov/virtuallibrary/documents/nationalsecuritystudymemoranda.php.

3　National Security Study Memoranda 35 (NSSM), U.S. Trade Policy Toward Communist Countries, March 28, 1969, http://www.nixonlibrary.gov/virtuallibrary/documents/nationalsecuritystudymemoranda.php.

此，法案不再把贸易对象区分为“共产党国家”和“非共产党国家”，代之以“与美国有外交关系或贸易关系的国家”，同时，法案要求修改并削减美国出口控制清单上的物资数量并与美国商业界紧密合作。[1]

根据《出口管理法》规定，尼克松政府在相当程度上放松了对苏联和东欧贸易的控制。美苏贸易增长很显著。1971年5月26日，美苏建立联合贸易委员会，其目的是解决对苏最惠国待遇、财政信贷等问题。此后，美国开始向苏联出口机械制造装备，在1972年访问莫斯科期间，尼克松总统签署了扩大两国贸易的贸易协议。据统计，1971—1974年，美苏签署了9个经济贸易协议等协议。[2]作为这些协议的结果，1965—1977年，苏联从西方的进口增加了10倍。[3]

尼克松并不是毫无保留地赞成放松出口控制，而是把贸易与苏联的政治和外交行为联系起来，即力图使扩大美国贸易和技术转移作为影响苏联行为的工具。尼克松政府对美苏谈判的基本立场是认为谈判必须有助于促使苏联在越南和中东等问题上采取合作与克制态度，从而使美苏缓和在广泛的问题上取得进展。1969年1月27日，尼克松在记者招待会上说，“谈判的方式和时机要同时能促进悬而未决的政治问题取得进展”[4]。2月6日，基辛格在新闻发布会上使用“联系”的说法，他解释说，“提出政治和战略环境的联系问题……是想全面处理和平问题，而不仅仅是在军事方面处理和平问题，和平是在各方面受到挑战的”[5]。这就是尼克松和

1 尼克松政府削减出口控制清单的力度是很大的，1972年10月，美国单方面实行控制的商品清单包括550种物资，到1973年5月，只有73种。Michael Mastanduno, *Economic Containment: CoCom and the Politics of East-West Trade*, Cornell University Press, 1992, p. 147.

2 崔丕:《美国的冷战战略与巴黎统筹委员会、中国委员会（1945—1994）》，中华书局2005年，第452页。

3 Gordon B. Smith, *The Politics of East-West Trade*, Westview Press, 1984, p. 4.

4 Henry Brando, *The Retreat of American Power*, Doubleday, 1973, p. 270.

5 基辛格:《白宫岁月：基辛格回忆录》（第一册），世界知识出版社1980年，第171页。

基辛格提出的联系战略。尼克松对联系概念达到着迷的程度，他说，“我不接受增加贸易就会带来政治关系改善的学说。实际上反过来才是真的，更好的政治关系会带来更多的贸易”[1]。据说，联系战略能使美国在苏联采取不符合美国和西方利益的行动时制约他们，在苏联采取与西方合作的态度时鼓励他们。[2]尼克松和基辛格都期望，苏联会因为美国扩大贸易的奖励而在政治上与美国达成一个缓和紧张的全面协议。

作为联系战略的体现，美国出口控制政策的焦点发生了变化，从战略禁运并寻求限制东西贸易转向有条件的自由贸易并寻求促进不会危害国家安全的出口。因此，法案要求鼓励与所有与美国有外交或贸易关系的国家的贸易，除非总统认为与这些国家的贸易会损害国家利益；同时，不得向任何国家出口会极大提高其军事潜力的物资和技术。

很明显，上述规定包含着内在矛盾，即联系战略要发挥作用，就需要放松出口控制，扩大对苏东国家贸易；而根据亨利·基辛格的观点，美国解决与苏联的经济关系问题首先要“考虑周全而细心，并把它作为行动政策，而并不是首先把它当作一个商业机会”。从美国方面来看，增加贸易是努力实现美国外交政策目标（诸如缓和军备竞赛、鼓励苏联限制其对外扩张行为）的讨价还价的工具。就是说，联系政策的根本目标是政治目标，在于利用贸易进一步限制苏联的侵略，并使苏联认识到缓和“能增强苏联的力量”，从而实现更大程度的世界稳定。这些因素使任何对西方来说可能增加的科学的、技术的或经济上的好处都黯然失色。[3]经济目标则是第二位的，贸易是政治缓和的工具。这实际上决定了东西方缓和的限度。

1　Henry Kissinger, *White House Years*, Little Brown, 1979, p. 154.

2　崔丕：《美国的冷战战略与巴黎统筹委员会、中国委员会（1945—1994）》，中华书局2005年，第449页。

3　Gordon B. Smith, *The Politics of East-West Trade*, Westview Press, 1984, p. 225.

毫不奇怪，法案所设想的政府与商业界之间的伙伴关系从来就没有出现过。原因很明显：虽然商业界和行政部门都支持自由贸易，但它们这样做的原因有极大的差异。美国公司感兴趣的是经济利益，而行政部门更感兴趣的是操纵贸易以实现外交政策目标。作为国家安全顾问，基辛格总结了尼克松政府对出口控制的态度，他说“没有政治上补偿的扩大贸易是一件礼物，苏联对我们的经济几乎没有什么帮助”[1]。尼克松很欣赏这一建议，因此，直到1973年，达成了关于柏林和防止意外战争的协议，1972年SALT获得突破，美国从苏联获得了各种政治上的妥协，尼克松政府认为“联系”原则发挥了实际作用，才开始积极支持扩大东西贸易。1971年，国会授予行政部门向社会主义国家提供出口信贷的权力，如果总统认为这样做符合美国国家利益的话。1972年10月《美苏贸易协定》签字后尼克松做出了这样的决定。但给苏联贸易最惠国地位仍需要国会批准，这就给国会实施自己的联系战略提供了机会。国会把提供信贷或贸易最惠国待遇与苏联允许公民自由移民相联系。1973年初，尼克松要求国会同意给予苏联最惠国待遇，作为综合贸易改革建议的一部分，国会反对。尽管尼克松声称联系战略应该影响苏联的外交政策，而不是国内政策，但国会不为所动，通过了1974年对贸易法案的《杰克逊–瓦尼克修正案》，它严厉地审查美苏贸易协议并有效地终止了对苏联的信贷。[2]福特总统1975年初签署该法案，美苏贸易环境再度恶化。

《杰克逊–瓦尼克修正案》反映了公众和国会对尼克松–基辛格东西经济战略的不安。到1973年，对美国公众来说，缓和意味着给苏联直接而具体的经济好处，反过来，美国只得到了模糊的在政治上合作的许诺。看来，联系战略在国会和民众眼中是失败的。何以如此？传统上，美国

1 Henry Kissinger, *White House Years*, Little Brown, 1979, p. 152.

2 Gary K. Bertsch ed, *Controlling East-West Trade and Technology Transfer: Power, Politics, and Policies*, Duke University Press, 1988, p. 4.

人把美苏之间的斗争简单地看作是正义与邪恶之间的斗争，而拒绝贸易就是这种斗争中的一个关键性的武器；而现在美国人却要接受一个复杂微妙的战略，这一战略把苏联当作一个合作者和竞争者而没有在两者之间划出界限来。这种转变太困难了。[1]

福特入主白宫的时候，缓和正面临严峻的考验。对缓和发生消极影响的最重要的事情，是苏联和古巴支持下的安哥拉人民解放运动武装力量在内战中取得胜利，使苏联和古巴在那里的势力大为扩大。福特在回忆录中说："与苏联的关系绷得很紧，我们从缓和的富于魅力的阶段进入了经受考验的时刻。"[2]美国国内反对缓和势力的增长也使缓和面临严峻挑战。福特政府内部以国防部长施莱辛格为代表的一派仍强调苏联的军事威胁，要求建立强大的国防，并反对在美苏战略武器谈判中做过多的让步。施莱辛格批评福特和基辛格追求一种忽视发展军事力量的"存有幻想的和平"。[3]他与基辛格在缓和问题上的裂痕加深了。基辛格的作用因政府内部的分歧而遭削弱。

在国内的压力下，福特政府不得不在美苏关系上采取强硬立场，开始实施以"实力求和平"的政策。1976年1月4日，基辛格在宣布即将访问莫斯科的一次记者招待会上，针对苏联在安哥拉的行为，表示"美国认为这种行为同紧张局势的真正缓和是不相容的"。他说，在这种情况下，"去莫斯科谈判限制战略武器协议同我们的政策是否一致"是一个问题。[4]1976年1月30日，基辛格在国会作证时强调，只要苏联继续卷入安哥拉战事，当局就不会寻求放宽《杰克逊–瓦尼克修正案》对美苏贸易的限制和给予苏联最惠国待遇，他明确表示，"像在安哥拉那样的行动继续

1　Michael Mastanduno, *Economic Containment: CoCom and the Politics of East-West Trade*, Cornell University Press, 1992, p. 151.

2　Gerald R. Ford, *A Time to Heal*, Harper & Row, 1979, p. 122.

3　Richard J. Whalen, "The Ford Shakeup: Politics vs. Policy", *Washington Post*, November 9, 1975.

4　"Secretary Kissinger's News Conference of January 14", *State Bulletin*, vol. 74, February 2, 1976, p. 125.

下去，必将威胁到整个美苏关系”[1]。很明显，基辛格希望用严厉的出口控制使苏联改变政策。另一方面，进入20世纪70年代中期后，美国与西欧盟国和日本在出口控制上的矛盾加剧。以开采石油和天然气的设备为例，1972—1976年，美国公司只占苏联进口石油和天然气设备总数的18%。苏联所使用的大多数石油和天然气技术都是从其他西方国家公司获得的。[2]机械和钢铁制造等领域也存在这一现象。[3]很明显，美国的盟国在与苏联的贸易中获得极大经济利益，当然也确实在一定程度上增强了苏联实力。在这种情况下，美国即使真的是出于战略考虑要求盟国不得向社会主义国家出口上述物资，也必然会引起它们的疑虑，即美国希望抢占市场。同时，自实施联系战略以来，尽管美国出口控制仍比盟国严厉得多，但相比美国此前的出口控制，却是大为放松。1971—1974年，美国根据巴统例外程序向苏联出口的物资或技术大大增加：1971年美国根据例外程序向苏联出口的物资和技术占巴统总数的29.3%，1974年，这一比例上升到41.4%。1971—1974年，尼克松政府允许并批准了所有参与“卡马河计划”的美国公司的要求，尽管有清楚的证据表明一些拖拉机将被用于苏联的军事方面。美国公司也被允许向苏联的一个工厂出口计算机和其他装备，虽然该工厂每年生产100具导弹发射装置，以及20万辆拖拉机中的25%都用于军事。商务部和国务院都批准了这些出口。到1974年，上述明显缺乏警惕性的做法引起了国防部相当大的关注。苏联官员和技术人员参观美国工厂并与美国航空工业巨头如洛克希德和波音公司签订军用合同，国防官员对此非常反感和担心。

---

1 “Implication of Angola for Future U.S. Foreign Policy, State by Secretary Kissinger”, January 29, *State Bulletin*, vol. 74, February 16, 1976, p. 180.

2 Gordon B. Smith, *The Politics of East-West Trade*, Westview Press, 1984, p. 18.

3 对社会主义国家的贸易占西德机械制造业的25%、钢铁制造业的36%。西德一些小型机械制造商的产品甚至有一半出口到社会主义国家。参阅Michael Mastanduno, *Economic Containment: CoCom and the Politics of East-West Trade*, Cornell University Press, 1992, p. 165。

根据《出口管理法》1974年修正案的规定，国防部要求防务科学委员会全面审查美国的技术出口控制政策，审查委员会主席是布西（J. Fred Bucy）。1976年2月，委员会提交报告，这就是著名的《布西报告》，它的影响非常大。

报告断言，战略出口控制应明确集中关注“设计和生产实际知识”的物资。相比而言，所有其他考虑都是次要的。很明显，报告建议集中关注关键技术的出口控制，“对于最关键的技术，美国不应该允许技术秘诀出口到其国土以外，应该依靠巴统对它们的出口实行绝对的控制”。而且，出口控制应把关注的焦点放在对产品的实际使用上，而不是使用的意图上，如果出口物资明显是非军事物资的话。而且，通过间接方式实现的技术转移可能比直接的技术转移更有影响。报告主张减少清单上被控制的技术，报告建议，对于那些美国相信没有采取措施对关键技术进行充分保护的巴统成员国，美国应进行制裁。至于非巴统成员国，报告呼吁对它们实行更严格的控制：“只有在美国愿意将有关技术直接转移到社会主义国家时，美国才放松对中立国的控制。”[1]

《布西报告》把技术分为“革命性”（evolutionary）技术与“渐进性”技术。后者只是增加产量，而前者则使产量在根本不同于现有构思和观念的基础上出现跳跃式增长。报告建议，为防止敌对国家在不承担研究和开发费用的情况下，短期内就使生产能力获得极大提升，美国应该无条件地保护革命性技术的所有关键部分。报告把技术转让方式分为“主动”与“被动”两种形式，要求对前者实行最严格的控制。主动转移涉及秘密的个人合同，在出口者和接受者之间经常发生特殊的联系。特别工作组发现，转移越主动，接受者越可能有效地吸收和利用被转移的实

1　Defense Science Board Task Force, “An Analysis of Export Control of Advanced Technology: A DoD Perspective”, Office of Defense Research and Engineering, February 4, 1976, pp. 1–3.

际知识。最主动的转移包括帮助建立关键的工厂，颁发许可证的同时还提供技术培训和开办合资企业。最被动的转移包括贸易展览、没有操作和说明信息的产品销售、商业文献，它们不会转移实际知识，对国家的安全威胁较小。[1]

《布西报告》认为，目前的出口控制制度过分强调对物资的控制而对技术的控制则不够重视；其结果是出口控制清单太长，而许可证审查时间也太长。根据《布西报告》，军事优势的关键是掌握和控制技术秘诀的设计和生产；所有其他的考虑都是第二位的。因此，出口控制的焦点应放在“关键技术”和“重要装备”以及会导致潜在敌人的军事能力出现“革命性进步”的物资的出口上；应该制定一个更短的和更容易管理的出口控制清单。对于某些已经在西方被广泛使用但出口到社会主义国家仍会损害西方安全的物资或技术（如计算机及其相关技术会加强苏联和东欧国家利用先进技术的“文化准备”[cultural preparedness]），报告建议继续实行严厉出口控制。

很明显，《布西报告》认为美国对关键技术的出口控制是不够的，而对不那么关键的产品的出口控制又太严。因此，《布西报告》呼吁采取新的方法控制技术出口，应把控制的焦点放在本质上具有军事意义的某些关键技术。报告把对设计、实际知识和装备的控制作为有效的出口控制政策的主要目标。福特还没来得及实施报告的建议就离任了。当然，福特政府做出一系列努力以恢复与苏联东欧社会主义国家正常的经济关系，包括总统给国会四个非常关键的委员会写信敦促重新考虑东西贸易立法等。[2] 尽管这些行为没有立即产生效果，但为卡特政府改革出口控制奠定了基础。

---

1 Defense Science Board Task Force, “An Analysis of Export Control of Advanced Technology: A DoD Perspective”, Office of Defense Research and Engineering, 4 February, 1976, p. 6.

2 Michael Mastanduno, *Economic Containment: CoCom and the Politics of East-West Trade*, Cornell University Press, 1992, p. 153.

四、卡特政府出口控制政策

卡特政府时期，一方面，美国与盟国在出口控制上的分歧与冲突日益明显；另一方面，苏联的对外政策表现得更加咄咄逼人。卡特政府需要进一步协调盟国，加强对苏联集团国家的出口控制，以对苏联施加压力，这被一些人称为“经济外交”。其主要做法是拒绝发放对苏东国家的出口许可证，加强并扩大对某些领域的控制以表明美国对苏联政策中的许多因素的不满。如1978年7月，为抗议苏联对待持不同政见者的政策、逮捕美国商人和刁难在莫斯科的两个美国记者，就采取了这类措施，以表明美国的立场。这样，《布西报告》的逻辑和论点为卡特政府的国家安全出口控制政策讨论提供了框架。

尽管卡特在入主白宫之前宣布将放弃把联系战略作为外交政策工具的做法，但为回应公众对苏联采取强硬行动的要求，卡特政府很快重拾联系战略。1977年，卡特政府对《布西报告》的建议做出回应，命令有关机构制定新的出口控制清单。4年后完成清单，兰德公司的分析人员古斯塔夫森（Thane Gustafson）说，这个清单包含“实际上所有的当代技术，包括视屏磁盘唱片、聚合物资和许多其他物资。如果这种选择自动成为官方的商品控制清单（CCL）的基础，则整个商务部就不会有充足的人力来管理出口控制”[1]。

联系战略的推动力主要来自总统国家安全事务助理布热津斯基及其手下。供职于国家安全委员会的亨廷顿（Samuel Huntington）最明确地发出了联系战略的声明，他在1978年的《外交政策》杂志上发文批评尼克松政府对苏贸易政策，主张在出口控制政策上采取“附条件的灵活性”，

---

1 Thane Gustafson, *Selling the Russians the Rope? Soviet Technology Policy and U.S. Export Controls*, RAND, 1981, p. 4.

建议美国必须准备好为外交政策利益而“打开和关闭经济大门”。因为苏联的经济发展依赖于美国技术优势，贸易是一个有效的武器，因此，他要求美国政府“审查并修改目前的禁运物资和技术清单，因为外交政策的理由，对于那些苏联非常需要而在很大程度上依靠美国提供的技术和机器应要求有有效许可证”。这样的物资可以向苏联出口，但应有条件。对于苏联的不端行为，美国应做好准备，随时拒绝向他们出口这些物资。[1]

很快，卡特政府揭开了其联系战略的神秘面纱。为回应苏联对埃塞俄比亚的干涉和苏联国内违反人权的行为，1978年8月，卡特政府决定对向苏联出口的石油和天然气勘探与生产装备实行有效许可证制度，把能源勘探和生产设备纳入商品控制清单，这意味着它们需要有效许可证才能出口。这样的物资非常关键，因为CIA评估说，苏联的能源生产能力将极大下降，除非采用先进的抽取方法。政府于是撤销了已经发放的有效许可证，该许可证同意Sperry公司向苏联出口一套计算机系统。这套系统将加强塔斯社在1980年莫斯科奥运会上的数据处理管理。

实际上，在对苏联的贸易上，最重要的问题还是许可证拖延和不确定性问题。在决定是否发放出口许可证上，美国政府比西方其他国家政府花的时间要长得多。许可证拖延和不确定性与美国政府出口控制系统的性质和能力有关：一方面，商务部审查许可证的人手严重不足，处理许可证申请人数的增加速度远远赶不上许可证申请数量的增加速度；另一方面，商务部，国务院、国防部、CIA、能源部、科学和技术办公室在卡特政府时期都在许可证申请中发挥了重要作用。涉及的部门越多，达成决定所花的时间就越长，事实上，每个部门都有自己的部门利益，

1 Samuel Huntington, “Trade, Technology and Leverage: Economic Diplomacy”, *Foreign Policy*, vol. 32, Fall 1978, pp. 63–80.

这增加了不确定性，也使处理过程不一致。如虽然商务部很同情商业界，但国防部在70年代初仍要求根据冷战标准进行评估。国会总审计办公室（GAO）1978年的研究表明，太多的机构卷入许可证申请的处理，使责任过度分散了，其结果是整个系统对出口商需求的反应特别无能为力。[1]这就是说，出现许可证拖延在一定程度上是不可避免的；但出现许可证拖延和不确定性更重要的原因是美国推行联系战略，把东西贸易作为影响苏联政治行为的工具。联系战略需要更长的控制清单，这样政府就可能在政治形势许可的情况下，最大限度地干预贸易。这样，许可证决定不可能被预测或不可能在各种情况下保持一致，同样的许可证在某种情况下可能被拒绝，但在另一种情况下就会被批准。同时，联系战略需要拖延处理许可证申请的能力，以把贸易作为目标国行为的人质。如果政府在规定的时间内做出决定的话，潜在的杠杆作用会受到限制。

随着苏联对外政策表现出越来越强的进攻性，在对苏贸易上，美国许可证政策有越来越严厉的倾向。这种倾向在1979年的《出口管理法》中得到明确体现。

需要指出的是，法案是在工业界要求通过减少许可证的拖延时间来加强在巴统和非巴统自由市场上的竞争地位的强大压力下制定的。工业界的经历表明，巴统其他国家对于它们生产商的许可证申请的处理比美国快得多。企业抱怨美国对巴统协议的解释常常很严。本来，美国公司对因缓和而在东欧市场获得利益有很高的期望。但卡特政府一连串的行动表明商业界和政府之间在东西贸易政策上的冲突正在增加，商业界人士和一些国会议员联合起来，要求放松对社会主义国家的出口控制。在强大压力下，卡特政府决定，对于最终目的地是西方国家的出口，不扩

1　Michael Mastanduno, *Economic Containment: CoCom and the Politics of East-West Trade*, Cornell University Press, 1992, p. 161.

大控制，因为这样做的经济和外交代价大于潜在的国家安全利益。[1] 1978年，布西本人被要求就出口价值为1.44亿美元的打磨机技术对于钻探和钻探制造的意义提出建议的时候，布西说，因为这些技术是关键技术，会招致政府的严厉控制，美国出口商为此而担心。[2]国会认为出口有助于国家的经济福利和世界经济的稳定；但国会也认为，不考虑产品对某些国家军事潜力的增强的出口，对美国的国家安全是不利的。国会确认，需要对那些能极大提高军事潜力的技术的出口实行控制。国会的这一主张与卡特政府联系战略的内在实质是一致的。

因此，1979年的《出口管理法》作为美国出口控制的法律基础，商业界的抱怨和联系战略在最终形成的《出口管理法》中都得到体现。法案要求与盟国合作，加强对社会主义国家的出口控制，国务卿被授权与那些具有替代性技术和物资的国家进行谈判，以获得它们的合作。法案规定，实施多边出口许可证审查制度，即使商务部已经同意某些物资或技术出口，但如果需要巴统其他国家同意，则必须在其他巴统国家审查并同意后才能发放出口许可证。为防止出口控制对象国从第三国获得美国物资或技术，法案要求，总统应就下述事宜与巴统成员国协商：（1）公布巴统出口控制清单；（2）定期召开巴统成员国政府高级官员会议；（3）在巴统成员国实施同一水平的出口控制前，缩小巴统出口控制范围；（4）根据上述规定，为实施已达成协议的出口控制，将采取更有效的措施。[3]

---

1 Report of the President to the Congress, prepared for US Congress, House, Subcommittee on International Security and Scientific Affairs, Committee on International Relations, International Transfer of Technology, 95th Cong., 2nd sess., December 1978.

2 The statement of J. Fred Buey in US Congress, Senate, Permanent Subcommittee on Investigations, Transfer of Technology, and the Dresser Industries Export Licensing Actions, Committee on Governmental Affairs, hearings, 95th Cong., 2nd sess., 3 October 1978, pp. 6–10.

3 崔丕：《美国的冷战战略与巴黎统筹委员会、中国委员会（1945—1994）》，中华书局2005年，第472页。

对于商业界的要求，法案授权商务部与有关机关和工业界磋商，审查美国控制的物资和技术的国外可替代性情况，如果存在这样的可替代性，就解除美国对它们的控制。总统被授权与巴统成员国进行比以前更高级别的谈判，以使过程更公开、把控制范围减少到可以控制的水平和增强执行过程的有效性。国防部则被赋予制定关键军事技术清单的首要责任。为平衡国防部在审查出口控制许可证中的作用与影响，法案要求加强技术咨询委员会（TAGs）的作用，要求它向商务部和国防部就下列事项提出建议：技术事务；受控制的物资和技术在世界范围内的可替代性和利用；修改国际出口控制。这样，由于加强了商务部、国务院和技术咨询委员会的作用，以前几乎由国防部单方面进行的审查和出口控制变得缓和。

为使出口控制这个外交政策工具发挥最大的作用，根据《出口管理法》规定，卡特政府增加了出口控制清单上的物资。[1] 1978年9月的商品控制清单仍包括207类物资，其中123种是巴统盟国实行多边控制的物资，83种是美国实行单方面控制的物资。[2]不仅美国控制清单上的物资仍比巴统其他国家清单上的物资多得多，而且美国政府在决定是否发放出口许可证上所花的时间也比巴统其他国家长得多。[3]

由此可见，卡特政府的出口控制的目的非常清楚，就是利用出口控制削弱和遏制苏联，同时努力促进与西方国家的贸易，确保美国继续在经济上遏制苏联集团所必需的经济繁荣。

1　US Congress, Senate, Committee on Banking, Housing, and Urban Affairs, Use of Export Controls and Export Credits for Foreign Policy Purposes, hearings, 95th Cong., 2nd sess., October 1978.

2　John R. McIntyre, Richard T. Cupitt, "East-West Strategic Trade Control: Crumbling Consensus?", *Survey: A Journal of East and West Studies*, vol. 25, no. 2, Spring 1980.

3　US General Accounting Office, Administration of U.S. Export Licensing and US General Accounting Office, *Export Controls: Need to Clarify Policy and Simplify Administration*, U.S. Government Printing Office, 1979.

1979年12月苏联入侵阿富汗是美苏关系的一个转折点，它基本上冻结了1979年《出口管理法》中打算解除控制的物资。卡特总统认为入侵具有全球意义，"是第二次世界大战以来对世界和平最严重的威胁"，危害了对西方来说至关重要的伊朗、巴基斯坦和波斯湾的石油运输安全。它代表了战后第一次苏联在其东欧势力范围以外直接使用军事力量。卡特总统声明"没有遭到抵抗的侵略会成为一场传染性的瘟疫"，宣布美国将重新与苏联或苏联的代理人在第三世界争夺影响力，如果必要，将直接使用美国的军事力量来保护美国的利益。同时，他派国防部长布朗到北京，讨论与北京建立更紧密的防务联系以及向中国出口武器的可能，他完成了政府向中国倾斜的政策。上述行动伴随着言辞上敌视的升级和在外交上孤立苏联的努力。

在对苏贸易上，卡特政府决定进一步收紧对苏出口控制，表示"没有一个承担世界和平与稳定义务的国家会继续与苏联做生意"。1980年1月4日，在苏联入侵阿富汗后不到两周，卡特总统宣布了一系列旨在"使苏联为它的侵略付出代价的"制裁措施，制裁包括：（1）对农产品实施许可证控制，根据1975年签署的《谷物协议》，禁止向苏联出口小麦、谷物超过800万吨；（2）对苏联实施磷酸盐、酸或化肥禁运；（3）暂停运输根据有效许可证向苏联出口的物资，暂停对任何申请新的有效许可证的审批，3月，根据更严厉的标准（包括对巴统多边控制清单上的物资实行"非例外"政策），恢复审批许可证；（4）禁止美国运动员参加莫斯科奥运会，禁止出口用于奥运会的技术和物资；（5）禁止苏联在美国领水内捕鱼；（6）把苏联航班每周飞行美国3次削减为2次；（7）停止美苏科学、商业和文化交流。接着，卡特总统把需要出口许可证才能出口的规定扩大到石油部门，包括石油部门所有的生产技术和装备。美国不仅实施新的控制，而且停止执行此前与苏联达成的有关协议，如，1976年，美国数据控制公司（CDC）与苏联谈判，向苏联出口172台大型计算机和一些小型计算机，规定用途是非防务使用。大型计算机用于苏联收集气象资料，使苏联能与世界范围内的气象预报网联系起来。在经过严格审查后，国务院、商务部、国防部和巴统盟国都批准了这笔交易。但在苏联入侵阿富汗后，除一台已经运抵苏联的大型计算机外，美国中止了合同中其余的交付。[1]作为美国对苏联实行严厉出口控制的结果，1980年美国与苏联的贸易比前一年下降了60%。这些制裁措施很快就受到农场主、工业界及其代表们的批评。美国本来的合同被欧洲竞争者夺去了，如在美国与苏贸易大幅下降的1980年，德国和法国与苏联的贸易分别增加了20%和23%。[2]

与加强对苏联的出口控制相对，苏联入侵阿富汗加速了70年代末期已经停滞的中美贸易关系的正常化。1979年7月，美国同意给予中国"最惠国"关税待遇并同意美国进出口银行向中国提供信贷。苏联入侵阿富汗后，中国被允许购买两用物资和军事辅助装备。为把中国与苏联和东方集团区别开来，美国单独为中国设立了出口类别。随着对中国的这些控制的解除，美国在巴统发起了一系列谈判，最终放松了对中国的出口控制。这些放松使中国在获得巴统国家的先进技术上处于比苏联有利得多的地位。这些出口只需要国家许可证、向巴统提交统计报告和中国政府提供的授权进口的进口证明书。后来，国防部官员说，"这确保了出口到中国的物资处于政府的控制之下且不会被转移"[3]。

尽管放松了对中国的出口控制，但总体而言，美国的出口控制政策变得越来越严厉了，而且日益清晰地把苏联的内外政策与贸易联系起来。限制和联系政策在美国国内和联盟内部都引起了很大的争论。在美国国

1　Gordon B. Smith, *The Politics of East-West Trade*, Westview Press, 1984, p. 177.

2　Gordon B. Smith, *The Politics of East-West Trade*, Westview Press, 1984, p. 20.

3　Casper W. Weinberger, "The Technology Security Program: A Report to the 99th Congress, Second Session", Secretary of Defense, 1986, pp. 64–65.

内，许多坚决主张与苏联发展贸易关系的人反对采取更严格的出口控制，反对把苏联的内外政策与美国出口控制措施相联系的方式。虽然美国要求盟国与美国一起采取联系政策、实施更严厉的出口控制，但欧洲盟国坚决反对并在相当程度上对美国的行动不予理睬。如，对于美国要求对苏联实行粮食禁运的要求，盟国采取了抵制态度，并最终导致对苏粮食禁运的失败。在美国国内，农场主等压力集团的反应也使粮食禁运成为1980年大选的一个重大问题。这意味着里根政府在对苏联集团国家的出口控制上面临的压力和矛盾也不会轻松。

五、里根政府出口控制政策

在苏联入侵阿富汗后，里根政府开始实施对社会主义国家的经济战。[1]实行经济战既是经济上遏制苏联扩张的需要，也是政治上里根政府努力拉开与缓和政策距离的要求。里根和其他高级官员毫不隐讳地表现出对苏联的厌恶，公开说苏联是一个“邪恶帝国”，挑战苏联在其国内和东欧政治中统治的合法性。加强对苏出口控制不仅有助于防止苏联利用西方先进技术或物资发展注定会给西方安全带来威胁的军事力量，而且有助于提高或进一步彰显美国的道德优越性。

随着国防部在制定政策过程中影响的增加，里根政府更多强调把出口控制作为一个战略工具。作为一个关键的行为者，国防部在80年代初期在出口控制决策上甚至占据支配性地位。更重要的是，国防部关键官员，如国防部长温伯格（Caspar Weinberger）和助理国防部长珀尔（Richard Perle）比他们在其他机构负责出口控制的同伴拥有更多的优先

1 Michael Mastanduno, *Economic Containment: CoCom and the Politics of East-West Trade*, Cornell University Press, 1992, p. 234.

权并愿意利用部门的丰富资源来完成这一任务。例如，国防部资助海关的一个重大实施计划，部分是为了帮助海关从国防部的主要对手那里夺取出口控制的执行权。[1]到1985年，国防部在与商务部的争夺中取得胜利，在向社会主义集团以外的国家出口的许可证决定中国防部获得正式角色，而且在与国务院的争夺中，国防部增加了其在巴统谈判中的影响。[2]

里根政府认为，不能像看待与盟国和中立国的贸易那样看待与苏联集团的贸易。因为苏联把贸易作为政治武器并控制所有贸易，苏联的经济更多地倾向于军事力量的发展，而不是像西方经济那样。国务院在1982年说，“我们与社会主义世界特别是华约国家的经济或商业关系不同于我们与其他国家的经济关系。与这些国家的经济关系不能脱离我们更广泛的政治安全目标。美国的经济政策必须支持遏制苏联扩张主义的对外政策目标，强调东西方之间的军事平衡和加强西方联盟”[3]。

因此，里根总统和他的政府关键成员尤其关心东西贸易和技术转移对美国国家安全的影响。苏联与西方的技术差距使苏联在技术上依赖西方，这种差距也是美国始终保持对苏优势的重要前提和基础。对此，里根的国防部长温伯格说：“美国和盟国对苏联和华约国家的威胁做出反应的能力直接依赖于西方所拥有的技术优势。我们军队的人数和武器数量都比我们的敌人少，西方对利用更少的、质量更高的武器系统维持力量平衡很满意。但苏联/华约的威胁增加了，因为苏联的技术取得了进步，而西方的技术优势遭到削弱。目前，西方的技术优势仍足以维持有效的军事平衡，但这种平衡正在发生有利于苏联的转变。西方的技术流向东

1 Linda Melvern et al., *Techno-bandits: How the Soviets are Stealing America's High-Tech Future*, Houghton Mifflin, 1984, chap. 6.

2 US General Accounting Office, "Export Licensing: Commerce-Defense Review of Applications to Certain Free World Nations", September 1986.

3 Bruce Parrott, *Trade, Technology, and Soviet-American Relations*, Indiana University Press, 1985, p. 287.

方已经——并将继续——给予这种转变重大推动力。”一些学者为他这种认识提供了根据。据研究，20世纪80年代初，与苏联相比，美国在20个基础技术领域明显处于优势的有9个，美苏处于相同水平的有4个，苏联处于优势的有1个，美国由优势向美苏平等转变的有6个。而在布置的16个武器系统方面，美国在技术上处于优势的有2个，苏联处于优势的有5个，美苏处于平等地位的有6个，美苏平等转向苏联优势的有1个，美苏平等转向美国优势的有1个，美国由优势转向美苏平等的有1个。在某些领域，苏联大大缩小了与西方的技术差距，从相差10年缩小到2年以内。例如，10年前苏联在微电子和计算机方面远远落后于西方："西方先进的集成电路和零部件生产商发现，在电子装备方面，苏联直接复制它们。”注意到北约从灵巧炸弹到命令和控制都严重依赖微电子和计算机，苏联寻求进口关键的技术和工业装备以使自己具有同样的能力。于是，温伯格认为，东西贸易对苏联军事力量发展的贡献增加了西方安全面临的威胁，因此，他主张美国和盟国必须“以安全利益危如累卵的心态”设计贸易政策。[1]

同时，在美国看来，此时加强对苏出口控制甚至拒绝贸易可使苏联在平衡消费、投资、军费和对外义务方面面临严重的困难。里根政府高级官员认为，苏联经济正遭受严重困难，很可能处于崩溃的边缘。在过去10年里，苏联遭遇严重的低增长问题、生产力下降和劳动力短缺问题。他们还将面临因为世界石油价格下降和苏联石油产量下降而导致的硬通货短缺问题。硬通货问题将因为苏联承担的帝国责任而加剧。对东欧尤其是对波兰的补贴很可能会导致地区经济和债务问题。苏联还支持第三世界众多在经济上依赖它援助的代理国，包括古巴、朝鲜、利比亚、柬埔寨、老挝、埃塞俄比亚、安哥拉、阿富汗、南也门和尼加拉瓜等。沉重的经济和军事援助造成了苏联资源的严重紧张。苏联发生困难的迹象在1982

---

1 Gordon B. Smith, *The Politics of East-West Trade*, Westview Press, 1984, pp. 159–172.

年出现：贸易赤字不断增加，存在西方银行里的硬通货正在减少，开始出售黄金并请求西欧银行允许他们推迟偿还短期债务。如果对苏联实行有效的出口控制，美国一些官员相信它可能带来苏联政治结构的变化。如果苏联继续维持对外经济和军事义务，没有西方的援助，他们将被迫实行重大经济改革。经济自由很可能导致政治权力的非中央集权化。国防部长温伯格说："没有连续不断的西方技术，苏联工业基础将会过时，这最终会限制其军事工业能力。苏联领导人现在很清楚他们的中央计划体制完全失败了，但不实现苏联作为整体的自由化，他们就不能改革这个体制。因此，没有西方先进技术，苏联领导人将被迫在其军事优先和保留一个高度的政治控制体制之间进行选择。通过允许他们获得先进技术，我们能使苏联领导人避免这种两难困境。"[1]简言之，里根政府相信，没有西方技术和信贷援助，苏联无力维持不断加速的军备竞赛，或无力维持它的外交义务。

于是，里根政府从各个方面加强对苏出口控制。里根政府在1981年重新审查了东西贸易政策，它寻求在三个领域改革巴统政策：（1）对那些其产品最终对军事生产有重大促进作用的所谓"侧重于防务的工业"的具有直接军事用途的、现在实行有限控制的物资（如冶金技术、机床、化学制品、拖拉机产品、微电子产品）扩大控制；（2）要求巴统国家采取美国的关键军事技术出口控制规则；（3）严格限制巴统国家按照例外程序出口。为防止美国或西方盟国先进技术被偷窃或非法转移，成立新的出口控制机构。1981年，里根政府成立了一个在国家安全事务助理领导下的由来自商务部、国务院、FBI、海关和CIA等单位的人员组成的特别工作组，任务是找到办法监督美国技术的非法泄露，还在圣何塞建立新的海关办公室以控制从硅谷地区非法流出的微电路。[2]在具体政策方面，

1　Michael Mastanduno, *Economic Containment: CoCom and the Politics of East-West Trade*, Cornell University Press, 1992, p. 236.

2　Gordon B. Smith, *The Politics of East-West Trade*, Westview Press, 1984, p. 10.

里根政府甚至拒绝一些受到邀请的外国人参加在美国召开的会议，或拒绝他们查阅科学论文和参与计算机项目。英国国际计算机有限公司的官员说，美国政府要求，对于那些被美国工程技术人员认为属于技术秘诀的物资或技术的出口，需要获得出口许可证。[1]作为上述政策的具体体现，美国政府对违反规定的企业实行严厉制裁。如包括数字装备公司在内的多家美国著名大公司因向非社会主义国家的最终使用者出口的受控制物资被转运到苏联，美国政府对其许可证特权实行严格限制。[2]这种限制实际上比罚款更严厉。

扩大国防部在审查出口许可证方面的权力。1974年《出口管理法》的《杰克逊-瓦尼克修正案》规定，只有在审查美国对东方的出口时，国防部才发挥作用。里根政府时期，国防部努力寻求把其权力扩大到对西方内部的出口上，要求不只是做出技术判断，而且要监督转移点和确定西方最终用户的可靠性。经过与商务部长期斗争，1985年，NSC批准国防部有权审查在8个关键技术领域里的所有许可证申请——包括计算机、科学仪器、半导体生产装备，这些装备向15个不被禁止的最终目的地出口，但它们很可能转移美国技术；这些目的地包括奥地利、芬兰、瑞典和瑞士以及远东的香港、马来亚和新加坡。[3]通过加强国防部的作用，里根政府发出了最大限度地保护美国技术并谋取其他国家支持出口控制的信号，即使冒险破坏西方内部的经济联系也在所不惜。

加强对西方内部的贸易控制，并实施治外法权。在整个战后时期，美国政策的中心问题就是把东西贸易控制对美国与其他非社会主义国家

1 Kevin Cahill, *Trade Wars: The High Technology Scandal of the 1980s*, W. H. Allen, 1986, pp. 82–84.

2 Janet Lunine, “High Technology Warfare: The Export Administration Act of 1985 and the Problem of Foreign Re-export”, *NYU Journal of International Law and Politics*, vol. 18, Winter 1986, pp. 680–686.

3 Michael Mastanduno, *Economic Containment: CoCom and the Politics of East-West Trade*, Cornell University Press, 1992, p. 288.

的经济关系的影响降低到最小。1982年前，商务部对向西方国家出口的许可证申请的绝大多数几乎都没有审查或完全没有审查。1982年GAO的一份报告总结了商务部审查的特点，说它“与其说是控制，还不如说是纸上练习”，并建议取消对非社会主义国家出口低端技术需要申请许可证的规定。里根政府通过扩大和加强对美国技术向巴统国家和中立国家转移的控制改变了把东西贸易与西方内部贸易分开来的长期做法。1982年，美国政府规定，任何西方盟国，“在获得美国政府同意前，不得将美国制造的产品和技术再出口”[1]。实际上，80年代初期，美国商务部开始用一种阴险的方式，即不采取行动就退回申请的方式拒绝英国和西德公司再出口申请。

里根政府不仅加强对西方内部贸易的控制，而且还实施治外法权，对任何违反美国出口控制法律、法规的行为进行严厉处罚，实际上是把控制扩大到海外附属公司或根据美国公司许可进行生产的外国公司。在整个80年代，美国都努力加强对西方内部贸易的控制，目的是通过控制它们获得美国技术和装备，使非巴统战略技术供应国遵守多边出口控制机制。奥地利和瑞典是美国首先确定的目标，因为它们的公司严重依赖美国技术供应。1982年，因向南非出口一台包含美国零部件的计算机，英国一家主要计算机生产商被美国罚款，美国还警告该公司说，对于它所有的其他转移，都应获得美国的再出口许可证，否则美国将切断关键的供应。西班牙的一家主要电器公司，在申请向苏联和古巴出口美国的半导体生产设备时也遭到拒绝，同时，美国在1982—1986年还拒绝向该公司提供技术。瑞典和奥地利的公司也因为没有获得美国的许可就进行再出口而被限制接受美国技术。在发现数字装备公司已经通过西欧向苏联出口计算机后，商务部要求数字装备公司在1984年的大部分时间里在

1　Homer E. Moyer, *Export Controls as Instruments of Foreign Policy: The History, Legal Issues, and Policy Lessons of Three Recent Cases*, Lanharn, 1985, p. 109.

向英国、西德、奥地利和瑞典出口的时候，必须申请单个许可证。[1] 1984年，瑞典一家公司被发现非法向苏联再出口原产于美国的空中管制技术，这家公司被美国政府罚款300万美元并被列入黑名单。同样，在发现瑞典的爱立信等公司非法向苏联再出口后，美国威胁不再向它们发出订单。

里根政府怀疑奥地利是最大的美国技术再出口地，因此，美国政府施加了强大的压力。1984年，美国官员警告说，如果它不制定出口控制规定并对美国技术的再出口加强控制，它就只能获得“制馅饼皮的机器和50年代的机器”。对于一家和美国合资生产商业化的大规模集成电路的奥地利企业，商务部的审查拖延了好几年。商务部还威胁把奥地利从美国公司可以使用分销许可证的清单上删除。奥地利政府于1985年初通过立法禁止非法再出口美国技术并对违法者实施严厉制裁。1986年，奥地利政府签订海关协议，以便进一步实施美国高技术出口政策。其他没有加入巴统但被认为是重要技术生产国或美国技术重要再出口国的国家，如印度、韩国、瑞士、芬兰等，里根政府都交替使用胡萝卜和大棒政策，无一例外地迫使它们不得不遵守美国出口控制法律、法规。[2]

对于许多西欧人来说，扩大美国单方面控制和加强巴统控制没有什么区别。巴统被看作是美国技术帝国主义的另一个工具。1986年，欧洲议会通过决议，批评再出口控制和巴统，认为它们违反了《罗马条约》。一些欧洲议会议员甚至建议解散巴统，因为它与美国对西欧主权的侵犯联系在一起。[3] 尽管遭到强烈反对，被指为“技术帝国主义”，但里根政府仍不愿意放松出口控制。

---

1 Michael Mastanduno, *Economic Containment: CoCom and the Politics of East-West Trade*, Cornell University Press, 1992, p. 289.

2 Michael Mastanduno, *Economic Containment: CoCom and the Politics of East-West Trade*, Cornell University Press, 1992, pp. 291–294.

3 “European Parliament Threatens Legal Action to Resolve Technology Transfer Stalemate”, *Aviation Week & Space Technology*, March 17, 1986, pp. 66–67.

面对苏联军事力量的发展，里根政府不仅努力加强本国对苏东国家的出口控制，而且还努力要求盟国与它一起加强对苏东国家的出口控制。

要求盟国加强出口控制的一个平台是西方七国首脑会议。里根政府把1981年在渥太华的经济峰会和1982年在凡尔赛的经济峰会都看作是一个劝说盟国对东欧尤其是苏联采取更严厉的和更统一的贸易政策的论坛。在1981年7月的渥太华峰会上，里根政府第一次提出出口控制问题。在准备文件时，政府高级官员围绕巴统其他成员应采取什么办法发生了争吵。温伯格主张施加压力迫使西欧放弃管道交易并对出口信贷和技术转移实施广泛的控制。他坚持说，里根可以利用其个人声望说服盟国合作。而黑格更谨慎，他说盟国并不准备接受这样的政策，而强迫它们接受只会激起跨大西洋冲突。最终，总统站在国务院一边并决定原则上反对出口管道计划，但不直接阻止。政府首先利用峰会强调与苏联贸易的问题严重性。在最后的联合公报中，西方七国发誓确保“在东西关系领域，我们的经济政策将继续与我们的政治和安全目标一致”。

里根政府要求盟国加强出口控制的非常重要平台是巴统。认识到有效的出口控制需要获得多边支持，于是，美国政府官员努力争取巴统国家对其严厉出口控制的支持。美国希望扩大控制清单、促进执行和加强巴统制度结构。这在1982年1月的巴统高级会议上表现得非常明显。美国最初建议在出口控制清单中增加超过100种物资，最初，其他巴统国家拒绝美国扩大经济战控制标准的要求，但同意扩大控制清单，如果这些物资具有直接的军事意义的话。最终被纳入巴统控制的有58种，其中属于新的或加强控制的是浮动干船坞、太空和空间发射装置、超导物资、机器人和机器人控制器、用于生产超耐热合金的技术和装备、工业用海上涡轮机技术等。[1] 到1982年11月，在美国的压力下，各国同

1 Michael Mastanduno, *Economic Containment: CoCom and the Politics of East-West Trade*, Cornell University Press, 1992, p. 268.

意：终止履行此前与苏联达成的各种贸易协议，尤其是有关天然气和石油的技术协定；不向苏联提供有助于其经济军事化的援助；不与苏联签订新的天然气协定；研究西欧能源替代方案；制定并监督对苏信贷政策和加强巴统控制等。[1]此后，美国就计算机、通信设备和软件的出口控制问题与巴统国家多次磋商，1984年7月，巴统同意加强对上述3类物资的出口控制。但美国在一定程度上也妥协了，同意放松对计算机、软件、电信装备和技术的控制，解除对很容易买到的微机的控制，而对那些用于工业或军事的计算机仍实行控制。同时，对用于设计、生产或开发巴统控制清单上的物资的软件也实行出口控制。另外，有6类具体的软件也属于禁运范围：网络和信号处理软件，用于成像处理和情报的软件，计算机辅助设计和生产的软件等。在美国压力下，盟国纷纷加强出口控制，如英国1983年成立了一个由专家组成的调查队，专门监督对苏联集团的非法技术转移；密特朗政府则开始修补法国的出口控制系统，制定技术核心清单，对许可证申请给予特别注意，在控制和执行过程中允许防务专家发挥更大的影响。[2]考虑到法国在70年代实行“没有战略贸易政策，没有系统的控制出口”，法国的新政策尤其给人留下深刻印象。法国的新政策有助于使巴统更强大，它限制获得法国技术，也使其他国家没有抵制更严格出口控制的机会。到1985年，美国在使主要盟国加强执行出口控制和引起它们注意方面取得很大进展。

对于巴统国家违反巴统出口控制规定的行为，里根政府则实施严厉制裁。最突出的例子是美国试图阻止西方参与苏联西伯利亚石油管道建设，以及对日本东芝公司向苏联出口有利于提高苏联潜艇性能的9轴数控

---

1 Philip J. Funigiello, *American-Soviet Trade in the Cold War*, University of North Carolina Press, 1988, p. 207.

2 Michael Mastanduno, *Economic Containment: CoCom and the Politics of East-West Trade*, Cornell University Press, 1992, pp. 271–274.

机床实施处罚。对于美国的行为，西欧国家都抵制美国的要求。西欧国家正式抗议说，美国的要求“与国际法相违背”，这是“对欧洲共同体商业政策的不可接受的干涉”。美国政府没有妥协，相反，美国政府开始实施惩罚性制裁。1985年，美国国会通过法案，在5年内禁止东芝公司集团所有产品进入美国市场；在美日就FX战斗机达成协议后，美国国会把东芝集团产品禁入美国的时限由5年改为3年。[1]不仅如此，美国还乘机使巴统加强了对具有军事意义的其他物资和技术的出口控制。

很明显，美国和盟国对于安全的看法存在分歧，美国认为安全概念中具有压倒性优势的是军事安全；而盟国尤其是欧洲盟国认为经济是最重要的，它们不同意华盛顿把安全控制扩大到包括那些能间接提高军事能力或用于战争的物资和技术。但实际上，在里根政府的强大压力下，盟国最终在相当程度上同意高技术出口将对西方的安全造成军事威胁的看法，并同意美国对那些对苏联军事能力的提高有直接贡献的物资进行出口控制。[2]

加强对西方内部的贸易引起了激烈反弹。在认识上，西欧和日本认为东西贸易是“好事”，是“双向的”，而里根政府认为贸易是“单行道”，与东方贸易，西方就是在向东方出售用于绞死它自己的绳索，因此，它们批评里根政府的行为明显违反国际法和侵犯它们的国家主权。如1986年，欧洲议会通过决议，批评再出口控制和巴统，认为它们违反了《罗马条约》。1987年，一些欧洲议会议员建议解散巴统，因为它与美国对西欧主权的侵犯联系在一起。[3]同时，里根政府的做法也使社会主义

1　Gary K. Bertsch, Steven Elliott-Gower eds, *Export Controls in Transition: Perspectives, and Problems, Prospects*, Duke University Press, 1992, p. 277.

2　Bruce Parrott ed, *Trade, Technology, and Soviet-American Relations*, Indiana University Press, 1985, p. 288.

3　Michael Mastanduno, *Economic Containment: CoCom and the Politics of East-West Trade*, Cornell University Press, 1992, p. 297.

国家更多地从美国以外的其他资本主义国家进口必需的物资和技术。为应对美国对西方内部贸易的控制，盟国开始减少对美国技术的依赖或开发自己的替代技术，美国生产商的市场占有率下降。因此美国国内企业界、商务部和国会一些议员也激烈批评里根政府的行为，要求解除对不具有战略意义的物资和技术的出口控制。

1983年通过的《出口管理法修正案》就反映了上述要求。关于外交政策控制，1979年的EAA要求总统实施、加强或延长外交政策控制时必须通知国会；必须向公众说明实行这样的控制的正确性。1983年10月，众议院版本的EAA修正案则禁止总统对已经签订合同的出口实施外交政策控制，并禁止对在美国之外的公司实施治外法权。当然，其例外条款又允许总统有相当大的自由行动的空间。关于国家安全控制，1983年众议院修正版本规定：总统有权禁止进口违反美国国家安全控制的外国公司的产品；对于违反出口控制法律的人，总统有权采取更有效的措施和更严厉的处罚；还有一些规定要求加强国家安全控制。参议院版的修正案更严厉，它包括许多可能导致采取更多限制的国家安全控制的条款，也包括这样的规定，即如果巴统绝大多数国家都认定外国公司违反了美国国家安全控制，就允许总统实施进口控制。经过两院磋商，1985年6月，新的EAA生效，其首要目标之一是取消对巴统国家出口较低级产品需要许可证的规定，并自动同意向巴统国家出口较高级的产品，大大放松对西方内部贸易的控制，取消向巴统国家出口低技术物资需要许可证的规定；同时，放松外交政策控制，规定总统在实施新的外交政策控制前应与国会磋商；禁止对已经生效的合同实行外交政策控制，除非该合同“不利于和平”并对美国的战略利益具有严重的和直接的威胁；向那些与美国进行谈判并实行与美国同样的出口控制政策的国家提供“类巴统”（COCOM-Like）待遇；停止对那些能从其他国家获得的物资实施外交政策控制，除非总统能与外国政府进行谈判，以终止国外可得性。[1]法案还授权国防部长审查美国出口管制的变化。最后，法案重新肯定了需要军事关键技术清单（MCTL），但清单上的每类物资都应根据国外可替代性进行审查，只有不存在国外可替代性的物资才能列入清单；而且，因为对关键技术和装备的控制，应减少对一般技术和装备的控制。国会还要求国防部向它提交关键技术向被控制的国家转移的报告。

很明显，里根政府是把出口控制作为美国国家安全政策的一部分，这一立场实际上也是延续了此前美国政府的传统做法，但当涉及出口控制是否削弱了技术研发和出口以及美国公司的国际竞争力的时候，商业和竞争力的考虑不断增加，也就是说，对出口控制成本的关心更多了。1987年1月的国家科学院报告就反映了这一关切。报告指出，有令人信服的理由实行国家安全出口控制，但也存在同样令人信服的理由要求现实信息、技术、产品的自由流动。报告肯定在自由世界的安全利益与它们在主要军事体系中使用先进技术之间存在联系。这种联系在相当程度上把重点放在维持富有活力的技术基础和阻止这样的技术外流上。但是，美国出口控制的范围会削弱美国出口的增长和破坏控制计划的有效性。而且，有效控制项目的最重要因素包括许多国际要素。这样，许多国家之间进行有效合作实行系统控制是最有效的体制，能控制先进技术出口，同时，把不利影响减少到最小。[2]同时，美苏关系在戈尔巴乔夫上台后重新开始缓和，两国首脑还实现了历史性的会晤并就战略武器削减达成协议。于是，1987年初，美国解除了因为外交政策目的而对苏联实行了将

1　Gary K. Bertsch ed, *Controlling East-West Trade and Technology Transfer: Power, Politics, and Policies*, Duke University Press, 1988, p. 12.

2　National Academy of Science, Panel on the Impact of National Security Controls on International Technology Transfer, *Balancing the National Interest: U.S. National Security Export Controls and Global Economic Competition*, National Academy Press, 1987.

近十年的对能源技术、装备的控制。[1]并于次年通过《综合贸易和竞争法案》，法案要求把出口控制政策的优先目标从国防–安全考虑转向更广泛的国家安全考虑，强调出口的重要性，以及要减轻出口管制对美国企业界带来的负担。除超级计算机、核物资和技术以及电信检测装置外，法案解除了所有物资上对巴统国家和其他合作国家的出口控制；废除其他国家美国零部件所占比低于25%的物资的再出口需要美国许可证的规定；废除对所有医药仪器和装备与相关物资及技术的出口需要通知巴统的规定；法案加强了商务部长在审查清单中的作用，商务部长负责提出美国的巴统建议，评估受控制物资和技术的实际国外可替代性，单方面废除那些存在国外可替代性的物资需要出口许可证的规定。国防部保留制定MCTL的权力，但把它纳入控制清单仍需要获得商务部长的同意。[2]

但上述法案根本不意味着里根政府准备全面放松出口控制。实际上，就在通过《综合贸易和竞争法案》的同时，里根政府成功地使巴统其他成员国同意高度注意出口控制的实施，各国将增加检查人员，对违反者实施更严厉的处罚，更全面地分享情报，更多地支持美国的第三国努力，同意在拒绝本国出口控制物资的申请后向其他成员国通报情况。

显然，苏东剧变并未根本改变美国对出口控制的认知，但冷战的结束、苏联在东欧权力的瓦解、苏联本身的解体等因素不可避免地影响到美国未来的出口控制政策。面对地缘政治和经济的巨大变化，美国出口控制将如何变革？本书其余各章将分别全面讨论冷战后美国历届政府的出口控制改革政策。

---

1 Michael Mastanduno, *Economic Containment: CoCom and the Politics of East-West Trade*, Cornell University Press, 1992, p. 301.

2 Ronald A. Finkler, Gordon L. Boezer, Erling J. Foss, Norman D. Jorstad, A. Jarres Ramsbotham, "Technology Transfer in a Changing National Security Environment", IDA Paper P-2409, December 1990.

第二章　老布什政府出口控制

1989年是分水岭，标志全球从冷战进入冷战后时代。在此前后发生的苏东剧变从根本上改变了冷战爆发以来的世界政治和军事格局。此后，世界政治的基本内容从美苏为争夺世界霸权而进行全球性对抗转变为地区冲突和防止大规模杀伤性武器扩散。面临急剧转变的世界政治和军事、经济形势，老布什政府开始了出口控制改革。

一、老布什政府出口控制改革背景

老布什上台时，面临全新的国际政治、经济和军事形势。

第一，国际安全形势发生根本变化，传统的东西对抗尤其是苏联对美国及其盟国的军事威胁大大降低。

从冷战开始，美国政府的一个基本假设就是：苏联及以苏联为代表的社会主义阵营是美国利益的无情敌人，对于苏联的政治哲学和结构，民主过程是无法渗透的，苏联的经济结构也是不可改变的。美国的安全主要依赖于在一个没有发生变化的政治和经济背景下保持军事和技术优势。为此目的，美国一直对苏联及其卫星国实行严厉的出口控制，防止苏联集团国家获得会极大提高它们军事能力的西方产品和技术，尤其是先进技术。虽然这种努力并没有阻止苏联发展先进的武器系统，但它确实使苏联在军事技术上与美国一直存在差距。[1]而且，此举也迫使苏联把大量资源投入与军事有关的领域而不是用于经济发展，从而加剧了资源紧张。

1985年以来，为摆脱内外交困的局面，苏联领导人戈尔巴乔夫不得不进行改革，提出了所谓“政治新思维”。根据这一新思维，在国内，戈尔巴乔夫大力推进政治自由化、公开性和民主化，允许人们公开和客观地讨论政治和社会事务，并开始从根本上改革苏联的政治和经济制度；在外交上，戈尔巴乔夫强调“全人类利益优先”，主张世界各国把相互依赖作为对外政策的基础，承认世界的多样性，主张从极为不同的国际利益中寻求各国利益的均衡；承认各民族有权选择自己的发展道路，主张国际关系非意识形态化，认为核大战不可能有胜利者，主张采用“合理充足”或“足够防御”这一新的军事学说。根据上述原则，苏联开始全面调整对外政策。军事上，从努力争夺对美军事优势转向军备控制和裁军，尤其是核军备控制和核裁军。主要由于苏联的主动妥协和让步，美苏双方达成一系列裁军协议。1985年8月以来，戈尔巴乔夫先是单方面宣布暂停一切核试验和削减50%的战略武器，继而主动让步，促成美苏达成《中导条约》，销毁两国全部中程和中短程弹道导弹。这是核裁军史上的重大成就。此后，苏联又大力削减常规军备。1988年12月7日，戈

1 据《艾伦报告》，1990年，美国在与军事技术有关的领域具有优势的为15—20个，而在1986年，美国在这方面具有优势的只有13—20个。虽然数据表明，苏联第一次在两个技术领域获得优势，但分析表明，美国在技术上的优势增加了。一般而言，苏联在最关键技术领域至少平均落后美国5—10年。Panel on the Future Design and Implementation of U.S. National Security Export Control, *Find Common Ground: U.S. Export Control in a Changed Global Environment*, National Academy Press, 1991, p. 34; National Academy of Science, Panel on the Impact of National Security Controls on International Technology Transfer, *Balancing the National Interest, U.S. National Security Export Controls and Global Economic Competition*, National Academy Press, 1987, p. 327.

尔巴乔夫在联合国宣布，苏联将在1990年前单方面裁减50万人的战斗部队，其中5万为驻外军队，45万为国内复原人员，其中，苏联欧洲部分复原19万，南部复原6万，亚洲部分复原20万。这次大规模裁军甚至把布置在东欧的6个坦克师以及与之有关的核武器系统都裁撤了，此外，还大量销毁坦克、火炮和作战飞机。华沙条约组织也集体宣布削减常规力量581000人、将近1300辆坦克和1000架飞机，更重要的是，没有要求北约对等削减。在战略武器方面，美苏双方达成《削减战略武器条约》，把双方战略武器运载工具削减到1600具，核弹头削减到6000枚。

在对外战略上，苏联从对外扩张转向全面收缩。60年代末以来，为获得对美竞争优势，苏联大肆对外扩张，并因此背上沉重的政治和经济包袱，严重影响到苏联国内经济和社会发展。戈尔巴乔夫上台后，决定放弃在全世界与美国争夺霸权的战略，实施全面收缩。最重要的举动就是从阿富汗撤军。同时，苏联还要求古巴从安哥拉撤军，在非洲之角的埃塞俄比亚，苏联也不再支持敌视美国的力量；在拉美，苏联撤销了对尼加拉瓜桑迪诺政权的支持。这样，从拉美到非洲和亚洲，苏联真正实行了全面收缩。更重要的是，苏联对东欧各个社会主义国家不再进行干涉，在东欧剧变后从经营了40多年的、传统上被认为对于确保苏联安全具有至关重要作用的“安全地带”撤退。原华沙条约组织核心国家的波兰、匈牙利和捷克斯洛伐克等国与苏联签订协议，苏联军队会在1991年中以前撤出它们国土；到1990年8月，苏联驻扎在捷克的37万多军队中超过50%已经撤离完毕，到1994年，苏联军队将完全撤出德国。显然，苏联不再具有像过去那样的强大军事力量，它动员人力和物力的能力也大大下降，它再也不能指挥一个顺从的、具有良好军事效能的军事联盟。苏联也不再是一个团结、稳定和有纪律的整体，在可预见的将来，它都不可能恢复到以前的状态。华沙条约组织已经失去了它作为军事联盟的基本意义。考虑到已经宣布的《欧洲传统力量条约》呼吁苏联从中欧撤军，这实际上消除了苏联发动突然袭击的可能性。而且，不对称削减军事力量也使苏联发动重大军事进攻成为不可能。苏联在中欧对北约国家的常规优势不存在了。经济上，苏联正走向市场经济道路并努力与西方建立更为密切的联系。

总之，在戈尔巴乔夫的领导下，苏联的内政、外交政策已经发生根本变化。从军备控制到地区冲突，苏联都愿意与美国合作。美国领导人认为，虽然苏联融入世界经济的主要障碍仍然存在，从长远看也还具有不确定性，而且苏联军事力量的威胁也还没有消失，但由于其政治结构和使用武器的决策过程已经发生变化，苏联对西方的军事威胁已经大大减小，此外，苏联威胁在本质上已经与过去不同了。

在苏联造成的传统威胁大大减小的同时，包括由地区强国引发的地区冲突、大规模杀伤性武器及相关技术扩散引发的地区不稳定、极端暴力和国家支持的恐怖主义等新威胁不断涌现并逐渐成为美国和西方盟国面临的越来越大的威胁。要有效应对这些威胁，苏联/俄罗斯的合作十分必要。美国需要在新的国家安全定义下实施出口控制。

第二，美国经济正面临日益严重的挑战。第二次世界大战以来，美国对苏东国家实行严厉出口控制的最坚实的基础是：（1）美国在西方盟国中拥有意识形态上的领导地位，（2）有全球技术优势，（3）与盟国相比，美国对国际贸易的依赖度低。冷战后，美国实行出口控制的这一基础不断遭到侵蚀。一方面，到老布什执掌白宫的时候，美国不再是西方联盟毫无疑问的意识形态领袖，美国对盟国行为的影响力大大降低。

另一方面，到80年代，尽管里根经济学对美国经济产生了一定的提振作用，但美国经济直到80年代末也没有走出衰退阴影，与之相比，西欧、日本经济一路高歌猛进，尤其是日本的国民生产总值不断增加，国际上日本取代美国成为经济霸主的言论层出不穷；同时，向来被美国视为经济竞争核心的高技术扩散到越来越多的国家或地区，美国制造商必须在一个真正全球化的市场上与强大的外国竞争对手争夺市场。对此美国防务科学委员会声称，美国工业和技术的持续恶化已经动摇了美国遏制力量的可信性。国会技术评估办公室在其专门评估报告中也说："自第二次世界大战以来，技术优势是美国工业和安全的基石。这一基石目前还没有完全遭到破坏，但在过去十年，它遭到很大侵蚀。"报告以半导体工业为例说，长期以来，美国在半导体领域都处于绝对优势地位，但到1986年，在25个半导体产品上把美国与日本相比后发现，日本竟然在12个产品上处于领先地位，8个产品与美国处于同等地位，5个产品落后于美国。与此相应，美国产品即使在美国市场的占有率也不断下降，从1970年的89%下降到1987年的64%。[1]随着戈尔巴乔夫改革的推进，许多欧洲国家和日本与东方集团贸易的政治和经济利益超出了对军事安全所造成的损害，因此对高技术出口实施更少的控制。如，20世纪80年代末以来，西方国家对原苏联集团国家的高技术出口不断增加。以1987年西方六国对不包括中国在内的社会主义国家的高技术出口为例，德国、日本、法国、英国、意大利和美国向社会主义国家出口高技术物项的价值分别为4.47亿美元、2.351亿美元、1.583亿美元、1.413亿美元、7480万美元和6580万美元，占对社会主义国家高技术出口的比例分别为39.8%、20.9%、14.1%、12.6%、6.7%和5.9%。[2]美国不仅对社会主义国家的高技术出口远远落后于其他西方主要盟国，而且由于美国不再享有压倒性地位的技术优势，出现美国与其他国家（主要是巴统国家）分享技术领导地位的情况；其他国家在美国拒绝出口某些高技术产品时就有可能替代美国，这就导致美国工业所享有的世界市场份额下降。统计数据清楚表明了这一趋势。以光纤、半导体、超级计算机和机床等产品为例，1980年，

1 John Heinz, *U.S. Strategic Trade: An Export Control System for the 1990s*, Westview Press, 1991, pp. 104–106.

2 R. L. Hudson, "East awaits flow of West Technology", *Wall Street Journal*, May 30, 1990, p. A9.

美国上述四个产业占世界市场的比例分别为73%、60%、100%和18%，到1988年，则分别下降到42%、36%、76%和7%。其他如电信装备、计算机和办公室设备、医药设备、仪器和控制装置产业等在世界市场的占有率到1989年也大幅度下降，从1984年的40%、53%、55%和58%下降到1989年的28%、34%、42%和46%。[1]虽然在上述各个行业，美国在世界上仍具有优势，但相比而言，下降的幅度是很大的。这不能不引起美国政府对严厉的出口控制的警惕，因为国家安全高度依赖技术产业的创新能力，而技术创新依赖工业界在世界市场进行成功竞争的能力，美国不得不自问，继续实行严厉的出口控制符合美国长期利益和战略利益吗？答案自然是否定的。

在美国技术优势和世界市场占有率同步大幅下降的同时，美国再也不能不把出口看作国内经济活力的一个源泉，出口对美国经济活力的重要性正日益增长。据统计，仅高技术产品出口占美国GNP的比例就从1960年的4.6%上升到1987年的9.5%。[2]这表明，出口对美国经济增长的贡献越来越多，美国正与他的竞争对手一样越来越依赖出口，美国经济面对出口控制的消极后果也正变得越来越脆弱。[3]更重要的是，这种趋势发生逆转的可能性基本不存在了。而诸如日本等某些政治和军事盟友正日益转变为美国的竞争对手。在这种情况下，美国势难维持以前的出口控制不变，这就需要重新界定国家安全概念。

第三，面临新的国际政治和安全形势，无论是美国国内，还是巴统盟国和苏联，都强烈要求改革出口控制。

---

1 Arvind Parkhe, "U.S. National Security Export Controls: Implications for Global Competitiveness of U.S. High-Tech firms", *Strategic Management Journal*, vol. 13, issue 1, 1992, pp. 47–66 .

2 L. Weidenbaum, *Business, Government, and the Public*, Prentice Hall, 1990.

3 Panel on the Future Design and Implementation of U.S. National Security Export Control, *Find Common Ground: U.S. Export Control in a Changed Global Environment*, National Academy Press, 1991, p. 42.

戈尔巴乔夫的新思维对欧洲北约国家和巴统成员国产生了重大影响。英国、法国、德国、意大利越来越怀疑巴统继续对苏联实行严厉出口控制的正当性，不断要求放松对苏联的出口控制，它们几乎无一例外地要求改革巴统。西德外长在发表演讲时说，西方国家“必须通过全面合作和技术转让对在改革中的中欧国家进行援助”。意大利总统于1989年10月13日对老布什总统说，西方应该重新考虑和审查对波兰、匈牙利和苏联集团其他国家售卖高技术产品的时限。欧洲国家认为，保持西方技术优势的唯一有效的方法是改变严厉的出口控制，单方面的控制不会发生作用，而且成本非常高。[1]

相较而言，美国国内对出口控制的批判更深刻。美国出口控制体制经过半个世纪的发展，变得非常复杂，有多个联邦机构参与管理，有不同的出口控制清单，还有众多相关的出口控制法律、法规，它们甚至相互冲突。这使出口商和相关产业界在出口时感到无所适从。冷战时期，国家安全的需要超过其他任何考虑，尽管产业界和出口商对美国出口控制感到不满，但他们并未对政府施加强大压力，要求放松出口控制并根本改革出口控制制度。冷战结束后，这种长期以来遭到压制的诉求以空前强烈的方式释放出来。

1989年，在国会就与国防有关的问题举行的听证会上，工业界代表对美国出口控制提出严厉批判，他们说，美国政府对出口许可证申请的处理是不可预测的。同时，美国公司必须与外国供应商进行竞争，外国供应商都得到他们政府的支持，这使其他国家认为美国是一个不可信任的供应商。他们说，美国出口控制是在40年前建立的，不能对今天的全球市场挑战做出反应。许多出口商要求改革出口许可证申请系统，主张应该由一个机构而不是两个机构负责，这样就可以消除在商品出口管辖

1　John Heinz, *U.S. Strategic Trade: An Export Control System for the 1990s*, Westview Press, 1991, p. 124.

权问题上出现的争端，有利于出口并增强美国商品的竞争力。[1]由超过200个大公司组成的商业圆桌会议对美国出口控制的批判尤为突出，它认为，美国出口控制体制没有在军事安全、经济力量和技术领导之间取得适当平衡。出口控制体制与世界政治、经济和技术发展步伐不相适应。美国技术领导地位在许多关键领域已经遭到侵蚀，美国公司正面临来自欧盟和日本的日益激烈的竞争。由于与时代不相适应，出口控制体制对美国出口商造成了不必要的负担，在高技术领域尤其如此。美国出口商必须与一套复杂的、时常不一致的出口控制做斗争。这使外国消费者对美国公司及时供应产品和技术的能力，以及竞争方式的能力产生怀疑。结果，它鼓励外国消费者把美国产品和技术排斥在外。这不仅削弱了美国高技术工业的商业活动，最终也会损害美国国家安全。[2]

国家科学院也认为，行政部门建立的管理机构，在解决经常发生在各个管理机构之间的关于国家安全出口控制的矛盾时是不同步的，因而是无效的；美国国家安全出口控制是不合理、不可信和不可预测的。不仅如此，国家安全出口控制削弱了美国公司在世界市场的竞争力；美国出口控制的治外法权则损害了与盟国的关系，不利于美国出口商。[3]甚至总统出口咨询小组委员会也认为由于过多实行单方面出口控制等原因，美国公司负担沉重。一份由总统出口委员会、全国生产商联合会和美国电子协会等8个部门起草的报告，7次提出了修改出口控制政策的建议。对美国而言，出口控制向来是实现美国外交政策目标的经济工具。美国最初对发生在苏联的变化还有疑虑，如国务卿贝克于1989年10月16日在

1 John Heinz, *U.S. Strategic Trade: An Export Control System for the 1990s*, Westview Press, 1991, pp. 32–33.

2 Business Roundtable, "Focus on the Future: A Global Export Control Framework", *Business Roundtable*, January 1990.

3 National Academy of Science, Panel on the Impact of National Security Controls on International Technology Transfer, *Balancing the National Interest, U.S. National Security Export Controls and Global Economic Competition*, National Academy Press, 1987, pp. 167–177.

纽约召开的外交政策协会上说："我们不能屈从于对苏联外交政策新思维所表现出的虚假的乐观主义，我们只能依靠新的思想来考虑我们的利益。"[1]但老布什很快发现，在巴统国家中，美国正变得孤立。

如果说盟国和国内要求改革出口控制对老布什政府施加了内部压力，那么苏联对美国出口控制的不断批判则为美国改革出口控制提供了强大的外部动力。

以巴统为核心的国际出口控制机制的重要目的就是通过发动经济战遏制苏联。对此，苏联心知肚明。在冷战时期，苏联解散巴统并放松出口控制的要求不可能被西方考虑并接受。随着戈尔巴乔夫政治、军事和经济改革的推行，他迫切需要扩大与西方的经济联系并获得西方的经济和技术援助，以挽救已经陷于泥潭的苏联经济。而对西方来说，支持戈尔巴乔夫面向西方的改革符合其根本利益和长远利益。这样，在苏联看来，西方放松对苏联的出口控制是非常可能的。因此，戈尔巴乔夫一方面在政治、经济和军事改革上做出迎合西方的姿态，一方面不断严厉批评西方的出口控制。1988年2月，苏联代表在欧洲安全与合作会议上指责巴统禁止贸易是"不公正的歧视性障碍"，阻碍了欧洲的经济和技术合作并导致欧洲的技术分裂。为迫使美国放松对苏联严厉的出口控制并解散巴统，戈尔巴乔夫甚至亲自出面批判美国的出口控制制度。1988年3月，他尖锐指出，西方出口控制实际上是"一个制裁政策和孤立政策"。1989年7月6日，在圣彼得堡，戈尔巴乔夫告诉欧洲安全会议说，巴统是美国外交政策的工具，应解散巴统，以利于他所主张的"欧洲共同家园"的实现。[2]在一定意义上，戈尔巴乔夫是对的，毕竟，西方盟国在经济上与美国存在相当的利益冲突，西方盟国对美国长期以来迫使它们采取严

1　John Heinz, *U.S. Strategic Trade: An Export Control System for the 1990s*, Westview Press, 1991, p. 62.

2　John Heinz, *U.S. Strategic Trade: An Export Control System for the 1990s*, Westview Press, 1991, p. 124.

厉的出口控制非常不满。为促使美国改革出口控制，苏联几乎利用一切机会呼吁西方放松出口控制。1989年10月，苏联驻欧共体大使说，巴统的出口控制损害了苏联经济，迫使苏联把更多资源用于发展防务，阻碍了苏联与欧共体就贸易与经济合作进行谈判并达成广泛协议的努力。[1]苏联大使的话表面上非常清楚，即抱怨西方出口控制给苏联经济造成了极大损害；但另一层意思就非常值得玩味，即如果西方不改革当前严厉的对苏联出口控制，苏联就不得不继续把西方当作主要威胁，因而不得不继续过去的把大量资源用于国防的做法。这确实是西方当时最为关心的问题。这就迫使西方不得不认真面对这一抱怨并做出真正的改变。面对来自国内外的批判和压力，老布什政府开始改革出口控制。

二、巴统与老布什政府出口控制

众所周知，巴统是美国努力协调盟国战略出口控制的组织，它实质上是以美国为首的西方遏制苏联集团和为美国建立的集体安全机制服务的经济工具。巴统包括除冰岛外的所有北约组织成员国和日本以及澳大利亚，共有17个成员国。自成立以来，尽管各成员国之间在战略贸易出口控制上分歧不断，但这种分歧终究没有威胁到西方的团结，美国与盟国之间在巴统出口控制上基本维持了一种良性互动，在危机时刻或出口可能使西方面临重大安全风险的情况下，西方盟国基本上会接受美国加强出口控制的要求。如1948年，在捷克斯洛伐克事件的影响下，盟国应美国的要求加强出口控制；而在危机消除或出口不会导致大的安全风险的情况下，美国也基本能接受盟国放松出口控制的要求。如在朝鲜战争

1 Gary K. Bertsch, Steven Elliott-Gower eds, *Export Control in Transition, Perspectives, Problems, and Prospects*, Duke University Press, 1992, p. 26.

结束后，应盟国的强烈要求，美国同意大幅度放松巴统出口控制。这样一种良性互动一方面对于协调盟国对苏联集团国家的出口控制和遏制社会主义国家发挥了重要作用；另一方面，也使美国与盟国之间围绕出口控制的矛盾潜滋暗长。其结果是，随着安全忧虑的进一步降低，盟国要求大幅度削减巴统出口控制。

由于1989—1990年的革命性的变化，巴统存在的基础动摇了。研究美国出口控制的权威学者马斯坦多诺认为，巴统的存在有6个紧密联系的假设。第一，苏联对西方是严重的军事威胁，因为它拥有强大的能力，以及它在欧洲、太平洋和部分发展中国家与西方联盟产生了冲突。第二，由于东西军事竞争和与西方相比苏联在技术上的劣势，苏联非常希望得到西方先进的两用技术和装备，如果西方向苏联出口这些，苏联将把它们用于军事发展并极大提高苏联军事能力。第三，军事威胁并不会演变为迫在眉睫的战争，而是一场正在发生的竞争，其强度不断变化但将一直持续下去，并会导致各个国家开发和布置武器。第四，避免战争的关键是威慑，这需要美国和西方盟国在把先进技术运用于军事系统方面保持质量优势，以抵消苏联和华沙条约组织的数量优势。第五，正是由于华约的存在，要求战略禁运把苏联和东欧都包括在内。第六，东西军事竞争会因为意识形态竞争而加剧和得到补充，这使得在政治上更容易证明对东方实施战略禁运的正确性。[1]

戈尔巴乔夫上台以来所进行的政治、军事、经济和外交改革使上述假设面临严重挑战。虽然苏联仍拥有威胁西方的军事实力，但苏联大规模单方面削减常规和战略力量表明，不仅苏联利用进口西方两用技术以提高苏联军事能力的前景和可能性大大降低，而且苏联使用这种实力威

1　Michael Mastanduno, *Economic Containment: CoCom and the Politics of East-West Trade*, Cornell University Press, 1992, p. 328.

胁西方的意愿也大大降低。很明显，苏联希望减少进而消除与西方的军事竞争，从而建立一种稳定的关系。同时，由于1989年的东欧剧变后，苏联阵营各个社会主义国家政权相继崩溃，其后建立的新政权纷纷决定在政治、经济、军事和意识形态上远离莫斯科。这样，再把东欧诸国看作是苏联的附属物而对它们实行出口控制就显得不合时宜，也不符合美国外交政策目标。作为苏东剧变的结果，造成军事威慑和战略禁运的东西方之间意识形态上的斗争实际上在1990年前就消失了。[1]环境的变化使美国面临着是否应继续维持巴统这一问题。

美国希望继续维持巴统，西欧盟国非常不满。老布什政府采取一系列措施，最终维系巴统并加强了巴统协调。

在1989年10月的高级会议上，美国说尽管戈氏推行新思维外交，但苏联仍继续通过非法途径获得西方机床并利用它们生产各种战争物资，因此，主张继续维持巴统和巴统对苏联的出口控制。1990年3月，布什总统宣布，巴统必须继续存在下去以确保军事敏感技术不会流入潜在敌对国家。但巴统一些主要成员国对美国只关心自己利益而不顾盟友利益的做法非常不满，并表现出不再跟随美国指挥棒而单独行动的决心。首先是比利时和英国不理睬美国的立场而放松自己的出口控制；更为严重的是，1989年12月，西德社会民主党通过决议要求西德退出巴统。显然，主要盟国的反巴统情绪是非常严重的，对美国力图继续维持巴统也是非常不满的。美国很清楚，西德的立场在主要盟国中并非特例。因此，面对盟国尤其是作为经济大国的西德的强烈反对立场，老布什政府不能一意孤行，因为没有盟国的理解和合作，美国的出口控制势必失败。于是，美国政府决定适当妥协。就在老布什总统宣布要继续维持巴统存在的同

1 Michael Mastanduno, *Economic Containment: CoCom and the Politics of East-West Trade*, Cornell University Press, 1992, pp. 329–331.

时，他又说，巴统国家必须“修改巴统控制清单和程序以支持东欧国家发生的急剧的政治和经济变革”。具体而言，美国正提议“对正在变化的战略威胁进行全面分析”，并以此作为巴统控制“未来可能的改变”的基础。[1]在1990年2月的巴统行政委员会会议上，美国力图安慰盟国，它建议把对波兰、匈牙利和捷克的出口提高到中国绿线，而不放松对苏联的出口控制。西欧认为仅仅放松对东欧若干国家的出口控制是不够的，因而继续反对。在德国的带领下，它们要求完全解除中国绿线中对苏联和东欧的所有物资的出口控制。[2]美国不愿意进一步妥协，会议没有达成协议就结束。

随着中东欧国家国内政治、经济的进一步变化，美国面临要求放松巴统出口控制的越来越大的现实压力。对此基辛格曾说，在可预见的将来，苏联“意识形态威胁”将不会存在，苏联地面武装力量将因为“民族冲突”和“技术上的落后”而被削弱。[3]老布什政府显然认识到这一变化给出口控制带来的压力。在老布什政府看来，不仅主要盟国要求美国放松对苏联和中东欧国家的出口控制，而且，为支持民主，作为实现美国外交政策目标的经济工具的出口控制也必须适时做出调整。否则，美国既不能继续维持巴统，也不能获得盟国的信任和维持西方联盟的团结；也就是说，是否放松出口控制，已经不仅是经济问题，而且是政治和战略问题。老布什政府充分认识到形势的严重性，努力协调政府内部立场。1990年1月，布什总统要求参谋长联席会议全面审查华沙条约组织的挑战和多边战略出口控制的意义。审查建议，美国必须对出口控制做出重大

1 White House, “National Security Strategy of the United States”, Washington D.C., March 1990, p. 22.

2 Michael Mastanduno, *Economic Containment: CoCom and the Politics of East-West Trade*, Cornell University Press, 1992, pp. 331–332.

3 Henry A. Kessinger, “Germany, Neutrality and the Security ‘System Trap’”, *Washington Post*, April 15, 1990, p. D7.

改革。国务院与商务部和国防部一起，制订了出口控制改革一揽子计划，努力推动巴统对某些物资的出口“竖立更高的篱笆”，也就是对某些物资实行更严格的出口控制。1990年4月30日，布什总统批准出口控制一揽子改革计划，它最终确定了美国参加预定于当年6月6—7日在巴黎召开的巴统高级会议的立场，也成为巴统高级会议上美国提出的建议的基础。

在1990年6月巴统历史性的高级会议上，美国同意对多边出口控制体制进行根本性的改革，巴统大幅度削减出口控制清单。各国还同意，如果东欧国家建立起令人满意的措施来防止受控制的技术转运到苏联，则把东欧国家从出口控制对象清单中删除，同时允许中欧国家更方便地获得西方技术。更重要的是，美国同意废除目前的巴统两用技术清单并从中挑选一些物资，制定一个具有高度选择性的“核心清单”。在经过一段时间的争论后，这样的核心清单——《布西报告》在14年前就提出了——在1991年5月为巴统成员国所接受。[1] 据此，老布什政府最终同意盟国放松对计算机和机床的出口控制，计算机和机床的出口控制参数都有相当程度的提高。老布什政府之所以采取这一行动，担心巴统在出口控制上的合作会崩溃固然是其重要原因，国际政治、军事形势的变化和振兴美国经济以及确保美国高技术产品在国际市场的占有率无疑也是重要考虑。这一改革在相当程度上满足了盟国放松出口控制的要求，从而减轻了来自盟国解散巴统的压力。

放松机床的出口控制不仅有振兴美国经济和适应国际形势变化的因素，也有笼络盟国的考虑，从而继续维持巴统并利用巴统为美国外交政策服务。长期以来，在机床生产的某些领域，相比而言，西欧和日本的产品更有优势，但美国一直以苏联的军事威胁为由禁止向苏联等社会主

1 Michael Mastanduno, “The United States Defiant: Export Controls in the Postwar Era”, *Daedalus*, vol. 120, no. 4, Fall 1991, pp. 91–112.

义国家出口机床。为获取经济利益，西欧和日本等国的一些公司往往通过各种途径向苏联出口机床，沸沸扬扬的东芝事件就是在这种情况下发生的。[1] 1981—1985年间，日本东芝公司和欧洲的公司向苏联海军出口巴统控制的先进机床，它能改进苏联推进器生产技术，这种技术转移能使苏联潜艇更安静，因而能更好地躲避美国和盟国反潜艇力量。这使美国不得不花更多的钱研究能够探测苏联潜艇的新技术。虽然这一事件最终以东芝公司缴纳罚款和不得进入美国市场而告终，但许多国家都指责美国只准备解除美国公司拥有充分竞争力的领域的出口控制。实际上，不仅对日本，对任何向苏联集团国家出口先进两用技术和军事技术或产品的西方盟国，美国都会做出强烈反应。如瑞典一家公司非法向苏联再出口原产于美国的空中管制技术，被发现后，这家公司被美国政府罚款300万美元并被列入黑名单。同样，在发现瑞典的爱立信等公司非法向苏联再出口后，美国威胁不再向它们发出订单。国防部还提醒瑞典政府，必须保护用于发展下一代战斗机的关键技术。由于在高新技术和安全上严重依赖美国，盟国在美国强大压力下一般都不得不加强出口控制。如，为使其公司继续获得美国技术，瑞典政府在1986年承诺加强执行（包括与美国调查人员充分合作）和制定限制原产地为外国的战略物资的贸易新规则。[2]但盟国的利益毕竟与美国不完全一致，尤其是在经济利益方面，因此，美国的压力也导致盟国极大反弹。如不进行安抚和做出一定程度的妥协，美国与盟国在出口控制上团结一致的局面可能崩溃，国际出口控制机制也可能瓦解。因此，老布什政府决定解除机床出口控制，不仅

1　关于东芝公司向苏联出口先进机床事件及其影响，参阅崔丕：《美国的冷战战略与巴黎统筹委员会、中国委员会（1945—1994）》，中华书局2005年，第489—499页；李新华、魏建国：《美国与北约对苏联的输油钢管禁运》，《世界历史》，2002年第3期。

2　Michael Mastanduno, *Economic Containment: CoCom and the Politics of East-West Trade*, Cornell University Press, 1992, p. 291.

是对盟国要求的妥协，也有助于消除对美国只准备解除美国公司拥有充分竞争力的领域的出口控制的指责，从而有助于重塑美国形象和恢复盟国对美国的信任。

作为放松出口控制的直接表现，1989—1993年，需要有效许可证的数量和拒绝出口的物资的价值都大大减少。1989年，获得许可证批准的出口价值为1164亿美元，许可证被拒绝批准的出口价值为7亿美元，提交的许可证申请数为75000个。1990年的相应数据分别为607亿美元、8亿美元、50000个；1991年的相应数据为637亿美元、17亿美元、28000个；1992年相应的数据为178亿美元、3亿美元、20000个；1993年相应的数据为165亿美元、3亿美元和20000个。[1] 从上述数据看，老布什政府放松出口控制的力度是颇大的，尤其是在需要许可证才能出口的物资上面，其放松力度更大。

对于老布什政府谨慎加强国家安全出口控制的努力，西方盟国在相当程度上是欢迎的。西方盟国认识到，只要苏联威胁的前景仍存在，出口控制对集体安全是必需的，在向苏联出售与防务有关的技术时就必须非常小心。实际上，还在1989年5月，北约首脑会议就声称，西方联盟遇到“前所未有的挑战和机遇”，宣布，“通过对基本的战略物资实行有效的出口控制，我们将继续保护我们的技术能力”。[2] 可以说，1990年6月的巴统高级会议克服了最初在如何应对苏联和东欧国家发生的变化上产生的分裂，对于维持巴统继续存在下去具有重要意义。

在老布什政府的努力下，巴统不仅继续存在，而且在出口控制合作

---

1 U.S. Congress, Office of Technology Assessment, *Export Controls and Nonproliferation Policy, OTA-ISS 596*, U.S. Government Printing Office, May 1994, p. 29.

2 Sumner Benson, “The Security Perspective on Export Control Policy in the 1990s”, in Gary K Bertsch, Steven Eliott-Gower eds, *Export Control in Transition, Perspectives, Problems, and Prospects*, Duke University Press, 1992, p. 20.

方面达到一个新水平。所谓合作，就是根据其他国家的行动来调整自己的政策，根据其他国家的行为改变自己的行为，通过一个自愿的程序进行合作。[1]在一个机制内部，至少存在两种形式的政策协调：在实质规则上做出相应的调整和在程序规范上做出调整。[2]老布什政府努力促使巴统在上述两个方面进行合作并取得很好成绩。

首先，在程序性政策协调方面，1989年，巴统决定召开许可证官员会议，交换许可证程序信息，并建立巴统执行委员会。1990年1月后，程序性政策协调进一步深入，巴统成立了巴统合作论坛，同意每两年审查出口控制清单一次。在关键的程序领域，增加了对妥协的政策工具的利用，同时，参加或参与协议合作的国家的数量大大增加。

其次，在实质政策协调层面，巴统成员国就修改控制清单、修改被禁止出口的对象国和通过许可证审查程序进行例外出口以及制定并实施有效保护的共同标准达成一致。各国还协调它们的法律、法规和实施程序，加强交流，在很大程度上改变了清单上的物资和禁止出口的对象国，并于1990年10月制定了78种关键技术或物资的两用物资"核心清单"，成功地协调了它们的出口控制政策，以满足1988年1月制定的有效保护共同标准的更严厉目标。[3]另外，到1992年，所有巴统成员都满足了有效保护的共同标准，该标准规定了国家许可证和实施标准，包括立法和管理要求。加拿大、法国、德国、日本、挪威和英国增加了对违反出口控制法

---

1 Robert O. Keohane, *After Hegemony: Cooperation and Discord in the World Political Economy*, Princeton University, 1984, pp. 161–162; Helen Milner, "International Theories of Cooperation Among Nations: Strengths and Weaknesses", *World Politics*, vol. 39, no. 3, 1986, pp. 466–496.

2 Steven Krasner, "Structural Causes and Regime Consequences: Regimes as Intervening Variables", in Steven Krasner ed, *International Regimes*, Cornell University Press, 1983, pp. 1–21; Joseph M. Greico, *Cooperation Among Nations: Europe, America, and Non-Tarif Barriers to Trade*, Cornell University Press, 1990, pp. 22–25.

3 Richard T. Cupitt, Suzette R. Grillot, "COCOM is Dead, Long Live COCOM: Persistence and Change in Multilateral Security Institutions", *British Journal of Political Science*, vol. 27, no. 3, July 1997, pp. 361–389.

的民事或刑事处罚。相比而言，四年前，美国商务部还认为没有“任何国家有一个能提供有效保护的出口控制体制的决定”[1]。根据有效保护的共同标准，1989年后，美国、英国和德国都规定实施全面控制。这个规定对个人、公司和特定的政府实体进行惩罚，如果它们的所作所为有助于敏感物资向被禁止的最终使用者转移的话。当然，实施共同标准也是有代价的，即巴统对某种以前被认为是违反巴统出口控制规则的行为不加惩处；相反，它还解除了对某种物资的出口控制。这种现象在1989年前比较少见。例如，1991年，德国政府批准向苏联出口属于巴统控制的物资——光纤，这个行动让其他巴统国家非常不满，但它们没有试图惩罚德国；相反，它们对光纤类物资的控制进行审查，决定解除对这样的物资的出口控制，允许所有成员出口。[2]

显然，1989年后，尽管国际形势的变化使美国国内和西方盟国都要求大幅度放松国家安全和外交政策出口控制，但实际上，在其根本的战略目的消退后，美国与巴统其他成员国在出口控制上的合作不仅继续进行，而且还得到进一步发展。可以这样说，1989年后，美国在出口控制方面与巴统成员国在每一个方面的合作都增加了。尽管如此，老布什政府的所作所为并不能挽救巴统。

三、苏东国家与老布什政府出口控制

传统上，美国把出口控制当作遏制和影响苏联政策的工具，当苏联内外政策符合或大致符合美国的期望时，美国便放松出口控制作为奖励，

1 US Department of commerce, Bureau of Export Administration, “Export Administration Annual Report for Fiscal Year 1989”, p. 27.

2 Richard Cupitt, Suzette R. Grillot, “COCOM is Dead, Long Live COCOM: Persistence and Change in Multilateral Security Institutions”, *British Journal of Political Science*, vol. 27, no. 3, July 1997, pp. 381–382.

以引导苏联政策进一步向美国期望的方向发展；当苏联内外政策不符合或基本不符合美国期望时，便强化出口控制，以此作为惩罚苏联的措施，迫使苏联政策转向美国所期望的方向。

美国出口控制的目的就是阻止美国的敌人获得有助于改进其相当原始的生产系统的先进技术，阻止其提高军事潜力。在1970年前，美国几乎绝对禁止对苏联进行任何形式的出口。缓和开始后，美苏贸易逐步发展，在缓和后期的1979年，美苏双边贸易达到创纪录的45亿美元；即使是60年代以来被美国严厉控制的高技术，当年向苏联的出口额也达到5000万美元左右。但在苏联入侵阿富汗以后，美苏贸易状况急转直下。1980年1月，卡特总统宣布，美国对苏联实施贸易制裁，禁止向苏联出口巴统控制清单上的物项，并冻结对苏联的高技术出口。这就是巴统著名的“无例外政策”。[1]此后，尽管美苏仍存在双边贸易，但主要是农矿产品和原材料，如，1980—1988年，美国出口到苏联的商品大约74%是农产品；1988年，双边机械贸易量小到可以忽略不计：苏联出口到美国的制造业产品只相当于美国进口额的0.1%，美国出口到苏联的制造业产品只相当于苏联进口额的0.2%。即使是美国向苏联出口的技术，也基本是低端技术。美苏贸易不仅质量低，而且总量不大。1980—1990年，美苏双边贸易平均每年为25.7亿美元，最高的1983年为39亿美元，最低的1986年为18.5亿美元。[2]这与1979年及以前的双边贸易量不可同日而语。

苏东欧剧变尤其是戈尔巴乔夫在政治、经济和军事方面的改革取向及相关措施使以美国为首的西方自第二次世界大战以来首次可能不再面临来自东方的威胁。对于苏联和东欧国家的这一变化，美国立即在出口控制政策上做出反应，放松对苏东国家尤其是苏联的出口控制，以期苏

1　National Security Directive 12, June 6, 1989, DNSA, Presidential Directives, Part II, 01731.

2　John Heinz, *U.S. Strategic Trade: An Export Control System for the 1990s*, Westview Press, 1991, p. 65.

联的政策能不可逆转地继续向有利于西方的方向发展。在1990年的休斯敦会议上，西欧集体承诺向苏联、东欧提供无附加条件的技术援助，因为这些技术援助将进一步促进苏联走向自由市场和政治民主。[1]

鉴于苏联已完成从阿富汗的撤军，1989年5月，老布什总统决定废除“无例外政策”，无论是美国还是巴统对苏联出口重新实施逐案审查政策。该政策于当年5月27日生效。[2]在1990年6月的被称为“出口控制历史上最有意义的会议”的巴统高级会议上，根据美国的建议，各国同意跳过审查清单程序而直接删除巴统工业清单上116种物资中的30种，即完全解除对这30种物资的控制，并于1990年7月1日生效。自1990年8月15日起解除对另外8种物资（电子设计、开发和产品，先进材料及其加工；先进电信；传感器、传感器系统和激光；航海和航空系统；航海技术；先进计算机；运载系统）的控制，制定包括8类最关键技术物资的核心清单，它将于1991年1月1日生效，以取代目前包含广泛物资的工业清单。实际上，直到1991年秋，核心清单才出台。清单包括9大类物资：先进物资、材料加工、电子、计算机、电信、传感器、航海和航空电子设备、航海技术和推进系统等。巴统工业清单上的物资有78种出现在核心清单上；最后，对于那些对西方没有什么战略威胁并采取“适当的安全防范机制”以防止受西方控制的技术被转移到苏联或被转用于军事的中欧国家，应该允许它们更方便地获得西方技术。会议还决定，统一后的德国成为巴统成员。[3]1991年5月23日，就具有重要军事意义的两用物项和技术的出口控制，美国与16个巴统成员在巴黎达成一项协议，把核心清单中实施

1 Michael Mastanduno, *Economic Containment: CoCom and the Politics of East-West Trade*, Cornell University Press, 1992, p. 317.

2 National Security Directive 12, June 6, 1989, DNSA, Presidential Directives, Part II, 01731.

3 Arvind Parkhe, “U.S. National Security Export Controls: Implications for Global Competitiveness of U.S. High-Tech firms”, *Strategic Management Journal*, vol. 13, issue 1, 1992, pp. 47–66；崔丕：《美国的冷战战略与巴黎统筹委员会、中国委员会（1945—1994）》，中华书局2005年，第505—506页。

出口控制的具有军事战略意义的技术和物资削减50%。[1]到1991年末，各个成员国已经解除或放松了600小类物资中的350类物资的控制，124类保持不动，加强控制的有29小类。[2]

在完成巴统出口控制清单审查后，1990年11月，布什要求审查美国出口控制清单。制定于冷战时期的美国出口控制清单包含太多的物资或技术，美国出口控制清单包括美国军火清单（USML）和商品控制清单，军火控制清单相对较短；相比较而言，1988年的出口管理规定有750页，仅补充的规定就有588页。商品控制清单有162页，有200多种控制商品，分为10类，还不包括将近30种因国家安全的原因而单方面进行控制的商品。毫不令人吃惊的是，工业界认为商品控制清单是模糊的，即使是专门的出口控制人员对如此长的清单也感到难以适应。这既不符合增加出口、提振美国经济的需要，也不符合放松出口控制以支持东欧苏联国家民主改革的外交政策的需要。因此，老布什总统要求审查出口控制清单，提高控制门槛，减少控制种类。审查的标准是：更具体地描述受控制物资的特性及运用，控制参数与目前工业技术标准一致，而不是一般地以国家安全作为控制理由。审查尤其强调国外可获得性，即如果某一产品或技术不仅仅为美国所拥有，其他国家也拥有，而且其出口控制要比美国松，就应随时准备解除控制。这是美国技术不再处于垄断地位的表现，也是其客观要求。作为审查核心清单的一部分，美国政府全面审查从航空电子到激光系统的外国可得性。只要美国在巴统国家之外发现可以获得某种美国控制的物资，美国就准备解除对该物资的出口控制。同样地，当美国发现苏联在某个领域拥有与美国先前控制水平相等或优于美国控

1　Marin Fitzwater, "COCOM-A New System of Export Controls", *U.S. Department of State Dispatch*, June 3, 1991, p. 402.

2　Richard T. Cupit, *Reluctant Champions, U.S. Presidential Policy and Strategic Export Controls*, Routledge, 2000, p. 148.

制水平的物资时，美国也寻求解除控制。但是，在巴统是两用物资或技术的唯一供应者的领域，美国要求盟国继续实行控制。[1]

根据审查结果，老布什政府同意放松计算机和机床出口控制，计算机和机床的出口控制参数都有相当程度的提高，实际解除了几乎所有个人计算机和微型计算机的出口控制，但拒绝放松对电信产品的出口控制。[2]其中，放松计算机出口控制的幅度最大。1989年，美国对计算机的禁运门槛是78兆/秒。1989年，商务部长罗伯特·莫斯巴赫（Robert Mosbacher）决定解除IBM 80286微机的出口控制，但遭到国防部长理查德·切尼的坚决反对。这样，这一水平降低到69兆/秒，但如果是向东方国家出口，即使运算速度更低的微机仍很难获得出口许可证。1989年6月，微机出口控制被解除，但仍对125兆/秒以上的微机实行禁运。一般而言，国防部会拒绝80386微机的出口许可证申请，即使是向波兰、捷克斯洛伐克和匈牙利出口。但新的出口控制政策大大突破了上述限制。根据规定，解除出口控制的计算机的运算速度升到275兆/秒，这包括所有的80386微机，数字装备公司的许多微机，IBM、Unisys公司的许多运算速度较低的电脑。对运算速度超过400兆/秒的计算机是否发放许可证，属于各国自由裁量权范围（不需要巴统审查）。是否出口运算速度在400—550兆/秒之间的计算机也属于各国自由裁量权范围，但在发放许可证前需提前32天通知巴统。更让人吃惊的是，“有利考虑”（意思是假设巴统在经过四周等待期后会批准）准则得到实施，即对所有出口目的地出口运算速度在1000兆/秒以上的计算机。最后，根据“有利考虑”可

---

1 Ambassador Allan Wendt, Senior Representative for Strategic Technology Policy, “US Export Controls in a changing global Environment”, Address before a National Academy of Sciences symposium, Irvine, California, June 11, 1991, *US Department of State Dispatch*, July 1, 1991, http://fndarticles.com/p/articles/mi m1584/is n26 V2/a11234174.

2 Michael Mastanduno, *Economic Containment: CoCom and the Politics of East-West Trade*, Cornell University Press, 1992, p. 333.

向中欧国家出口运算速度在2000兆/秒以上的计算机，这些国家的政府都同意建立严格的安全程序以防止计算机被转作非法使用。而这种水平的计算机在两年前仅仅向最可信的最终用户出口。与内存、网络和工作站有关的其他许多参数也都改变了。[1]可以说，这一变化即使商业界也会感到吃惊。此举使美国出口商获利甚多。美国出口商在波兰、匈牙利、捷克斯洛伐克和东德迅速发展的市场上获得相当多的市场份额。美国决定，对前三个国家的出口许可证将优先处理，如果它们建立自己的控制体系以防止转移，并允许巴统国家现场检查，以确保两用物资被用于和平目的。对东德的出口控制几乎完全取消了。1990年7月2日，德国马克成为东德的官方货币，大大地提高了它的购买力。同时，由于对东德几乎废除了出口控制，德国也实现了政治上的统一，大量的高技术物资流向东德。对于美国出口商而言，东德成了进入其他东方国家的一个最主要战场。

老布什政府还积极修改出口控制法律、法规，使放松对苏东国家的出口控制建立在更稳固的法律基础上。在1990年6月巴统会议之前不久，参议院通过了新的出口控制立法修正案。他们的意图是“结束对那些具有广泛可得性的或对对外军事目标很少有或没有什么影响的物资的出口限制”。该法案还对国防部在审查两用物资中的作用进行了限制。众议院和参议院小组委员会中几乎所有的讨论都集中在结束旧的反社会主义出口控制体制上。参议院银行委员会于1990年7月17日公布了它所修订的版本，众议院则在相当程度上削减了出口控制范围。政府更倾向于参议院的版本，因为它更接近于巴统的变化。[2]

---

1 Gary K. Bertsch, Steven Elliott-Gower eds, *Export Control in Transition, Perspectives, Problems, and Prospects*, Duke University Press, 1992, pp. 50–51.

2 Richard T. Cupit, *Reluctant Champions, U.S. Presidential Policy and Strategic Export Controls*, Routledge, 2000, p. 120.

美国政府在放松对苏东国家严厉的出口控制，以鼓励东欧国家和苏联的民主运动的同时，也非常注意防范苏联再次成为西方的威胁。为此，美国一方面实行选择性的出口控制；另一方面，严禁向苏联出口可能会提高其军事潜力的物资，以防止它获得西方的产品和技术来发展其军事能力，或者防止苏联提高那些会支持其军事系统的民用部门的生产能力。电信产品和相关技术就具有这样的能力。

从70到整个80年代，除对中国外，巴统的电信禁运参数实际上没有变化，虽然光纤电信、高速数字转换仪、传真机和蜂窝电话等技术在80年代信息革命中得到飞速发展，但中欧和苏联几乎没有接触到新技术。如，在波兰，等待安装电话的人大约有220万人，人们要花4—13年才能获得一部电话；苏联与赞比亚有同样的电话拥有率，每100人中只有11人有电话，苏联正等待安装电话的人有1200万。西欧国家认为，民主制度要求获得信息工具以收集和公布信息，没有这些信息工具，新闻自由、负责任的政府和知情的选民都是不可能的。众议院对此做出回应，于1990年6月6日即巴统高级会议召开的同一天通过的出口管理再授权法解除了对所有电信装备的出口控制。但美国政府认为，电信与直接涉及技术转移问题的计算机和机床不一样，电信包含情报维度的考虑，高速光纤电缆将极大增强苏联军事能力并削弱美国情报部门监督苏联通信的能力。所以，老布什政府虽然同意解除对其中一些产品的控制，但拒绝解除对先进的转换装置和高速光纤的控制。但老布什政府对盟国的要求不能无动于衷，于是，在1990年6月6日召开的巴统高级会议上，由于美国和英国的坚持，巴统对东欧一些国家实行完全不同的政策，匈牙利、捷克斯洛伐克和波兰可获得光纤，前提是建立确保不会被转移的出口控制机制。一旦出口控制机制生效，其他有关技术如高速数字转换仪、先进微波和蜂窝电话等都可向匈牙利、捷克斯洛伐克和波兰出口。东德也得到希望实现德国统一的西德的特别对待。对卫星地面接收站、小型数字电话自动交换机、数据包交换机、蜂窝电话系统等的出口控制都被解除。[1]虽然美国与东欧国家的贸易几乎没有什么障碍，但美国规定，不得向苏联出售它希望获得的电信系统，而且其他国家不得向苏联再出口相关电信产品和技术。实际上，向苏联出口光纤通信设备的规则也没有变化。或许，在老布什政府看来，战略出口控制在遏制苏联扩张和阻止苏联获得西方能极大提高其军事能力的技术方面发挥了重要作用，只要苏联对美国和西方盟国的威胁没有完全消除，这种出口控制就不会取消。进一步而言，老布什政府力图继续维持巴统的存在，非常重要的考虑可能是把它作为冷战后对任何潜在威胁国家实施遏制的工具。

对于老布什政府防止苏联再次成为西方威胁的努力，西方盟国没有反对。出口控制有利于扩大或保持西方与苏联在先进技术方面的差距，从而有利于维持西方军事优势；反之，这种差距就会缩小，从而损害西方军事利益，甚至使西方面临更大安全威胁。如，1986年，在20个关键军事技术领域，美国处于领先地位的为13个，与苏联相当的有2个，苏联处于优势的为5个；到苏联解体前，美国处于优势的扩大到15个，在3个领域与苏联不分伯仲，苏联处于领先地位的缩小到2个。[2]显然，在关键军事技术领域，美国领先的时间优势再次扩大。这种差距，恰恰又集中反映在美国严格控制的大型计算机、软件、微电子制造和检测设备这些领域。与此相反，放松出口控制则会缩小这种差距。美国情报在某些领域上领先时间的缩短与70和80年代初巴统削弱控制、苏联从中非法获利有直接关系。在这段时间内，苏联得到了超过2500件重大设备和检测装

1　Gary K. Bertsch, Steven Elliott-Gower eds, *Export Control in Transition, Perspectives, Problems, and Prospects*, Duke University Press, 1992, pp. 53–54.

2　National Academy of Science, Panel on the Impact of National Security Controls on International Technology Transfer, *Balancing the National Interest: U.S. National Security Export Controls and Global Economic Competition*, National Academy Press, 1987, p. 47.

备，苏联把它们直接用于军事生产线，在某些情况下还开发了全新的生产线。根据国防部的研究，“通过这些努力获得的装备在极大程度上推动了苏联微电子的进步，这种进步使美国在该领域的领先时间从70年代中期的10—12年缩短到80年代中期的4—6年”[1]。

当时苏联的军事状况使西欧盟国不愿从根本上反对美国的政策。西方盟国与苏联关系大幅度改善，华沙条约组织在相当大程度上为东欧国家发生的民主革命所削弱。这些变化可能使苏联对西方的立场发生不可逆的变化。但是，在它们看来，苏联政府正致力于从其他西方盟国获得那些苏联军事领导人认为在下一轮东西军事竞争中极为关键的两用技术，苏联仍是一个军事超级大国，拥有广阔领土面积和地缘战略优势以及各种现代化的核武器和常规武器；而且，苏联正努力实施经济改革以获得被认为是影响军事力量平衡的西方技术。苏联经济改革对于苏联军事力量的现代化可能有长期影响，并支持其军事力量作为对外政策的工具。[2]不仅如此，戈尔巴乔夫继续实施始于勃列日涅夫时期的重大军事建设四年计划（1985—1988），不仅继续投入大量军费，而且到1988年，苏联投资于防务的费用仍保留在勃列日涅夫时期的水平，即国民生产总值的15%—17%。在戈尔巴乔夫上台的第一个四年里，苏联军费上涨13%，而美国军费却下降了11.2%[3]，而且，仍大量生产各种重型武器和导弹。如，1989年，与所有北约国家相比，苏联坦克生产仍以2:1的速度进行，火炮生产速度比则为10:1。让美国和西方盟国尤为担心的是，苏联当时正

---

1 Michael Mastanduno, *Economic Containment: CoCom and the Politics of East-West Trade*, Cornell University Press, 1992, pp. 326–327.

2 Sumner Benson, “The Security Perspective on Export Control Policy in the 1990s”, in Gary K. Bertsch, Steven Elliott-Gower eds, *Export Control in Transition, Perspectives. Problems, and Prospects*, Duke University Press, 1992, pp. 9–10.

3 U.S. Department of Defense, *Soviet Military Power: Prospects for Change*, U.S. Government Printing Office, 1989, p. 142.

在升级洲际弹道导弹（ICBM），包括继续布置固定和铁路发射装置SS-24ICBM、公路机动的SS-25ICBM、新型的能携带10个弹头的拥有更大当量和更高精度的SS-18。其熊式轰炸机和海盗旗轰炸机配备了射程更远的巡航导弹。其三角洲-IV型和台风级弹道导弹潜艇的性能得到极大改进，能分别携带16枚和20枚核导弹。在战略防御方面，苏联已经升级了布置在莫斯科的双层反导系统并保持反卫星能力。为更好和更快地发展军事力量，苏联一如既往地努力获取西方敏感技术。更麻烦的是，美国认为，当时苏联在政治方面表现出更大的不可预测性，苏联的军事现代化持续发展，没有人能肯定戈尔巴乔夫发动的政治和经济改革是否会继续或是否会成功。也没有人知道戈尔巴乔夫还能继续控制多久或未来的政权是否能继承戈尔巴乔夫模式。[1]在这种情况下，出口控制明显将继续，以确保不会发生某些错误。1989年10月，商务部长莫斯巴赫坚定表示，巴统出口控制将继续存在，因为“苏联一直在扩军，尽管在实行公开化和改革”。1990年2月，国防部负责政策的副部长保罗·沃尔福威茨（Paul Wolfowitz）在众议院军事委员会（House Armed Services Committee）作证时说，西方和苏联分析家都认识到“在军事技术上出现革命性的发展的时代正在到来”，因此，“继续努力以防止军事技术被转移到敌对国家”的重要性正在增加。[2]与美国政府一样，西方盟国也认为完全解除对苏联出口控制的条件并不存在。

但一味强调加强出口控制显然不符合盟国的希望和要求，因此，在强调加强高新技术尤其是两用技术和军用技术出口控制的同时，美国政府也表示支持非战略贸易出口。就在表示要加强出口控制后一个月，莫

---

1 Ambassador Allan Wendt, Senior Representative for Strategic Technology Policy, “US Export Controls in a changing global Environment”, Address before a National Academy of Sciences symposium, Irvine, California, June 11, 1991, *US Department of State Dispatch*, July 1, 1991, http://fndarticles.com/p/articles/mi m1584/is n26 V2/a111234174.

2 Patrick E. Tyler, “New Pentagon Guidance Cites Soviet Threat in Third World”, *Washington Post*, February 13, 1990, p. 1.

斯巴赫说，美国支持东西方之间“非战略贸易的快速增长”，但“西方的国家安全需要”是最重要的。他说，美国和盟国将努力确保只控制敏感技术。[1]这样，美国与盟国在对苏东国家出口控制上就达成了平衡。

四、防扩散与布什政府出口控制

1945—1990年，苏联一直是美国国家安全考虑的首要因素，美国不仅在政治和军事上遏制苏联，而且以出口控制为手段，发动对苏联集团国家的经济战。随着苏东剧变及苏联解体，冷战结束。对美国来说，来自传统国家的迫在眉睫的国家安全威胁暂时消失，但原苏联国家、中东、南亚、东北亚、非洲和拉美都出现了包括核武器、生物武器、化学武器和导弹及其运载工具在内的大规模杀伤性武器（WMD）扩散现象，成为美国国家安全和外交政策中非常突出的问题。与苏联和前华约国家威胁的降低相比，某些国家和政治组织获得核武器、化学武器、生物武器、导弹投送系统和先进传统武器的可能性大大增加了。这些武器和技术的扩散对于地区强国挑起全球规模的冲突、加剧地区不稳定、进一步扩散极端暴力和国家支持的恐怖主义具有决定性作用。

在原苏联地区，乌克兰、白俄罗斯和哈萨克斯坦领土上有大量苏联时期布置的核武器，仅乌克兰的核弹头数量就超过英法中三国的总和。这些核武器的存在，使它们被偷窃或被转移到有关希望开发核武器的国家成为可能。对资本的迫切需要可能使这些政府或个人把核反应堆和浓缩铀技术出卖给那些希望开发核武器的国家。它们也可能向那些希望开发核武器的国家出售和平核爆炸技术，以帮助这些国家的民用工程项目。

以色列、巴基斯坦和印度都是《不扩散核武器条约》（NPT）非成员

---

1 Robert A. Mosbacher, “The Key to Trade with Eastern Europe”, *Washington Post*, November 27, 1989, p. A15.

国，被广泛地认为拥有核武器。[1]虽然南非宣布放弃它曾经拥有的核武器并以非核武器国家加入NPT，同时允许国际核查人员视察核工厂，但很难肯定乌克兰、白俄罗斯和哈萨克斯坦也会放弃核武器；而且如果乌克兰保留这些核武器，那么它将成为世界第三大核武器国家，这样在新出现的核武器国家中，仅仅乌克兰就能对美国造成重大破坏。[2]

在东北亚，朝鲜可能已经获得了核武器能力。[3]美国CIA局长詹姆斯·伍尔西（James Woolsey）作证说，朝鲜可能已经拥有至少可以制造两枚核武器的核物资。[4]朝鲜是到目前为止唯一一个在加入NPT后试图退出的国家。在北非和中东，许多国家对开发核武器表现出明显的兴趣。利比亚虽然缺乏必需的专长和技术，但有充足的石油收入，而且据报告，它过去曾努力在黑市购买核武器。阿尔及利亚和叙利亚现在有了某些核潜力，但明显还没有获得开发核军备的能力。有报告说，伊朗正寻求获得核武器。最后，海湾战争后，国际原子能机构（IAEA）和联合国视察人员发现，伊拉克在获得核武器方面已经做出了实质性努力。尽管联合国特别委员会和IAEA视察团队进行了广泛的检查、拆除，但伊拉克仍是将来的一个核威胁。[5]据美国估计，当时共有14个国家或地区拥有或准备发展核武器、生物武器或化学武器。而且，那些努力开发WMD的国家大多数都位于世界上不稳定地区，如中东、南亚、朝鲜半岛。敌对国家之间都拥有共同的边界、相互竞争的核心价值观和关键的国家利益，却又

1　Brahma Chellaney, "The Challenge of Nuclear Arms Control in South Asia", *Survival*, vol. 35, issue 3, 1993, pp. 121–136.

2　Lewis A Dunn, "Rethinking the Nuclear Equation: The United States and the New Nuclear Powers", *The Washington Quarterly*, vol. 17, issue 1, 1994, pp. 5–25.

3　ACA, "Fact Sheet: North Korea's Nuclear Facilitics", Arms Control Asociation, 1994.

4　Stephen Engelberg, Michael R. Gordon, "Intelligence Study Says North Korea Has Nuclear Bomb", *New York Times*, December 26, p. A1.

5　Barry R Schneider, "Nuclear Proliferation and Counter-Proliferation: Policy Issues and Debates", *Studies Review*, vol. 38, no. 2, 1994, pp. 209–234.

缺乏相互学习的经验，也缺乏曾经帮助互为致命威胁的超级大国能够彼此容忍的技术保障。因此，不仅未来的战争会导致实际使用WMD，而且在这些地区布置这样的武器也会进一步增加地区紧张。即使这些武器不被投入使用，它们也会给各国之间的关系和国际力量平衡投下阴影。同时，与常规武器不一样，核武器、生物武器和化学武器在杀伤效果上具有大规模和不加区别的性质，这些武器使小国家或次国家组织能够施加与它们的常规军事能力完全不成比例的破坏。

到老布什上台后，作为大规模杀伤性武器的运载工具，导弹的扩散达到了令人害怕的程度。国会研究机构在1989年2月的一份报告说，有将近20个第三世界国家正在生产导弹或发展导弹能力。拥有这些导弹和把核武器、生物武器和化学武器弹头装备到导弹上的能力，使在中东、南亚和其他地方发生地区冲突的不稳定因素增加了，并给美国和美国在这些地区的盟国的国家安全带来了新的威胁。国会研究机构的报告说“美国在海外一些地区的力量已经处于这些导弹的射程范围之内……美国未来在中东、非洲、亚洲或南美的军事行动很可能受到敌人导弹的威胁”[1]。

很明显，大规模杀伤性武器扩散是对国际安全和人类社会的严重威胁，对美国的威胁尤其严重。作为全球大国，美国肯定会在盟国和具有关键利益的海外布置力量，它们可能受到拥有WMD国家的威胁。如果美国需要动用军事力量保卫其利益和原则，美国的武装部队或领土就可能成为WMD的目标。因此，老布什政府必须严肃对待扩散问题。

通过出口控制阻止WMD扩散是可能的。从理论上说，出口控制是防止大规模杀伤性武器扩散的最好工具。生产用于核武器的裂变物资是非常困难的，其成本也是非常高的；生产生物和化学武器的物资和技术相对核武器来说虽然较为容易获取，但出口控制能大大增加在安全条件下

1 John Heinz, *U.S. Srategic Trade: An Export Control System for the 1990s*, Westview Press, 1991, p. 138.

大量生产高质量生物和化学武器的成本和困难。因此，出口控制确实使制造核武器、生物和化学武器更难，其费用也更高。这样，出口控制就能延迟希望制造核武器的国家获得核武器的时间。而这些时间对于世界范围内的情报界评估该国的计划是有用的，它也能为采取外交行动、说服和阻碍提供机会；而且，如果有必要，也能为采取军事行动防扩散赢得时间。[1]对一些国家来说，在出口控制情况下决定发展大规模杀伤性武器，其成本增加和开发计划推迟是很重要的。例如，由于出口控制，南非开发出了很少依赖进口的浓缩铀方法，并可以制造原始的原子弹，但却没有获得必需的另外的机制来制造、设计更先进（大小、重量等）的原子弹。[2]显然，如果不对与核有关的商品进行出口控制，南非就能制造成打的核武器而不仅仅是6枚，这样它就可能更不愿意销毁其核军备和加入NPT。另外一个例子是，如果没有出口控制，伊拉克就可能在入侵科威特前制造出核武器，这就会极大改变“沙漠盾牌”和“沙漠风暴”行动的背景。不能获得外国技术可能降低了巴西和阿根廷的核计划实施速度，除非这些国家准备加入防扩散机制。总之，对某些物资实行出口控制，即使是不完美的出口控制，也有助于赢得时间，这就使结果表现出极大的不同。[3]

从实践方面看，出口控制确实阻止并逆转了一些国家的大规模杀伤性武器计划。目前世界上有三个主要的国际防扩散条约，即《不扩散核武器条约》《禁止生物武器公约》与《禁止化学武器公约》。现在NPT的成员已经有163个国家，NPT已经帮助建立了反对获得核武器的国际准

1　Barry R. Schneider, “Nuclear Proliferation and Counter-Proliferation: Policy Issues and Debates”, *Studies Review*, vol. 38, no. 2, 1994, pp. 209–234.

2　Leonard S. Spector, Jacqueline R. Smith, *Nuclear Ambitions: The Spread of nuclear weapons, 1989–1990*, Weatview Press, 1990, pp. 270–271.

3　U.S. Congress, Office of Technology Assessment, *Export Controls and Noproliferation Policy, OTA-ISS-596*, U.S. Government Printing Office, May 1994, p. 25.

则。许多国家宣布放弃化学武器和生物武器，并加入《禁止生物武器公约》和《禁止化学武器公约》。这三个条约对WMD扩散形成强大压力。那些正发展这些武器的国家一般都采取秘密行动，而公开表明不愿意开发这样的武器。这样，防止大规模杀伤性武器的扩散看起来是可行的。作为防扩散政策努力的结果，近年来，防扩散已经取得了许多成功。[1]如：在20多年的抵制后，法国已经同意签署NPT；中国已经签署了NPT；南非已经放弃了核计划，拆除了已经制造的7颗核武器并签署了NPT；阿根廷和巴西已经同意接受对它们核设施的全面安全保障措施并采取行动遵守拉美无核区规定；乌克兰、白俄罗斯和哈萨克斯坦已经签署了《里斯本议定书》，表明它们愿意签署并批准《第一阶段削减战略武器条约》（START I）和NPT；盟国在“沙漠风暴”行动中的胜利摧毁了伊拉克大部分核设施和核能力，如果不是全部的话；在伊拉克，IAEA、联合国以及伊拉克—科威特观察团第一次成功地进行了富有挑战性的对一个敌对国家的视察，这确立了一个有用的先例。[2]

出口控制不仅阻止了一些国家开发大规模杀伤性武器的计划，而且阻止了许多大规模杀伤性武器的出口或转移。如阿根廷的秃鹫固体燃料导弹技术向伊拉克的出口就被成功阻止了。[3]再如，由于出口控制，巴基斯坦难以从国际社会获得援助以生产钚，它不得不放弃钚的生产。它的浓缩铀项目也严重依赖偷窃、走私和在黑市购买[4]，这不仅违反《出口控

1 David A. V. Fischer, *Stopping the Spread of Nuclear Weapons: The Past and the Prospects*, Routledge, 1992.

2 Barry R. Schneider, “Nuclear Proliferation and Counter-Proliferation: Policy Issues and Debates”, *International Studied Review*, vol. 38, no. 2, 1994, pp. 209–234.

3 U.S. Congress, Office of Technology Assessment, *Export Controls and Nonproliferation Policy, OTA-ISS 596*, U.S. Government Printing Office, May 1994, pp. 22–23.

4 Leonard S. Spector, Jacqueline R. Smith, *Nuclear Ambitions: The Spread of Nuclear Weapons, 1989–1990*, Westview Press, 1990, pp. 90–91.

制法》，而且也毫无保障，严重影响了其大规模杀伤性武器计划。

面对日益严重的扩散及其可能带来的灾难性后果，老布什政府采取各种出口控制措施，努力防止大规模杀伤性武器扩散。

虽然防止核武器扩散在美国政策讨论中占有突出地位，但老布什政府上台的时候，首先遇到的是棘手的伊拉克开发生物和化学武器问题。实际上，在20世纪60和70年代，美国对防止生物和化学武器扩散几乎没有什么兴趣。因为美国官员相信现代化学战只有有限的吸引力，这就会抑制使用这些武器的需求。因此，军备控制谈判中的注意力集中在两个超级大国控制的化学和生物武器的储存上。但由于两伊战争中化学武器的使用以及海湾战争中伊拉克被爆出在开发生物和化学武器，美国开始对生产生物和化学武器的物资实行出口控制。美国在1984年3月就禁止向伊拉克和伊朗出售5种化学物资。随后，美国扩大了其化学物资清单上限制出口的范围，1986年，美国禁止向叙利亚出口化学物资。美国把更多的化学物资加入了它的控制清单，并在1988年把更多的国家纳入美国不得向其出口化学物资的国家清单。[1]

随着两伊战争的结束，以及1988年8月伊拉克使用化学武器对付本国的库尔德人，美国政府对伊拉克进一步实施防扩散出口控制。1989年2月22日，商务部宣布对能用于制造化学和生物武器的23种化学制剂和5种生物制剂实施外交政策出口控制。商务部长莫斯巴赫说："这些控制对于阻止化学和生物武器扩散是必需的，美国在自己倡导的巴黎会议上强调化学武器问题，美国一直在国际社会防扩散方面发挥领导作用。通过在国内采取具体步骤表明我们对于我们自己的倡议是非常严肃的。"此前，美国已经对17种用于制造化学武器的化学物资实行外交政策控制。新的控

1　Adel Darwish, Gregory Alexander, *Unholy Babylon: The Secret History Saddam's War*, St. Martin's Press, 1991, pp. 104–107.

制焦点是伊朗、伊拉克、利比亚和叙利亚。根据新的外交政策出口控制，美国将拒绝向伊朗、伊拉克和利比亚出口上述40种物资。而对其他目的地出口上述物资一般是被允许的，除非有理由相信这些出口将被用于制造生物或化学武器。[1]

伊拉克开发核武器等大规模杀伤性武器计划被披露后，美国政府内部开始有人建议加强防核扩散出口控制。1989年4月17日，国防部负责防务计划的助理国防部长帮办特鲁伊·韦德（Troy E. Wade II）向国防部长建议加强美国防核扩散政策。因为最近伊拉克为开发核武器而采取了重大措施，试图获得既能用于生产武器的非核部件，又能用于生产核物资的物项。试图获得生产核材料的具体物项清楚说明，伊拉克已经掌握设计铀浓缩的气体分离装备的知识并正试图从美国获得上述物项。伊拉克获得核武器制造能力将使中东形势更加不稳，并使核扩散形势进一步复杂化。而且，如果伊拉克从美国获得上述物项，将使美国政府非常尴尬，损害美国的不扩散目标。鉴于在伊拉克存在重大核扩散风险，他建议国防部长在与国务卿等高层商议后提出防扩散行动建议。[2]尽管美国政府内部还不能肯定伊拉克是否有核武器开发计划，也还不能确定伊拉克的铀浓缩技术水平，但布什总统还是于1989年5月7日发布国家安全第10号指令，要求建立一个由国务院、国防部等部门组成的新政策协调委员会，专门处理出口控制和技术转移事宜。该委员会负责协调政府关于国家安全和外交政策出口控制以及技术转移问题的政策，包括巴统和第三国合作问题、巴统其他成员国提交的出口许可证问题，主席由国家安全委员会成员担任。为进一步细化防扩散出口控制，布什要求建立防扩散政策委员会，该委员会由国务院负责安全援助、科学和技术的副国务卿任主

1 DNSA, Iraq-Gate, IG00797.

2 DNSA, Iraq-Gate, IG00854.

席，在所有有关防扩散问题（包括核武器、导弹、化学和生物武器）政策上发挥领导作用。[1]在此基础上，布什总统于1989年6月15日举行美国防扩散审查会议，他表示，他的政府赋予防核武器扩散及其使用极大的重要性，并要求对核武器、生物和化学武器扩散及其使用进行评估，包括：对核物资和技术的出口控制是否充分？其他国家的出口控制措施是否充分？美国出口控制机制的缺陷是什么？美国应该如何做才能使机制更有效？美国目前的出口控制制度对于防止化学武器、生物武器扩散的效果怎样？[2]

根据上述评估，美国加强了对有关国家尤其是伊拉克的防扩散出口控制。到1990年初，核出口协调小组（Subgroup on Nuclear Export Coordination, SNEC）建议拒绝所有涉及伊拉克原子能委员会使用的物项的商业许可证，对于非核最终用户使用的没有重大意义的商品的出口，则按照逐案审查的原则进行。该小组还建议，不得向伊拉克的核最终用户或最终用户被怀疑为伊拉克导弹和核计划生产的最终用户出口核触发清单上的所有物项。美国政府制定了包括伊拉克上述最终用户的灰色清单，而且，随着伊拉克获取外国先进技术和物项的网络的快速发展，这个清单将定期更新；向伊拉克非核最终用户出口不属于核触发清单上的物项，应在假定拒绝的基础上进行审查。不仅如此，美国还要求其他国家在向伊拉克出口与核有关的物项和两用物项时特别注意，敦促它们采取具体措施，确保不向伊拉克出口某些物项。为确保其他国家也对伊拉克采取同样的出口控制政策，美国决定与其他核供应国定期磋商，通报美国对伊拉克总的出口原则和美国对个别出口所采取的行动，并敦促它们采取类似行动。[3]尽管看起来美国没有对伊拉克实行全面禁运，但即使与伊拉克核计

1　National Security Directive 10, May 7, 1989, DNSA, Presidential Directives, Part II, PR01730.

2　National Security Review 17, June 15, 1989, DNSA, Presidential Directives, Part II, 01792.

3　DNSA, IG01328.

划没有关系的大量的其他出口都被拒绝。

伊拉克入侵科威特后，美国防扩散出口控制进入一个新阶段。在1990年8月2日，伊拉克入侵科威特的当天，布什发布行政命令，要求迅速切断与伊拉克的经济关系；同时，国会通过有关法案，要求对伊拉克实行包括贸易禁运在内的全面经济制裁。[1]虽然老布什政府内部最初就对伊拉克的入侵应采取什么样的政策及政策目标未达成一致，但在采取措施防止大规模杀伤性武器扩散上态度确实是比较坚决、清楚且一致的。由于伊拉克曾在两伊战争中和对国内库尔德人使用化学武器，因此，尽管由于冷战还没有完全结束，老布什政府还未来得及制定清晰的大战略，但美国政府内部却非常关心伊拉克核武器和化学武器计划的进展程度。如，1990年8月，商务部要求它的技术咨询委员会提交对外交政策出口控制的评价，尤其是对不扩散出口控制的评价。1990年秋，CIA开始系统审查伊拉克的武器发展计划。国防情报局同年11月的报告说，伊拉克将在两个月内制造核武器而不是2—5年。报告还说，伊拉克11月成功进行了中程导弹试验。[2]国会则不断通过相关立法，敦促政府采取有力政策和措施阻止伊拉克生物和化学武器计划。1990年9月底，众议院政府行动委员会商业小组委员会就对伊拉克的出口许可证举行听证会，小组委员会认为"扩散威胁现在比苏联的威胁更大，目前的出口控制政策是过时的"。9月13日，参议院通过HR4653，规定对出口化学武器和物资的国家实行制裁，赋予商务部对向伊朗、伊拉克、叙利亚和利比亚出口大规模杀伤性武器以及导弹拒绝发放许可证的权力。1990年10月，国会同意保留参议院关于制裁的条款和国防部在许可证上的作用。随后，79个参议员联名给布什总统写信，敦促他签署综合出口管理法案，使之成为法律。但

1 "Gulf Crisis Grows into War with Iraq", *CQ Almanac*, vol. 46, 1990, p. 725.

2 Adel Darwish, Gregory Alexander, *Unholy Babylon: The Secret History Saddam's War*, St. Matin's Press, 1991, pp. 91–92.

布什总统以强制性的实施单方面制裁会损害美国的经济利益且不利于盟国支持美国反击伊拉克入侵为由否决了该法案。在这种情况下，为加强防扩散，商务部出口管理局起草了一个化学武器、核武器和导弹的出口控制新规定。[1]这既维持了美国的经济和商业利益，也能更好地防止大规模杀伤性武器扩散到伊拉克。

但证据显示，传统的政治、经济和外交措施很难阻止伊拉克开发大规模杀伤性武器和迫使其从科威特撤军。如国家安全顾问斯考克罗夫特（Brent Scowcroft）说萨达姆可能在几个月到10年时间里建立非常原始的核武器，这种风险不能依靠制裁来解决。CIA局长响应说："制裁对伊拉克的军事影响是很小的。"这种看法在布什政府高级官员中很有市场。在1990年11月30日的白宫记者招待会上，布什总统说："我非常担忧萨达姆会获得核武器。"[2]这样，发动军事打击以迫使伊拉克撤军和防止伊拉克开发大规模杀伤性武器的想法就逐步被美国政府和民众接受。1991年1月8日，美国国会在批准对伊拉克使用武力的联合决议中说："伊拉克的传统武器、生物武器、化学武器、弹道导弹计划以及它所表现出来使用大规模杀伤性武器的意愿对世界和平产生了严重威胁。"[3]在宣布对伊拉克进行军事打击时，布什总统说，伊拉克的"萨达姆正在寻求增加他现在拥有的化学工厂，这将使他获得大规模杀伤性武器和核武器，并对世界带来更大的危险"[4]。这样，美国政府开始由冷战时期的防扩散向反扩散转变。

---

1 Richard T. Cupit, *Reluctant Champions, U.S. Presidential Policy and Strategic Export Controls*, Routledge, 2000, pp. 136–137.

2 Richard T. Cupit, *Reluctant Champions, U.S. Presidential Policy and Strategic Exp ort Controls*, Routledge, 2000, pp. 140–141.

3 "Gulf Crisis Grows into War with Iraq", *CQ Almanac*, vol. 46, 1990, p. 725.

4 Richard T. Cupit, *Reluctant Champions, U.S. Presidential Policy and Strategic Export Controls*, Routledge, 2000, p. 143.

随着海湾战争的结束和苏联的解体，美国防扩散出口控制进入一个新阶段。1990年11月，布什总统签署第12735号行政命令，要求商务部在90天内制定一个“有助于外国发展、生产、储存、运输或使用化学武器和生化武器”的物资、技术和服务的清单。美国将禁止这些物资的运输，除非这些物资的目的地国家能实行与美国出口控制制度相提并论的出口控制。该命令确定并要求对帮助发展化学武器和生物武器的个人进行制裁。[1]但该命令没有解决出口许可证的程序问题，为此，同年12月，国家安全委员会第53号指令出台，它要求同意或拒绝发放许可证都必须在一定时间界限内完成，对于各个部门之间不能达成一致的重大争论，应提交总统裁决。到1991年1月，商务部和国防部同意扩大国防部在出口许可证审查过程中的权力，对于属于巴统国家控制的物资的出口，国防部将审查所有的许可证申请以评估是否存在向诸如伊朗和伊拉克等敏感最终使用者转移的可能性。[2]

另一方面，布什政府加强了防扩散出口控制立法。从1990到1992年，老布什政府先后出台了一系列防扩散法律，如1990年的《导弹技术控制法》、1991年的《化学和生物武器控制和消除战争法》、1991年的《合作削减威胁法》、1992年的《伊朗—伊拉克防扩散法》和《大规模杀伤性武器控制法》。几乎所有的新立法都包含对那些涉嫌转移敏感物资的国家进行惩罚的规定。例如，《导弹技术控制法》就拒绝与任何不适当地出口导弹、导弹部件、物资、试验或生产装备的个人或公司签订合同，也不发放向它们出口这些物资的出口许可证。最有意义的立法行动是《合作削减威胁法》。1991年11月，参议员那恩（Nunn）和众议员卢格（Lugar）

---

1 “Executive Order 12735, Chemical and biological weapons proliferation”, *Federal Register*, November 20, 1990.

2 Richard T. Cupit, *Reluctant Champions, U.S. Presidential Policy and Strategic Export Controls*, Routledge, 2000, p. 144.

推动国会通过该法案，12月12日，经布什总统签署生效成为法律。该法第212款授权布什政府向苏联转移4亿美元国防拨款用于“销毁苏联核武器、化学武器和其他武器；转移、储存、拆毁并保证这些武器的安全；建立可查证的反对这些武器扩散的安全措施”[1]。经过与俄罗斯谈判，1992年7月，两国正式签署《美俄关于武器的安全运输、储存和销毁以及防止武器扩散的协定》。最初，协定有效期为7年，1999年和2006年两次延长，不仅如此，协定后来还扩大到白俄罗斯、乌克兰和哈萨克斯坦。作为冷战后应对大规模杀伤性武器扩散的最有效政策和行动，合作削减威胁计划在老布什政府时期成效不大，到1993年1月老布什总统下台时，美国政府只使用了国会最初4亿美元拨款中的3000万美元。[2]

在加强国内防扩散出口控制的同时，美国努力强化国际社会在防扩散出口控制上的合作，因为用于大规模杀伤性武器的技术中很少是只有美国能够生产的。对此，美国有非常现实的认识，1990年1月，国防部长迪克·切尼（Dick Cheney）在给总统和国会的年度报告中说，能从国际市场上获得“所有类型的数量令人吃惊的高技术武器”。他说，“技术安全”在防务政策中应居于优先地位，不仅因为苏联和东欧国家继续试图获得西方先进军事技术，而且第三世界国家试图开发或获得“核武器、生物武器或化学武器技术或导弹技术”[3]。因此潜在的供应者之间的国际合作对于出口控制的有效性是十分重要的。作为前驻联合国代表，布什总统明白国际行动要有效，多边支持是必不可少的。

---

1 Richard T. Cupit, *Reluctant Champions, U.S. Presidential Policy and Strategic Export Controls*, Routledge, 2000, p. 147.

2 关于合作削减威胁计划的制订和实施及其成绩，参阅全克林：《美国的“合作降低威胁”项目评析》，《美国研究》，2008年第2期。

3 Secretary of Defense Dick Cheney, “Annual Report of the Secretary of Defense to the President and Congress”, Department of Defense, January 1990, pp. 2–3.

前面已经提到美俄合作削减威胁计划，这里主要论述布什政府加强与相关国际组织的防扩散出口控制合作。核供应国集团（NSG）、澳大利亚集团（AG）和导弹及其技术控制机制（MTCR），以及《禁止生物武器公约》和《禁止化学武器公约》是当前世界上最主要的防止大规模杀伤性武器扩散机制。下文以老布什政府加强MTCR和NSG为中心，说明老布什政府是如何加强防导弹和核武器扩散出口控制的。

作为唯一的多边应对导弹扩散的机制，到20世纪90年代初，MTCR已经成为一个成熟的出口控制机制，能够很好地协调成员国之间有问题的出口。因此，美国决定利用MTCR应对由MTCR非成员国所造成的供应方扩散问题。在这方面，美国加强了双边外交努力，力图把MTCR指导原则转变为负责任的全球出口控制行为准则。美国首先试图说服诸如俄罗斯和中国等重要的导弹供应国和诸如西欧国家等重要的导弹技术供应国遵守MTCR规则。美国一直认为，让西欧国家遵守MTCR规则相对容易，而让中国和俄罗斯遵守则相对困难，为使中俄遵守规则，美国经常以使用制裁相威胁。在最初美国与俄罗斯的谈判中，俄罗斯不同意把焦点放在控制导弹技术出口上。[1]但莫斯科最终在1990年宣布遵守MTCR指导原则，1991年以后，俄罗斯没有向其他国家出口导弹，保证遵守MTCR指导原则，同意不向印度出口具有潜在军事用途的太空发射技术。[2]

中国不是MTCR成员国，尽管如此，中国自20世纪90年代以来就自愿接受MTCR指导原则，停止了出口完整的导弹系统并努力防止导弹技术出口。就在MTCR成立的当年，美国就开始与中国就导弹出口控制进行谈判，后来，中国取消了20世纪80年代末与利比亚和叙利亚达成的出

---

1 Martin Navias, "Proliferation in the Middle East and the North Asian Connection", *Arms Control Today*, vol. 14, Issue 3, 1993, pp. 287–310.

2 The White House, "A National Security Strategy of Engagement And Enlargement", February 1996, pp. 19–20.

口导弹的协议。[1] 1992年3月，中国承诺遵守MTCR在1987年的指导方针和参数。[2] 但由于美国的坚决反对，中国未能加入MTCR。美国的意图很清楚，就是既要中国全面遵守MTCR的义务，又不愿意中国因为加入MTCR而获得某些技术上的好处。这是典型的霸权主义，也是典型的歧视性政策，是冷战思维的具体表现，是美国在国际政治中以意识形态划线的结果。很明显，这样的防止导弹扩散政策是注定难以防止导弹扩散的。尽管由于美国的反对，中国没能加入MTCR，但中国仍同意单方面遵守MTCR指导原则，2008年2月，中国政府再次重申遵守MTCR的原则。

老布什政府不断更新MTCR指导原则。MTCR建立的基础是，如果主要生产者同意对用于生产导弹的装备和技术的出口进行控制，外国获得和开发导弹是能够被延迟的，并且会更困难和费用会更昂贵。在这方面，MTCR不同于核武器、生物武器和化学武器防扩散机制。MTCR没有条约支持，没有一个国际组织来查证。相反，MTCR是一套由各成员国共同遵守的出口控制指导原则。因此，适应技术发展的要求，不断更新指导原则对于防止导弹扩散就显得尤其重要。根据MTCR指导原则，具体的受限制的导弹技术和装备被分为两类：第一类是最敏感的物资，包括完整的火箭系统和能荷载500公斤、射程达到300公里或更远的无人空中运载系统（UAV），应坚决反对这样的物资出口。第二类不那么具有敏感性，包括能用于生产导弹和UAVs的其他零部件、装备、物资和技术，与导弹零部件有关的两用物资等。对于第二类物资，其出口有一定程度的灵活性。分析家相信MTCR减缓了巴西和印度的导弹发展速度，阻止了阿根廷、埃及、伊拉克的导弹项目合作，消除了南非和匈牙利的发展

1　Wendy Frieman, "New Members of the Club-Chinese Participation in Arms Control Regimes 1980–1995", *Nonproliferation Review*, vol. 3, issue 3, 1996 pp. 15–30; Banning N. Garrett and Bonnie S. Glaser, "Chinese Perspectives on Nuclear Arms Control", *International Security*, vol. 20, no. 3, 1995/1996, pp. 43–78.

2　ACDA Annual Report, 1996.

导弹计划。另一方面，分析家指出，MTCR不能阻止朝鲜、伊朗、叙利亚、印度、巴基斯坦获得和生产导弹，也不能阻止非成员国（中国、朝鲜）出口导弹和技术。它也很难限制成员国出口弹道导弹和巡航导弹技术——俄罗斯就向伊朗出口了技术，英国也向沙特出口了技术。MTCR在1987年成立的时候，各成员国制定了指导原则，要求每个成员国对那些能提供或帮助接受国开发荷载500公斤弹头、射程达到或超过300公里的导弹的装备或技术的转移（包括无形转移）实施控制。为什么仅仅禁止荷载超过500公斤的导弹出口呢？因为早期相对原始的核弹头的重量大约为500公斤。随着技术的发展，冷战后，弹头重量越来越小，越来越多的国家有能力制造导弹，如除美国外，其他符合MTCR门槛标准的导弹国家有阿富汗、阿尔及利亚、亚美尼亚、白俄罗斯、保加利亚、中国、埃及、法国、伊朗、伊拉克、以色列、利比亚、朝鲜、巴基斯坦、罗马尼亚、俄罗斯、沙特阿拉伯、斯洛文尼亚、叙利亚、乌克兰、阿拉伯联合酋长国、英国、越南和也门等。如果继续以以前的500公斤的规定作为出口控制的门槛值，显然会造成导弹扩散，因此，MTCR成员国在冷战后不断加强导弹出口控制政策。

客观地说，老布什政府的上述政策、措施在冷战结束初期，对于防止导弹及其相关技术扩散是发挥了积极作用的。

核供应国集团成立于1975年，是非正式组织，协调对发展核武器的部件（它包括一些两用物资）实行严格国际控制。NSG每年4月开会，同时有许多工作组会议。此外，NSG每年举行两次工作组会议，就与核有关的两用物资和技术的控制进行磋商。核供应国集团的指导方针要求成员国对浓缩和再处理技术的转移实行控制，要求对核设备和核材料的转移实行实质安全保证，禁止向第三方再转移。虽然NSG制定了指导方针，但1978—1991年，NSG没有召开正式会议。冷战后，美国开始积极利用该组织防止核扩散。

1978年，NSG公布了第一份核物资和装备出口的指导原则。这些指导原则对成员国的出口控制设定了许多必要条件，包括运用IAEA，对受控制的与核有关的物资的出口实行安全保证。1992年，NSG通过了要求成员国坚持全面的安全保证作为核出口的一个前提条件，从而扩大了指导原则。[1]具体而言，供应国应为转移NSG出口控制清单附件中的物资、装备和相关技术建立出口许可证程序，程序应包括对违反者实施处罚的措施，在考虑是否应批准这样的转移时，供应国应根据基本准则谨慎行事，并考虑相关因素，包括：接受国是否是NSG成员或是否是《拉丁美洲禁止核武器条约》成员，或类似的有法律约束力的国际防扩散协议成员，是否同意其所有和平核活动都适用于IAEA安全保障；接受国是否不是上述各条约成员，是否有任何已经开始或正式或建设的核燃料循环活动，且这些活动不受或不愿意接受IAEA安全保障；被转移的物项是否被用于研究或开发、设计、生产、建设或维持任何再处理或浓缩设施；接受国政府的行动、申明和政策是否支持防扩散，接受国政府是否遵守防扩散领域的国际义务；接受国是否参加了秘密或非法购买活动；对最终用户的转移是否没有获得批准或最终用户是否实施了与指导原则不一致的转移。[2]

布什政府还建议实施国际出口信息共享项目，它以实现NSG同意的对两用技术的出口实行控制的协议的计算机化为中心，这个数据库的信息类型包括：拒绝发放出口许可证的情况；对NSG成员国有用的参考数据；NSG具体的与核有关的装备、物资和技术指导方针的文件和信息；NSG具体的与核有关的两用装备、物资和技术指导方针的文件和信息。这个数据库将保留在国际计算机网络中，每个成员国都有一个终端与该

1 GAO, "Report to Congressional Committees, Nonproliferation Strategy Needed to Strengthen Multilateral Export Control Regimes", GAO-03-43, October 2002, p. 7.

2 International Atomic Energy Agency, INFCIRC/254/Rev. 1/Part 2, July 1992.

系统相连。除允许成员国获得共同的数据外，该系统还允许成员国交换关于NSG出口事务的电子邮件。很明显，这样一个网络将为核供应国之间增加合作与协调提供各种机会。在同意对两用技术进行多边控制的同时，NSG成员国还同意，当它们拒绝清单上某种物资的出口许可证申请时，将通报另一国。及时地发布这种信息将使集团的每一个成员都能根据其他国家做出的决定来考虑自己的出口决定。一旦一个国家拒绝发放某个出口许可证，则潜在的购买者也没有机会在集团成员中的另外一个国家获得出口许可证，即使这个国家自己没有充分怀疑它的理由。其他国家拒绝发放许可证的信息对于NSG中那些没有广泛的出口控制基础和情报来源的国家特别有用。数据库中的参考数据、文件和其他信息应包括：官方文件、重要官员和联系人，各种类型的支持信息（包括IAEA的函件和有关国际协议）；其他与核扩散有关的协议和成员国清单；这样的数据库不仅应录入所有的拒绝为转移两用物资、装备和技术发放许可证的决定，而且应记录被拒绝转移的物资及其供应者和购买者。这样一个有组织的记录有助于成员国政府更好地确认并对具体的扩散风险采取行动。除拒绝发放许可证的信息外，数据库还包括最终使用者（如没有安全保证措施的核行为，或那些各种控制清单上受怀疑的扩散者）的潜在风险。这是一个有用的情报渠道，既包括同意的出口许可证，也包括拒绝的出口许可证。由于有关于潜在的核武器项目出口的详细数据，所有成员国就有更好的机会辩明被怀疑的最终使用者或可能的转移途径的贸易方式。

上述措施，对于加强与核有关的物项和技术的出口控制发挥了重要作用。

加强对两用物项的出口控制。美国负责出口控制的机构众多，国务院、商务部、国防部、能源部和司法部等部门都在出口控制中承担职责，每个机构都有自己集中关注的使命和许可证审查程序。各个机构联系松散，没有一个真正的制度安排使各个机构能相互联系和相互支持，它们是一个个独立的节点，其结果自然缺乏透明性、一致性，这导致官僚机构效率低下和缺乏一致的政策。来自美国的公司和北约盟国的长期抱怨促使美国对许可证制度进行改革。

1990年12月10日，布什总统发表第53号国家安全指令，要求跨部门审查商务部发放的出口控制许可证。布什总统表示，美国出口商有权要求美国政府审查提交给它的出口许可证。美国的政策是，假定批准这样的申请符合美国维持一个开放的国际贸易体系的义务，也是确保美国竞争力所必需的。因此，基于国家安全原因，任何一个美国机构反对发放出口许可证都应提出充足的理由。他同时强调指出，该指令中提出的任何要求都绝不是要在事关防扩散或更广泛的国家安全关切的许可证申请上掉以轻心。为执行这一政策，布什总统要求建立统一的程序，适用同样的法律。为贯彻第12002号行政命令及其修正案的要求，商务部长担任出口管理审查委员会（Export Administration Review Board, EARB）主席；同时，核出口协调小组继续负责其法律责任。在命令中，他要求在1991年1月1日前完成跨部门的对有关防扩散的出口申请的审查，国务院将为负责生物和化学武器以及导弹技术的工作组制定章程。工作组至少应包括组成EARB的所有部门的代表。对于所有的与核武器、生物和化学武器或导弹技术扩散没有关系的两用物项的出口许可证申请，继续由商务部成员任主席的行动委员会（Operating Committee, OC）提供第一级跨部门审查。每个工组，包括OC和SNEC，都应负责提交根据该命令由他们审查的许可证申请的分析。在处理许可证申请过程的任何时候，通过向适当的政策协调委员会主席提交书面申请，相关部门或机构的助理部长或相当级别的官员，随时可以获得国家安全委员会的与申请许可证有关的外交或国家安全政策（包括防扩散政策）的审查报告。这样的申请的复印件应同时提交商务部负责出口管理的助理部长。一旦接到这样的请求，商务部应就对许可证申请延期采取行动30天，同时，在NSC讨论政策问题。NSC的程序一旦完成，NSC应在30天内就政策问题给商务部书面回应。一旦NSC发出书面回应或期满30天，则对许可证申请暂停采取任何行动的做法应立即终止。商务部应继续向各合适机构和部门提交所有需要跨部门审查的许可证申请。每个工作组的执行主席应向EARB全体成员通报各工作组的全部议事日程。在接到许可证申请的90天内，工作组应提出是批准或拒绝许可证申请的建议，或视情况提出本机构的立场并把所有支持文件提交OC。作为出口政策咨询委员会（ACEP）执行主席，OC主席应确保工作组对与许可证申请有关的未解决的争论问题进行分析并向各部门提交分析报告；如果在100天内还没有就是批准还是拒绝许可证申请做出决定，ACEP主席应召开ACEP会议，解决各部门在出口许可证申请上的不同。ACEP批准许可证需要多数票赞成。在ACEP召开会议后5天内，ACEP主席应向与会者通报多数票通过的决定。在收到ACEP主席通知10天内，参加ACEP会议的各部门领导人应书面请求商务部长召开EARB会议，审查ACEP会议决定。如果没有部门或机构要求审查ACEP的决定，则10天内，ACEP决定就成为最终决定，相应地，就会发给许可证或拒绝许可证；在ACEP召开会议35天内，如果有必要，EARB应举行会议，审查建议的出口许可证申请，EARB批准许可证应有多数票赞成。在EARB召开会议后5天内，商务部长应向各部门和机构通报会议决定，在获得通报后的10天内，参加EARB会议的各部门或机构领导人可请求商务部长把决定提交总统审查，或根据他（她）自己的权力做出提交总统审查的决定。无论是哪种情况，在EARB会议召开后35天内，商务部长都应将许可证申请和各部门的看法提交总统。如果没有机构或部门在10天内要求审查EARB会议决定，则EARB的决定就是最终决定，相应地，就应同意或拒绝发放许可证；如果一个部门或机构在规定期限内没有对ACEP或EARB的决定提出申诉，则这一机构或部门就放弃了对建议的决定提出反对的权力。[1] 该命令不仅确定了审查许可证的程序，而且明确规定了不同层级审查的时间限制，有利于在加强国家安全出口控制的同时，尽可能快地处理不会影响国家安全的物项和技术的出口。

1989—1991年，苏联和中欧的巨大变化使美国出口控制面临完全不同的形势。来自苏联集团国家的迫在眉睫的国家安全威胁不存在了，在可预见的将来，不大可能出现势均力敌的国家或国家集团威胁美国及其盟国的安全，美国是世界上唯一真正的全球性力量。布什总统决心通过军事行动阻止大规模杀伤性武器扩散，同时，加强单方面出口控制，以更好地阻止大规模杀伤性武器扩散。认识到单方面控制的弱点，布什政府在各种多边出口控制机制中都鼓励合作，美国组织了巴统合作论坛并努力使它转向防扩散问题，布什政府还帮助核供应国集团、澳大利亚集团和MTCR进行改革，使它们转变为更为积极和更有效的不扩散实体。

冷战的结束使布什政府强化国际出口控制的行动遭到盟国的反对和抗议，但伊拉克入侵科威特却为盟国加强出口控制合作提供了良机。例如，虽然其成员国仍相对稳定，巴统在出口控制问题上却获得了许多其他国家的合作。核供应国集团、澳大利亚集团和MTCR的控制物资的数量和性质都发生了巨大变化。显然，冷战的结束和持续的全球化不可能削弱美国政府把出口控制作为管理国家和对外政策的一个工具。实际上，只要美国仍是一个经济大国并继续实行积极的外交政策，美国就会严重依赖出口控制以支持外交政策目标。

1　National Security Directive 53, December 10, 1990, DNSA, Presidential Directives, Part Ⅱ, PR01765 .

第三章 克林顿政府出口控制改革

克林顿是在冷战结束和新的以美国为主导的世界秩序正在形成时上台的。作为冷战结束后美国第一任总统，克林顿有他的前任们望尘莫及的机会和可能在全世界推行美国新的世界大战略。在1994年的《参与与扩展国家安全战略》中，克林顿明确提出国家安全、经济繁荣和促进民主三大战略目标。所谓增强国家安全，就是美国必须“在规模和态势上”具有“适合于满足我们各种战略需要的军事能力，包括与盟国一起赢得几乎同时发生的主要地区冲突的能力”。为此，美国将“继续遵守军备控制协议，减少核冲突的危险和促进稳定”。保持经济繁荣就是制定有活力的经济政策，刺激“健全的经济增长和自由贸易”，使美国能“自由和平等地进入外国市场”。促进民主就是建立“扩大民主的框架”，以保护、巩固和扩大自由市场民主共同体，这意味着在原苏联境内的新独立的国家尤其是俄罗斯和其他任何地方促进民主。[1]

无论是参与还是扩展，克林顿政府都希望努力使自由市场民主共同体不成为一个虚有其表的东西。为实现这一大同目标，克林顿政府表示给

1 The White House, “A National Security Strategy of Engagement and Enlargement”, July 1994, p. 5.

予美国冷战后面临的最严重威胁——大规模杀伤性武器扩散——“高度优先性”，为此，应加强防扩散出口控制。但很明显的是，无论是增强国家安全还是在国外推进民主，都依赖于美国经济的持续繁荣，为此，克林顿政府又不得不改革过时的出口控制体制。这意味着要消除许多控制，特别是消除对巴统成员国之间贸易的限制和进一步减少对前社会主义国家出口的限制。带着这些相互冲突的任务和目标，克林顿开始了出口控制改革。

一、放松两用物项出口控制

经济繁荣是克林顿国家安全战略的一个主要目标，克林顿深知这一点的重要性，帮助他赢得大选的口号就是“关键是经济”。对于美国商业利益而言，冷战的结束为根本改革美国出口控制政策开辟了道路，如果美国解除大量控制，随着原苏联集团国家市场改革的进行，美国商人将在一个前所未有的市场上获得先机。克林顿在1992年总统大选中发出的某些信号让美国一些商人看到了这一可能性。在大选中，克林顿许诺要建立一个与国家安全委员会同等级的促进经济发展的委员会。在“21世纪的制造业”这篇大选讲话中，克林顿呼吁采取更自由的出口控制政策、简化出口控制程序和避免采取单方面控制措施。[1]这些许诺有助于克林顿在大选期间赢得来自高技术工业界的相当多的政治支持和捐款。为表明他放松出口控制的决心，在选择竞选伙伴时，克林顿决定在参议院向来就有努力促进出口控制名声的参议员戈尔做他的竞选搭档。[2]

---

1 Richard T. Cupit, *Reluctant Champions, U.S. Presidential Policy and Strategic Export Controls*, Routledge, 2000, p. 160.

2 Richard T. Cupit, *Reluctant Champions, U.S. Presidential Policy and Strategic Export Controls*, Routledge, 2000, p. 160.

克林顿上台后，工业界的许多领袖都希望克林顿兑现诺言，要求克林顿政府放松出口控制，并加强了游说活动。他们声称，出口控制代价极大，使美国商人处于不公平竞争状态，如全国制造商联合会说，平均而言，每个公司每年在与出口许可证有关的事情方面要花费130万美元和24个工人的工作量，在90年代，负担几乎增加了40%。而出口控制的费用每年则多达300亿美元，这是美国经济的沉重负担。竞争理事会则从另一个方面要求放松出口控制，由于美国对国外能够生产的相同或类似产品都实行出口控制，竞争理事会认为这损害了美国经济的健康发展；它坚决主张出口控制的标准应该根据“国外可得性、可控制性和可替代性”进行评估，应避免单方面控制。同样地，国家研究理事会也认为，从长期看，供应经济学派的政策措施（如防扩散出口控制）对高技术物资是无效的，美国应该放松出口控制以获取经济利益。[1]而且，克林顿政府的参与与扩展战略也要求他放松出口控制，因为扩展不仅意味着“保护、巩固和扩大自由市场民主共同体”，也意味着支持美国的政策和国际制度，加强国际贸易，尤其是扩大美国的出口。同时，冷战后全球化加速发展，防务和商业生产活动的全球化使先进的军事能力和与军事有关的商业物资及技术更容易为许多国家或次国家组织所获得，缩小了美国与其他国家之间的技术差距。因为冷战后军费预算的减少，全球常规武器市场变得越来越具有竞争性了。在买方市场上，具有丰富资源的国家能够获得并将继续获得先进常规武器系统。如果能获得必需的便宜的替代物资，则通过升级现有的装备或把各种技术整合在一起，就能加强一个国家的军事能力。另外，商业技术与许多先进的武器技术和能力技术（如先进机床和高性能计算机）结合在一起，加上全球贸易障碍的减少，

1　Richard T. Cupit, *Reluctant Champions, U.S. Presidential Policy and Strategic Export Controls*, Routledge, 2000, p. 163.

其传播速度更快了。[1]作为冷战结束后美国第一任总统，克林顿既想在世界上促进民主，又希望确保美国经济繁荣。因此，上台伊始，克林顿政府就承诺要保护美国经济安全，把确保美国工人和美国公司在世界上具有最强竞争力作为其政策的最优先目标，并决心“把为美国出口商获得更大的市场放在更为优先的位置上”[2]。

根据美国出口控制法律和相关法规，美国大量两用物项的出口都需要申请许可证，而除美国外的其他主要发达国家和新兴工业化国家或地区并没有类似美国的严厉出口控制制度，因此，美国相关行业或出口商在世界市场上常处于不利地位。这不利于提高美国在世界市场的竞争力，也不利于维持美国经济的繁荣。因此，克林顿政府决定在相当大程度上放松向来不利于美国出口商扩大商品出口和占领世界更多市场的出口控制制度。这种放松主要涉及两用物项，所谓两用物项就是既有军事价值也有民用价值的物项。在整个克林顿政府时期，克林顿不断放松两用物项出口控制政策，如1995年12月，美国政府放松对集成电路、某些半导体生产装备、某些包含密码技术的蜂窝电话、加密的病毒防护软件程序等的出口控制。据美国工业界估计，全球半导体工业产品出口在1992年已超过1700亿美元，而美国公司产品仅占三分之一。克林顿政府此举将极大提高美国半导体工业的全球竞争力，增加其产品市场份额。[3]此后，克林顿政府每年都会根据技术发展状况和国外可获得性情况解除对某些物项的控制。1998年1月15日，商务部出口管理局宣布解除80%—90%的

1 US Department of Defense, Office of the Undersecretary of Defense for Acquisition and Technology, *Final Report of the Defense Science Board Task Force on Globalization and Security*, U.S. Government Printing Office, 1999, p. v.

2 Claus Hofhansel, *Commercial Competition and National Security: Comparing U.S. and German Export Control Policies*, Praeger, 1996, p. 14.

3 US Department of commerce, Bureau of Export Administration, “Bureau of Export Administration Annual Report for Fiscal Year 1996”, pp. i–3.

用于商业核发电厂的物项的出口控制，同时，对核电生产的关键零部件，如反应堆容器、燃料棒装备和主泵等继续实行出口控制。这就把出口控制的不利影响降到最低。1999年，商务部放松了对更多两用物项的出口控制。7月8日，商务部出口管理局提高了向东欧国家和中国出口微处理器的性能水平；7月23日，出口管理局公布了修改后的《瓦斯那协议》（Wassennar Arrangement, WA）出口控制清单，该清单放松了对许多电信产品的出口控制。[1]这里以克林顿政府的计算机出口控制政策为中心进行探讨，以说明克林顿政府在两届任期内是如何对以高性能计算机为中心的两用物项出口控制进行改革和调整的。

高性能计算机的计算能力是由每秒百万次运算（MTOPS）来界定的，不同技术条件下的高性能计算机有不同的MTOPS。所谓高性能计算机（也称超级计算机）是一个动态概念，是“比商业计算机运算快并有足够的中央存储器来计算科学界感兴趣的问题”的计算机[2]，或者是“在科学计算所限定的技术条件下，意在获得最高计算水平”的计算机。[3]高性能计算机技术非常有利可图，对于扩大出口和促进美国经济利益具有非常大的好处。但高性能计算机是典型的两用物项，能广泛用于民用，如全球和地区精确天气预报、图像处理、中等粒子动力问题处理、模拟飞行器在极端飞行条件下所面临的问题、中等规模的战场模拟等等，也具有广阔的军事运用价值：高性能计算机系统使核武器设计者通过模拟而不需要通过爆炸检验核装置成为可能；它还能运用于联合攻击战斗机的设计、非声学反潜战的传感器开发、先进合成孔径雷达的计算，也能用于

1　US Department of commerce, Bureau of Export Administration, “Bureau of Export Administration Annual Report for Fiscal Year 1999”, p. 15.

2　Marie Anchordoguy, “Japanese-American Trade Conflict and Supercomputers”, *Political Science Quarterly*, vol. 109, no. 1, Spring 1994, p. 40.

3　Jack Worlton, *Some Myths About High Performance Computers and Their Role in the Manufacture of Nuclear Weapons*, Technical Report 32, Worlton and Associates, 1990.

潜艇设计中的浅水等高线模型、一些合成孔径雷达、船舶红外线搜索和追踪系统的开发；还能用于计算底下和表面结构爆炸冲击波的影响、先进飞行器的设计和为潜艇外壳建模，设计侦探来袭导弹的红外线追踪系统、浅水的声学探测器、航空激光和火箭发动机等关键的防务系统等等。[1] 高性能计算机系统也是“信息战”的中心，而“信息优势”战略也正成为美国军事战略的一个关键要素。因为信息战是冲突的一个非常关键的方面，高性能计算机系统扩散到“流氓国家”将带来更多的安全问题。[2] 总之，高性能计算机系统在设计、检测和维护核武器、常规武器和信息战武器技术方面的使用产生了严重的军备控制问题。正因为如此，主张加强国家安全出口控制的人士坚持要求强化对高性能计算机的出口控制，而主张促进贸易的人士则坚决主张放松对高性能计算机的出口控制。克林顿政府对高性能计算机的出口控制政策就在这两种力量之间摇摆。总体而言，克林顿政府时期，主张促进贸易的人士更占优势，因此，克林顿政府时期，对高性能计算机的出口控制从整体上说，是逐步放松的。

冷战时期，美国就开始对高性能计算机出口实行严厉控制。[3] 20世纪70年代中期，高性能计算机的出口控制开始受到关注，当时，美国公司开始生产第一代高性能计算机。由于最初只有美国能够生产高性能计算机，美国单方面实行出口控制就能防止其向苏联集团国家出口。到20世纪80年代初期，日本具备了生产高性能计算机的能力。为防止高性能

1 Seymour E. Goodman, Peter Wolcott, Patrick T. Homer, “High-Performance Computing, National Security Applications, and Export Control Policy at the Close of the 20th Century”, Center for International Security and Cooperation, Stanford University, May 1998, p. xi; Gary Milhollin, “Fire Sale”, *The New York Times*, September 18, 1996, p. A19.

2 Joseph A. Nye and William Owens, “America’s Information Edge”, *Foreign Affairs*, vol. 75, March/April 1996, pp. 20–36.

3 关于冷战时期美国对计算机的出口控制，参阅Frank Cain, “Computers and the Cold War: United States Restriction on the Export of Computers to the Soviet Union and Communist China”, *Journal of Contemporary History*, vol. 40, no. 1, pp. 131–147。

计算机出口到日本、美国和加拿大以外的国家或地区，美国与日本签订“超级计算机保护计划”。到80年代末期，美国对高性能计算机的出口控制是有效的。因为初期的高性能计算机体积巨大、产量少、生产周期长，其他国家很难秘密获得和使用。[1]到90年代初，美国再也不能像以前那样随心所欲地控制高性能计算机的出口了，一方面，因为其他国家完全可以从日本和欧洲国家获得以前只能从美国那里才能获得的高性能计算机；另一方面，到90年代初，以奔腾处理器为基础的个人电脑的性能已经达到60 MTOPS，而制造这样的电脑所需要的微处理器可随意购买。另外，由于PC机的芯片可以随意购买，有关国家可以通过购买相对来说不那么先进的技术来组装高性能计算机。[2]很明显，在存在很强的国外可获得性的情况下，如果美国坚持对高性能计算机实行严厉的出口控制，不仅美国的计算机公司难以与其他国家的公司竞争，而且，那些美国不愿意其获得高性能计算机的国家或实体仍能轻易从其他国家获得。这就使有效的出口控制成为不可能，不仅不可能，而且，对美国政府和美国公司来说都得不偿失。斯时，苏联解体，冷战宣告结束，美国不用像冷战时期那样担心高性能计算机被出口到俄罗斯。于是工业界代表开始游说政府，要求放松对高性能计算机的出口控制。美国国家科学院也敦促美国政府进一步放松对高性能计算机的出口控制，并建议建立信任措施来监督俄罗斯对美国高性能计算机的最终用途。[3]

---

1 National Academy of Sciences, Panel on the Future Design and Implementation of U.S. National Security Export Controls, *Finding Common Ground: U.S. Export Controls in a Changed Global Environment*, National Academy Press, 1991, p. 251.

2 Kenneth Flamm, “Controlling the Uncontrollable: Reforming U.S. Export Controls on Computers”, *The Brookings Review*, vol. 14, no. 1, Winter 1996, pp. 22–25.

3 Christine Westbrook and Alan B. Sherr, “U.S.-Soviet Joint Ventures and Export Control Policy”, in Gary K. Bertsch, Steven Elliot-Gower eds., *Export Controls in Transition: Perspectives, Problems, and Prospects*, Duke University Press, 1992, pp. 169–202.

海湾战争中布什政府在资金上的捉襟见肘使布什总统认识到发展经济的重要性，但海湾战争中发现的所谓伊拉克秘密发展大规模杀伤性武器计划，把美国自20世纪50年代以来就存在的对大规模杀伤性武器扩散的担心推到一个新的高度。美国社会尤其担心诸如伊拉克、伊朗、利比亚和朝鲜等所谓“流氓国家”在没有实际进行物理试验的情况下使用高性能计算机来设计并试验核武器。因此，布什政府决定继续对高性能计算机实行严厉出口控制。另外，高性能计算机技术的快速进步和国外可获得性的出现以及美国经济的持续低迷，也促使布什政府对高性能计算机的出口政策进行调整。1990年，美国商务部修改了高性能计算机定义，规定对运算能力在195 MTOPS以上的计算机出口实行控制。这实际上极大放松了对高性能计算机的出口控制。这一措施最初使高性能计算机制造商非常高兴，但由于计算机的微处理器芯片性能每5年就提高10倍，根本没有任何迹象显示这种趋势会停下来，因此，到1993年，195 MTOPS的出口控制标准已经过时。

布什虽然赢得冷战，但输掉了总统大选，这使克林顿深刻认识到在全球化时代维持经济发展和繁荣的重要性。这促使克林顿把经济发展作为外交政策的三根支柱之一，再加上克林顿上台的时候，诸如IBM PCs和苹果机都属于出口控制的对象，计算机工业界非常不满，他们抱怨说电脑生产商正在失去中国台湾和韩国的市场；美国电器协会则说，尽管有出口控制，但中型工作站也可以转换为超级计算机。[1]就是说，美国对计算机的出口控制相当于无用功。同时，由于大选中获得了来自包括高性能计算机行业在内的高技术生产商的大力支持，对于来自高技术行业放松出口控制的呼吁，克林顿不能不投桃报李。另外，一些国会议员也不断呼吁放松对高新技术的出口控制。1993年，加利福尼亚民主党国会

1 Jack Robertson, “Export Curbs Blasted; Policy Change Urged; Controls on Technology Exports”, *Electronic News*, June 14, 1993, p. 1.

议员诺曼·峰田（Norman Mineta）呼吁制定国家出口战略，他抱怨说，“当美国高技术公司在国际市场上努力竞争时，我们却在很多时间里自己束缚自己”[1]。1993年10月，马萨诸塞民主党议员巴尼·弗兰克（Barney Frank）呼吁“解除对美国商人的控制”，并说那些反对解除控制的人就是“反对努力使美国商人以平等条件在世界上竞争的人”。[2]不仅如此，1993年春，贸易促进协调委员会建议美国政府放宽或解除对电脑、电信设备等先进技术产业的出口控制。这些都为克林顿放松对高性能计算机的出口控制提供了一个比较宽松的环境。

克林顿政府首先制定了出口控制的三个原则：对那些不可控制的物项或技术实行出口控制是不可能的；提高出口控制政策的透明性和可预期性；对具有军事意义的计算机实行有限控制，只对那些能防止敌人获得巨大进步的，而且又不能从国际市场上获得的计算机实行严厉的控制。[3]简言之，就是对美国垄断的高性能计算机实行严厉的控制，对于盟国或其他国家也能生产的高性能计算机的出口，不实行那么严厉的控制。据此，1993年9月，克林顿政府提高了超级计算机的定义，把超级计算机的运算能力从195 MTOPS提高到2000 MTOPS。但对于具体出口对象，克林顿政府采取区别对待的政策，即解除对巴统国家出口运算能力达到500 MTOPS的高性能计算机的控制；而对于除前东方集团、中国和所谓的“流氓国家”以外的所有国家，则只解除运算能力达到195 MTOPS的计算机的出口控制。[4]这一政策极大提高了美国计算机工业的国际竞争

1　Norman Mineta, “Toward a National Export Strategy”, *Congressional Record* 139 (130), September 29, 1993, p. E2312.

2　Barney Frank, “Freeing the U.S. Computer Industry”, *Congressional Record* 139 (144), October 22, 1993, p. E2515.

3　Kenneth Flamm, “Controlling the Uncontrollable: Reforming U.S. Export Controls on Computers”, *The Brookings Review*, vol. 14, no. 1, Winter 1996, pp. 22–25.

4　Nancy Dunne, Louise Kehoe, “US Relaxes Controls on High-Tech Exports”, *Financial Times*, September 30, 1993, p. 1.

力，并直接影响到价值超过100亿美元的计算机出口。[1]克林顿政府并没有止步于此，而是决定进一步扩大放松计算机出口控制的范围。根据安排，到1994年4月1日，对除朝鲜外的所有属于巴统出口控制对象国家的民用最终用户，美国将解除对几乎所有的民用电信装备和运算能力在1000 MTOPS以下的计算机的出口许可证要求，对于高端计算机和对军事最终用户的转移仍继续保留个别许可证要求。[2]

高新技术行业对克林顿的出口控制改革措施表示欢迎。但由于克林顿政府在努力放松出口控制以促进美国出口的同时，继续实施布什政府时期需要加强出口控制的反扩散倡议，这一相互冲突的政策目标使高性能计算机出口许可证的处理非常缓慢。这损害了它们产品的竞争力。因而，计算机行业对1993年9月的出口控制改革措施仍不满意。在1994年的国会听证会上，微软公司代表宣称他的公司已成为“美国外交政策的人质”，要求改变美国出口控制政策。[3]他们的代表向国会施压，要求国会敦促克林顿政府进一步放松对高性能计算机技术的出口控制。美国生产商联合会抱怨说，美国的出口控制政策受到关于诸如高性能计算机门槛限制的“不可思议的讨论的牵制”，而没有强调诸如“栅格锁”许可证审查程序和滥用单边控制等系统问题。[4]主张增加贸易的竞争理事

---

1 US Department of commerce, Bureau of Export Administration, “Bureau of Export Administration Annual Report for Fiscal Year 1996”, pp. i–3.

2 “Export Control Reform”, Statement by the Press Secretary, March 30, 1994, http://www.fas.org/spp/starwars/offdocs/w940330.htm.

3 U.S. Congress, House, Committee on Science, Space, and Technology, Subcommittee on Technology, Environment, and Aviation, “Hearing on the Export Administration Act: Testimony of Luke Alexander”, 103rd Congress, 2nd session, May 24, 1994, pp. 52, 57.

4 U.S. Congress, House, Committee on International Relations, Subcommittee on International Economic Policy and Trade, “Hearing on Impact of Export Controls on U.S. Industry: Statement of Howard Lewis III, Vice President for Trade and Technology Policy, National Association of Manufacturers”, 104th Congress, 1st session, January 25, 1995, p. 18.

会则从另一方面要求放松出口控制，他们报告说，对高性能计算机仍保留的控制使美国公司损失了6.4亿美元，丧失了12240个工作岗位。[1]毫无疑问，这给把发展和繁荣经济作为外交政策支柱之一的克林顿留下的印象是非常深刻的。而且，这种看法得到知识界的支持，1995年11月，斯坦福大学国际安全和军备控制中心发表关于高性能计算机出口控制的报告。该报告认为，由于"技术的快速发展和扩散"，"高性能计算机的控制机制从长期看将遭到极大削弱"，并认为现在高性能计算机的运用所产生的威胁"是否能像冷战时期核武器、密码技术和反潜艇战的运用那样证明出口控制是迫在眉睫的"，"仍是不清楚的"。[2]这实际上对高性能计算机出口控制政策本身的合理性提出了质疑。这种质疑与计算机行业的利益需求相结合，使美国社会各界把关注的焦点放在了美国出口控制机制本身上。实践证明，改革美国出口控制机制绝非短期内所能完成的任务。

在政府面临合理性质疑和业界利益诉求压力的同时，到90年代中期，计算机微处理器能力得到巨大提高，出现了"可升级的"并行计算机系统。强有力的新处理器使计算机生产商能比较容易地把四个均衡多处理器系统安装在单一的电路板上，同样，外国计算机制造商也很快获得把多个均衡多处理器电路板连接成非常强大系统的能力。这就出现了这样的趋势，即高性能计算机技术更加容易获得，而外国生产商同样具有生产高性能计算机的能力。实际上，克林顿政府的高级官员也认识到信息技术革命已经使美国出口控制制度落后于技术发展了。克林顿的国防部长威廉·佩里说："我们是（计算机工业的）一个重要消费者，但我们不

1　Council on Competitiveness, "Economic Security: The Dollars and Sense of U.S. Foreign Policy", 1994, p. 66.

2　Seymour Goodman, Peter Wolcott, Grey Burkhart, "Building on the Basics: An Examination of High-Performance Computing Export Control Policy in the 1990s", A Report of the Center for International Security and Arms Control, November 1995. p. 7.

再是占支配地位的消费者。本质上，我们今天在计算机方面的战略是站在计算机工业的肩膀上并充分利用正在发生的变化。”[1]很清楚，佩里认为放松出口控制是正确的，是符合美国战略利益的。这种理性认识与来自产业界的各种压力一起，共同推动克林顿政府于1995年10月发起新一轮放松高性能计算机出口控制的行动。

在制定1995年改革建议的时候，商务部提出了“可预见的外国可得性”概念，并接受了斯坦福大学报告的结论，即大规模计算机的运算能力将提高到7000 MTOPS，并将传播到全世界，到1997年将无法控制。根据这一判断，新的出口控制改革措施把所有的国家分为四组：第一组由美国最亲密的28个盟国组成，向这些国家出口几乎没有安全风险，向它们出口运算能力20000 MTOPS以下的计算机不再进行控制；第二组是美国的106个贸易伙伴，具有良好的出口控制记录，向它们出口运算能力超过10000 MTOPS的计算机需要出口许可证，出口10000 MTOPS以下的计算机应该有记录；第三组是向它们出口会有扩散、转移或其他形式的安全风险的国家（如中国、俄国和以色列），向它们出口7000 MTOPS以下的最终用途为民用的计算机不需要许可证，而出口2000 MTOPS以上用于军事的计算机仍然需要许可证；第四组是恐怖主义国家（古巴、伊朗、利比亚、伊拉克、朝鲜、苏丹和叙利亚），禁止向它们出口计算机。[2]上述规定显然使计算机出口控制大为放松。1995年10月放松计算机出口控制的最引人注目的改革措施是允许美国出口商自己做出是否出口计算机的决定，即如果出口商确信计算机的最终用途是民用，而且如果由购买者提出的请求中关于计算机的最终用途是准确的话，出口商可以不需要出

1 U.S. Congress, Office of Technology Assessment, *Export Controls and Nonproliferation Policy, OTA-ISS-596*, U.S. Government Printing Office, May 1994, p. 30.

2 Robert D. Atkinson and Joseph M. Ward, “The Emerging Export Control Crisis Reinventing the Computer Export Control Regime”, June 1, 1999, http://www.ppionline.org/.

口许可证就能向俄罗斯出口7000 MTOPS的计算机。[1]

1993和1995年的改革为克林顿政府此后放松计算机出口控制确立了固定的模式。1996年1月，克林顿政府废除对运算能力达到2000 MTOPS的高性能计算机出口需要许可证的规定。[2]由于处理器速度和有关技术的快速发展，外国能直接或间接地获得高性能计算机，克林顿政府1999年7月1日宣布，进一步放松高性能计算机出口控制，尤其是放松对第三组国家的出口控制。具体而言，扩大第一组国家数量，把匈牙利、波兰、捷克和巴西从第二组转移到第一组，对这些国家出口所有的计算机只需要一般许可证。向第二组国家出口10000—20000 MTOPS的计算机需要一般许可证，但需要保留记录和报告，未来6个月可能提高到32000—36000 MTOPS。对于第三组国家，新规定对军用和民用最终用途做了区分，对于民用最终用途，出口的高性能计算机门槛立即从7000 MTOPS提高到12300 MTOPS；对于军用最终用户，仍保持为2000 MTOPS；对于2000—7000 MTOPS之间的最终用户为民用的计算机的出口只需要一般许可证，但出口商应保留记录。[3]在宣布新的出口控制政策的同时，克林顿决定今后每六个月审查一次计算机出口控制政策，他也决定亲自参加这一审查。从1999年7月开始，在克林顿的直接领导下，美国政府审查了计算机技术进步情况，美国国家安全、防扩散以及其他方面的国家安全利益。经过审查，克林顿总统认为计算机技术的迅速发展，使外国可以直接或间接从其他卖主或第三方获得高性能计算机或用美国的处理器

---

1 U.S. Congress, Senate Governmental Affairs Subcommittee on International Security, Proliferation, and Federal Services, "Hearing on Proliferation and U.S. Export Controls", 105th Congress, 1st Session, 11 June 1997, p. 17.

2 GAO, "Export Controls: Challenges and Changes for Controls on Computer Exports", GAO/T-NSIAD-00-187, May 26, 2000.

3 GAO, "Report to Congressional Committees, Export Controls More Thorough Analysis Needed to Justify Changes in High Performance Computer Controls", GAO-02-892, August 2002.

和零部件组装同样性能的计算机，这意味着美国必须进一步放松计算机出口控制。2000年2月1日，克林顿宣布改变对高性能计算机的出口控制标准：向第一组国家出口所有计算机只需要一般许可证；向第二组国家出口20000 MTOPS以下的高性能计算机不需要单独许可证，向它们出口20000—33000 MTOPS的计算机需要单独许可证；向第三组国家出口军用高性能计算机的标准从6500 MTOPS提高到12500 MTOPS，向第三组国家出口民用高性能计算机的标准从12300 MTOPS提高到20000 MTOPS。[1]根据半年审查一次的要求，2000年8月3日，克林顿在其任内第五次也是最后一次修改计算机出口控制政策：对第一组国家的政策不变；把对第二组国家出口计算机的门槛提高到33000 MTOPS，但向它们出口此水平之上的计算机需要单独许可证；向第三组国家军用最终用户和最终用途出口12500 MTOPS以上的计算机需要单独许可证，向第三组国家出口民用高性能计算机的标准从12500 MTOPS提高到20000 MTOPS。[2]至此，克林顿政府对高性能计算机出口控制政策的改革告一段落。

虽然克林顿政府多次放松高性能计算机出口控制政策，但每次放松都不容易，是美国社会内部主张促进贸易和主张加强国家安全出口控制的人士之间激烈博弈和妥协的结果。因此，克林顿政府的高性能计算机出口控制改革并非仅仅是放松，由于主张加强防扩散出口控制人士的强大反对和压力，克林顿政府也不得不不断加强国家安全出口控制。这种趋势在克林顿政府后期表现得尤其明显，进而影响到小布什政府时期的高性能计算机出口控制政策。

美国计算机行业和主张促进贸易的人士对克林顿政府每一次放松高

1 GAO, "Export Controls: Challenges and Changes for Controls on Computer Exports", GAO/T-NSIAD-00-187, May 26, 2000.

2 "US Computer Export Controls, Disarmament Diplomacy", *Issue*, no. 49, August 2000.

性能计算机出口控制的做法都极力赞扬。美国电器协会曾说这些措施是“是冷战结束以来在使出口控制机制合理化方面所采取的最有进步意义的行动”。微软则认为这些改革“是支持我们的高技术出口的一个大胆步骤”。[1]

与商业界对克林顿政府放松计算机出口控制的欢迎态度相反，主张防扩散的人士一直反对放松高性能计算机出口控制。他们警告说，放松出口控制就是“扩散的处方”。他们要求从国家安全的角度考虑是否允许高性能计算机出口和延长批准高性能计算机出口许可证的时间，因为一些高性能计算机和其他两用技术最终被出口到“流氓国家”、核门槛国家或美国的传统敌对国家如中国和俄罗斯。这对美国国家安全十分不利。他们还批评商务部经常不把两用物资的出口申请提交跨部门审查。但克林顿政府并没有因为他们的反对和批评而改变初衷，这引起倡导防扩散人士的强烈不满。在1993年9月的众议院外交关系委员会会议上，议员斯蒂芬·布莱恩（Stephen Bryen）警告说，没有强有力的防止大规模杀伤性武器扩散的国际出口控制机制，类似伊拉克发展大规模杀伤性武器的情况还会出现。[2]对于克林顿政府把高性能计算机出口控制线定在2000 MTOPS的做法，他们坚决要求把出口控制线降低到1500—2000 MTOPS。[3]为回击克林顿政府放松高性能计算机出口控制的行为，国会总审计办公室于1994年4月发布研究报告。报告首先回顾了从80年代中期到90年代初期美国两用物项出口控制政策，报告明确指出，美国1988年批准向伊拉

1　Bernard Levine, “Industry Seeks More Export Slack; Computer Industry Wants Liberalized Rules for Components and Telecommunications”, *Electronic News*, October 4, 1993, p. 1.

2　U.S. Congress, House, Committee on Foreign Relations, “U.S. Proliferation Policy Toward Rogue Regimes: Testimony of Stephen Bryen”, 103rd Congress, 1st session, September 14, 1993.

3　Theresa Hitchens, Barbara Opall, “U.S. Revises Plan to Ease Computer Export Rules”, *Defense News*, February 14–20, 1994, p. 1.

克出口的计算机被伊拉克用于“核武器设计工作”，进而，报告对美国两用物项出口控制政策提出严厉批评。[1]在克林顿政府于1995年决定进一步放松高性能计算机出口控制后，他们发起了新一波批评。

在克林顿政府于1995年决定放松高性能计算机出口控制前，众议院国家安全委员会主席弗洛伊德·斯宾塞（Floyd Spence）和众议院国家安全委员会民主党领导人隆·德勒姆斯（Ron Dellums）给克林顿写信，反对放松对高性能计算机出口控制。至于克林顿政府放松高性能计算机出口控制的重要理由，即国外可获得性，主张加强防扩散出口控制的人士认为，国外可获得性与美国遵守防扩散义务没有关系，同时，美国在国际上的领导地位也需要美国承担单方面出口控制的经济代价。换言之，美国不能在要求其他国家采取美国防扩散出口控制标准的时候，却以国外可获得性为借口出口具有扩散风险的高性能计算机，这与美国的国际领导地位不相符。

面对反对放松出口控制人士的激烈批评，克林顿政府不得不开始做出一些妥协。1996年1月，克林顿政府在废除运行能力达到2000 MTOPS的高性能计算机出口需要许可证的规定的同时，加强了高性能计算机出口的检查和监督，克林顿政府要求：对亚洲、非洲、拉美、中东欧国家出口1000 MTOPS以上的计算机都需要许可证；对第三等级的包括中国、俄罗斯、印度和以色列在内的一些国家实行双重控制，对潜在的军事最终使用者出口计算机都需要许可证，而且对潜在的军事最终用户出口的计算机的MTOPS要低于对民用最终用户出口的计算机；对第四等级的国家（伊朗、伊拉克、利比亚）基本禁止出口高性能计算机。进而，1996年的《国防授权法》（NADD）要求对所有向第三组国家出口的计算机都进行

1 GAO, “Export Licensing Procedures for Dual-Use Items Need to Be Strengthened: Report to Senator John Glenn, Chairman of the Committee on Government Affairs”, GAO/NSIAD-94-119, April 1994, p. 30.

装船后查证，不管是需要许可证出口的还是不需要许可证出口的。[1]

克林顿政府的妥协并未让主张加强国家安全出口控制的人士满意。随着美国社会保守主义回潮，主张加强国家安全出口控制的人士进一步加大了对克林顿政府放松高性能计算机出口控制的批评力度。更重要的是，在经历冷战结束初期的战略对手空档期之后，美国开始越来越明确地把中国、俄罗斯看作潜在对手，美国政府开始认为俄罗斯原子能部的武器实验室是美国高性能计算机“最难接受向其出口的地方”。[2]几乎在美国政府做出上述表态的同时，1997年2月，俄罗斯宣布俄罗斯原子能部门获得了几台运算能力达到4500 MTOPS的高性能计算机，这远远高于对俄罗斯的军事最终用户2000 MTOPS的出口限制水平。不仅如此，俄罗斯还炫耀说，这些“比以前俄罗斯所获得的运算能力快10倍”的高性能计算机将用于核武器实验室。[3]对于这一出口的后果，GAO报告说，如果这些计算机被排列在一起，核武器实验室将获得运算能力达到9000 MTOPS的计算机，甚至可能达到14000 MTOPS，远远超过1995年规定的向俄罗斯民用部门出口计算机不得超过7000 MTOPS的限制。[4]俄罗斯的炫耀和GAO的报告如火上浇油，使反对放松出口控制的声浪骤然加大，克林顿政府面临的压力也不断增加。在这种情况下，美国政府披露的向中国出口高性能计算机及其最终用于军事目的的消息，成为在相当程度上改变美国高性能计算机出口控制政策的关键。

1997年4月，商务部出口管理局局长威廉·赖因施（William Reinsch）

1　GAO, “Export Controls: Challenges and Changes for Controls on Computer Exports”, GAO/T-NSIAD-00-187, May 26, 2000.

2　Gary Milhollin, “Exporting an Arms Race”, *The New York Times*, February 20, 1997, p. A19.

3　Knut Royce, “Computer Sale to Russia Probed”, *Newsday*, February 16, 1997, pp. A4, A21.

4　U.S. Congress, House, Subcommittee on National Security, Subcommittee on Military Procurement, “Sale of U.S. Supercomputers to Russia: Statement by Mr. Harold J. Johnson, Associate Director”, NSIAD, GAO, 105th Congress, 1st session, April 15, 1997, http://www.house.gov/nsc/97-4-15Johnson.htm.

在国会作证时说，中国正在使用美国制造的47台高性能计算机。[1]美国《防务新闻》杂志于1997年6月披露说，中国实际上拥有“数百台”超过2000 MTOPS的美国制造的高性能计算机系统，中国通过购买低于美国2000 MTOPS限制的1900 MTOPS系统，然后把它们放置在一个扩大的母版上，获得了超过2000 MTOPS的运算能力。[2]这比中国最快的个人电脑的速度还快10倍，只有日本和美国才能生产。[3]不仅如此，对中国的最终用户检查根本没有得到很好的贯彻执行。有关证人在国会作证时表示，一方面，美国对中国的“最终用户检查被抛弃了”[4]；另一方面，中国已经把高性能计算机整合到受到中科院内部的电子防火墙保护的“极其复杂的高性能计算机隐蔽网”中，这使美国难以监督中科院正用于军事目的的计算机和正用于民用研究的计算机。[5]美国行政部门也承认，美国根本不满意“对中国出口的运输后查证”。主张防扩散的人对此非常关心，认为中国会利用高性能计算机来设计、改良核武器和弹道导弹，这是对美国国家安全利益的重大威胁。这样，克林顿政府放松高性能计算机出口

1 U.S. Congress, House, Committee on National Security, “Hearing on Sale of American Supercomputers to Russia: Statement of William A. Reinsch, Undersecretary for Export Administration, U.S. Department of Commerce”, 105th Congress, 1st session, April 15, 1997, p. 13.

2 Barbara Opall, “China Possesses Hundreds of U.S. Supercomputers”, *Defense News*, June 16–22, 1997, p. 1.

3 Lawrence Kaplan, “Where Do All the Supercomputers Go?”, *The Washington Times*, September 24, 1997, p. A15.

4 U.S. Congress, Senate, Committee on Governmental Affairs, Subcommittee on International Security, Proliferation, and Federal Service, “Hearing on The Role of Export Controls in Limiting the Proliferation of Weapons of Mass Destruction, Their Means of Delivery, and Advanced Conventional Weapons: Statement of William Schneider”, 105th Congress, 1st session, June 11, 1997. http://www.senate.gov/~gov-affairs/isphear.htm.

5 U.S. Congress, Senate, Committee on Government Affairs, Subcommittee on International Security, Proliferation, and Federal Service, “Hearing on The Role of Export Controls in Limiting the Proliferation of Weapons of Mass Destruction, Their Means of Delivery, and Advanced Conventional Weapons: Statement of Dr. Stephen Bryen”, 105th Congress, 1st session, June 11, 1997, http://www.senate.gov/~gov-affairs/isphear.htm.

控制的行动不断受到诘问，即如何才能结束他们的高性能计算机技术产品在中国或俄罗斯实验室中的使用。

许多学者也加入了反对放松高性能计算机出口控制的行列。他们认为，高性能计算机出口控制政策要有效，必须满足三个前提：其一，存在对国家安全具有很大重要性的问题，它需要高性能计算机来解决，而没有高性能计算机，这些问题无法解决，或只能以严重影响其目标的形式解决；其二，存在对美国来说具有重大国家安全关切的国家，它们在实现这些目标或类似的运用上有科学上和军事上的难题；其三，针对高性能计算机的特点可以采取有效的控制形式。[1]显然，如果前两个前提不存在，出口控制政策就不正确。如果第三个前提不存在，就不能实施有效的出口控制。在他们看来，冷战后，美国国家安全面临的威胁变小了，但威胁来源更多了，它们都希望以损害美国国家安全为代价促进自己的利益；由于美国在高技术领域里的优势，如果美国在出口控制上发挥领导作用，是可以很好地控制高性能计算机出口的。[2]这样，针对克林顿政府认为在存在外国可得性的情况下单方面控制高性能计算机是不可能的认识，他们明确提出对高性能计算机进行单方面出口控制是可能的。

围绕向中国和俄罗斯出口高性能计算机技术而产生的争论不仅为倡导不扩散的人注入了新的力量，也使国会中主张防扩散的人一度获得优势。尽管受到来自计算机行业和克林顿政府的反对，国会在1998年的《国防授权法》中仍加强了对高性能计算机的出口控制，它要求总统在改变高性能计算机的出口控制门槛时需要向国会提交报告，证明其正确性。

1　Seymour E. Goodman, Peter Wolcott, Patrick T. Homer, “High-Performance Computing, National Security Applications, and Export Control Policy at the Close of the 20th Century”, Center for International Security and Cooperation, Stanford University, May 1998, pp. 1–3.

2　有美国学者认为，美国的领导作用对于国际出口控制的有效性是必需的。在美国愿意发挥领导作用时，国际出口控制的有效性就得到很好的维持。参阅Michael Mastanduno, *Economic Containment: CoCom and the Politics of East-West Trade*, Cornell University Press, 1992, pp. 8–19。

这包括说明已经制定的有关高性能计算机的控制标准与新的对高性能计算机的控制标准的建议之间的程度差异，并说明可以从其他国家获得建议的出口控制标准以下的高性能计算机；说明新出口控制标准之下的高性能计算机所有潜在的军事使用意义，评估新出口控制标准之下的高性能计算机的军事使用对美国国家安全的潜在影响。[1]具体而言，新法案把是否出口计算机的最终决定权从出口商手里收回，又转回给政府，同时，特别强调加强对第三组国家（包括俄罗斯和中国）的出口控制。法案规定，向这些国家出口任何高于2000 MTOPS的高性能计算机都必须提交由商务部长、国防部长、国务卿、能源部长和军备控制与裁军署主任组成的跨部门委员会进行为期10天的审查。如果在审查期间，上述任何一位官员提出反对，则出口这样的计算机必须获得单独许可证。法案还要求，总统在改变对第三组国家出口2000 MTOPS计算机的限制时，必须提前180天通知国会，在改变被归入第三组清单的国家名单时必须提前120天通知国会。最后，法案还要求商务部对所有出口到第三组国家的超过2000 MTOPS的计算机的最终使用情况进行运输后检查，只有在商务部长做出详细的解释并说明不需要进行这样的检查时才可以例外。上述原则和具体规定在相当程度上为克林顿政府放松出口控制设置了种种条件和障碍，尽管这些障碍和条件不是禁止放松出口控制，但在计算机技术瞬息万变的时代，120或180天的时间限制无疑是非常严厉的。这是美国社会特有的政治生态的产物和结果。

在促使克林顿政府强化国家安全出口控制的过程中，国会总审计办公室发挥了非常重要的作用。GAO被称为国会的看门狗（watch dog），它持续而坚定地质疑和反对克林顿政府的高性能计算机出口控制政策，

---

1 GAO, "Export Controls: Challenges and Changes for Controls on Computer Exports", GAO/T-NSIAD-00-187, May 26, 2000.

并通过发布一系列报告影响社会舆论，为国会及其他坚决反对放松高性能计算机出口控制的人士提供弹药。如GAO在1998年9月的报告要求国防部长对美国出口高性能计算机对国家安全和扩散造成的影响进行评估，进而评估此举对国家安全造成的威胁，评估的内容包括：美国所关心的处于某种发展水平上的国家是如何为了军事现代化和扩散行为而使用从美国获得的高性能计算机的？使用这样的计算机会对美国国家安全利益带来怎样的威胁？出口这样的计算机在何种程度上是可以控制的？[1]经过GAO等主张加强国家安全出口控制的人士或机构的大力宣传，到21世纪前后，美国社会就控制一定水平之上的高性能计算机对于维护美国国家安全是重要的已经达成一般共识。他们认为，随着计算机技术的快速发展，在限制潜在的对手在其研发计划和武器系统的布置上使用这样的计算机方面，采取新的方法对于保护美国国家安全利益可能是必要的。[2]

2000年《国防授权法》正是在上述背景下出台了。它不仅继承了1998年《国防授权法》要求总统提交年度报告的规定，对根据许可向某些国家和实体转移的军事敏感技术所产生的影响进行评估，而且，新法案还特别增加了专门针对中国的新规定，其第1406节要求总统在与国防部长和能源部长磋商后，采取全面措施，在2004年前，每年审查向中国出口高性能计算机对美国国家安全的影响和意义。[3]这极大限制了行政部门在放松高性能计算机出口控制方面的自由裁量权，减缓了行政部门放松高性能计算机出口控制的步伐，也使防扩散出口控制在美国政府议事日程中的地位日益重要和突出。

1　GAO, "Export Control: Information on the Decision to Revise High-Performance Computer Controls", GAO/NSIAD-98-196, September 16, 1998.

2　GAO, "Testimony Before the Committee on Armed Services, U.S. Senate, Export Control: National Security Risks and Revisions to Control on Computers", February 28, 2000.

3　GAO, "Report to Congressional Committees, Export Controls More Thorough Analysis Needed to Justify Changes in High Performance Computer Controls", GAO-02-892, August 2002.

因为国家安全和外交政策的原因，美国对包括计算机在内的有关敏感技术出口实行控制。美国出口控制政策寻求平衡经济利益（促进高技术出口）和国家安全利益（维持对潜在敌人的军事优势）。高性能计算机既能用于军事，也能用于民用，其对特定国家，如中国、俄罗斯和印度的出口需要许可证。总统在技术变化的基础上周期性地改变高性能计算机出口控制标准。

尽管克林顿政府在放松高性能计算机出口控制政策的过程中一直受到主张加强防扩散的人士的反对，但由于对经济的强调和缺乏如冷战时期那样的迫在眉睫的威胁，克林顿政府总体上是不断放松对高性能计算机的出口控制的，尤其是在克林顿政府第一任期。可以说，主张促进贸易进而放松出口控制的人士占据优势，但随着防扩散的重要性不断提升，主张加强防扩散出口控制的人士的影响力增加了，并直接影响到克林顿政府的高性能计算机出口控制政策。这种现象在卫星等其他两用物项上也得到大致同样的体现。实际上，对于美国而言，随着高新技术的扩散，放松高性能计算机出口控制已经不是一个政策选项，而是维持美国经济繁荣和适应技术发展现实的正确抉择，即使是极力强调美国国家安全出口控制的小布什总统也遵循了克林顿政府的政策模式。2002年1月，小布什政府宣布，为避免无效控制，从而把焦点放在真正敏感的物资和技术的出口控制上，美国将加强国家安全，提高出口控制机制的效率并减轻美国政府和工业界的不必要负担。为此，总统决定提高向包括印度、巴基斯坦和所有的中东/马格里布国家、原苏联国家、中国、越南和部分南欧国家等第三组国家出口计算机的控制门槛，从85000 MTOPS提高到190000 MTOPS。对第三组国家的个人出口计算机的控制门槛，也提高到190000 MTOPS。[1]这一做法与克林顿政府并无二致。

---

1 GAO, "Report to Congressional Committees, Export Controls More Thorough Analysis Needed to Justify Changes in High Performance Computer Controls", GAO-02-892, August 2002.

二、加强防扩散出口控制

根据克林顿政府的大战略，参与与扩展战略将应对不同的威胁，其中，防止大规模杀伤性武器扩散是其重要内容。实际上，控制大规模杀伤性武器和技术出口是第二次世界大战后美国政策的基石。冷战时期，美国绝大部分注意力都集中在阻止苏联及其盟国获得会极大提高其军事潜力的武器或技术。

冷战后，虽然敌对国家或国家集团对美国的威胁降低了，但美国面临大规模杀伤性武器攻击的可能性增加了。因为，冷战后出现了有利于核武器、生物武器和化学武器等大规模杀伤性武器扩散的新形势。克林顿政府支持“因为国内和多边的考虑为防止扩散而促进出口控制”[1]。

首先，随着传统的作为美国最主要敌人的苏联的解体，美国认为，传统和非传统的WMD及其运载工具的扩散对美国和美国的盟国及其友好国家产生严重威胁。国际恐怖主义分子、武器扩散者或跨国犯罪组织借助现代信息技术和通信技术，能对公民、工厂设施或关键的国内基础设施（如能源、通讯、交通和金融网络）或运输中的核武器、生物武器和化学武器发动袭击。虽然许多国家面临不对称威胁，但美国因为其在全球的作用和利益，在面临不对称袭击时显得尤其脆弱。[2]

其次，冷战后，核冲突的风险增加。冷战时期为两个超级大国对峙所掩盖的地区和民族以及种族冲突在冷战后纷纷出现，为在冲突中获得优势或威胁周边国家或威慑其他国家或国际社会对本国的干涉，这些处于冲突中或为应对潜在冲突的众多行为体试图获得大规模杀伤性武器。

1　Richard T. Cupit, *Reluctant Champions, U.S. Presidential Policy and Strategic Export Controls*, Routledge, 2000, p. 10.

2　National Intelligence Council, “Global Trends 2015: A Dialogue About the Future With Nongovernmental Experts”, NIC 200-02, December 2000.

在美国看来，各种大规模杀伤性武器中，核武器扩散对美国国家安全的威胁尤其严重。作为全球大国，美国肯定会保护盟国和美国在海外可能受到拥有核武器国家威胁的关键利益。美国武装部队，很可能还有美国领土，都可能成为核武器打击的目标。[1]另外，一旦某个国家成功开发出自己的核武器，这非常可能引发连锁反应。中东、南亚和东亚等地区的许多发展中国家都希望获得核武器，如果这些地区中的某个国家拥有核武器，德国和日本就非常可能也要求发展核武器。这两个国家虽然放弃了发展核武器，但它们在技术上已经有充分的能力。如果它们认为其安全受到威胁，将很难阻止它们发展核武器。这将导致世界力量格局发生重大变化，从根本上说，这不利于美国维持自己一家独大的局面。因此，如不能有效制止扩散，不论是对美国的国家安全，还是对美国的全球利益都会构成巨大威胁，美国必须防患于未然。

再次，冷战的终结也削弱了对核扩散的限制。冷战时期，由于美苏两个超级大国拥有能相互摧毁对方的能力，以两个超级大国为首的两大集团内的其他成员因为美苏的保护，开发自己独立核武器的愿望不是那么强烈或者根本不需要核武器。但冷战结束后，由于俄罗斯在国际事务中作用的降低，其对盟国的保护和严厉控制不再存在，或至少相当程度上削弱了；而美国在重新塑造自己的安全环境时，尤其是当从海外收缩力量时，它可能失去对盟国的一些影响。因此，一些原来享有美国或苏联安全担保的国家现在可能感到缺乏保护和不安全，因而开发自己核武器的动机日益增强。

从次，冷战时期的遗留问题和冷战后持续的地区冲突，成为大规模杀伤性武器扩散的重要诱因。冷战时期美苏尖锐对峙使美苏竞相开发大

1　U.S. Congress, Office of technology Assessment, *Proliferation of Weapons of Mass Destruction: Assessing the Risks*, OTA-ISC-559, U.S. Government Printing Office, August 1993.

量核武器，冷战以苏联的解体而告终，但冷战时期的许多问题并没有随冷战的告终而结束。冷战后，引起扩散的重要因素是持续不断的地区冲突。在原苏联的范围外，促使WMD扩散的最严重的因素是南亚和中东的难以解决的地区冲突，为在冲突中获得优势或提高本国在该地区甚至全球的声望，一些国家决定发展核武器。在南亚，印度和巴基斯坦围绕克什米尔而产生的种族和领土争端乃至局部战争时有发生，印度还以受到中国威胁为借口，不顾国际社会的反对在1998年悍然进行核试验。此后，巴基斯坦也进行核试验，它们成为事实上的核武器国家。在中东，已超过半个世纪的阿以冲突也难以解决，为确保生存，以色列已成为世界各国都认为掌握了核武器的国家。为与以色列更好地对抗，一些阿拉伯国家也希望开发自己的大规模杀伤性武器。

最后，冷战后，美国在先进常规武器领域的压倒性军事优势也促使某些国家寻求核武器。苏联解体后，其常规军事力量急剧衰减，而美国的常规军事力量不仅没有衰减，反而继续发展。更重要的是，美国在冷战后经常依靠其超强的常规军事力量进行武装干涉，动辄发动军事打击，从海湾战争到阿富汗战争，美国军队冷战后几乎每年都有对外干涉行动。许多国家从海湾战争中得出结论：没有任何一个国家可以依靠常规力量与美国相抗衡。[1]作为平衡美国常规武器优势的平衡器或防止美国对本国干涉的威慑力量，开发自己的核武器就成为某些国家的最佳选择。如果一个国家成功地获得核武器，扩散多米诺现象就可能开始。有鉴于此，克林顿政府始终把防止和反对WMD扩散作为美国国家安全政策的一个最优先事务。[2]

1　Heather Wilson, “Missed Opportunities: Washington Politics and Nuclear Proliferation”, *The National Interest*, vol. 34, 1993/1994, pp. 26–36.

2　参阅1994—1999年各年度美国国家安全战略，以及Office of the Secretary of Defense, *Proliferation: Threat and Response*, U.S. Government Printing Office, January 2001。

美国不仅面临如此多的国家安全的潜在威胁，而且实际上，海湾战争已清晰地表明了获得WMD和制造WMD技术的国家所产生的危险。有数百家公司向伊拉克出口用于核工厂的高度敏感装备和技术。[1]这意味着，美国必须高度重视出口控制，防止先进技术或敏感物项落入伊拉克等国家之手。此外，克林顿也有加强防扩散出口控制的政治义务。在1992年大选中，作为总统候选人，在表示将放松出口控制以促进经济健康发展和保持繁荣的同时，克林顿也攻击布什总统对中国和伊拉克的出口控制政策太宽大，承诺将把防扩散出口控制作为相当优先的任务。[2]有关学者研究表明，尽管出口控制机制不能完全阻止扩散，但它一般会减缓有关国家开发WMD的速度，或者提高有关国家开发WMD的代价。出口控制机制说服最重要的供应国对它们的出口实行负责任的控制，这就极大地减少了有关国家能够获得的技术和装备。而且，机制成员使扩散者要获得推进它们计划的专门技术和物资更困难、代价更大、时间更多。出口控制机制的努力造成了扩散者计划的延迟，迫使扩散者不得不精心设计网络，并不得不依赖过时的、效率更低的技术。[3]这获得克林顿政府的共鸣，他们相信，即使不能完全阻止大规模杀伤性武器扩散，对于那些正努力获得这些物资的国家或恐怖主义组织而言，作为防扩散的重要工具，出口控制将增加成本并延迟它们获得这些物资的时间。[4]克林顿本人也充

1 Alan Dowty, "Sanctioning Iraq: The Limits of the New World Order", *Washington Quarterly*, Summer 1994, p. 179.

2 Richard T. Cupit, *Reluctant Champions, U.S. Presidential Policy and Strategic Export Controls*, Routledge, 2000, p. 160.

3 Michael D. Beck, Richard T. Gupitt, Seema Gahlaut and Scott A. Jones eds, *To Supply or to Deny, Comparing Nonproliferation Export Controls in Five Key Countries*, Kluwer Law International, 2003, pp. 3–4.

4 U.S. Congress, Office of Technology Assessment, *Export Controls and Nonproliferation Policy, OTA-ISS-596*, U.S. Government Printing Office, May 1994.

分认识到防扩散出口控制的重要作用，他说，“有效的出口控制是国家安全的关键部分，尤其是对防扩散政策而言”[1]。

正是出于上述各种考虑，在采取措施大力发展经济的同时，克林顿政府也努力加强出口控制，防止大规模杀伤性武器扩散。1993年9月，克林顿发布美国防扩散和出口控制政策命令，提出防扩散出口控制的三个指导原则：防扩散是克林顿政府最优先考虑的问题，也是美国与其他国家整体关系的基本组成部分；促进经济增长、推进民主化和国际稳定，寻求国际合作，努力营造一种共识，推进防扩散的努力；实行胡萝卜加大棒的政策，对扩散者施加越来越大的压力，对遵守国际公约的基本原则、防扩散和反对扩散的国家开放贸易和技术交流。具体而言，对于出口控制，克林顿表示：“为真正有效，所有供应国应实施一致的出口控制，美国将尽最大可能协调国内和多边出口控制。同时，美国将实施单方面出口控制。我们将审查我们的单方面两用出口控制和政策，除非这样的控制对于我们的国家安全和外交政策利益是关键的，否则我们将废除它们。”“我们将改进美国防扩散出口控制。我们的出口控制机制必须更加灵活和更加有效，我们不禁止合法的出口，这在美国经济增长中发挥着关键作用，同时，我们将禁止那些有助于WMD和导弹及其运载工具扩散的物资出口。”[2]也就是说：在确保美国防扩散出口控制灵活和有效以防止大规模杀伤性武器和导弹及其运载工具扩散的同时，不禁止对美国的经济力量具有关键影响的合法出口。这一讲话表明克林顿政府对防扩散和经济繁荣同等重视。不过，如何分辨对经济增长发挥关键作用的出

1 “Statement on Reform of Computer Export Controls”, *Weekly Compilation of Presidential Documents*, vol. 31, October 6, 1995, p. 1783.

2 The White House Office of the Press Secretary, “Fact Sheet: Nonproliferation and Export Control Policy”, DNSA, Presidential Directives, Part II, PR01804, September 27, 1993; “Non-Proliferation and Export Control Policy”, *The DISAM Journal of International Security Assistance Management*, Winter 1993/1994, pp. 85–88.

口和有助于WMD及其运载工具扩散的物资的出口是关键问题。这将不可避免地导致美国政府内部和美国社会各个相关利益集团在出口控制问题上产生争论。

克林顿政府的防扩散出口控制主要包括国际合作和单方面行为两个方面。

在加强国内防扩散出口控制方面，克林顿政府首先建立、健全防扩散出口控制法律、法规。20世纪50年代以来，美国政府一直非常重视防扩散出口控制法律、法规建设，面对冷战后更为严峻的扩散形势，克林顿政府努力通过建立或完善相关法律、法规来防止核武器、生物和化学武器以及导弹扩散。1993年《国防授权法》要求延长对伊朗、伊拉克的制裁。它说美国的政策是反对任何个人和政府向伊朗、伊拉克转移有助于这两个国家获得核武器、生物武器、化学武器或先进常规武器的物资或技术。法案还要求总统对任何卷入这样转移的人和外国政府实施制裁。1994年通过《防核扩散法》，该法第一次在法律上定义了“核爆炸装置”，它规定：对那些帮助或教唆获得核武器或没有安全措施的核武器材料的个人，或那些获得或爆炸核装置国家（非核国家）实施制裁，包括切断美国援助，禁止美国政府卷入，执行更加严厉的技术出口许可证办法，要求美国国际金融机构的负责人投票反对国际金融机构提供贷款或信贷。为防止伊朗利用石油出口为其核计划筹措资金，1995年3月15日，克林顿签署第12957号行政命令，禁止向伊朗出口或转移有关开采石油资源的设备或技术。[1]印度和巴基斯坦于1998年核试验后，美国对印度和巴基斯坦实施措施。但第106届国会通过有关法律，延长总统放松对印度和巴基斯坦制裁一年，而参议院则把对上述两个国家的制裁暂停5年。[2]2000财年的

1 *Federal Register*, vol. 60, 1995, p. 14615.

2 Carl E. Behrens, “Nuclear Nonproliferation Issues”, CRS Issue Brief for Congress, Order Code IB 10091, Updated September 19, 2002.

《国防拨款法》进一步延缓上述制裁。为加强对生物和化学武器的出口控制，1998年，国会制定实施《禁止化学武器公约》的法案，要求美国政府对违反《禁止化学武器公约》的行为实施严厉制裁。[1]为加强《禁止化学武器公约》的实施，1999年，国会通过综合拨款法案，规定任何开发、生产、获得、储存、转移和拥有或使用化学武器等违反《禁止化学武器公约》的行为都将受到刑事和民事惩罚。法案也规定了查封、没收和销毁走私的化学武器的程序，对多种可能用于生产化学武器的化学物资的某些限制；同时，法案规定，对于从私人公司获得的机密商业信息应保密。更重要的是，法案为禁止化学武器组织现场视察制定了详细程序，包括对接近和搜查保证程序的限制等。[2]在防止导弹及相关技术出口控制方面，克林顿政府一方面继续实施布什总统签署的《导弹技术控制法》；另一方面，于2000年制定《导弹制裁法》，明确规定对导弹扩散的行为进行制裁。同年，国会通过《伊朗防扩散法》和1992年的《伊朗—伊拉克防扩散法》的修正案。

其次，加大对违反防扩散出口控制法律、法规行为的制裁和惩罚力度。1998年11月，克林顿总统明确要求商务部对包括核武器在内的WMD及其相关物资和技术实行出口控制。[3]根据上述法律、法规和克林顿的要求，美国政府加强防扩散出口控制的执法和惩罚力度。如：美国以中国向巴基斯坦转移导弹为由，于1991和1993年对中国公司实施制裁；以俄罗斯向印度和伊朗转移导弹为由，于1992和1999年对俄罗斯公司实施制裁；从1998开始，克林顿政府几乎每年都以朝鲜公司向伊朗、叙利亚和

1　Dianne E. Rennack, "Nuclear, Biological, Chemical, and Missile Proliferation Sanctions: Selected Current Law", CRS Report for Congress, Order Code 98–116f, Updated January 17, 2001, p. 14.

2　Amy F. Woolf, "Arms Control and Nonproliferation Activities: A Catalog of Recent Events", CRS Report for Congress, Order Code RL30033, Updated January 19, 2006, p. 48.

3　"Letter to Congressional Leaders on Continuation of the Emergency Regarding Weapons of Mass Destruction", *Weekly Compilation of Presidential Documents*, vol. 34, November 16, 1998, p. 2303.

巴基斯坦转移导弹为由，对朝鲜公司实施制裁。[1]

最后，加强对潜在对手或敌国的防扩散出口控制。冷战后，由于苏联的崩溃和中国国力的持续快速提高，美国国家安全战略开始毫不隐藏地把中国看作未来潜在的敌人。中国于是成为美国出口控制关注的焦点，美国严格控制向中国出口高新技术产品，规定向中国的出口不得被用于发展军事力量。行政部门严格限制向中国的出口，实际上，1989年以来，美国向中国出口的军用物资极少。无论是在法律规定还是在具体政策方面，克林顿政府都加强了两用物项或军品对华出口控制。如1999年的《国防授权法》的第1512节规定，任何对中国出口的受导弹及其技术控制机制控制的项目必须首先获得总统的认可，确定出口不会对美国的空间发射工业造成危害，而且不会使中国的导弹或空间发射能力获得"重大改善"。具体规定是，可以向中国出口与导弹有关的装备或技术，但附有条件，即总统应向国会证明：（1）出口不会损害美国空间发射工业；（2）向中国出口的装备或技术，包括从这些出口物项中间接获得的任何技术上的好处，不应提高中国的导弹或空间发射能力。[2]克林顿政府于2000年2月决定否决对中国的卫星许可证给予豁免；立法部门也采取措施，严厉限制向中国出口。伊朗、朝鲜、伊拉克和利比亚等国在冷战后被美国定义为敌国，美国采取一切办法加强对它们的出口控制，防止它们开发或获得大规模杀伤性武器。据美国商务部统计，从1994年到克林顿政府任期终结，美国对伊朗、朝鲜等所谓"流氓国家"的出口主要是日用品、谷物和捐赠品。[3]对此，克林顿的国务卿克里斯托弗解释

1 Dinshaw Mistry, Mark Smith, "Negotiating Multilateral Instruments Against Missile Proliferation", *International Negotiation*, vol. 10, no. 3, 2005, pp. 425–451.

2 U.S. Department of Commerce, Bureau of Industry and Security, "2011 Report on Foreign Policy-Based Export Controls", p. 79.

3 刘子奎：《冷战后美国出口管制政策的改革和调整》，《美国研究》，2008年第2期。

说，美国对伊朗等国家实行控制的实际意图是“……必须理解，它不能在努力开发大规模杀伤性武器的同时还能有正常的商业关系和获得两用技术”[1]。

在美国实施单方面防扩散出口控制的同时，美国也早就充分认识到扩散问题是一个全球问题，防扩散出口控制需要高水平的国际合作。合作是必需的，因为在技术创新日益加速和多种多样，而且与军事有关的技术和产品的供应者日益增加的情况下，由某个国家单独实行控制注定是无效的。合作是可能的，因为许多国家认识到，核武器、生物武器和化学武器的扩散对于所有的国家都产生了真正的威胁。[2] 1996年7月，美国总统武器扩散咨询委员会建议，“美国政府的首要任务是用更多的资源继续努力争取国际社会就出口控制机制达成一致”[3]。

加强防扩散出口控制国际合作，既包括与有关防扩散国际机制的合作，也包括与有关国家的双边或多边合作。

在与WMD扩散和恐怖主义的斗争中，克林顿政府努力加强与所有的多边出口控制机制的多边合作。[4]其中，克林顿政府尤其注重加强与核供应国集团、导弹及其技术控制机制以及澳大利亚集团等多边组织的合作来为其出口控制政策服务。

多边出口控制机制是克林顿政府与WMD扩散进行战斗的全面战略的一个关键政策工具。多边出口控制机制是具有共同目的或意愿，努力

---

1 Elaine Sciolino, “U.S. Asks Europe to Ban Arms-Linked Sales to Iran”, *New York Times*, June 10, 1993, pp. A–5.

2 U.S. Congress, Office of technology Assessment, *Proliferation of Weapons of Mass Destruction: Assessing the Risks*, OTA-ISC-559, U.S. Government Printing Office, August 1993.

3 Summary of the Report of the Presidential Advisory Board on Arms Proliferation Policy, http://dosfan.lib.uic.edu/acda/factshee/conwpn/advisory.htm.

4 GAO, “Report to Congressional Committees, Nonproliferation Strategy Needed to Strengthen Multilateral Export Control Regimes”, GAO-03-43, October 2002.

防止WMD、导弹技术和装备扩散（通过限制敏感技术贸易）的国家之间的自愿的、没有约束力的安排。当各国不承担法律义务而加入它们的时候，各国因遵守这些机制的目标和原则而承担政治义务。机制在各成员国一致同意的基础上行动，而如何实施和解释机制的决定则是各国自己的权力。MTCR、AG、NSG的焦点是与WMD有关的贸易及其运载系统的贸易，它们被称为WMD机制。导弹及其技术控制机制于1987年由美国及其6个主要贸易伙伴（英国、德国、法国、加拿大、意大利和日本）发起成立，到1996年有28个成员国；它们一致同意，对导弹及其相关物项实行出口控制，以防止导弹扩散。核供应国集团于1975年由加拿大、法国、联邦德国、日本、英国、美国和苏联7个主要核出口国在伦敦成立，也被称为“伦敦俱乐部”；该集团的宗旨是通过加强核出口控制，防止敏感物项出口到未参加《不扩散核武器条约》的国家。澳大利亚集团于1985年成立，目的是防止生化武器扩散，集团所有成员国都是《禁止生物武器公约》和《禁止化学武器公约》的成员。

美国认为，上述三个出口控制国际机制是虚弱的。如MTCR是专门防止导弹及其相关技术扩散的国际出口控制机制，它的附属控制清单中包括导弹系统、主要子系统、生产装备、物资、部件和试验装备都属于出口控制对象。作为非正式国际组织，成员国根据自己国内法对MTCR附属清单中的物项实行出口控制。这就导致各成员国对同一物项或技术实行不同的出口控制政策的局面。美国倾向认为，作为防止核扩散最主要国际出口控制机制的NSG处于危机中，因为1978—1990年，核供应国集团成员国没有作为一个集团召开过一次会议，甚至没有进行非正式讨论和信息交换。而化学武器和生物武器扩散形势更不容乐观，海湾战争所揭露的伊拉克开发大规模杀伤性武器计划表明了生物和化学武器扩散的严峻性。在实际操作层面，自20世纪90年代中期以来，三个主要的多边防扩散出口控制机制之间的多边协调步伐大大减缓了，协调出口控制的基础仍是虚弱的。如果控制不能得到不断加强，如果AG、NSG、MTCR成员国之间的协调得不到改善，它们将变得无效。同时，随着美国拥有优势的军事技术数量的减少，“利用出口控制作为维护美国全球军事优势的工具的有效性”降低了。[1]要有效防止大规模杀伤性武器扩散，意味着美国必须加强与国际防扩散出口控制机制的合作与协调。

为真正防止大规模杀伤性武器扩散，克林顿政府力图改变各机制面临的不利局面，力争各成员国实行共同的出口控制政策。下面以克林顿政府推动MTCR实行美国式导弹出口控制政策为例，说明克林顿政府是如何加强防导弹扩散国际出口控制机制的：

其一，坚决支持MTCR并不断扩大成员国数量。尽管MTCR存在这样或那样的问题，如没有普遍性、其准则没有法律约束力、没有国际机构监督实施，它既没有独立的方式核查各国是否遵守或违反条约，也没有独立的手段监督或强制执行其指导原则；但它的成员国都是西方盟国或友好国家，如果美国能像冷战时期那样在出口控制上发挥有效的领导作用，它们在协调国际出口控制以防止导弹扩散方面将具有不可替代的作用。因此，MTCR作为当今世界上唯一的多边防止导弹扩散的机制，克林顿政府明确表示，将努力支持使MTCR的出口控制指导原则成为全球导弹不扩散的原则，并努力把MTCR作为一个采取联合行动与导弹扩散进行战斗的机制。[2]为加强MTCR的吸引力，美国表示不支持MTCR成员国以外的国家开发或获得空间发射装置，对于MTCR成员国而言，美国不鼓励新的可能会产生扩散问题和经济发展问题的空间发射计划。但

1　US Department of Defense, Office of the Undersecretary of Defense for Acquisition and Technology, *Final Report of Defense Science Board Task Force on Globalization and Security*, U.S. Government Printing Office, December 1999, p. vii.

2　“Non-Proliferation and Export Control Policy”, *The DISAM Journal of International Security Assistance Management*, Winter 1993/1994, pp. 85–88.

是，美国将在逐案审核的基础上考虑向MTCR成员国出口受MTCR控制的物资用于和平目的的空间发射计划。克林顿政府支持MTCR的目的不是为维持其存在，而是用美国国内出口控制标准和政策来改造它，努力实现国际防扩散出口控制的美国化，以更好阻止导弹等大规模杀伤性武器扩散。

扩大成员国数量与支持MTCR一样都是非常必要的。冷战后，一方面，导弹及其相关技术扩散对美国国家安全利益造成的威胁日益增加；另一方面，随着技术的扩散，越来越多的国家拥有生产导弹的能力。在这种情况下，原本纯粹由西方主要国家组成的MTCR在阻止导弹及相关技术扩散方面就显得有些无能为力。美国政府认为，如果主要生产者同意对用于生产导弹的装备和技术的出口进行控制，则能够延迟外国获得和开发导弹，并使其更困难和费用更昂贵。因此，克林顿政府采取谨慎的步骤扩大MTCR成员国[1]，一直努力支持把成员国扩大到那些同意国际防扩散标准的国家，实行有效的出口控制，促使它们放弃进攻性弹道导弹计划。[2]克林顿总统在1993年9月27日的联大上说，美国将寻求加强MTCR的基本原则，其途径是把它从一个23个国家达成的关于技术转移的协议转化为一套所有国家共同遵守的规则。[3]据此，克林顿政府不断说服或鼓励拥有导弹或生产导弹技术的关键国家成为成员国。1987年，MTCR的成员国仅仅是西方7国；1989—1990年，西班牙、比利时、卢森堡、荷兰、澳大利亚、丹麦、新西兰、挪威加入，成员为15个；1991年，奥地利、瑞典和芬兰加入，成员国达18个；1992年，葡萄牙、瑞士、

1 The White House, "A National security strategy of Engagement and Enlargement", February 1995, pp. 13–14.

2 U.S. Department of State, "Non-Proliferation and Export Control Policy", Reprint of White House Press Release, September 27, 1993.

3 U.S. Department of Energy, Los Alamos National Laboratory, The University of Georgia, "U.S.-NIS Dialogue on Nonproliferation Export Controls: A Conference Report", November 22, 1993.

爱尔兰、希腊加入，有22个成员国；1993年，冰岛、阿根廷、匈牙利加入，有25个成员国；1995年，俄罗斯、南非和巴西加入，有28个成员国；1997年，土耳其加入；1998年，捷克、波兰和乌克兰加入，成员国达32个。[1]至此，MTCR已经从西方工业国家的一个小组织转化为包含更多国家的组织。除成员国外，各机制还有许多非伙伴国，如中国、印度、以色列、罗马尼亚、斯洛伐克等都是MTCR非伙伴国，它们表示将根据MTCR的要求，遵守MTCR的指导原则，限制自己的导弹装备和技术的转移。显然，到21世纪初，除朝鲜外的所有导弹技术主要供应者都加入了MTCR或接受了MTCR的指导原则，MTCR不仅大大扩大了控制的范围，而且，毫无疑问也大大提高了控制的效率。

其二，适应形势发展的需要，不断更新MTCR出口控制指导原则，并实行协调一致的出口控制政策。MTCR成立时，以美国的导弹技术控制清单为基础，制定了其指导原则和装备与技术的控制清单，对载荷超过500公斤、射程超过300公里的导弹以及导弹子系统、生产设施、装备实行出口控制。冷战后，随着技术的发展，弹头重量越来越小，但其破坏性却没有减小，因此，上述标准与冷战后的扩散现实不相适应，克林顿政府决定改变这一现状。MTCR指导原则自1987年以来就没有修订过。冷战后，成员国开始考虑修改。在1991年3月的东京会议上，各成员国考虑修改，但最终没有生效。在1991年11月的华盛顿会议上，MTCR成员国决定修改附件和控制清单。在1992年6月的奥斯陆会议上成员国同意对能运载任何载荷的大规模杀伤性武器的导弹的生产进行监督，而不是以前的500公斤。但这一修订也没有生效。1993年，经过美国努力，导弹及其技术控制机制各成员国同意进一步加强对导弹及相关技术的出口控制，决定禁止能运载大规模杀伤性武器的任何导弹或无人飞行系统或次系统

1　"Treaty Update: MTCR", *Arms Control Today*, September 2004, p. 5.

出口，而取消了500公斤荷载和300公里射程的限制。[1]这就是所谓的全面控制。尽管决定实行全面控制，但由于是否控制的最终决定权属于各成员国，为防止某一个国家或某几个国家遵守协议禁止相关导弹出口而其他国家不遵守协议允许相关导弹出口的现象出现，在1994年10月的斯德哥尔摩全体会议上，导弹及其技术控制机制成员国达成协议：叫价不得低于竞争者。根据这一多边协议，在收到导弹及其技术控制机制中的一个成员国拒绝出口某项物资的通知后，其他成员国有义务不批准类似的出口申请。这有助于美国导弹防扩散目标的实现，并阻止其他国家在没有磋商前就批准类似的出口申请。[2]从技术层面讲，全面控制和叫价不得低于竞争对手不仅扩大了纳入出口控制的导弹范围，而且建立了彼此联动的导弹出口控制规则，非常有利于防止导弹防扩散，同时，也减少了为国家的商业利益而滥用多边协调的机会。[3]由于上述两个措施在防止导弹扩散方面富有成效，它们很快被推广到其他国际出口控制机制。这是美国防扩散出口控制的一大成就。

其三，加强MTCR供应方出口控制。加强供应方出口控制是冷战后美国出口控制政策的一个重要特点，20世纪90年代中期以来，美国一直试图通过阻止导弹技术转移来加强MTCR成员国的供应方出口控制。在1996年10月的爱丁堡MTCR全体会议和1996—1998年的MTCR工作组会议上，各国都讨论了导弹技术转移问题，同意继续就与导弹有关的地区紧张问题交换看法，各国还认识到控制导弹技术转移而不损害合法贸易的

---

1 Richard T. Cupit, *Reluctant Champions: U.S. Presidential Policy and Strategic Export Controls*, Routledge, 2000, p. 153; US Department of commerce, Bureau of Export Administration, "Bureau of Export Administration Annual Report for Fiscal Year 1997", pp. 29–30.

2 "Message to the Congress on Export Controls", *Weekly Compilation of Presidential Documents*, vol. 31, March 21, 1995, pp. 450–452.

3 Richard T. Cupitt, "Multilateral Nonproliferation Export Control Arrangements in 2000: Achievements, Challenges, and Reforms", CSIS Working Paper No. 1, April 2001, p. 21.

重要性，并承认需要通过与机制外的国家的合作来加强机制。美国当时还制订未来通过MTCR进一步防止导弹扩散的计划，包括：继续与MTCR其他成员国共同努力，使MTCR在与扩散威胁进行的战斗中更有效；把重点放在地区导弹不扩散方面；增加机制对非成员国的透明性。[1]1997年，MTCR在东京召开全体会议，会议强调导弹出口问题，讨论了机制伙伴国未来的政策和加强出口控制清单的建议，并决定建立一个信息共享平台。[2]在1998年的导弹及其技术控制机制技术专家会议上，美国说服成员国“原则上”就导弹及其技术控制机制装备和技术附件达成协议并尽可能快地实施决定，这使导弹技术控制更透明，并确保所有成员国公正地执行多边协议。[3]同时美国也使导弹及其技术控制机制同意对能够播撒生物武器和化学武器的无人驾驶飞行器进行控制，而在此前，导弹及其技术控制机制只是集中关注有效射程超过500公里的远程系统。朝鲜和伊朗于1998年发射导弹表明了国际导弹防扩散机制的欠缺，因此，在1999年的MTCR全体会议上，美国支持制定全球防导弹扩散行动准则。[4]

其四，美国积极参加导弹及其技术控制机制的会议，就加强出口控制机制的有效性向MTCR提出建议或根据美国出口控制制度为它制定某些政策，在多边和双边基础上就导弹及其有关出口控制方针和信息交换与有关国家磋商，努力促使各成员国配合美国。这不仅使MTCR的控制焦点集中于真正敏感的核技术，而且提供了应对不断升级的导弹扩散挑战的方式。MTCR规定，成员国应定期召开代表会议、技术专家会议

1　ACDA Annual Report, 1996.

2　Gennady Khromoy, “The Threat of Cruise Missile Proliferation Requires Urgent Coordinated Actions”, *The Monitor*, vol. 3/4, no. 4/1, Fall 1997/Winter 1998, p. 3.

3　U.S. Department of Commerce, Bureau of Export Administration, “Export Administration Annual Report for Fiscal Year 1998”, p. 35.

4　Speech by Acting Under Secretary Peter Lichtenbaum in 8th National Forum on Export Controls, April 28, 2005, http://www.bis.doc.gov/news/2005/USNationalForum.htm.

和全体会议，克林顿政府充分利用这一规定，积极促成并参加MTCR各种会议，并努力使MTCR通过具有浓厚美国色彩的各种政策、措施。在1996和1997年，包括美国在内的MTCR关心导弹扩散的成员国在年度全体会议之间多次召开会议，交换信息并讨论地区导弹扩散问题。1997年，经美国提议，MTCR举行了两次专家级别的专题研讨会，一次是1997年3月在英国举行的主题为法律和监管问题的研讨会，一次是当年6月在瑞士举行的主题为许可证与执行的专题研讨会，MTCR成员国和6个非成员国以及香港都参加了。此次会议的成功促使MTCR此后继续在这方面进行努力。核和导弹技术控制办公室积极参加MTCR于1996年10月召开的全体会议和技术专家会议。在全体会议上，各国讨论了防扩散和出口控制问题，包括地区扩散、透明性和新成员加入问题。在技术专家会议上，美国和其他成员国一起，就MTCR装备和技术清单目录提出建议。1997年11月初，核和导弹控制办公室参加MTCR全体会议和技术专家会议，全体会议一致同意在1998年继续就出口控制问题召开系列研讨会，技术专家会议则同意原则上接受上次会议提出的建议。[1]

在与NSG和AG合作以加强扩散出口控制方面，克林顿政府基本上采取了与MTCR合作类似的方式。如，同期内，澳大利亚集团有32个成员，NSG有38个，世界上最主要的供应国都参加了这些机制。不仅如此，NSG和AG也都采取了叫价不得低于竞争对手和全面控制政策。应该说，这些措施较为有效地加强了对核武器、生物和化学武器以及导弹扩散的控制，而且，也确实是冷战后一些国家或地区放弃大规模杀伤性武器计划的重要原因之一。如乌克兰、哈萨克斯坦和白俄罗斯放弃了苏联布置在它们国土上的核武器；又如，到MTCR建立10周年的时候，阿根廷、

1 U.S. Department of Commerce, Bureau of Export Administration, “Bureau of Export Administration Annual Report for Fiscal Year 1997”, pp. 29–30.

巴西、埃及、伊拉克、利比亚、南非、韩国和叙利亚或放弃开发导弹，或在开发导弹方面遇到重大挫折，MTCR还帮助减缓了印度、伊朗、以色列、朝鲜、巴基斯坦的导弹开发。[1]可以这样说，没有MTCR，这些国家的导弹计划可能更先进。同样地，NSC帮助说服阿根廷和巴西在其核计划上接受全面安全保证并终止没有安全保证的核活动。在防止生物和化学武器扩散方面，在1998年把传统化学和生物物项纳入控制后，澳大利亚集团的出口控制目标基本上都实现了。

尽管如此，克林顿政府仍难以使三个防扩散国际出口控制机制完全按照美国的意愿实行出口控制。各机制成员国之间仍存在众多分歧：对于对哪个国家进行严厉的控制，成员国越来越难以达成一致。出口控制机制本来是由一些具有相似目的的国家组成的，但冷战后，许多国家加入进来，原来的标准被稀释了。如MTCR在1987年只有7个成员国，冷战后，包括俄罗斯在内的前社会主义集团国家也纷纷加入，1998年增加到32个。前社会主义国家和美国的盟国抱怨美国迫使它们实施严格的出口控制。美国的政策比其他成员国的政策要严厉得多；控制机制并不需要成员国完全公开它们同意哪个出口，而拒绝哪个出口，结果对于防止一个国家出口另一个国家禁止出口的物资非常关键的透明性就不存在；出口控制机制仍坚持非正式性质和一致同意。虽然一致同意可以加强机制采取行动的合法性，但它也使任何一个国家都可以把决定作为“人质”；多边出口控制机制的新成员，包括前华沙条约组织成员国，缺乏完全实施出口控制的制度能力和资源。除要应对由于成员国的增加而产生的内部紧张外，机制还必须应对由于全球化和技术的迅速发展而产生的外部压力。由于全球化快速推进，以前基本为西方国家所垄断的高新技术扩

1　Office of the Secretary of Defense, *Proliferation: Threat and Response*, U.S. Government Printing Office, January 2001, p. 74.

散到控制机制外的国家，而且，这些国家正成为重要的经济军事力量，这使出口控制问题更加复杂。最显著的是，各成员国不知如何对待诸如中国、印度和以色列等国，它们已经成为高技术产品有吸引力的市场，是发展某些技术的有用伙伴。但向这些国家出口敏感的两用物资是有问题的，因为这可能给这些国家的武器计划提供新的动力，并鼓励它们向第三方提供大规模杀伤性武器技术，从而导致扩散。同时，还有许多国家决心通过创新方式开发它们的大规模杀伤性武器和导弹。为此，这些国家正努力使它们的计划不受出口控制的影响，试图通过发展本土生产能力而减少对进口的依赖，虽然它们自己生产的产品不如外国进口的好。更令人不安的是，许多这类国家——如印度、伊朗和巴基斯坦——不遵守MTCR和NSG的出口限制。[1]至于AG，美国希望它在继续扩大出口控制的同时，能对无形技术转移和转口贸易以及经纪人活动都进行限制。为此美国和协议的其他成员国于1999和2000年在牛津举行了两次会议，讨论它们是否进行以及如何进行可能的改革。来自31个国家的代表参加了第二次会议。[2]但会议最后并没有就美国上述要求达成协议。美国和其他成员国必须找到新的战略以确保这些国家不向其他国家供应大规模杀伤性武器。

三、加强出口控制国际合作

加强出口控制上的国际合作是有效的出口控制的必然要求，克林顿政府认识到，在出口控制方面，即使是最低级的合作或协调也会在国际

1 Michael Beck and Seema Gahlaut, "Creating a New Multilateral Export Control Regime, *Arms Control Today*", April 2003.

2 Richard T. Cupitt, "Multilateral Nonproliferation Export Control Arrangements in 2000: Achievements, Challenges, and Reforms", CSIS Working Paper No. 1, April 2001.

事务中产生极大影响。[1]美国之所以取得冷战胜利，在相当程度上是因为美国与盟国紧密合作，对苏联集团国家实行与经济战无异的严厉出口控制，同时，极尽各种努力，防止苏联集团国家从西方获得有利于军事潜力增长的武器或技术。尽管冷战以苏联解体和东欧国家倒向西方而结束，但美国不仅没有放弃团结盟国实行出口控制这一做法；相反，它携冷战获胜的余威，不仅与传统盟国一起，而且还与前对手或敌人合作，加强对所谓“流氓国家”或潜在对手的出口控制。

加强出口控制上的国际合作也是克林顿政府国家安全战略的内在体现和实现克林顿政府国家安全战略目标的有效途径之一。克林顿政府时期，大致以1996年为界，出口控制的重点发生了变化。1996年以前，克林顿政府更多强调出口控制应为经济繁荣和持续发展服务。为增加对原苏联国家与中亚以及东欧和中国的出口，美国于1993年9月和1994年3月两次放松高性能计算机和民用电信装备的出口控制。[2]1996年以后，克林顿政府的国家安全战略则更多强调出口控制应为国家安全和对外政策目标服务。如1998年的国家安全战略说，美国出口控制政策的基石是保护美国国家安全。1999年的国家安全战略说，美国在卫星、蜂窝电话、计算机、信息安全和商业飞机等高技术方面处于世界领先地位，而上述技术都有直接或间接军事价值，很可能被某些国家或跨国组织使用，从而威胁到美国国家安全。因此，对那些可能用于军事目的的物资和技术的出口或可能危害美国安全的出口，美国政府将实行严格的控制。[3]当然，政府也要求努力平衡国家安全与经济发展。

1 Kenneth W. Abbott, Duncan Snidal, “Why States Act through Formal International Organizations”, *Journal of Conflict Resolution*, vol. 42, no. 1, February 1998, p. 11.

2 The White House, “A National Security Strategy of Engagement and Enlargement”, February 1996, p. 27.

3 The White House, “A National Security Strategy for a New Century”, October 1998, p. 31; The White House, “A National Security Strategy for a New Century”, December 1999, p. 23.

对于如何实现经济繁荣和国家安全以及对外政策目标，无论是1996年以前还是此后的国家安全战略，都非常强调加强国际合作。1994年的《国家安全战略报告》首先强调了多边主义对于“增强我们安全”这一目标的重要性。报告说，美国根本不能单独实现保护“美国人的生命和个人安全”、维持美国“政治自由和独立”，以及提供美国的“福祉和繁荣”的目标，而必须寻求“合作和多边解决”，因此，美国应“尽可能寻求盟国或有关多边机构的帮助”。[1]换言之，就是加强与国际社会的合作。此后的国家安全战略报告也都强调了实行多边主义，如1998年的《国家安全战略报告》甚至直接强调要通过出口控制上的国际合作阻止大规模杀伤性武器扩散。报告指出，为有效而真正地“阻止扩散”，必须加强与包括核供应国集团、导弹及其技术控制机制、《禁止生物武器公约》和《禁止化学武器公约》等国际出口控制机制的“合作”。[2]克林顿政府的最后两份国家安全战略报告进一步强调了加强国际多边合作在新世纪的安全意义，如2000年的报告指出：在与盟国或友好国家具有共同利益的方面，美国应“尽可能寻求”“盟国、朋友和有关国际机构的支持与参与”。[3]

加强出口控制国际合作也是全球化和技术发展的客观要求。在冷战后全球化加速发展的同时，先进技术的扩散也越来越快，更多的国家拥有以前只有西方发达工业化国家才拥有的技术。在商业全球运作的世界上，日益加速的技术创新和扩散，多种多样的、日益增加的与军事有关的技术和产品的供应者的出现，使由某个国家实行单方面控制不仅无效，而且会损害本国的经济利益。因此，加强出口控制国际合作势在必行。

正是基于上述认识，在出口控制领域，克林顿政府从各个方面入手，加强与国际社会的合作。加强出口控制国际合作，既包括与盟国或友好

1 The White House, “A National Security Strategy of Engagement and Enlargement”, July 1994, pp. 6–13.

2 The White House, “A National Security Strategy for a New Century”, October 1998, pp. 2–32.

3 The White House, “A National Security Strategy for a Global Age”, December 2000, pp. 21–23.

国家的合作，也包括与广大发展中国家的合作，还包括与潜在敌国或前对手的合作。

首先，也是最重要的，加强与亲密盟国和友好国家的合作。

从美国出口控制的历史看，有效的多边出口控制只有在美国和盟国及友好国家进行很好合作的情况下才能实现。冷战开始后，为加强对苏联集团国家的经济遏制，美国组建了巴统，对苏联集团国家实行严厉的出口控制。巴统历史表明，要很好地实现遏制苏联的目标，必须得到西方盟国的有效合作。冷战结束后初期，由于共同敌人的消失，美国与西方盟国在出口控制上的合作大大削弱了，以致巴统也于1994年解散。随着中国国力的增强和俄罗斯的复兴，克林顿政府认识到，必须重新加强西方在出口控制方面的合作，以维持美国和其他西方国家在世界上的优势地位。

欧洲、日本和其他友好国家是克林顿政府出口控制合作的主要方向。历史上，美国对日本的出口控制政策有极大影响。[1]冷战后，日本出口控制政策继续保持这一特点，日本政府很清楚，要维持其健康的经济，必须在出口控制上与以美国为首的西方国家紧密合作。1993年，日本先后两次修改关于出口贸易控制的内阁行政命令，同时，把捷克和斯洛伐克从控制清单上删除，而且，为适应防扩散日益严峻的现实，日本外务省在其新成立的外交政策局下设立防扩散处。与美国一样，此后，日本政府把重心和焦点转向对某些第三世界国家的防扩散出口控制，作为对美国、德国和英国采取全面控制的反应，日本也很快实施全面控制。[2]美

1　关于冷战时期美国对日本出口控制政策的影响，参阅Gary K. Bertsch, Richard T. Cupitt, Takehiko Yamamoto, *U.S. and Japanese Nonproliferation Export Controls: Theory, Description and Analysis*, University Press of America, 1996, pp. 87–98。

2　Gary K. Bertsch, Richard T. Cupitt, Takehiko Yamamoto, *U.S. and Japanese Nonproliferation Export Controls: Theory, Description and Analysis*, University Press of America, 1996, pp. 110–114.

国还与日本开展了一系列出口控制培训和学术讨论，在日本多次举办出口控制研讨班，宣传美国出口控制理念，鼓励日本采取美国式的出口控制制度，使日本成为亚洲地区不扩散出口控制机制最完备的国家。在出口控制上与欧洲盟国合作是克林顿政府出口控制国际合作的重中之重。1994年12月19日，欧盟通过两用物项出口控制政策，1995年7月1日，该政策正式生效。实际上，欧盟成员国已经认识到需要为具体物资和技术建立另一套出口控制机制。这是欧盟为两用物项出口控制建立共同的出口控制制度的第一步。欧盟的目的是确保所有成员国对第三国采取共同的出口控制政策，其最终目标是在建立有效的防扩散机制的同时，把对内部两用物项的贸易的限制降到最低。与日本一样，欧盟也以美国为榜样，实行全面控制原则，即如果政府部门告知出口商，某一物项的使用与开发WMD有关，或者，如果出口商意识到某一物项会被用于开发WMD，则他有义务报告政府。[1] 2000年12月，欧盟和美国发布了《欧盟与美国关于武器出口的透明性和责任宣言》。根据宣言，美国和欧盟承担以下义务：对武器和军事装备及有关技术的出口实施严格的国家安全控制；只有在深入地审查购买国的内部形势和该国所在的地区形势，以确保这样的出口不会制造或加剧内部冲突或紧张、不被用作违反人权的行动、不威胁地区和平和稳定或不会再出口的情况下，才能批准出口武器、军事装备和有关技术；通过定期出版有关批准的武器转移以促进和支持扩大在国际论坛中武器出口的透明性，包括联合国传统武器登记、欧洲安全与合作组织和《瓦斯那协议》等。[2]

新兴工业化国家或地区是克林顿政府加强出口控制合作的重要方向。

1 *SIPRI Yearbook 1997: Armaments, Disarmament and International Security*, Oxford University Press, 1997, pp. 15–18.

2 Ian Davis, Roy Isbister, "EU and Cooperation on Arms Export Controls in a Post 9/11 world : Report of a Roundtable Hosted by BASIC and Safer World", January 23, 2003, p. 21.

一般而言，新兴工业化国家的出口控制机制既不完善，在实施出口控制上也不像美国那样严格。这可能为所谓“流氓国家”或恐怖组织所利用，非常不利于防止大规模杀伤性武器扩散。在出口控制方面加强与它们的合作，既有利于向它们推荐美国式出口控制制度，从而扩大美国的影响，也有利于防扩散。作为新兴工业化国家中非常成功的一个，韩国成为克林顿政府加强出口控制合作的重要对象。还在克林顿上台之初的1993年6月，为督促韩国遵守防扩散机制指导原则，美国就与韩国就出口控制举行双边年度磋商，会议讨论了巴统终结对出口控制机制的影响、巴统的出口控制和韩国在巴统继承者中的地位和作用等，还就1994年的出口控制双边年度磋商会议的时间达成一致。[1]为促使韩国更积极地完善出口控制机制和更好地执行出口控制，克林顿政府甚至与韩国政府就俄罗斯加入有关国际组织进行磋商。[2]

克林顿政府不仅注重加强与韩国这样的盟国在出口控制上的合作，也非常注重加强与印度这样的所谓友好民主国家在出口控制上的合作，以赢得地缘政治上的好处。历史上，美国与印度的关系并不那么友好，杜勒斯甚至指责印度实行中立政策是不道德的。即使冷战后，克林顿政府在出口控制方面对印度都实行比较严厉的政策，但随着中国在20世纪末崛起的速度进一步加快，克林顿政府开始改变对印度的看法和政策立场。克林顿政府认为，印度是一个拥有10亿人的民主国家，不仅有生产大规模杀伤性武器的能力，而且，其地缘战略地位非常重要，是美国地缘政治事务中非常有用的伙伴。同时，印度也是世界上最大的防务贸易市场之一，克林顿政府希望能为美国军火商获得来自印度大市场的军火订单。因此，克林顿政府逐步改变对印度的出口控制，进而加强与印度

1　DNSA, United States and Two Korea (KO00954), May 7, 1994; DNSA, KO00958, May 23, 1994.

2　DNSA, KO01116, July 14, 1995.

在出口控制上的合作。2000年，克林顿政府修改其“实体清单”（Entity List），把印度相关实体从清单中删除，解除了自印度核试验以来对印度实行的有名无实的制裁。如果说克林顿政府在出口控制上与韩国合作是促使韩国建立更为完善的出口控制机制并实行类似美国的出口控制制度的话，则克林顿政府在出口控制上与印度等国的合作更多的是从地缘政治的角度出发，试图从各个方面加强与印度的合作，从而能更好地应对中国这个潜在的对手。

克林顿政府在出口控制上与盟国或友好国家合作的最重要举措是国务卿奥尔布赖特于2000年5月24日在意大利佛罗伦萨召开的北约理事会部长会议上宣布的《防务贸易安全倡议》（Defense Trade Security Initiative, DTSI）。该倡议准备把长期以来美国对加拿大实行的《国际武器交易条例》（ITAR）许可证豁免制度扩大到其他盟国，允许合作伙伴在重大防务合作计划中只使用一个许可证就能从美国进口完成工作所需要的所有防务物资；允许美国军火公司在英国和澳大利亚没有获得出口许可证的情况下向它们出口防务物资；而且，这些国家在预先没有得到防务贸易控制理事会（Directorate of Defense Trade Controls, DDTC）书面许可的情况下，可以进行再出口和再转移。[1]

《防务贸易安全倡议》的目的在于促进出口许可证处理的效率，鼓励加强相互协作的能力和在北约盟国中实现标准化，为跨大西洋联合企业提供便利和提出共同的技术保护标准。这将使美国的防务出口许可证过程实现现代化，并在美国与盟国的防务供应者之间建立更紧密的联系，以维持一个强有力的、活跃的跨大西洋防务工业基础，提供创新和防务产品，满足盟国21世纪的防务需要。改革的重要内容是建立新的、灵活

1 U.S. Department of State Office of the Spokesman Press Statement, “Defense Trade Security Initiative”, http://fas.org/asmp/campaigns/control/ps000524d.html.

的许可证政策，以加快对北约国家、日本和澳大利亚的武器出口，加强美国武器生产商与欧洲盟国之间的合作。[1]根据ITAR的规定，绝大多数非保密物资和服务的出口仍需要许可证，这不利于加强美国与盟国的相互协同，也不利于缩小盟国与美国在军事技术上的差距。因此，根据该倡议，美国为盟国中有资格的公司进行非保密的国防物资、数据和服务的交易建立一个新的ITAR许可证豁免程序，新的许可证豁免规定适用于那些被美国政府看作是可信的、美国可与之进行磋商的外国政府和公司。根据倡议，美国将对与美国签有条约的国家采取这种新的许可证豁免政策，以满足美国公共安全的需要并实现在出口和工业安全上的互惠；在情报分享和执法方面进行长期成功的合作；保证彼此提供互惠市场。[2]为实施这一倡议，美国提出17条建议，制定了三个出口授权，以促进在与北约国家、日本、澳大利亚、瑞典的防务合作中的转移：重大计划授权——意在为单个美国出口商的出口提供全面的授权，包括硬件、技术数据和防务服务；重大方案授权——意在为外国政府所需要的商业化防务技术的出口提供全面的授权；全球方案授权——意在根据为合作而建立的政府对政府的国际协议进行的所有的出口计划提供全面授权。[3]

这是冷战结束后美国第一次对防务出口控制体制进行重大调整。克林顿政府何以要推行如此重大的改革？首先，多年来，美国防务出口控制政策的基础是保护美国国家安全，使盟国的军事技术不为敌对的东欧集团国家所掌握。但冷战结束后10多年来，美国防务工业经历了根本性

1　GAO, “Defense Trade Analysis of Support for Recent Initiatives”, GAO/NSIAD-00-191, August 2000, Appendix II, The Defense Trade Security Initiative.

2　U.S. Department of State Office of the Spokesman Press Statement, “Defense Trade Security Initiative”, May 24, 2000, http://fas.org/asmp/campaigns/control/ps000524d.html.

3　GAO, “Defense Trade: Arms Export Control System in the Post-9/11 Environment”, GAO-05-234, February 2005, pp. 37–39.

的变化，正变得更现代化、拥有更大的商业取向和更国际化。[1]就是说全球化改变了美国军事力量建立的防务工业的基础，这意味着美国军事工业需要更为广阔的市场；与此同时，冷战后世界范围内军费预算的减少，使全球常规武器市场变得越来越具有竞争性，武器交易商们到处寻找能够出售他们武器和防务技术的恐怖主义分子、其他危险的个人和组织。防止这些人和国家获得美国的防务技术是许可证政策的首要目标。在这种情况下，如果在西方盟国范围内，达成某种安排或缔结国家间协议，允许美国向盟国出口先进军事装备，同时，在没有获得美国同意的情况下，不得向其他国家转移，既能确保美国军事工业在世界市场上的份额，也能在相当程度上保证美国军火不会出口或转移到美国根本不希望其获得的国家或组织。

其次，从美国出口控制的实际看，美国的出口控制机制被广泛认为是过分复杂的，是不可预测、反应迟钝和不够透明的，政府内外都对此深感不满。对于国务院、商务部和国防部的官员来说，他们为每天要处理数千个出口许可证申请感到疲惫不堪；对于众多公司而言，它们不断抱怨，为了了解令人迷茫的出口控制规则，它们不得不花费大量时间和精力，它们尤其因为漫长的许可证批准程序备感挫折，这使出口成本大大增加，它们有时甚至因此而失去商业机会[2]；防务专家则关心国家对技术转移的限制将阻碍美国与其最亲密盟国在防务上的合作，并削弱美国防务工业开发已经成为维持美国的军事能力基础的商业技术的能力。无论是正确还是错误，对美国出口控制体制的看法，尤其是对军火许可证

1 US Department of Defense, Office of the Undersecretary of Defense for Acquisition and Technology, *Final Report of the Defense Science Board Task Force on Globalization and Security*, U.S. Government Printing Office, 1999, pp. 5–20.

2 “the Statement of the Business Roundtable on Export Controls: A Plan for Comprehensive Reform”, February 9, 2001, http://www.brt.org/document.cfm/501.

的看法已经削弱了有效的合作，使一些国内或外国公司不愿意合作。这就导致外国商人在许多情况下宣布它们将寻求美国供应者的替代者，以避免遇到与美国军火控制有关的问题。[1]显然，如果不恢复相互信任和协调，美国和盟国很可能走上双方都不希望走上的道路——建立独立的和过多的防务生产能力。这种情况被称为“欧洲堡垒”或“美国堡垒”，不符合美国和欧洲双方的利益。

再次，加强与盟国在应对各种威胁时相互协同行动的需要。与冷战时期威胁来源单一不一样，克林顿政府认为，冷战后，威胁来源呈现出明显的多样化，不仅传统威胁继续存在，而诸如大规模杀伤性武器扩散和恐怖主义威胁等非传统威胁大量涌现。要有效应对多样化的威胁，美国必须在军事上提高与盟国协同行动的能力，但实际情况是：冷战后，一方面，美国与盟国在军事技术上的差距不断增加；另一方面，克林顿政府的出口控制不利于提高美国与盟国协同行动的能力。因为，美国出口控制没有区别对待盟国与其他国家，盟国必须与其他国家一样申请许可证，而且，对向最亲密盟国的出口申请的处理时间几乎超过半年。[2]有研究者指出，美国与盟国之间的技术差距部分是因为欧洲防务预算的削减和防务力量投资不足；但实际上，即使欧洲盟国大大增加防务投资和预算，在短期内甚至在长期内都不太可能弥补与美国在军事技术上的差距。因此，美国改革出口控制政策，加速向盟国出口或转移技术就显得尤为重要，它将使美国和盟国在应对各种威胁时更可能处于一种不败的地位。简言之，美国的国家安全利益能

1　Vago Muradian, “Allies Call on Albright to Reform Export Controls”, *Defense Daily*, January 6, 2000; Joseph C. Anselmo, “Hamre: Export Delays Hurting US Alliances”, *Aviation Week & Space Technology*, November 8, 1999, p. 34.

2　David R. Oliver, Jr., “Current Export Control Policies: Trick or Treat?”, *Defense Horizons*, December 2001.

从目前军事敏感技术出口控制体制的调整中获得好处。

正是在上述情况下，克林顿的国务卿奥尔布赖特于2000年5月24日发出DTSI倡议。根据计划，在各盟国中，美国将首先与英国和澳大利亚谈判，因为它们有与美国在相关安全领域进行长期合作的历史，它们的控制和技术安全体制与美国也是一致的，而且在工业上与美国有重大联系。

根据美国法律规定，美国与任何国家达成的条约都需要国会批准。为获得国会批准，克林顿的国防部长威廉·科恩（William Cohen）详细解释了这项建议的基本原理："与像加拿大一样的英国和澳大利亚就ITAR的豁免条款进行谈判……将扩大（关于技术控制尤其是第三方转移方面）与关键盟国的一致意见……并促进其他国家加强它们的出口控制，使我们能把资源从低风险转移到高风险方面……实际上，该建议需要与英国和澳大利亚在加紧第三方再转移控制和缩小控制差距上达成具有法律约束力的协议。加强再转移控制将扩大到英国和澳大利亚对美国军火清单上所有物资的最终使用，而不仅仅是对出口到英国和澳大利亚的豁免条款下的物资加强控制。我们的目的是极大促进第三方的再转移控制和加强我们的国家安全。"国会欢迎DTSI，但对豁免条款却有严肃的保留。实际上，还在克林顿政府发布该宣言前的3月16日，参议院外交关系委员会主席和众议院国际关系委员会主席在给国务卿奥尔布赖特的信中说，如果把豁免扩大到北约和非北约盟国，将有80%的商业国防物资从许可证制度下脱离出来，这与《出口管理法》所要求的许可证制度是不一致的。这意味着国会根本不会同意把豁免制度扩大到英国和澳大利亚以外的国家。不仅国会反对，克林顿政府内部也反对，2000年4月27日，司法部给国务院写信，反对扩大豁免，它警告说："我们认为豁免将促使外国恐怖主义组织和其他潜在的敌人在英国和澳大利亚建立公司，以充分利用美国对这两个国家出口控制的放松。我们已经在加拿大发现了这种情况。”[1]国会的这一立场预示着克林顿之后的政府在该问题上也将很难有所作为。

尽管国会反对把豁免条款扩大到英国和澳大利亚，但在2000年《安全援助法》中，国会最终还是批准了国务院进行谈判的建议，并提出具体标准，即在国家出口控制法中应满足和反映国际协议以及国际形势的变化，以确保它们的出口控制制度与美国具有可比较性，并继续保护美国的武器和防务物资。国会虽然同意与英国和澳大利亚就防务贸易进行谈判，但国会同时警告国务院和其他政府机构不得与其他国家进行类似豁免加拿大的谈判：“对加拿大的豁免是唯一的……同样的考虑不能运用于英国或澳大利亚（更不用说其他国家了）……防务物资在美国和加拿大之间的运输更不容易被转移，而且与加拿大不一样，英国许多主要防务公司都是与欧洲国家合作的联合公司。”[2]

正是在上述情况下，2000年7月，华盛顿开始与英国就对英国实行ITAR的豁免条款进行谈判。两国检查了各自防务贸易控制的法律、法规、政策和实施，其目的是提高防务技术控制的有效性。到2000年底，两国政府就在有效的防务出口控制情况下如何加强大西洋两岸防务工业合作进行了广泛的会谈，并达成符合《防务贸易安全倡议》的广泛的原则协议。具体而言，协议实现了美国军火清单与英国军事清单相当程度的一致；英国计划扩大对无形转移的出口控制，并同意进行必要的立法，这将扩大英国政府在该领域的出口控制；两国就出口控制体制已达成原则协议，在这一体制下，希望利用ITAR例外条款的英国公司将与美国有

1 “U.S. Weapons Technology at Risk: The State Department’s Proposal to Relax Arms Control to Other Countries”, Report of the Committee on International Relations of the United States House of Representatives, May 1, 2004, pp. 12–14.

2 “U.S. Weapons Technology at Risk: The State Department’s Proposal to Relax Arms Control to Other Countries”, Report of the Committee on International Relations of the United States House of Representatives, May 1, 2004, p. 13.

资格的公司一样自动注册，并承担遵守最终使用和再转移有关规定的义务；两国同意，在违反出口控制方面，进一步加强在执行法律上的合作；双方同意在各自出口控制制度的实施上交换信息并定期磋商，以确保进行有效的出口控制。同时，两国政府决定加强防务能力、促进彼此协调和大西洋两岸国防工业合作，同时继续保护美国的敏感军事技术。一旦与英国就实施达成协议，美国就准备审查《国际武器交易条例》，在没有出口许可证的情况下，允许向英国合格的公司出口绝大部分属于保密范围的军事技术。[1]

根据克林顿政府的计划，在与英国和澳大利亚的谈判结束后，美国准备把豁免条款扩大到符合条件的欧盟、北约国家和日本等国家和组织。

由于克林顿政府在提出倡议后只有半年任期了，因此，该倡议的执行是打了折扣的，到2000年8月，国务院和国防部还没有就如何实施某些建议，如对某些国家的出口免除许可证达成一致，国务院和国防部关于评价具有可比性的盟国出口控制体制的标准或参数也没有达成一致。这势必影响到倡议的实施效果。

1 Statement on UK-US Discussions on Defense Export Controls, January 17, 2001, http://www.fas.org/asmp/campaigns/control/US_UK_statement.htm.

第四章 小布什政府出口控制

小布什政府当政的八年是美国历史上非常特殊的历史时期，一方面，美国作为唯一超级大国的地位更加显著，在国际社会中几乎可以不受任何限制地推行自己的政策、主张，并展开包括大规模军事行动在内的各种行动；另一方面，在小布什政府当政时期，美国几乎一直处于战时状态，在国内和国际两个战场上同时展开了对恐怖分子和所谓“流氓国家”的战争。面临这一全新的国际和国内环境，小布什政府是如何利用出口控制来推进美国国家安全和对外政策目标的呢？

一、小布什政府出口控制改革背景

第一，出口控制需要与日益深入的全球化相适应。冷战后，尤其是进入21世纪后，经济全球化和地区经济一体化加速发展，成为并行不悖的两种趋势。对于任何国家而言，全球化不是一个政策选择、政治运动或社会趋势，而是战略决策者必须仔细考虑的无所不在的力量。[1]美国

1 Kenneth Juster, Under Secretary of Commerce for Export Administration, “Speech on Globalization, National Security and Export Controls”, 10 December 2001, http://www.bxa.dac.gov/press/Archive2001.html.

防务科学委员会的全球化和安全特别工作组也表达了类似的意思，它说“全球化不是一项政策选择，而是必须适应的实事”[1]。全球化带来资本、货物和信息跨国流动的极大增加，有利于经济的发展和繁荣；同时，全球化使竞争更加激烈，如果美国技术控制太严厉，使美国公司不能对市场需求做出及时回应，则外国将很容易填补空隙，美国公司的销售成本、利润和全球领导地位对于美国安全来说，是非常关键的。[2]防务和商业生产活动的全球化使先进的军事能力和与军事有关的商业物资及技术更容易为许多国家或次国家组织获得，缩小了美国与其他国家之间的技术差距。全球化也改变了美国军事力量建立的防务工业的基础。冷战结束后10多年来，美国防务工业经历了根本性的变化，正变得更现代化、拥有更大的商业取向和更国际化。[3]这意味着美国必须改革出口控制，一方面促进本国的商业利益，另一方面充分发挥其服务于国家安全和对外政策目标的功能。

第二，出口控制必须与冷战后国际战略安全环境和美国国家安全战略相适应。冷战时期，苏联是美国唯一的威胁来源，这种威胁具有单一性、可预测性和危机的可控性等特点，表现为美苏之间持久的军事对抗和明确的意识形态对立，但双方谁都不会孤注一掷地冒险侵害对方的核心或关键国家利益，在关键时刻双方都会留下缓冲的余地。冷战后，国际安全环境发生巨大变化，美国面临的主要的国家安全威胁已经从装备有最先进武器和技术的两大集团之间的全球冲突转变为一系列地区问题

1 US Department of Defense, Office of the Undersecretary of Defense for Acquisition and Technology, *Final Report of the Defense Science Board Task Force on Globalization and Security*, U.S. Government Printing Office, 1999, p. 5.

2 Mark Foulon, Christopher A. Padilla, “In Pursuit of Security and Prosperity: Technology Controls for a New Era”, *The Washington Quarterly*, vol. 30, Issue 2, Spring 2007, p. 84.

3 US Department of Defense, Office of the Undersecretary of Defense for Acquisition and Technology, *Final Report of the Defense Science Board Task Force on Globalization and Security*, U.S. Government Printing Office, 1999, pp. 5–20.

和大规模杀伤性武器扩散。就大规模杀伤性武器扩散而言，美国国家情报评估警告说，未来十年，拥有战略WMD并有能力威胁美国的国家数目将不断增加，这些国家包括俄罗斯、中国、朝鲜，可能还有伊朗和伊拉克。[1]同样地，随着国家行为者或非国家行为者用非传统方式运送WMD能力的增强，来自远程弹道导弹的威胁也会增加。[2]生物和化学武器，由于没有核武器或导弹的复杂技术且同样能产生巨大破坏性效果，同样成为恐怖分子追求的目标，而且越来越容易获得。

"9·11"以后，安全环境变得更加复杂也更不可预测和不可控制：美国面临的主要威胁是"流氓政权"、恐怖分子及其他试图获得大规模杀伤性武器及其运载工具的敌对国家或非国家行为体。与苏联领导人相比，这些国家和组织的领导人更倾向于冒险，而且他们并不把大规模杀伤性武器当作最后的选择。小布什政府在许多场合都表示，美国最重要的任务是保卫本土安全，防止大规模杀伤性武器扩散和防止潜在敌国的挑战是美国国家安全战略最重要的内容。2001年5月，布什在国防大学发表演讲说："今天的世界仍然是一个危险的世界，一个更不确定、更难预测的世界。拥有核武器的国家增加了，有更多的国家希望发展核武器。……最令人担忧的是，这类国家中包含世界上一些最不负责任的国家。……我们必须谋求把安全建立在更充分的基础上。"[3]2002年9月颁布的新的《美国国家安全战略报告》明确指出，美国"面临的最严重威胁在于极端主义与技术的结合。我们的敌人已经公开声明他们正在努力寻

1　Nonproliferation Center, Director of Central Intelligence, "Unclassified Report to Congress on the Acquisition of Technology Relating to Weapons of Mass Destruction and Advanced Conventional Munitions", 1 January Through 30 June 2000, http://www.cia.gov/publications/gian/bian_feb_2001.html.

2　National Intelligence Council, "Foreign Missile Developments and the Ballistic Missile Threat to the United States Through 2015", September 1999.

3　Fort Lesley J. Mcnair, "Remarks by the President to Student and Faculty at National Defense University", May 1, 2001, http://www.whitehouse.gov/news/release/2001/05/20010501-10.html.

求大规模杀伤性武器……美国决不容许这种企图得逞”。在美国看来，在“9·11”后的世界上，保持美国的武器和敏感技术不为恐怖主义分子和“流氓政权”所掌握从来没有像现在这样重要。国务院防扩散局局长约翰·施洛塞尔（John Schlosser）断言，“9·11”以来，大规模杀伤性武器扩散比以往任何时候都有更多的形式和更不可预测。有关国家向其他国家或恐怖主义组织提供敏感技术和帮助使地区和全球更不稳定。一旦它们获得大规模杀伤性武器，就会用来对付无辜的平民。这种威胁正变得日益难以应对。[1]小布什政府负责政治和军事事务的助理国务卿林肯·P. 布卢姆菲尔德（Lincoln P. Bloomfield）和负责军备控制与国家安全的助理国务卿约翰·R. 博尔顿（John R. Bolton）表达了类似的立场，他们说，“在我们国家的历史上，从来没有面临今天的挑战。几十年来使我们保持自由与和平的政策和安全结构在我们面临灾难性的恐怖袭击之后已经变得不足甚至是过时了”[2]。虽然许多国家面临不对称威胁，但美国因为其在全球的作用和利益，在面临不对称袭击时显得尤其脆弱。[3]因此，“我们在反恐怖主义这面旗帜下重新制定我们的国家安全政策，迫切寻求使我们摆脱在‘9·11’后的国家安全环境中的脆弱性的方法”[4]。显然，作为美国努力阻止扩散和恐怖主义的一个关键方式的出口控制，必须与

---

1 John Schlosser, Director, Office of Export Control Cooperation, Bureau of Nonproliferation, “Increasing Security through Export Controls”, Remarks to the Regional Forum on Transshipment Controls Bangkok, Thailand, December 11, 2002, http://www.state.gov/t/np/rls/rm/15486.htm.

2 John R. Bolton, Under Secretary for Arms Control and International Security, “Fourth International Conference on Export Controls”, Keynote address to the Fourth International Conference on Export Controls, September 30-October 3, 2002, Warsaw, Poland; Lincoln P. Bloomfield, Jr., Assistant Secretary for Political-Military Affairs, “Remarks to the Society for International Affairs”, June 3, 2004, http://fas.org/asmp/campaigns/control/Bloomfield_SIA.htm.

3 National Intelligence Council, “Global Trends 2015: A Dialogue about the Future With Nongovernmental Experts”, NIC 200-02, December 2000.

4 Lincoln P. Bloomfield, Jr., Assistant Secretary For Political-Military Affairs, “Remarks to the Society for International Affairs”, June 3, 2004.

新的安全环境和新的扩散关切相适应，以便继续服务于美国安全和对外政策目标，美国必须对它进行改革和调整。对此，2002年国家安全战略表示，为应对大规模杀伤性武器扩散和防止恐怖袭击，美国将“加强外交、军备控制和多边出口控制”。[1]

第三，维持美国对敌国或潜在敌人的技术和战争优势。美国出口控制制度的重要意图之一就是阻止敌人和潜在的对手获得先进技术和军事装备，以维持美国对潜在敌人的技术和战争优势。冷战时期，美国凭借先进的技术和军事装备以及强大的经济后盾，要求并组织盟国对以苏联为首的社会主义国家进行了长期的经济战，严格控制先进技术和有关物资流入社会主义国家。在美国看来，这是西方获得冷战胜利的重要因素。冷战后，美国一直努力维持其一超独霸地位。1992年，老布什曾明确指出，“我们的首要目标，就是防止一个新的竞争者重新出现在前苏联的领土上或者其他地方，不能让这个新竞争者给（世界）秩序带来如同苏联所带来的那样的威胁”[2]。保持军事和技术优势是实现这一目标的必然要求，美国商务部出口管理局局长威廉·赖因施说，尽管冷战结束了，尽管形势和敌人已经变了，但美国维持其军事优势的目标根本没有任何变化。[3]克林顿政府非常重视维持军事技术优势，为此，专门成立了国家科学技术委员会。小布什政府也强调美国必须有强大的力量和技术优势以阻止潜在的敌人挑战美国，2005年11月，助理国务卿约翰·希伦（John Hillen）在第18届全球贸易控制会议上说，“绝对必要的是不使我们分享的技术落入那些将用这些技术对付我们或我们的盟国或朋友的人的手里”[4]。

---

1 The White House, “The National Security Strategy of the United States of America”, September 2002, p. 14.

2 Michael Klare, “Endless Military Superiority”, *The Nation*, July 15, 2002, p. 12.

3 Speech at BXA’s Annual Update West 2000 Conference, La Jolla, California, February 2, 2000, http://www.bis.doc.gov/News/archive2000/Offset2000.htm.

4 John Hillen, Assistant Secretary for Political-Military Affairs, “Address to the 18th Annual Global Trade Controls Conference”, Remarks to the Conference, November 3, 2005, http://www.fas.org/asmp/campaigns/control/Hillen09nov05.htm.

这样，作为维持军事、技术优势工具的出口控制必须适应新形势的需要，进行改革。

而且，冷战后，美国凭借先进的军事技术和装备在几次高科技战争中轻易打败了敌人，使美国更加清楚地认识到保持对敌人或潜在对手的军事和技术优势的好处。同时，美国政府认为，全球化正以不可抗拒的趋势侵蚀美国长久以来通过技术控制而保持的军事优势，美国对通过技术控制维持它与竞争者之间的能力差距的依赖性越大，美国与竞争者之间能力差距缩小的可能性就越大。虽然技术控制并不能最终阻止竞争者掌握先进的军事技术，但它确实延缓了竞争者掌握先进技术的时间。而竞争者掌握先进技术所花的时间越长，越有利于美国在竞争中的地位。为此，美国政府鼓励、支持并推动出口控制改革。

第四，加强与盟国合作，共同应对各种威胁的需要。在一个传统跨国威胁继续存在，新的、日益增加的来自大规模杀伤性武器扩散以及恐怖主义的威胁不断出现的时代，要改善美国和盟国有效应对新威胁的能力，美国必须加强与盟友的合作，获得盟国支持，并与它们采取协调一致的行动。2002年的国家安全战略明确要求美国和“其他国家合作，制止、遏制和挫败敌人”妄图得到危险技术和寻求大规模杀伤性武器的努力。2006年的国家安全战略再次强调要加强与盟国的合作，以击败恐怖主义和阻止它们对美国及其盟国的进攻。[1]

实际上，“9·11”后，全世界有122个国家参与美国的持久自由行动（Operation Enduring Freedom），它们正为美国提供帮助或答应提供帮助。[2]这么多的国家参与行动，如何提高美国与盟国相互协同的能力变得十分

1 The White House, “The National Security Strategy of the United States of America”, March 2006, p. 8.

2 Lincoln P. Bloomfield, Jr., Assistant Secretary for Political-Military Affairs, “Globalization of Export Controls and Sanctions”, Remarks to the 14th Annual Export Controls Conference, London, England, November 7, 2001, http://www.state.gov/t/pm/rls/rm/2001/6082.htm.

重要。要加强与盟国的合作和获得盟国的支持，美国必须“提高盟国的军事效力”和“增强能有效地与我们共同战斗的盟国和朋友与我们协同的能力”。但美国当时的出口控制制度不利于加强与盟国的合作。因为出口控制制度并没有把那些没有随意转移美国技术的国家和那些在每一次冲突中都和美国一起战斗的国家（如英国、澳大利亚、荷兰）与那些随意转移美国技术和物资的缺乏有效的出口控制体系的国家区别对待。根据美国出口控制法律、法规，盟国必须与其他国家一样申请同样的许可证。实际上，国防部每年所收到的许可证申请中，英国和澳大利亚的公司要占30%，而多年来，对来自美国最亲密盟国的申请的处理几乎超过了半年，从盟国请求帮助到它们得到一点不情愿的批准要半年时间，而且常常是在多次政府对政府的越洋电话之后。[1]目前超过30个国家在伊拉克有驻军，超过40个国家在阿富汗布置了力量。北约也正承诺在地区外采取强有力的行动。这些盟国和伙伴都需要美国的军事技术以更好地应对共同的威胁。客观形势就要求美国改革出口控制政策，加强与盟国的防务合作，迅速向盟国和友好国家出口美国先进的武器、技术、装备和其他物资。而不这样就会限制盟国参与行动的能力。如许多美国人认为北约盟国在科索沃的行动之所以失败，是因为出口控制限制了美国向盟国出口某些物资，增加了北约盟国武器和后勤系统在相互协调方面的困难。[2]这种合作不仅将加强美国的技术优势，而且也为美国人提供了更多工作机会，从而维持美国防务工业的基础和促进美国经济健康发展。

第五，适应压力集团压力的需要。全球环境的变化和美国国家安全利益的要求使出口控制改革迫在眉睫。在美国，认识到需要改革目前的

---

1 David R. Oliver, Jr., “Current Export Control Policies: Trick or Treat?”, *Defense Horizons*, December 2001.

2 “Globalization, Technology Trade and American Leadership: A New Strategy for the 21 Century”, Nunn Forum, The University of Georgia, March 27, 2000.

多边出口控制体制的人正在增加，小布什政府一上台就面临美国社会各界要求改革出口控制政策的越来越大的压力。

美国工业界是要求小布什政府改革出口控制的主要力量。美国工业界认为政府出口许可证的控制程序是不必要的复杂和麻烦，不能与技术进步、工业重组与合并的步伐相适应[1]，抱怨《国际武器交易条例》严重阻碍了它们在国际市场上的竞争，认为它是“在另一个时代设计并用来对付另一个威胁的”，也是反应迟钝和不够透明的，缺乏速度、效率和保持美国公司竞争力所需要的可预测性。在许多情况下，外国商人宣布它们将寻求美国供应者的替代者，以避免遇到与美国军火控制有关的问题。[2]如在防务贸易领域有巨大影响的美国航空工业联合会（AIA）总裁和CEO约翰·道格拉斯说，美国的出口控制没有充分考虑到企业合并和全球化，没有考虑到以前的敌人现在是盟国，没有考虑到因特网使数据的传递在短时间内就可以完成，因此把太多物资纳入控制之中，这使美国生产的物资在全球市场缺乏竞争力。[3]而冷战后全球防务和高技术公司争夺市场的竞争越来越激烈，出口控制被许多跨国公司看作是对它们创新能力和抢占市场份额的威胁。部分是对这种竞争的反应，防务工业对美国政府施加了巨大压力，要求美国政府加速发放出口许可证，要求放松出口控制机制对销售武器的限制，建议修改关键军事技术清单、《武器出口控制法》和《国际武器交易条例》，以使它们不需要出口许可证就能出口更多

---

1 “Study Group on Enhancing Multilateral Export Controls for US National Security: Final Report”, The Henry L. Stimson Center, Center for Strategic and International Studies, April 2001.

2 Joseph C. Anselmo, “Hamre: Export Delays Hurting US Alliances”, *Aviation Week & Space Technology*, November 8, 1999, p. 34; Matt Schroeder, “Defense Industry Gears Up for ‘Phase Two’ of Arms Export Control Reform Campaign”, Strategic Security Blog, October 26, 2006, http://www.fas.org/blog/ssp/2006/10/defense_industry_gears_up_for_1.php#more.

3 William Matthews, “U.S. Trade Groups Plan Export-Reform Lobbying Campaign”, *Defense News*, December 6, 2006; “AIA, EIA, NDIA Call on Bush To More Rapidly Reform Export System”, *Defense Daily International*, vol. 3, issue. 14, February 8, 2002.

的军事物资和服务。[1]如包括美国航空工业联合会在内的美国最大的三家防务和航空集团自2002年以来一直努力试图说服民主党控制的国会和布什政府对国际贸易采取更少限制。它们希望国会最终能废除冷战时期严格的技术出口规定，作为临时措施，它们希望国务院和商务部能制定限制更少和更有效的措施。2002年2月，美国航空工业联合会、电子工业联合会、防务工业联合会的39个公司最高行政领导人共同给布什总统写信，呼吁美国政府改革浪费美国公司钱财和激怒盟国的出口控制制度。一些国会议员也要求放松出口控制，众议院武器服务委员会的战略力量小组委员会主席艾伦·陶舍（Ellen Tauscher）在2006年说，目前的出口控制制度损害了美国工业界的利益，把全球市场拱手让给了欧洲竞争者，“我们自己的做法使我们不能充分利用最近全球市场的积极趋势，这意味着我们正在危害我们的国家安全”。她还说，“丧失机会意味着我们的工业基础将继续缩减，在技术市场日益扩大和工作日益增加的世界上，更多的美国人将失去工作。这是不可接受的”[2]。航空工业联合会不仅与其他相关团体不断敦促小布什政府进行出口控制改革，而且还通过自己主办的《防务电子杂志》宣传出口控制改革，它先后发布16个立法倡议，其内容包括：对于那些不会引起争论的出口，不再向国会报告；大幅削减美国军火清单上的物项；如果盟国有与美国相似的出口控制制度，则允许它们转移美国零部件；审查视同出口控制规则，允许外国不需要出口许可证就能获得军火清单上的产品。AIA总裁和CEO约翰·道格拉斯说，AIA提出的出口控制改革建议将使美国公司的产品和服务更快进入国际市场。[3]

1　Matt Schroede, Rachel Stohl, “Export-Control Murkiness: US Secrecy Spurs Talk of Losser Standard”, *Defense News*, January 6, 2003.

2　Jeff Foust, “A New Hope for Export Control Reform?”, *The Space Review*, February 26, 2007.

3　Kernan Chaisson, “AIA makes export control recommendations”, *Journal of Electronic Defense*, vol. 24, May 2001, p. 15.

一些机构和研究团体也都不断发表研究报告和文章，要求进行出口控制改革。例如，在《更有竞争力的美国的贸易政策》研究报告中，竞争政策理事会说，出口控制的标准应该根据“国外可得性、可控制性和可替代性”进行评估，它们反映了“技术快速发展的现状”。理事会断言，多边框架是美国出口控制的安全基础，应避免单方面控制。同样地，国家研究理事会认为，从长期看，美国应该放松出口控制以获取经济利益。非正式的研究也支持增加出口。例如，J. 戴维·里查逊（J. David Richardson）就把为国家安全而采取的出口控制或防止扩散的目标看作是阻碍美国出口的最主要因素。根据这个研究，出口控制的费用每年有300多亿美元，是美国经济的沉重负担。即使在防止扩散方面有极大利益的机构，如战略与国际研究中心，也支持增加出口的方案。[1]在出口控制领域有很大影响的《今日军控》和《防务新闻》也发表一系列文章，主张建立新的多边出口控制机制。

另一方面，“9·11”后，出口控制被赋予了更广泛的意义，它不仅仅是商业利益问题，更重要的是国家和国土安全问题。因此要求采取更严厉的出口控制政策的力量从来没有像现在这样大。一些研究机构发挥了非常重要的作用，如在出口控制领域非常有影响的佐治亚大学国际贸易和安全中心（CITS）从2002到2004年，连续发表了三个报告，要求建立一个新的以美国标准为标准的、单一的严格的国际出口控制机制。[2]这一主张在政府某些部门也有非常鲜明的体现。其实，即使在“9·11”前，国会就要求加强出口控制。如《考克斯报告》指出，《瓦斯那协议》

1 Richard T. Cupit, *Reluctant Champions: U.S. Presidential Policy and Strategic Export Controls*, Routledge, 2000, p. 162.

2 Michael Beck, Cassady Craft, Seema Gahlaut, Scott Jones, “Strengthening Multilateral Export Controls: A Nonproliferation Priority”, Center for International Trade and Security, The University of Georgia, September 2002.

是“不够”的，建议美国根据1999年《瓦斯那协议》审查大会的时间表开展工作，“对威胁国际和平和美国国家安全的技术转移进行新的具有约束力的国际控制”[1]。2000年夏，27个加利福尼亚的国会代表给国务卿奥尔布赖特写信，敦促她简化国务院对向不会对美国产生威胁的盟国和友好国家出口商业卫星及其零部件的许可证审查。[2]

国会改革出口控制的要求最清楚地体现在1999年10月通过的2000财年的《国防拨款法》，它要求国防部成立“多边出口控制研究小组”（Study Group on Multilateral Export Controls），其成员包括国会议员，来自布什政府和前克林顿政府的国防部、国务院和商务部的高级官员，经过挑选的工业界代表和外部专家，其任务是“制定一个新的和更有效的在多边基础上控制具有军事用途的物资和技术的类巴统协议框架”。小组由4个国会议员担任主席，要求在2001年4月前完成研究工作。2001年4月，多边出口控制研究小组提交最终报告。报告主张建立一个新的更有效的国际多边出口控制框架，并建议分短期和中长期三个步骤改革国内出口控制，最终目标是把目前的多边机制整合为单一机制，使它成为最有效的实体，其焦点是防止WMD扩散。为此，一个新的加强多边出口控制的补充性框架应补足《瓦斯那协议》和其他多边出口控制机制，促进与关键盟国和朋友在防务上的合作，在此基础上，努力促使参与国构成一个“意愿联盟”（Coalition of the willing）。新的框架将建立在行政层次和通过具有约束力的国内法律而承担共同的出口控制义务的多边协议基础上。在国内，改革应加强美国的国家安全并以具有更大的协调性、可预测性、灵活性、有效性、一致性和

1　“Report of the Select Committee on US National Security and Military/Commercial Concerns with the People’s Republic of China”, submitted by Mr. Cox of California, Chairman, Report 105–851, 105th Congress, 2d session, US House of Representatives, US GPO, 1999.

2　该信详细内容见：http://www.csta.net/cox.html。

动态性为指导方针。[1]这不仅是促使小布什政府进行出口控制改革的重要原因之一，实际上也成为小布什政府出口控制改革的指导原则。

"9·11"后，国会进一步强化了改革出口控制的认识，认为武器落入危险分子手中的危险是增加了而不是降低了，放松出口与"9·11"以来美国的安全和外交政策利益所面临的日益增加的威胁不相适宜，是最不明智的，这将给反恐战争带来不必要的和额外的危险，坚持现在是加强出口控制，而不是放松出口控制的时候。2001年3月，参议院银行、住房和城市事务委员会以压倒性多数通过一项法案，要求改革和更新《出口管理法》。实际上，对于国务院十分看重的豁免条款，国会强烈反对，就在刚提出《防务贸易安全倡议》时，参议院外委会和众议院国际关系委员会主席就给克林顿政府的国务卿奥尔布赖特写信，表达国会的反对立场。布什上台后，国会的保守力量得到进一步加强，要求加强出口控制的力量越来越大，虽然国务院一直坚持与国会就豁免条款磋商，但最终国会也没同意。国防部对放松出口控制也持消极立场，在任何严肃的检查和讨论出口控制改革的行动中，其代表都坐在后座。[2]并非只有国会和国防部反对放松出口控制，一些利益集团为保持自己的垄断利益也以维护国家安全的名义要求加强出口控制。如，2007年3月6日，美国宇航工业和其他行业的制造商呼吁全面审查美国出口控制，以阻止美国敏感技术为美国的敌人所控制。

必须指出的是，主张放松出口控制的集团也不反对加强对高技术产品和军事物资等的出口控制，主张加强出口控制的集团也并非根本反对进行任何改革。美国政府在出口控制上面临的其实是如何平衡各部门或各行业或各集团不同的利益要求。在给小布什总统的信中，这些组织敦

1 "Study Group on Enhancing Multilateral Export Controls For US National Security: Final Report", The Henry L. Stimson Center, Center for Strategic and International Studies, April 2001.

2 Sharon Weinberger, "Industry, Government Make Renewed Push To Change U.S. Export Control Regime", *Aviation Week & Space Technology*, July 16, 2006.

促改革出口控制，以维持美国在技术上的领先地位，并加强美国的国家安全和竞争力。[1]

第六，美国出口控制到了非改不可的时候了。2002年3月29日，由商务部、国防部、国务院、能源部和财政部检察长联合提交的跨部门许可证审查报告说，两用物资出口许可证的处理涉及多个不同部门和制度安排。其中许多制度安排对于目前的出口许可证处理来说已经不再有效了。这些制度安排的限制包括各个机构之间不同的安全标准、麻烦的人工和纸质处理、没有一个全面的出口信息资料库。至于军用物项，其出口许可证的处理涉及多个自动系统，它们是无效的、麻烦的，部分是因为国务院和其他机构之间是不协调的。国务院已经采取措施改善了其内部自动处理系统，但国务院的处理方法并不包含充分的风险管理、身份需求或与工业部门和其他参与许可证处理的联邦机构的协调。通过与其他联邦机构和专家共同工作并建立一个正在进行之中的军火倡议机构，国务院能够在保障安全、整合各个不同的系统从而实现联邦军火出口许可证处理合理化中发挥带头和示范作用。尽管为加强各部门协同工作的能力，国防部建立了美国出口系统跨部门项目管理办公室（该办公室通过在两用物资出口许可证处理上的一些措施与商务部建立了合作关系），但美国出口系统跨部门项目管理办公室并没有实现原来的使整个联邦出口许可证处理系统现代化的目标——其方法是向有关机构提供相关出口数据。具体来说，方案缺少国务院和其他有关机构的全面参与，关键的计划缺失，以及所需资金没有充分的保障。结果，美国出口系统跨部门项目管理办公室就不能充分关注无效、确认需求和实现联邦军火出口许可证处理的现代化。[2]看来，出口控制改革势在必行。

1 "US business groups urge export control reform", Mar 6, 2007, http://www.reuters.com/article/tnBasicIndustries-SP/idUSN0639824420070306 .

2 "Interagency Review of Federal Automated Export Licensing System", Prepared by the Offices of Inspector General of the Department of Commerce, Department of Defense, Department of Energy, Department of State, Department of the Treasury, Report No. D-2002-074, March 29, 2002.

二、小布什政府的出口控制改革

正是在上述情况下，小布什政府几乎在入主白宫的时候就开始出口控制改革。

（一）改革许可证政策

许可证政策是美国出口控制政策的核心和关键，社会各界对美国出口控制的抱怨和批评主要集中在这个问题上。如在国际上享有盛誉的美国智库——战略和国际研究中心——在小布什政府上台不久后提交的报告中认为，美国政府出口许可证的控制程序是不必要的复杂和麻烦。[1]商务部总检察长办公室（OIG）则认为美国出口许可证程序是零碎而矛盾的，各部门的许可证处理系统缺乏联系和跟踪系统，以致许多许可证申请在处理过程中被放错了地方甚至丢失。如，仅在2000年，就有数百个申请丢失，数千个申请被延误。许可证处理时间之长也令人吃惊，如，国务院2000年收到的许可证申请中有超过三分之一的处理时间超过90天。[2]这与确保美国安全和促进美国经济繁荣的目标格格不入。因此，小布什政府的许可证政策改革也主要体现在这个问题上，其改革主要有两个方向，即增加许可证处理的透明性和减少许可证处理的时间。

为减少许可证处理时间，小布什政府主要采取了以下措施：

首先，大力推行电子许可证系统，简化许可证的审批程序。在这方面，克林顿政府时期就缩减了特别许可证的控制项目，扩大一般许可证的适用范围，规定一般许可证不需要得到政府批准就可以向前巴统以外

1 "Study Group on Enhancing Multilateral Export Controls for US National Security: Final Report", The Henry L. Stimson Center, Center for Strategic and International Studies, April 2001.

2 "Streamlined Processes and Better Automation Can Improve Munitions License Reviews", OIG Report No. IT-A-02-02, March 2002, p. 2.

的国家出口除加密产品和某些通信技术外的所有产品。小布什上台后，为应对防务贸易许可证申请日益增加的局面，简化许可证审批程序的步伐更大了，最主要的是建立并推行电子许可证系统。小布什政府把建立电子政府作为最优先目标，2003年的《对外关系授权法》要求国务院建立整理文件档案和出口许可证申请的电子许可证系统，并保证该系统能与商务部、国防部、能源部和CIA等其他出口控制有关部门的信息系统实现数据交换。2004年2月，电子许可证系统，即D-贸易系统正式启用，为任何美国人申请注册国防贸易提供DSP-5s和TTAs服务。这是一个终端无纸系统，提交后直接由有关许可证官员进行审查。这样在申请过程中就可能更少出错误。许可证官员在他们的办公桌上就能看到申请案件中的物资背景、注册信息、监督清单信息、AES信息和该物资是否属于国家详细目录上的控制物资。2005年，D-贸易系统实现了与国防部交换数据。[1]小布什政府还努力实现电子贸易许可证系统与商务部、能源部和中央情报局的数据交换。

电子许可证系统使处理出口许可证申请的速度更快、更简单，也更有效了，因而有效地缩短了许可证处理时间。小布什政府国务院防务贸易控制理事会负责人约翰·希伦说，处理防务贸易许可证申请的时间只有以前纸质许可证时间的一半。在2004年11月，对于通过D-贸易系统提交的非人工申请的处理时间为9天，对于人工提交的申请的处理时间为18天。DDTC的官员说，当许可证官员和出口商熟悉了D-贸易系统后，处理时间将进一步缩短。据具体负责政治和军事事务的助理国务卿布卢姆菲尔德说，2005年，大约有15%的许可证申请都是由它处理的。[2]

1 GAO, "Defense Trade: Arms Export Control System in the Post-9/11 Environment", GAO-05-234, February 2005, p. 38.

2 GAO, "Defense Trade: Arms Export Control System in the Post-9/11 Environment", GAO-05-234, February 2005, p. 37.

DDTC审查案件的数量和平均处理时间

		财政年度					
		1999	2000	2001	2002	2003	2004（到4月30日）
所有	接受申请数	43926	45994	50078	50403	54736	33211
	平均处理时间（天）	26	25	15	13	14	17
非人工	接受申请数	29054	30470	34525	33948	36128	22288
	平均处理时间（天）	14	15	10	8	8	11
人工	接受申请数	14872	15524	15553	16455	18608	10923
	平均处理时间（天）	77	69	58	52	49	51
防务	接受申请数	13240	14475	14543	15336	17122	9900
	平均处理时间（天）	39	29	28	29	29	27

资料来源：GAO, “Defense Trade: Arms Export Control System in the Post-9/11 Environment”, GAO-05-234, February 2005, p. 19。

从上表可以看出，通过D-贸易系统提交的出口许可证申请的处理时间明显比通过人工系统提交的申请的处理时间短。

其次，不断增加处理许可证事务的资源，即提高相关部门的地位，增加资金以及工作人员的数量，防止因人手不够而拖延或更为严格或更为宽松地处理许可证申请。在提高相关部门地位和增加人手方面，小布什政府加强了政治军事事务司的领导力量，国务院取消了防务贸易办公室主任的职位，而代之以三个助理国务卿帮办，由其中一个助理国务卿帮办负责防务贸易控制办公室（Office of Defense Trade Controls, ODTC）的工作，这样，办公室的地位大大提高。[1]小布什政府把大量受过良好训练

1 “Security cooperation after 11/9”, http://www.fas.org/asmp/campaigns/control/Armitage-DSCA-17oct02.htm.

的人安排到防务贸易出口控制审查部门。到2002年10月，仅防务贸易控制办公室就有超过100个熟练的工作人员，它比国务院一些助理国务卿领导下的司要大得多。到2004年，仅国务院处理许可证的工作人员就是克林顿政府时期的两倍。[1]为防止许可证官员为完成任务而随意或放宽处理许可证的条件。2003财政年度的《对外关系授权法》在2003年为DDTC拨款1400万美元，该法还要求国务院配备充足的人员审查许可证申请，以确保每个审查官员每周审查的申请不超过40件。同时，国务院办理许可证申请的人数继续增加，以DDTC为例，从2000年的65人增加到2005年的71人，71个专职人员分为许可证官员、执行官员和其他工作人员，包括政策管理和支持人员。[2]

再次，加强领导和对办理许可证官员的培训，提高许可证官员的素质。为加快许可证申请的处理，国务院也加强了对办理许可证官员的培训，其基本内容为：如何裁定商品管辖权限；如何保证非敏感物资的出口申请不会不必要地从防务贸易控制理事会提交到其他办公室和部门；如何与国会有效合作以确保行政-立法部门的审批不会伤害美国公司在海外的合法竞争；如何维持过程管理，使工作人员能将注意力集中于敏感物资的出口申请等。商务部也加强了对中下级许可证官员的培训。2003年，商务部为他们举办了三场内部培训，让他们清楚如何处理有争论的申请，如何准备将提交上级审查的案件以及如何与政府其他部门就共同立场进行磋商。[3]对员工进行出口控制法律、法规和现代调查技术的训练，对于执行出口控制法律是非常关键的。为适应不断变化的法律框架，以

1　Lincoln P. Bloomfield, Jr., Assistant Secretary for Political-Military Affairs, “Remarks to the Society for International Affairs”, June 3, 2004, http://fas.org/asmp/campaigns/control/Bloomfield_SIA.htm.

2　GAO, “Defense Trade: Arms Export Control System in the Post-9/11 Environment”, GAO-05-234, February 2005, pp. 15–16.

3　U.S. Department of Commerce, Bureau of Industry and Security, “Bureau of Industry and Security Annual Report for Fiscal Year 2003”, pp. 5–10.

及促进调查技术的进步，美国商务部对其相关人员进行了多次培训。培训不仅为相关人员提供了从大量访问学者获取各种知识的机会，也提供了分享他们经历的论坛，并提出各种具体的调查问题或法律问题。对新工作人员的训练一般包括三天的基础课程和为时一周的高级课程。培训教师一般是来自司法部的经验丰富的律师和其他执法机构的调查人员以及商务部内部的高级执法人员。[1]

最后，为避免无效控制，把焦点放在真正敏感的物资和技术的出口控制上，小布什政府不断放松技术含量低和军事意义不大的产品的出口控制，从而减少需要出口许可证才能出口的物项，提高许可证处理效率。这主要是通过审查出口控制清单和放松相关行业及相关物项的出口控制来实现的。

美国控制清单分由国务院管理的军火清单和由商务部管理的商品控制清单。一般而言，军火清单上物资的出口审批较商品清单要严格得多，审批所花时间也更长。为使军火清单与技术发展和变化的市场相适应，做到既能控制先进的技术和物资的出口，又能促进美国经济发展和繁荣，从克林顿政府开始，国家安全委员会领导的一个由商务部和国务院官员组成的跨部门小组就开始审查军火清单和商品清单。委员会认为属于军火清单上的物资应主要是军事性质的，将那些主要属于民用性质的物资调整到商品清单中。到2001年，跨部门小组完成了对商品清单中16类物资的审查，决定把5类物资从商品清单转移到军火清单中，其中6类物资仍保留在商品清单中，另外在军火清单和商品清单之间又分出5类物资。美国还建议对《瓦斯那协议》清单做相似的修改。[2]此后，该委员会每年

1 U.S. Department of Commerce, Bureau of Industry and Security, "Bureau of Industry and Security Annual Report for Fiscal Year 2003", p. 14.

2 U.S. Department of Commerce, Bureau of Industry and Security, "Bureau of Industry and Security Annual Report for Fiscal Year 2001".

都对清单上的物资进行了分析、审查和更新，以及时放松对某些物项的出口控制，把主要用于商业的物资从军火清单中转移到商品清单中。[1]这有助于判断物资是属于清单上要求控制的，还是属于不需要严厉控制的，从而使各机构工作人员能把更多的时间和精力放在更敏感的物资和技术的出口审查上。

由于采取上述措施，美国政府处理许可证申请的时间明显减少了，以商务部处理许可证申请的时间为例，2001—2008年审批许可证的数量和处理时间如下表：

财政年度	2001	2002	2003	2004	2005	2006	2007	2008
平均处理时间（天）	40	39	44	36	31	33	28	27

资料来源：Bureau of Industry and Security Annual Report (2000–2006)。

为进一步减轻处理许可证的压力，美国政府相关部门还不断修改有关规定。如，2007年6月19日，工业和安全局（Bureau of Industry and Security, BIS）修订了《出口管理条例》（EAR），对属于合格目的地的有效最终用户（Validated End-Users, VEUs）制定了新的授权。根据合格目的地有关规定，许多物项可以根据一般授权而不需要许可证就可向合格目

1 如，2002年把包括推进器、爆炸物、与核和化学有关的商品与技术从USML转移到CCL中。U.S. Department of Commerce, Bureau of Industry and Security, "Bureau of Industry and Security Annual Report for Fiscal Year 2002", pp. 3–4. 2003年，该小组完成了对USML中的VII类（坦克和其他军用车辆）、IX类（训练装备）、XIII类（辅助装备）、IV类（导弹、炸弹和火箭）、VI类（海军舰船）、VIII类（飞机）、X类（保护装备）、XI类（电子装置）、XII类（光学和引导装备）和XV类（太空装备）审查，把USML中的一些物资置于国务院与商务部之间，其中一些已经从技术审查转移到政策审查/决定层面，U.S. Department of Commerce, Bureau of Industry and Security, "Bureau of Industry and Security Annual Report for Fiscal Year 2003", pp. 5–10。2004年的审查包括IV类（水上运输舰、弹道导弹）、XI类（军用电子装备）、XII类（火控设备、光学仪器）和XV类（空间设备），U.S. Department of Commerce, Bureau of Industry and Security, "Bureau of Industry and Security Annual Report for Fiscal Year 2004", p. 5。

的地出口、再出口或在该国内部转移。VEUs可以获得CCL上许多合格物项而不需要其供应者长期等待以获得BIS的出口许可证，合格物项包括商品、软件、技术等。[1]

很明显，与克林顿政府时期相比，许可证的处理时间明显减少了。平均处理时间从2001年的40天下降到2008年的27天，下降幅度将近三分之一。这期间，只有2003年显得比较异常，其平均处理时间在小布什政府8年当政期间最长，为44天。之所以如此，不是因为上述措施只是偶然发挥作用，而是因为提交其他机构审查的申请大大增加，同时申请向某些国家出口的敏感物资明显增加，如热成像仪和轻型强化照相机，占申请总数的22%，其平均处理时间为52天。[2]这使得整个2003年的平均处理时间看起来增加了。防务贸易出口许可证处理时间也减少了，据美国国务院负责政治军事事务的副国务卿布卢姆菲尔德在2002年1月的一次会议上说，从1999到2001年，不需要提交其他部门审查的防务贸易许可证的平均处理时间从15天减少到8天，需要提交联邦政府其他部门或机构审查的许可证的平均处理时间从76天减少到目前的58天。其主要原因就是美国政府为防务贸易控制机构提供了更多资源，如在两年内，处理许可证的工作人员增加了两倍。[3]

在许可证处理时间不断减少的同时，小布什政府出口控制相关部门受理的出口许可证申请数量不断增加。2001—2008年，BIS受理的许可证申请数分别为：10884、10767、12433、15334、16719、18941、19512和21290个。[4]

---

1 *Federal Register*, vol. 76, no. 217, November 9, 2011.

2 U.S. Department of Commerce, Bureau of Export Administration, "Export Administration Annual Report for Fiscal Year 2003".

3 Lincoln P. Bloomfield, Jr., "Export control", *The DISAM Journal of International Security Assistance Management*, vol. 24, no. 3, Spring 2002.

4 数据来源为美国商务部工业和安全局2001—2008年各个财政年度的Export Administration Annual Report Fiscal Year。

很明显，受理的数量不断增加，不仅如此，增加幅度也呈上升趋势，如2001—2005年，商务部受理的许可证申请数增加了超过50%，但平均处理时间下降了22%。[1] 2006年受理的许可证数目为16719个，相比2005年，增加13%。到2008年，商务部受理的许可证申请数量相比2000年，几乎增加了两倍。[2] 即使在这种情况下，平均处理时间也大大减少了。与此相应，国务院受理的防务贸易许可证的数量也大大增加了，2003—2008年，国务院受理的防务贸易许可证申请数量分别为56000、60000、65000、69000、80000和85000个，年均增长速度大约为8%；其中2003—2006年，DDTC处理的武器出口许可证申请的数量增加了20%。[3] 需要说明的是，国务院处理许可证的平均时间增加了。

尽管如此，从上述数据依旧可以看出，小布什政府许可证政策改革成就巨大。可以肯定，处理时间的减少对申请出口许可证企业成本的下降和竞争力的提高是非常有帮助的。

（二）健全和完善出口控制体制，强化执行出口控制法律、法规

第一，加强内部协调，改组有关机构，设立新机构，健全和完善出口控制体制。长期以来，美国的出口控制由国务院、商务部、国防部、能源部和司法部等部门共同负责，其中国务院国防贸易控制办公室和商务部出口管理局扮演最重要的角色。但面对“9·11”后的新环境，它们不能很好地服务于美国国家安全战略目标和对外政策目标，这样出口控制机构及其职能改革被纳入日程。

1　U.S. Department of Commerce, Bureau of Industry and Security, “Bureau of Industry and Security Annual Report for Fiscal Year 2005”, pp. 6-7.

2　U.S. Department of Commerce, Bureau of Industry and Security, “Bureau of Industry and Security Annual Report for Fiscal Year 2008”, p. 7.

3　GAO, “State Department Needs to Conduct Assessments to Identify and Address Inefficiencies and Challenges in the Arms Export Process”, GAO-08-89, November 2007.

小布什政府首先加强国防部在出口控制中的作用。2001年8月，国防部常务副部长重建国防技术安全管理办公室（Defense Technology Security Administration, DTSA），作为负责政策的国防部副部长领导下的一个组织。这一行动把技术安全、反扩散和防扩散功能都纳入副部长的领导下。负责政策的副部长要求采取比过去一体化程度更高的政策。负责技术安全政策和防扩散事务的助理国防部长帮办的责任不仅包括出口许可证和技术安全政策，也包括反扩散政策。通过把技术安全和反扩散办公室都归入一个管理机构，小布什希望这能使国防部拥有更全面的方法参与跨部门的出口控制过程，并制定美国管理技术安全和反扩散的战略。[1]很明显，这个措施极大加强了国防部在美国出口控制决策和执行中的地位和作用。

商务部主管两用物项出口控制事务，具体负责部门为出口管理局（Bureau of Export Administration, BXA），BXA建立于1987年，冷战后，尤其是“9·11”后，BXA的职责扩大，包括：协调商务部的行动，以保护国土安全；协调美国政府各个部门进行努力，促进联邦倡议和公私伙伴关系以保护国家关键的基础；确保美国防务工业基础的活力和进出口不会威胁美国国家安全；代表美国公司向外国推销美国防务物项；促进美国工业界遵守《国际军备控制协议》；在战略贸易和出口控制方面与其他国家进行协调并帮助它们等。BXA使命的变化是过去20年地缘政治发生巨大变化的结果，也是在新环境下其指导哲学发生变化的结果。[2]2002年4月18日，商务部宣布出口管理局更名为工业和安全局，其核心任务是管理和实施两用物资的出口控制，同时肩负起保护工业和安全的责任。

---

1 “United States-China Commission U.S. Export Control Policy Toward China”, Prepared Statement Lisa Bronson Deputy Under Secretary of Defense for Technology Security Policy and Counterproliferation, January 17, 2002.

2 U.S. Department of Commerce, Bureau of Export Administration, “Export Administration Annual Report for Fiscal Year 2001”, p. iv.

这不仅是名称的变换，更重要的是正确反映了世界形势的现实，赋予它保卫工业安全的责任。毫无疑问，商务部有关出口控制的责任更大了，范围也更广了。BIS的核心使命虽然仍是两用物项出口控制管理和执行，但它也对与出口无关的、处于工业与安全交叉点的事务负有广泛的责任。例如，它负责调查某些进口对国家安全的影响；根据国家安全的需要，确定某些国内合约的优先性；在对关键的基础设施的保护方面，协调工业界与网络安全行动；确保美国工业界遵守《禁止化学武器公约》的要求，接受视察并提交报告；协调商务部保护国家安全的行动。[1]新的名称能更准确地反映它所承担的各种使命。

国务院主要负责军品出口控制事务。为更好地使军品出口服务于美国国家安全和对外政策目标，2003年1月，国务院负责军事物资的国防贸易控制办公室被改组为防务贸易控制理事会，助理国务卿帮办格雷格·苏查（Greg Sucha）担任防务贸易控制理事会领导人，他通晓ITAR规则，也是谙熟外交事务的高级外交官，对于政策问题有非常丰富的经验。防务贸易控制理事会内设国防贸易控制许可证办公室（Office of Defense Trade Controls Licensing）、国防贸易控制管理办公室（Office of Defense Trade Controls Management）、国防贸易控制政策办公室（Office of Defense Trade Controls Policy）和国防贸易控制执行办公室（Office of Defense Trade Controls Compliance）四个办公室。这是1992年以来国防贸易控制管理部门的第一次重组。[2]国防贸易控制许可证办公室地位最为重要，该办公室下设第二处，负责夜视仪、航天器和容器（Vehicles and Vessels）

1　U.S. Department of Commerce, Bureau of Industry and Security, "Bureau of Industry and Security Annual Report for Fiscal Year 2002", p. iii.

2　US State Department, "Defense Trade Controls Overview", January 2007; U.S. Department of State, The Defense Trade Advisory Group Minutes of the December 17, 2003, Plenary Session, Harry S. Truman Building, Washington, DC.

的出口控制事宜，包括USML中第VI、VII、XII、XIII、XVI、XVIII、XX和XXI类物资；第三处，负责太空和导弹技术出口控制事宜，包括USML中的第IV、V、IX、XIV和XV类物资；第四处，负责电子系统类物资的出口控制事宜，即USML中的第XI类物资；第五处，负责飞行器出口控制事宜，即USML中第VIII类物资；第六处，负责小型武器和轻武器出口控制事宜，即USML中第I、II和III以及X类物资；第七处，负责电子技术和训练类物资出口控制事宜。国防贸易控制执行办公室下设执行处、遵守和登记处、研究和分析处。国防贸易控制政策办公室下设负责政策和商品管辖的部门。

经过上述机构改革，国防部国防技术安全管理办公室代表国防部负责出口控制问题的管理，提供技术和安全审查，并协调国防部与DDTC在出口许可证申请问题上的立场，帮助国务院和商务部决定应该控制哪类物资，并对提交给国务院DDTC和商务部BIS的出口许可证申请进行再审查。这就建立了比较完备的防务贸易许可证申请及处理机制。这有助于确保各公司的生意得到美国政府的授权而又不至于由于政府的过多干预而人为地延长时间。

在改组旧的机构的同时，美国还成立新的出口控制机构。

“9·11”后，小布什政府为加强出口控制，在原有的基本由国务院的防务贸易控制理事会、商务部的工业和安全局和国防部负责出口控制的机制基础上，成立了一个新的联邦机构，即美国移民和海关执行局（ICE），负责调查出口控制。2003年3月1日，ICE创立，它是美国国土安全部内部最大的调查局。ICE的雇员有15000人，包括分布在美国和世界各地的6000特工人员，由来自因为ICE成立而被撤销的美国海关、美国移民局这两个机构的犯罪调查人员组成。[1]他们许多担任美国

1 U.S. Department of Homeland Security Homepage, http://www.dhs.gov/dhspublic/interapp/editorial/editorial_0133.xml.

大使馆随员。ICE的任务是“保护美国和公共安全……通过确定那些对我们国家边境产生威胁的犯罪行为和消除攻击，保护我们的经济、运输和基本设施的安全。通过保护我们国家和边境的安全，ICE努力消除恐怖主义对美国的潜在威胁”[1]。ICE的特工人员经常与BIS、DDTC、联邦调查局和美国海关及边境保护人员在调查中密切合作，共同工作。[2]ICE的调查办公室（Office Investigations, OI）负责调查违反有关规定的出口。[3]OI有自己的武器和战略技术调查处（Arms and Strategic Technology Investigation, ASTI），以防止对外国和恐怖主义组织的非法出口，防止对其他国际犯罪组织的出口，从而阻止它们掌握大规模毁灭性武器及其零部件。[4]虽然众多联邦机构参与出口控制执法，但只有ICE有权发出海关出口执法传票，并要求接受者接受询问和/或提供有关记录。发出传票的权力来源于《出口管理法》《武器出口控制法》和《国际紧急经济权力法》（IEEPA）。传票必须由ICE当地办公室负责特工事务的机构签字。典型的传票会说明日期、时间、接受询问的地点和提交传票中所要求的其他相关内容。接受询问时，ICE必须至少有两名官员在场，被传唤的人必须向ICE提供誓言证词，还必须有一位法官在场证明。如果不按照传票的要求采取行动，ICE的特工机构将与附近的美国司法办公室联系，获得授权并要求被调查单位或个人前来接受询问。任何接到出口执行传票的个人应及时向有关合法辩护律师咨询并进行最优管理。……出口执行传票不仅向出口公司，而且经常向涉及国际货物运输的海上或航空公司发出。但是接到出口执行传票的个人或公司并不一定意味着该个人或公司将被调查；它只是意味着ICE需要从接到传票的个人或公司

1　U.S. Immigration and Customs Homepage, http://www.ice.gov/about/index.htm.

2　U.S. Immigration and Customs Homepage, http://www.ice.gov/about/operations.htm.

3　U.S. Immigration and Customs Homepage, http://www.ice.gov/about/operations.htm.

4　U.S. Immigration and Customs Homepage, http://www.ice.gov/pi/news/factsheets/investigation_fs.htm.

获得有关信息或文件。[1]它与原来的有关机构一起，共同工作，有效地阻止了不符合美国对外政策和国家安全利益的出口。

第二，强化执行出口控制法律、法规。

首先，加强监督、检查力度。加强监督和检查力度的非常重要的表现是对最终用途和最终用户的检查、监督。最终用途监督（EUM）是“指查证外国政府按照美国的标准和转移条件使用与控制美国防务物资和服务的程序”[2]。监督、检查是在严格的许可证审批之外最重要的加强出口控制的措施。为加强监督和检查，商务部、国务院和国防部都采取了一系列措施。国防部根据1996年《武器出口控制法修正案》的要求，制订并于2001年实施了政府对政府的“金哨兵计划”，该计划有日常例行检查和强化检查两种类型。首要目的是“把美国政府、我们的朋友和盟国所承担的安全风险降到最低”，确保源自美国的武器、防务服务和技术的使用和转移符合美国的要求。为此，国防部成立了所谓的虎队（Tiger Teams）在国内外实施检查。在过去几年里，“金哨兵计划”稳步扩大，2004年，在国外建立了8个现场检查点，是2003年的4倍。[3]由于效果明显，美国增加了该计划的雇员。

国务院为加强对最终用途和最终用户的监督、检查，制订著名的“蓝灯计划”（Blue Lantern），由在发许可证前进行检查（PLC，核查外国公司在接受美国军事物资上的可信性或核查出口其他方面的问题）和运输后确认检查（PSV，核查接受者的运输和最终用户的最终用途情况）以及防务出口最终用途检查（EUC）组成。其目的是加强执行《武器出

1 Peter A. Quinter, “Post 9/11 Increased Export Controls by U.S. Government”, *International Law Quarterly*, vol. 22, no. 1, Summer 2006.

2 Ian Davis, Roy Isbister, “EU and Cooperation on Arms Export Controls in a Post 9/11 World: Report of a Roundtable Hosted by BASIC and Safer World”, January 23, 2003, p. 46.

3 Matt Schroeder, “Transparency and accountability in arms export systems: the United States as a case study”, *Disarmament forum*, no. 3, 2005.

口控制法》和《国际武器交易条例》，以及管理绝大多数事前和事后的运送检查工作，具体由防务贸易控制理事会实施。[1]根据“蓝灯计划”实施的检查主要由美国各驻外使馆的相关人员与驻在国合作进行。1999—2004年，国务院根据“蓝灯计划”进行的检查数量平均每年为450次，但2004—2008年，平均每年检查数量为625次。从下表可以看出最终用途和最终用户检查数量呈逐年增加的趋势。

	财政年度							
	2001	2002	2003	2004	2005	2006	2007	2008
检查数量	410	428	413	530	562	613	705	719

资料来源：DDTC, “End-Use Monitoring of Defense Articles and Defense Services Commercial Exports”, 2001–2008。

商务部防止非法出口的工作由工业和安全局负责。BIS主要通过加强国内和国外检查防止非法出口或及时终止非法出口。商务部防止非法出口的主要措施是发放许可证之前的审查和发放许可证之后的检查。为加强在国内的检查监督力度，商务部在洛杉矶、圣何塞、纽约、华盛顿、波士顿、迈阿密、达拉斯和芝加哥设立了八个地区出口控制执行办公室，2004年，又在休斯敦开设了第九个地区办公室。出口控制执行办公室的特工人员被赋予传统上属于警察行使的权力，他们有权逮捕和制裁违法单位或个人，可以发出传票和拘留当事人，并有权力扣留即将非法出口的物资。[2]

1　DDTC采取事前许可证发放和事后许可证核查的方式进行检查，发放许可证之前的检查是核查外国公司在接受美国军事物资上的可信性或核查出口其他方面的问题；发放许可证之后的检查是核实接受者的运输和最终使用者的最终使用情况。“蓝灯计划”由20个关键的警告信号（warning flags）组成，它是出口商弄清最终使用、最终使用者的信息和确定潜在的高风险出口的标准。Ian Davis, Roy Isbister, “EU and Cooperation on Arms Export Controls in a Post 9/11 World: Report of a Roundtable Hosted by BASIC and Safer World”, January 23, 2003, p. 44.

2　U.S. Department of Commerce, Bureau of Industry and Security, “Bureau of Industry and Security Annual Report for Fiscal Year 2003”, p. 17.

同时，工业和安全局也加大了在国外进行最终用途检查的力度，2004年，BIS在国外进行647次最终用途检查。[1] 2005年，美国在73个国家执行了761次最终用途检查，其中发放许可证前检查256次，装运后检查505次。2006年，商务部在72个国家进行942次检查，相比2005年增加45%。2007，BIS在超过80个国家完成854次最终用途检查，包括310次发放许可证前的检查和544次装运后查证。2008，BIS在超过50个国家完成490次最终用途检查，包括151次发放许可证前的检查和339次装运后查证。[2] 很明显，除2008年外，其他年份进行的检查次数都是很多的，而且大致呈增加趋势。2008年最终用途检查次数趋少，最主要原因是：其一，BIS的主要使命自2002年以来发生很大变化，在促进国家出口和维持经济繁荣的同时，越来越多地承担维护国家安全的任务；其二，对其他国家的检查少了，而把焦点放在对潜在敌国或对手的检查上。如，美国商务部2008年的最终用途检查主要是通过设在莫斯科、香港、北京、新德里和迪拜的美国大使馆的出口控制官员进行的。

尽管检查监督数量不断增加，但依然存在不足。2004年，GAO报告说，国务院和国防部在装船后对巡航导弹和非法空中运载工具的出口检查都没有达到出口数量的一半，而正是这些武器系统对美国的国家安全构成了严重威胁。[3]

---

1 U.S. Department of Commerce, Bureau of Industry and Security, “Bureau of Industry and Security Annual Report for Fiscal Year 2004”, p. 13.

2 U.S. Department of Commerce, Bureau of Industry and Security, “Bureau of Industry and Security Annual Report for Fiscal Year 2005”, pp. 9–10; U.S. Department of Commerce, Bureau of Industry and Security, “Bureau of Industry and Security Annual Report for Fiscal Year 2006”, p. 10; U.S. Department of Commerce, Bureau of Industry and Security, “Bureau of Industry and Security Annual Report for Fiscal Year 2007”, p. 22; U.S. Department of Commerce, Bureau of Industry and Security, “Bureau of Industry and Security Annual Report for Fiscal Year 2008”, p. 10.

3 GAO, “Improvements Needed to Better Control Technology Exports for Cruise Missiles and Unmanned Aerial Vehicles”, GAO-04-175, January 2004.

在加强检查的同时，国务院出口控制管理部门还要求并鼓励从事出口业务的公司进行自我检查，检查它们是否违反《武器出口控制法》、武器出口控制法规或许可证要求，以及时纠正出口中的违法行为。国务院规定：如果自愿检查，即使出现违反出口控制法律、法规的行为，DDTC也不会对自查者提出刑事指控，而且，自愿检查的罚款会很少。[1] DDTC官员说，2001—2004年，自查次数分别为316、256、339和394次。自查次数之所以不断增长，主要是由于工业界的教育，以及DDTC竭力鼓励公司自我报告违法出口的情况。自查次数的增长表明工业界努力遵守有关法律、法规。[2] 这既有利于预先防止出现非法出口，也有利于降低出口控制执法成本。

第三，加大对违反美国出口控制法律、法规行为的处罚力度。

为有效实施美国出口控制法律、法规，小布什政府比以往任何时候都有更多的联邦机构参与出口控制法律、法规的执行调查，以确保种种出口控制法律和法规得到遵守。

美国移民和海关执行局处于美国政府努力防止WMD扩散和常规武器扩散、与国际恐怖主义战斗、实施美国经济制裁和禁运的最前线，实际上，出口控制是由海关执行的。根据有关法律规定，海关有权搜查旅客、运输工具和货物，以确保全面遵守美国进出口要求并发现违法者。海关是唯一有权在边界执行联邦出口控制法律的联邦机关。任何其他联邦机构的出口要求、限制或禁止，都依赖于海关执行对那些旅客、运输工具和货物跨越国际边界时的检查。因此，小布什政府非常注重发挥海关在出口控制执法中的作用。海关是执行《武器出口控制法》

1　Speech by Acting Under Secretary Peter Lichtenbaum in 8th National Forum on Export Controls, April 28, 2005, http://www.bis.doc.gov/news/2005/USNationalForum.htm.

2　GAO, "Defense Trade: Arms Export Control System in the Post-9/11 Environment", GAO-05-234, February 2005, p. 58.

和《出口管理条例》《国际紧急经济权力法》《与敌国贸易法》的主要责任者。

ICE的调查办公室附设的武器和战略技术调查处负责对违反美国出口控制法律、法规的行为进行调查并进行惩罚。调查的主要对象是违法出口大规模杀伤性武器或技术的行为。为有效实施出口控制，在20世纪80年代初期，为防止苏联及其盟国获得用于发展其军事力量的西方先进技术，海关提出了一个强化执行计划，即EXODUS行动，严厉实施《出口管理法》和出口管理规章的条款，防止非法出口军火、战略技术以及向受制裁/禁运的国家出口物资。冷战后，美国继续实施EXODUS行动，但根据变化的安全形势，其行动的目标是防止有关扩散国家、“流氓国家”和国际恐怖主义分子以及跨国犯罪组织获得敏感技术和商品，阻止违反美国和国际制裁及禁运的经济往来。为实现这一目标，小布什政府要求海关加强边界检查和搜查。作为唯一有权在边界执行联邦出口控制法律的联邦机关，海关在全美的301个港口（包括国际航空港、海港、跨越美国与加拿大和墨西哥的漫长的铁路和公路站）都设立了办事机构。海关有7200名工作人员在这些港口和铁路、公路站对旅客、运输工具和货物进行检查。[1]

“9·11”后，海关执行出口控制法律、法规的压力增大。ASTI主任史蒂文·阿鲁阿德（Steven Arruade）说，“在‘9·11’后的世界上，保持美国的武器和敏感技术不为恐怖主义分子和‘流氓政权’所掌握从来没有像现在这样重要。对非法出口武器/战略技术的调查是ICE和国土安

---

1 Customs Official Outlines Export Control Law Enforcement, Statement of Richard Mercier, Executive Director for Investigative Programs, Office of Investigations United States Customs Service Before the United States-China Security Commission, January 17, 2002, http://www.usconsulate.org.hk/uscn/wh/2002/010202.htm.

全部的最优先的任务之一”[1]。为提高调查效率，加强执行出口控制法律、法规的针对性，ASTI的调查人员在调查中经常与私人公司合作，而且，经常进行秘密合作。违犯者常被逮捕、起诉和宣告有罪。为有效地实现其目标，ASTI制订了著名“保护美国计划”。[2]根据该计划，ICE在ASTI的特工人员经常与生产、销售和出口战略技术与军火的美国公司进行联系并随时走访它们。

海关经常有针对性地发起出口调查，进而对被调查对象实施逮捕和起诉。2005年，因违反出口控制法律和法规而遭到逮捕、罚款和刑事指控的人的数量大大增加了。如到2005年底，作为新的执法部门，移民和海关执行局行动的规模最大，它“对非法从美国出口的武器和战略技术展开了超过5600次调查。结果逮捕了400多人，其中300人被控告，280人被宣告有罪”。其中最有名的是，2005年12月23日，荷兰人弗朗斯·范·安拉特（Frans Van Anraat）被逮捕并被判处15年监禁。因为他从美国公司购买了1000吨制造芥子气的化学物资，并出口到伊拉克。[3]萨达姆后来正是用这些化学物资制造的武器杀死了许多人。

美国海关与外国海关和执行法律的同行进行协调与合作是小布什政府时期加强出口控制执法的一个关键因素。据小布什政府负责出口控制的海关调查行动执行主任理查德·梅西耶（Richard Mercier）说，美国大多数成功阻止美国物资非法出口的行动都是与外国海关和执法机构的合作分不开的，它们向美国提供了大量有关物资的运输和最终目的地信息。美国海关在全世界包括中国在内的28个国家设立了美国海关官员办

1　Peter A. Quinter, “Post 9/11 Increased Export Controls by U.S. Government”, *International Law Quarterly*, vol. 22, no. 1, Summer 2006.

2　U.S. Immigration and Customs Homepage, http://www.ice.gov/pi/news/factsheets/shield071204.htm.

3　Peter A. Quinter, “Post 9/11 Increased Export Controls by U.S. Government”, *International Law Quarterly*, vol. 22, no. 1, Summer 2006.

公室，负责协调与外国的行动。[1]美国出口执法的一个目标是不仅在美国，而且在每个其他国家和任何其他地点捣毁违反出口控制法的犯罪组织。

在相当程度上，由于违反出口控制法律、法规的现象不断增加，为加大对违反出口控制法律、法规行为的威慑力度，极大地减少违反出口控制政策的行为和现象，也为更好地维护美国国家安全和外交政策目标，2007年10月16日，小布什总统签署《国际紧急经济权力加强法》（IEEPA Enhancement Act）。该法极大提高了IEEPA中民事和刑事罚款的数量。此前，对每起违反出口控制法律、法规和制裁法的民事处罚为罚款11000美元，此后，对每起违反出口控制法律、法规和美国制裁法的民事处罚的罚款增加到25万美元或相当于交易价值两倍。这明显比以前高得多。根据IEEPA加强法，对每起违反出口控制和制裁法律、法规的刑事处罚，罚款最高可达100万美元。对于个人，违反出口控制和制裁法律、法规的刑事处罚的罚款最高可达100万美元，可处最高为20年的监禁，或两者并处。违反《武器出口控制法》可处以下处罚：个人和公司非法从事防务物资、服务贸易或为物资、服务贸易提供经纪活动，每次违法行为最高可处50万美元民事罚款，刑事处罚的罚款最高可达100万美元，可处最高为20年的监禁，或两者并处。[2]而且，无论是公司还是个人，都可能面临剥夺政府合同、取消出口特权的结果。司法部也积极配合执行出口控制法律，2007年6月，司法部在其国家安全处的反间谍科设立了国家出口控制协调员职位，以促进对非法出口美国武器和敏感技术的行为的调查和

1 Customs Official Outlines Export Control Law Enforcement, Statement of Richard Mercier, Executive Director for Investigative Programs, Office of Investigations United States Customs Service Before the United States-China Security Commission, January 17, 2002, http://www.usconsulate.org.hk/uscn/wh/2002/010202.htm.

2 Matthew West, “A Rising in Export and Sanctions Enforcement”, *Compliance and Enforcement Report*, vol. 1, issue 2, July 2012.

起诉。联邦检察官史蒂文・W. 帕拉克（Steven W. Pelak）担任有史以来第一位国家出口控制协调员。国家出口控制协调员负责：(1) 训练公诉人，以处理复杂的出口控制案例；(2) 对违反出口控制法律、法规的行为的处理过程和结果进行监督；(3) 负责司法部与其他参与出口控制的各种执法部门、许可证机构和情报部门的联络。[1]为很好执行出口控制法律、法规，司法部采取了许多行动。如2007年10月，司法部公布了一个由司法部新的国家出口控制协调员负责实施的范围广泛的、涵盖政府相关各部门的军用和两用物项出口控制执法的倡议，即《国家反扩散倡议》。司法部办公室还成立反扩散特别工作组，作为"跨部门的最高级别的工作组加强各个执法机构之间在出口控制上的协调"，加强对违反《出口控制法》的行为的起诉和阻止非法行为，并训练公诉人员，对涉及出口控制的政府机构的500个工作人员和检举人员进行了培训，以更好起诉违反出口控制法律、法规的行为。司法部一开始与DDTC和BIS的领导人每个月举行一次联席会议，以协调调查、起诉和执行问题。[2]

作为对包括软件、技术等两用物项的出口控制负有最主要责任的部门，商务部BIS也非常注重通过实施民事和刑事处罚来维护出口控制法律、法规的权威性。自2001年以来，BIS对违反出口控制法律、法规的个人和企业的处罚大致呈上升趋势。如，2001年BXA对违反《出口控制法》的企业和个人开出239万美元的民事罚款和112万美元的刑事罚款。[3]2003年，对违反《出口控制法》的企业和个人，BIS开出罚单750万美元，判处61个公司和个人有罪，共判处监禁133个月。2004年，BIS进行了多次

1　Matthew West, "A Rising in Export and Sanctions Enforcement", *Compliance and Enforcement Report*, vol. 1, issue 2, July 2012.

2　"The Justice Department Announces a Comprehensive New Export Control Enforcement Initiative", *International Regulatory Bulletin*, no. 369, October 16, 2007.

3　U.S. Department of Commerce, Bureau of Industry and Security, "Bureau of Industry and Security Annual Report for Fiscal Year 2001", pp. vi–viii.

调查，对违反《出口控制法》的91个公司和个人，罚款910万美元。[1] 2005年，BIS发现105起违反出口控制规定的行为，罚款1450万美元。[2] 2006年，BIS发现138个公司和个人违反出口控制规定，罚款共1600万美元。[3] 2007年，BIS对91个违反出口控制法律、法规的个人和企业开出刑事罚款超过3130万美元，没收财产超过140万美元，判处监禁超过324个月。2008年，BIS的调查使40个违反出口控制法律、法规的个人和企业缴纳刑事罚款超过270万美元，没收财产超过80万美元，判处监禁超过218个月。[4] 2008年，违反出口控制政策的企业和个人以及罚款之所以大幅下降，可能与下述原因有关，即：2007年10月，小布什总统发布的《国际紧急经济权力加强法》明显提高了对违反出口控制政策行为的刑事和民事处罚；同时，司法部也加强与相关部门合作打击违反出口控制政策的行为，违法成本大大增加，这使相关企业和个人不得不三思而行。这与美国政府鼓励出口企业对出口进行自查也有极大关系。自查使许多违法行为在没有正式实施前被及时终止。但从奥巴马政府上台后的情况看，对违反出口控制政策实施罚款不断增加的趋势似乎没有变化。

作为负责军品出口的主管部门，国务院防务贸易控制理事会在“9·11”后加强了对违反美国出口控制法律、法规行为的查处力度。在2003年开出的罚款为7500万美元。2006年4月，防务贸易控制理事会以波音公司未经美国政府许可向海外出口的民用飞机上带有可能被用作军事用途的

---

1 U.S. Department of Commerce, Bureau of Industry and Security, “Bureau of Industry and Security Annual Report for Fiscal Year 2004”, p. 12.

2 U.S. Department of Commerce, Bureau of Industry and Security, “Bureau of Industry and Security Annual Report for Fiscal Year 2005”, p. 9.

3 U.S. Department of Commerce, Bureau of Industry and Security, “Bureau of Industry and Security Annual Report for Fiscal Year 2006”, pp. 5–6.

4 U.S. Department of Commerce, Bureau of Industry and Security, “Bureau of Industry and Security Annual Report for Fiscal Year 2007”, p. 23; U.S. Department of Commerce, Bureau of Industry and Security, “Bureau of Industry and Security Annual Report for Fiscal Year 2008”, p. 4.

电脑芯片为由起诉波音公司，波音公司除不得不接受一名独立的外部官员在两年内监督公司的整个飞机出口业务外，还被罚1500万美元。这样2001年以来，因违反出口控制法律和法规而遭到逮捕、罚款和刑事指控的数量大大增加了。2000年以来防务贸易控制理事会进行的出口调查、逮捕、控告和判刑的数目如下表：

	年　度				
	2000	2001	2002	2003	2004
调查	570	395	1145	824	633
逮捕	48	62	40	98	92
控告	47	53	29	65	61
判刑	56	39	38	46	45

资料来源：GAO, "Defense Trade: Arms Export Control System in the Post-9/11 Environment", GAO-05-234, p. 56。

需要说明的是，在执行出口控制法律、法规方面，美国政府并非一味地进行惩罚和制裁，实际上，小布什政府也非常注重宣传和教育，以尽可能地减少或降低违反出口控制法律、法规的行为。2003—2008年，商务部BIS在国内和国际上都举行了一系列出口控制研讨会。2003年，在20个州举办了45次出口控制研讨会，参加人数3310人；在中国、韩国、日本和新加坡举行了4次国际出口控制研讨会，参加人数超过1000人。[1] 2004年，BIS在国内16个州举行了50次出口控制研讨会，有3265人参加，主要是向出口商介绍EAR指导方针、出口控制政策的变化以及许可证程序；在奥地利和德国举行了两次出口控制国际学术研讨会。[2] 2005年，

1　U.S. Department of Commerce, Bureau of Industry and Security, "Bureau of Industry and Security Annual Report for Fiscal Year 2003", p. 23.

2　U.S. Department of Commerce, Bureau of Industry and Security, "Bureau of Industry and Security Annual Report for Fiscal Year 2004", p. 15.

BIS在国内17个州举行了45次出口控制研讨会，有超过3300人参加；在三个国家举行了4次国际出口控制研讨会，大约有500人参加，会议向其他国家的公司提供了重要的与出口控制有关的信息。[1] 2006年，BIS在美国19个州举行了52次出口控制研讨会，共有超过4800人参加；同时，在奥地利和德国举行了9次出口控制国际学术研讨会。[2] 2007年，BIS在美国国内18个州举办了49次出口控制研讨会，超过5100人参加，为出口商提供指导原则，也及时地告知美国EAR、出口政策和许可证程序的变化；在中国和日本举办了两次国际出口控制研讨会，有超过600人参加。[3] 2008年，BIS在美国国内18个州举行了41次出口控制研讨会；在中国香港、新加坡、马来西亚、奥地利、德国和日本举行了8次国际出口控制研讨会，有近800人参加。[4] 很明显，通过上述众多国内国际会议的宣传和研讨，美国政府让更多的相关人士和公司了解了美国出口控制政策。

通过上述一系列措施，美国最大限度地确保了物资运输时不被转运到第三方，确保接受者是合法的最终使用者，确保最终使用者遵守美国最终使用的限制。

（三）加强技术和敏感信息出口控制，强化视同出口控制

美国的国家安全和经济利益严重依赖技术创新和技术优势。在美国看来，许多国家的先进技术，包括与防务有关的技术，都是由美国人和

1 U.S. Department of Commerce, Bureau of Industry and Security, “Bureau of Industry and Security Annual Report for Fiscal Year 2005”, p. 13.

2 U.S. Department of Commerce, Bureau of Industry and Security, “Bureau of Industry and Security Annual Report for Fiscal Year 2006”, p. viii.

3 U.S. Department of Commerce, Bureau of Industry and Security, “Bureau of Industry and Security Annual Report for Fiscal Year 2007”, p. 4.

4 U.S. Department of Commerce, Bureau of Industry and Security, “Bureau of Industry and Security Annual Report for Fiscal Year 2008”, p. 3.

外国学生以及访问学者在美国大学研究所和大学的附属实验室里发明的。为减少技术和知识被不恰当的国家或组织或个人所掌握的风险，美国政府对防务技术和两用信息的转移实行控制。这主要涉及视同出口。所谓视同出口，即根据《出口管理条例》，向任何外国人透露技术或软件信息都被视为向该个人所属的国家出口。作为美国出口管制体系的重要环节，它主要涉及在公共或政府的研究实验室和私人公司里向外国参观人士或工人转移敏感技术。对技术数据的出口控制被运用于各种信息，包括与设计和开发某些通信产品、计算机、半导体、集成电路、激光、声音、指纹或其他识别系统有关的技术。

美国的出口控制法规允许外国学生和研究者在没有获得出口许可证的情况下参与基础研究，基础研究被定义为科学和工程方面的研究，其研究结果一般在科学界是公开并共享的。是否加强视同出口控制，小布什政府出现分歧。

之所以出现分歧，一方面因为小布什政府时期，有关视同出口的多方面规定都存在不足。如"技术"这个词本身在EAR中的定义是广泛的，包括说明书、技术训练、工作知识等。不仅如此，不同的法律、法规对技术的定义也不同，在《出口管理条例》中，"技术"包括技术援助和技术资料;《国际武器交易条例》中则主要指技术资料，包括国防服务。但必须说明的是，基础研究不在管制范围之内。根据《出口管理条例》的定义，基础研究是指在美国公认的高级研究学习机构里进行的科学或者工程方面的基础性和应用性研究，其最终的成果将是公开的，或者在学术界广泛共享的，而不受所有权约束或受政府专门限制。从事基础研究的外国人可以不受视同出口管制。公开信息也不在管制范围之内，即从公开途径可获取技术信息。公开信息也是不受视同出口政策限制的内容。由此看来，视同出口控制的情况是非常复杂的，这就加大了执行视同出口控制的难度。另一方面，美国政府相关部门对加强视同出口控制对国家经济、技术、军事和国家安全的影响有不同的认识和看法。

军方和情报部门坚决反对允许外国学者参与或访问机密技术，主张加强视同出口控制。2005年，国防部建议，当一个技术在美国境内被告诉一个外国人时，应当被认为是技术出口，即视同出口。国防部的意图是加强对视同出口的控制，以防止技术流向潜在的敌对国家。[1] 2005年，国家反间谍机构在国会作证时说，虽然在美国的绝大部分外国学生是合法的研究者，他们努力推动学术进步，但确实存在努力获得美国敏感技术以促进他们自己国家的经济和军事利益的现象。另外，由于对外国学生不加限制，2005年联邦政府的一份报告指出，作为外国努力获取美国敏感技术的结果，美国许多技术被偷窃，这给美国造成极大但却难以量化的损失。[2]

商务部也主张加强视同出口控制。商务部总检察长办公室认为在EAR下的一部分视同出口许可证豁免清单和BIS的视同出口许可证政策对国家安全有不利的影响，因为，在EAR下的许可证豁免取消了大量的对外国出口的许可证申请。具体说，不属于EAR上的物资包括可公开获得的技术和软件。在美国学术机构和许多联邦研究机构的许多外国学生或研究者也都属于豁免对象。如，根据总检察长办公室的检查，国家技术和标准学院（NIST）和国家海洋和大气管理学院（NOAA）在视同出口方面存在严重问题。先后有45个外国研究者在NIST位于马里兰州盖茨堡的制造工程实验室的5轴机床上工作过，该机床属于EAR控制物项。而NOAA根本没有全面的视同出口控制政策以有效地监督外国公民接近

1 George Leopold, “Industry groups fighting proposed U.S. export control changes”, *EE Times*, April 10, 2005.

2 GAO, “Export Controls Agencies Should Assess Vulnerabilities and Improve Guidance for Protecting Export-Controlled Information at Universities”, Report to the Committee on the Judiciary, House of Representatives, GAO-07-70, December 2006.

受控制的技术，因为认为他们的绝大多数工作是基础研究，NOAA官员不认为对他们应该实行视同出口控制。另外，获得美国长驻权的外国公民也被豁免了许可证申请。同时，尽管美国禁止向某些支持恐怖主义的国家出口，但在2000—2003财政年度，BIS批准了对伊朗（76）和伊拉克（2）的107个视同出口许可证申请中的78个。为防止再出现上述情况，商务部总检察长建议BIS与国家安全委员会合作，确保视同出口控制政策和条例非常清晰，以消除可以避免的疏忽，它们被那些试图从美国获得属于应进行出口控制的装备和技术的国家或实体以不利美国的方式使用。[1]这一建议的实质是加强视同出口控制。

美国大学联合会与美国科学和技术研究联盟认为，美国军事、技术优势和经济繁荣的基本前提是知识和信息的自由流动和传递，大学的研究是国家研发努力的一个关键部分。他们激烈反对加强视同出口控制，他们说，联邦政府每年对大学的投资巨大，支持了新技术的发展，创造了许多新的工作岗位，提高了生活质量。这些好处是通过科学家公开的交流和研究结果的共享实现的。国家科学院的官员2005年在国会作证时说，美国超过55%的获得工程学博士学位的人都在外国出生，他们的研究有助于加强美国在新技术上的领先地位，其中一些具有国防上的运用价值。但知识和与防务有关的受控制的技术向他们祖国的潜在转移对美国的国家利益，尤其是国家安全利益具有极大影响。[2]国家工程学会会长威廉·沃尔夫（William Wulf）2005年在众议院司法委员会举行的听证会

1　U.S. Department of Commerce Office of Inspector General, “Deemed Export Controls May Not Stop the Transfer of Sensitive Technology to Foreign Nationals in the U.S.”, Final Report IPE-16176, March 2004, p. 20.

2　GAO, “Export Controls Agencies Should Assess Vulnerabilities and Improve Guidance for Protecting Export-Controlled Information at Universities”, Report to the Committee on the Judiciary, House of Representatives, GAO-07-70, December 2006.

上说，加紧出口控制最终会损害美国的经济安全，“严厉地实施出口控制将削弱已经被证明了对促进我们的安全和繁荣是非常有效的文化”，“由于美国工程学博士学位获得者55%是在外国出生的，严厉实行出口控制的效果将是灾难性的”。[1]尽管面临强烈反对，但小布什政府最终还是决定加强视同出口控制。

首先，美国商务部将视同出口的审批标准从国籍原则修改为出生地原则。2006年3月，美国商务部总检察长办公室提交一份名为《视同出口控制可能无法阻止敏感技术流入在美外国人之手》的报告，指出美国现行出口控制政策可能让来自受关注国家的人或实体有机可乘，获取受控制的技术。报告明确建议用出生地原则取代国籍原则作为审批标准，同时建议修改外国人在政府研究项目和大学研究项目中使用技术的审批指南。商务部接受这一建议，在2006年5月22日成立视同出口咨询委员会，负责评估现在的出口管制政策，并对商务部长提出改进建议。其次，美国多家部门联合提出旨在加强视同出口控制的《出口执法倡议》。2007年10月11日，美司法部、国土安全部、联邦调查局、商务部、国务院、国防部等6家部门联合提出旨在增强跨部门防扩散合作的《出口执法倡议》，将中国和伊朗列为重点防范对象。设立反扩散工作组，工作组由各部门人员联合组成，主要设在全美高科技产学研集中地区的检察官办公室。其主要职责是促进参与出口管制的各个部门之间的合作，与相关企业建立联系，分享信息，防止其他国家获取美国敏感技术。[2]

为加强视同出口控制，BIS开展积极行动，它主要集中注意力于那些目前申请视同出口许可证的公司和工业部门而不是那些没有申请的实

---

1 George Leopold, “Industry groups fighting proposed U.S. export control changes”, *EE Times*, April 10, 2005.

2 郭晓兵：《美国视同出口管制及对我影响》，《出口管制动态分析》，2008年第2期。

体（如小的商业公司、防务承包人、学术和联邦研究机构）。BIS的战略贸易办公室和对外政策控制办公室在2002年11月开始实施视同出口计划，访问了各种各样涉及视同出口控制的技术和装备实体。根据BIS，该计划的目的是“确保全面遵守视同出口控制条例”。从2002年11月到2003年9月，视同出口处报告了43起具体的视同出口事件（38次访问，5次会议）。在2003财年，BIS访问了一些大公司、商务技术咨询委员会、贸易联合会等与半导体有关的产业。因为2003年在大约846个视同出口许可证申请中有661个（78%）都来自半导体行业。[1]同时，加强对视同出口的审查，2003财政年度，BIS接受了12246个出口许可证申请，大约846个（7%）是视同出口。为执行2004年的《国防授权法》，商务部总检察长办公室同意建立一个跨部门小组审查视同出口法律和法规是否足于保护受控制的美国技术和技术信息不被转移到其他国家和实体。[2]

视同出口的重要对象被认为是那些最近获得美国公民身份或永久居住权的大多数国外人。BIS的视同出口许可证政策规定，即使他们来自受到美国关切的国家，如果他们保留现在的公民权或永久居住权，他们就能不被详细审查而为外国获得受控制的两用技术和物资。因此，尽管政策规定不得向支持恐怖主义的国家出口，BIS仍然对伊朗和伊拉克发出了视同出口许可证。这不利于美国国家安全。商务部总检察长办公室建议BIS修改这个政策，要求美国实体为雇员或参观者申请视同出口许可证，这些雇员或参观者出生在外国，能获得受控制的两用技术。关于视同出口的核查问题，由于BIS没有实行现场检查或审查视同出口许可证持有

1　U.S. Department of Commerce Office of Inspector General, “Deemed Export Controls May Not Stop the Transfer of Sensitive Technology to Foreign Nationals in the U.S.”, Final Report IPE-16176, March 2004, p. 20.

2　U.S. Department of Commerce Office of Inspector General, “Deemed Export Controls May Not Stop the Transfer of Sensitive Technology to Foreign Nationals in the U.S.”, Final Report IPE-16176, March 2004.

人以确保他们遵守许可证规定，因此，对于视同出口许可证持有人是否遵守许可证规则就没有检查。为弥补这一缺陷，EAR允许BIS通过为许可证设置前提条件来进一步限制一个出口许可证下的交易。如获得视同出口许可证的前提是“不能泄露（防务）合同”或“计算机的使用一定要处于控制和监视之下，以确保只有与工作有关的人才能操作”。根据这一要求，BIS在2005年制订一个“执行许可证附加条件计划”，该计划强调许可证持有人的遵守情况，包括视同出口。[1]

（四）加强防扩散出口控制

1998年以来，大规模杀伤性武器扩散形势加剧。尽管有反WMD扩散的国际准则，但印度、伊朗、巴基斯坦和朝鲜还是加速了既存或开始新的WMD计划。即使在经过10年的经济制裁和最严厉的多边外部监督及调查后，伊拉克仍继续坚持发展WMD。另外大多数支持恐怖主义的国家和次国家恐怖主义组织在冷战后都努力获得WMD能力，这促使克林顿政府时期的德奇（Deutch）委员会把恐怖主义分子使用WMD作为对美国国家安全的极为重要的威胁。[2]如果说克林顿政府时期，WMD扩散对美国的威胁还不那么急迫的话，“9·11”后，美国开始把恐怖主义，尤其是核恐怖主义作为美国国家安全面临的重要威胁。2002年12月，小布什政府发布“防止大规模杀伤性武器扩散的国家战略”，该战略有三根主要支柱：实施反扩散，阻止使用大规模杀伤性武器，它要求美国军事和民用机构做好准备以阻止和防卫可能的大规模杀伤性武器的运用，

---

1 U.S. Department of Commerce Office of Inspector General, “Deemed Export Controls May Not Stop the Transfer of Sensitive Technology to Foreign Nationals in the U.S.”, Final Report IPE-16176, March 2004.

2 Commission to Assess the Organization of the Federal Government to Combat the Proliferation of Weapons of Mass Destruction, *Combating Proliferation of Weapons of Mass Destruction*, The Commission, 1999, p. 1.

并采取各种新的行动，以决定性击败用大规模杀伤性武器武装起来的敌人。加强防扩散，防止大规模杀伤性武器的扩散。它要求必须加强传统措施——外交、武器控制、多边协议、威胁减少援助和出口控制——寻求消解或阻止扩散国家和恐怖网络。对使用大规模杀伤性武器做出反应，以减少伤亡或损失，即后果管理。[1]很明显，小布什政府的国家安全战略要求加强防扩散努力，以防止“流氓国家”和恐怖分子获得大规模杀伤性武器所需的物资和技术。在小布什政府看来，有效的出口控制是防扩散的关键措施，因而，把出口控制作为应对WMD扩散的非常重要的一环。

加强国内防扩散出口控制是小布什政府防扩散重点。以“出口控制和有关边界安全计划”（The Export Control and Related Border Security, EXBS）为基础，2004年9月12日，小布什政府发布在欧亚防扩散的“出口控制和有关边界安全援助计划”，帮助其他国家政府使其出口控制机制与国际标准一致，同时帮助它们发展独立能力，以发现和拦截WMD和与WMD有关的物项以及常规武器的非法转移。[2]为进一步加强国内和其他有关国家防扩散出口控制，作为“出口控制和有关边界安全计划”的一部分，美国政府还发布“防扩散出口控制国际合作计划”（International Nonproliferation Export Control Program）。其目的是促成与国际防扩散出口控制标准一致的强有力的战略贸易控制机制，这是美国努力探测和防止有关国家和恐怖分子获得开发大规模杀伤性武器所必需的装备、物资和实际技术的一个必不可少的因素。到2008年，“防扩散出口控制国际合作计划”已经训练了超过7500个防扩散技术专家，这些专家在把现代风险

---

1 The White House, “National Strategy to Combat Weapons of Mass Destruction”, December 2002.

2 Bureau of International Security and Nonproliferation (ISN), “Export Control and Related Border Security Program: Strategic Plan”, September 15, 2006, http://www.fas.org/asmp/resources/govern/109th/EXBS_Strategic_Plan.htm.

分析程序运用于出口控制许可证程序方面发挥着关键作用，而且，他们还对数千企业管理人员和前线执行防扩散出口控制的官员进行培训[1]，这些措施很好地防止了非法战略贸易转移。

防止大规模杀伤性武器恐怖主义，尤其是防核恐怖主义在“9·11”后的美国国家安全战略中具有重要地位。由于核供应国集团在加强核出口控制、防止核扩散方面具有重要的不可替代的作用，小布什政府非常注重利用NSG鼓励和支持世界各国实行更严格的核出口控制，制定更有效的许可证程序和帮助各国建立更有效的执行机制，防止核武器为“流氓国家”或恐怖分子所掌握。为防止“流氓国家”和恐怖分子最终拥有核武器，美国一直努力要求NSG成员国就可能有助于“流氓国家”或恐怖分子开发或获得核武器的物资或技术进行信息交换并评估是否需要把其他物资加入出口控制清单，要求各成员国把防止WMD扩散看作自己的义务，并敦促它们尽最大努力，防止涉嫌扩散的国家从外国获得可能使它们在生产WMD及其运载系统方面变得更加自足的物资。例如，作为削弱朝鲜开发核武器努力的一部分，在2002年12月的NSG大会上，负责军备控制和国际安全的副国务卿约翰·R. 博尔顿要求各成员国对于那些有助于朝鲜再处理或浓缩计划但并非NSG控制清单上的物资也实施严格的出口控制，防止朝鲜获得这些不受控制的核物资。[2] 为防止其他所谓“流氓国家”或恐怖分子开发或获得核武器，2002年12月召开的NSG全体会议修改了指导原则。[3] 但美国在通过NSG防核武器扩散原则时，

---

1 Office of Global Security Engagement and Cooperation, “International Nonproliferation Export Control Program”, 2008, p. 2.

2 John R. Bolton, “The Bush Administration’s forward Strategy for Nonproliferation”, *Chicago Journal of International Law*, vol. 5, no. 2, 2005, pp. 395–404.

3 Michael Lipson, “Nonproliferation Export Control and World Order: Globalization, Security, and the State”, Paper prepared for presentation at the annual meeting of the Midwest Political Science Association, Chicago, Illinois, April 15–18, 2004.

采取了明显的双重标准。例如，在印度1998年进行核试验后不久，美国不仅逐步取消了对印度实施的有名无实的制裁，而且，2005年，美国还进一步推动NSG对印度实行例外政策，以向印度提供核供应为条件，要求印度实施全面的安全措施。美国认为这一例外对于美国实施它自己提出的与印度进行民用核合作的建议是必需的。[1]很明显，美国此举与防核武器扩散是相矛盾的。美国的行为无异于鼓励其他国家在开发核武器后以遵守IAEA全面安全保障为条件，换取国际社会放弃制裁并实际上承认其为核武器国家。这显然无助于防核扩散，甚至无异于鼓励某些国家开发核武器。

联合国在防止大规模杀伤性武器扩散方面具有无可替代的作用，小布什政府十分注意利用联合国加强防扩散出口控制。在2003年9月的联大讲话中，小布什总统建议安理会通过一个决议，呼吁成员国宣布扩散WMD为犯罪，并保证本国管辖范围内的敏感物资的安全。美国政府相关机构经过8个月的争论，起草了一份决议草案并为联合国一致通过。这就是安理会第1540号决议，决议包括小布什总统所提出的所有目标，决议对通过和执行法律给予同样的重视，要求“各国采取有效的措施，建立国内管制”，对生物武器和化学武器等WMD的出口、转口、过境和再出口等实施国家出口控制，并建立最终用户控制，对违反出口控制法的行为给予适当的刑事或民事惩罚，防范和打击非国家实体获取上述物资，并向安理会提交执行决议情况的国家报告。[2]根据《联合国宪章》第VII章的规定，各成员国被要求遵守这一规定。根据决议，安理会成立了由安理会全体成员组成的防扩散委员会（即1540委员会），审议各国提交的报告，任期两年。后来1540委员会任期被延至2011年。为全面实施第

1　Sharon Squassoni, “U.S. Nuclear Cooperation with India: Issues for Congress”, CRS Report for Congress, Order Code RL33016, Updated January 12, 2006.

2　Security Council Resolution No. 1540, UN Doc No S/RES/1540, 2004.

1540号决议，2005年6月20日，美国与欧盟发表联合声明，表示将协调努力，帮助和支持1540委员会的工作和遵守决议，对于来自实施第1540号决议所规定任务的国家的请求，将积极反应并尽可能提供援助。[1]由于第1540号决议对于防止核武器等WMD扩散发挥了重要作用和影响，2006年4月，安理会通过第1673号决议，延长给予1540委员会的两年授权。委员会最初的工作重点是调查立法情况和提高对决议重要性的认识，后来开始侧重于各国法律框架的制定、执行和影响。据1540委员会专家统计，到2008年，各国制定了19125项立法和执行措施，相比2007年的17833项有明显增加。尽管实施该决议仍是一个突出的问题，但它为构建反WMD恐怖主义条约提供了基础。

鉴于生物武器是穷人的“核武器”，而且，“9·11”后，在美国和其他国家都发生过一些由恐怖分子发动的生物武器袭击，因此，小布什政府非常重视通过加强出口控制防止生物武器和技术扩散。

2002年11月7日，国防部负责技术安全政策和反扩散的代理副部长公布了用于生物战剂的出口控制临时指导方针。[2]该临时指导方针适用于国防部所有负责控制技术和技术数据的机构。临时指导方针包括“控制外国公民接近：实施国防部限制技术的指导方针”，它定义了国防部项目负责人的责任和现场项目及安全管理人员的责任，以确保出口控制得到遵守执行。如果起草的关于出口控制和控制外国公民接近的临时指导方针得到批准和实施，则国防部能接近受控制出口的生物技术的项目管理人员将被要求提出一个技术安全控制方案，其中包括详细的安全措施，以确保只有得到批准的外国公民才能接近。该指导方针也要求现场管理

1 Joint Statement by the United States and the European Union, June 20, 2005.

2 The interim guidance was issued in response to IG DoD Report No. D-2003-021, “Export Controls over Biological Agents”, November 12, 2003.

人员也制订针对外国公民接近技术的控制计划，以追踪外国公民访问获得批准的技术，并确保现场安全管理人员通过背景检查和告知外国公民访问限制来控制外国公民接近技术。国防部和国防部的合同承包商也需要周期性地接受现场检查和训练才能接近受出口控制的生物技术。国防部负责技术安全政策和反扩散的代理副部长说，指导方针会尽可能快地正式化。[1]

美国单方面出口控制很难防止生物和化学武器扩散。因此，美国非常注重利用相关多边出口控制国际机制来防止生物和化学武器扩散。国际上，致力于防止生物和化学武器扩散的组织是澳大利亚集团。克林顿政府时期，美国就十分注意发挥澳大利亚集团在防止生化武器扩散中的作用，20世纪90年代中后期，AG所有成员国支持制定加强《禁止生物武器公约》并能得到国际社会一致同意的程序。各国的专家讨论了目的在于防止非故意地援助生物武器和化学武器生产的出口许可证制度，要求成员国加强出口控制管理，以保证贸易和技术交流用于和平目的，并防止任何有助于化学和生物武器计划的行为。[2]

“9·11”恐怖袭击后，澳大利亚集团扩大控制清单，把8种毒素和14种病原体列入生物武器控制清单。[3]炭疽信件事件发生后，在采取措施、提高国内对生物武器攻击反应能力的同时，美国还与西方其他国家开展有效合作以阻止原苏联与生物武器和专长有关的技术和专长的扩散。2002年6月，美国与澳大利亚集团其他成员国一起，采取措施加强对与生

1 Office of the Inspector General of the Department of Defense, “Export-Controlled Technology at Contractor, University, and Federally Funded Research and Development Center Facilities”, D2003LG-0145, March 25, 2004, p. 6.

2 Australia Group Meeting, http://dosfan.lib.uic.edu/acda/hd.htm#f.

3 Michael Lipson, “Nonproliferation Export Control and World Order: Globalization, Security, and the State”, Paper prepared for presentation at the annual meeting of the Midwest Political Science Association, Chicago, Illinois, April 15–18, 2004.

物武器有关的技术和物资的出口控制。[1]到2005年，美国已把众多化学武器、生物武器和小型武器列入多边控制清单，并已获得澳大利亚集团的支持；同时美国也使导弹及其技术控制机制同意对能够播撒生物武器和化学武器的无人驾驶飞行器进行控制，而在此前，导弹及其技术控制机制只是集中关注有效射程超过500公里的远程系统。[2]

（五）改革防务贸易出口控制，加强与盟国和友好国家的协调与合作，简化或放松对它们的出口控制，同时，强化对敌人和潜在敌国的出口控制

第一，加强与盟国或友好国家的合作，简化或放松对它们的出口控制。在一个传统跨国威胁继续存在和新的威胁不断出现的时代，单凭自己的力量对付对自己的国家安全构成了严重威胁的恐怖主义、"流氓国家"和潜在敌国，美国有些力不从心，因此加强与盟国和友好国家的合作比以往任何时候都更加迫切。对此，美国国会说，"大规模杀伤性武器不仅仅是对美国的威胁，也是对我们的朋友和盟国以及广大国际社会的威胁。因此，非常关键的是我们必须与我们志同道合的国家进行紧密合作"[3]。

加强与盟国和友好国家的合作有两个方向，其一是欧洲、日本、澳大利亚等传统盟国。美国政府认为，加强与盟国和友好国家在防务贸易上的合作，既是提高美国与盟国在反恐战争中相互协同的能力和维持盟国

1 Seth Brugger, "Briefing Paper on the Status of Biological Weapons Nonproliferation", Arms Control Association, September 2002, Updated May, 2003.

2 Speech by Acting Under Secretary Peter Lichtenbaum, in 8th National Forum on Export Controls, April 28, 2005, http://www.bis.doc.gov/news/2005/USNationalForum.htm.

3 Sharon Squassoni, "Proliferation Security Initiative (PSI)", CRS Report for Congress, Order Code RS21881, Updated September 14, 2006.

防务工业质量平衡的需要，也是加强美国国家安全与防止先进武器和技术为敌国或潜在对手或恐怖分子所掌握的需要。为确保美国武器出口控制与美国国际安全和对外政策利益相一致，克林顿政府于2000年提出《防务贸易安全倡议》，其意图在于在冷战后时代促进与盟国的防务贸易。[1]克林顿政府在提出《防务贸易安全倡议》后，美国政府改革防务贸易出口控制的基本方向是不断扩大适用许可证豁免协议的范围，小布什政府上台之初继续向这个方向努力。其二，在英国和澳大利亚以及日本等国之外，瑞典是美国一个长期伙伴和朋友，更重要的是，同时瑞典也是世界上第一流的武器系统和有关物资的生产商，如瑞典是欧洲第六大航空和防务物资生产商，它也即将掌握许多军事系统的技术。而且，两国军队肩并肩在波斯尼亚和科索沃战斗，两国都最先看到了使用兼容装备的好处，也都认识到扩散的危险并认为需要进行控制。因此，2001年6月14日，白宫宣布，把《防务贸易安全倡议》扩大到瑞典。[2]

“9・11”灾难性的恐怖主义袭击不仅开启了一个新的全球安全环境，而且提高了武器出口控制政策在美国外交政策和国家安全考虑中的重要性，出口控制被赋予更广泛的意义，出口控制不仅仅是商业利益问题，而且是国家和国土安全问题。“9・11”后，为响应美国与恐怖主义战斗的号召，全世界很短时间内就有122个国家为美国持久自由行动提供帮助或答应提供帮助。这么多的国家共同开展行动，迫切需要提高美国与盟国相互协同的能力，小布什政府于是决定加大实施《防务贸易安全倡议》力度。美国防务贸易控制办公室迅速制定出一个便利的出口程序，以向参与持久自由行动的盟国提供必需的防务物资。这一便利的程序使武器

1 GAO, “Defense Trade: Analysis of Support for Recent Initiatives”, GAO/NSIAD-00-191, August 31, 2000.

2 The White House of the Press Secretary, “Fact Sheet: Defense Trade Security Initiative Extend to Sweden”, June 14, 2001, http://www.fas.org/asmp/campaigns/control/DTSISweden.pdf.

出口许可证平均在24—48小时内就能处理好；同时，根据《防务贸易安全倡议》开展了许多行动，其目标是简化和促进与盟国的防务贸易，如，国务院努力与英国和澳大利亚进行会谈，以制定一个许可证例外机制，就像过去与加拿大达成的许可证例外协议一样，根据这一协议，可以向它们出口受控制的军火和防务技术；另外，美国国务院审查USML，以确定某些物项是否应从清单中删除或加入清单，或者作为两用物项转移到CCL中。[1]

零星的行动已不能适应美国在世界范围内与盟国进行反恐战争的需要，2002年10月，小布什总统要求对防务贸易控制进行全面审查。作为对这一决定的反应，10月17日，代理国务卿理查德·阿米蒂奇（Richard Armitage）在弗吉尼亚的亚历山大利亚举行的国防安全合作署会议上宣布，政府计划全面审查防务贸易政策。根据国务卿鲍威尔的要求，助理国务卿林肯·P. 布卢姆菲尔德负责制定一个有效的防务贸易许可证政策，以清楚地反映总统的外交政策目标。同时，小布什政府对军火清单进行审查，到阿米蒂奇宣布审查防务贸易时，已经审查了五类物资，正准备审查包括航空器和航空器零部件在内的第八类。对于航空零部件的出口，美国政府准备砍掉阻碍合法出口航空零部件的官样文章，把出口额的最大值提高10倍，即把不需要许可证就能出口的航空零部件的价格从500美元提高到5000美元，同时，把出售重大军事装备的门槛从1400万美元提高到2500万美元，其他防务物资的出口门槛从5000万美元提高到1亿美元。[2]

1 Lincoln P. Bloomfield, Jr., Assistant Secretary for Political-Military Affairs, “Globalization of Export Controls and Sanctions”, Remarks to the 14th Annual Export Controls Conference, London, England, November 7, 2001, http://www.state.gov/t/pm/rls/rm/2001/6082.htm.

2 “Security cooperation after 11/9”, http://www.fas.org/asmp/campaigns/control/Armitage-DSCA-17oct02.htm.

2002年11月21日，小布什总统发布第19号国家安全总统指令（NSPD-19），正式宣布进行防务贸易政策审查，以确保防务贸易在变化了的形势下有利于美国国家安全和对外政策目标。指令要求，在6个月内完成审查，审查委员会将由来自国务院、国防部和商务部的代表组成，由国家安全委员会负责协调。审查对象包括防务贸易许可证、技术转移政策和维持防务工业基础等。审查的根本目标是确保防务贸易、防务贸易技术安全和有关政策。[1]具体而言有三：首先，支持美国安全；维护世界和平与稳定，包括地区稳定；支持美国防止核扩散和反对恐怖主义政策、美国战略和美国所承担的国际义务；控制关键军事技术和防止这样的技术转移。其次，保持美国对潜在敌人的技术和战争优势，增强美国与朋友和盟国协同工作的能力；维持美国防务工业满足现在和未来的国家安全需要的基础；推动基础研究，以快速的、最理想的商业开发方式利用防务技术；重组防务工业并与盟国加强联系，以适应现在正在变化的安全环境；提高联盟与合作的军事效力；增加与能站在美国一边进行有效战斗的盟国和朋友的联营。最后，确定具体的修改和评估修改对美国国家安全和外交政策利益所产生的风险，评估修改对目前美国防务贸易许可证政策和实践的风险，包括：军事关键技术清单；军方的技术发布政策；国家政策的解密程序；国防部获得对外防务物资和技术；《武器出口控制法》和《国际武器交易条例》等。[2]

非常重要的是，小布什总统要求确定哪些程序上的因素影响了申请美国防务物资和技术出口许可证的时间和可预测性，即在不出现长期延误的情况下，如何裁定商品管辖权限；如何保证非敏感物资的出口申请

1　Matt Schroeder, Rachel Stohl, “Export-Control Murkiness: U.S. Secrecy Spurs Talk of Looser Standards”, *Defense News*, January 6, 2003.

2　“Fact Sheet: NSPD-19: Review of Defense Trade Export Policy and National Security”, November 21, 2002, http://www.fas.org/irp/offdocs/nspd/deftrade.html.

不会被不必要地从防务贸易控制理事会提交到其他办公室和部门；如何与国会有效合作以确保行政-立法部门的审查和批准不会伤害美国的防务公司在海外的合法竞争；如何维持持续的过程管理，以使工作人员能更好地集中更多的注意力于敏感物资的出口申请等。[1]

尽管小布什总统要求积极推行《防务贸易安全倡议》，但美国政府内部一直存在不同意见，作为实施DTSI的主管部门，国务院赞成小布什总统的主张，建议把许可证豁免扩大到有资格国家。国土安全部和司法部则一般不赞成出口许可证豁免，因为豁免程序增加了转移的风险，并使执行更加复杂。国土安全部和司法部说：恐怖分子为寻求获得美国武器，他们可以在世界各地建立能通过豁免条款得到武器的“前线公司”（front company），继而把这些武器卖给其他国家。而且调查这样的转移，常常需要漫长的秘密行动，并需要得到那些前线公司所在国的国家官员的帮助。很难起诉根据豁免条款进行出口而违反法律的行为，因为很难获得充分的违法的证据。在他们看来，获得许可证豁免的国家越多，非法转移或出口就会越多。而调查数据也证明了国土安全部和司法部的担心，如2002财年非法武器出口为6585万美元，2003财年上升到1.0579亿美元，2004年进一步上升到1.36亿美元。[2]国土安全部和司法部的主张不能说没有道理。

另外，尤其让小布什政府感到为难的是国会一直反对扩大实施《防务贸易安全倡议》。尽管面临反对，从2001年上台以来，尤其是“9·11”

---

1 Lincoln P. Bloomfield, Jr., Assistant Secretary for Political-Military Affairs, “Status of U.S. Interagency Review of U.S. Export Licensing and Technology Transfer Policy”, Conference on “Transatlantic Defense Industrial Cooperation: Challenges and Prospects” Co-sponsored by NATO and the Transatlantic Center of the German Marshall Fund of the United States, Brussels, Belgium, July 18, 2003, http://www.fas.org/asmp/campaigns/control/Bloomfield_policy%20review.htm.

2 GAO, “Defense Trade: Arms Export Control System in the Post-9/11 Environment”, GAO-05-234, February 2005, p. 55.

恐怖袭击以来，小布什政府一直积极与英国和澳大利亚就向两国出口防务物项达成豁免出口许可证的协议进行谈判。2003年，布什政府完成了与英国和澳大利亚的谈判，它允许美国军火公司在英国和澳大利亚没有获得出口许可证的情况下向它们出口防务物资。美国法律允许达成这样的协议，但要求参加国的出口控制系统至少在几个关键方面能与美国的出口控制制度有相同的规定。英国和澳大利亚同意调整其出口控制系统以部分满足美国要求，但不是全部满足美国要求。政府要求国会同意，参议院同意，众议院坚决反对。众议院国际关系委员会主席亨利·海德（Henry Hyde）在2003年5月5日给国务卿鲍威尔写信解释说，允许通过商业运输渠道从美国向英国和澳大利亚的私人公司出口武器和其他防务物资与“9·11”以后美国的安全利益是根本不相容的。国会声称，“9·11”以来，转移的风险及其潜在后果是增加了，而不是减小了，美国情报机构“9·11”以来的调查提供的令人信服的证据表明，美国最亲密的盟国与美国一样对于威胁彼此安全和外交政策利益的非法的武器出口都很脆弱。另外，通过海上和空中长距离向加拿大以外的包括英国和澳大利亚在内的盟国出口武器有很大风险。他认为国务院的上述建议根本没有考虑到英国对于绝大多数传统武器技术的输送明显缺乏控制，也明显没有考虑到扩大豁免对“9·11”后美国国土安全人员在美国港口检查武器出口的可能影响。他断言当美国广大官员从“9·11”以来努力工作以关闭出口危险物资的“前门”的时候，国务院的建议将打开出口这样的物资的“后门”。国会宣称国务院的建议是非常不明智的。因此，现在是加强对所有武器技术的出口控制，而不是放松出口控制的时候，不仅应加强对大规模杀伤性武器的控制，而且应加强对传统武器的控制。实际上，放松武器出口控制政策会动摇美国的反恐怖主义和反扩散政策。美国应该在武器出口控制领域发挥国际领导作用，加强而不是削弱出口控制。[1]因此，2004年中，参议院通过的许可证豁免修正案被搁置一年。[2]

2005年，参议院和众议院的立场再度出现分歧，在参议院通过的2005年《国防授权法》中包括对向英国和澳大利亚的武器出口实行许可证豁免的内容。众议院激烈反对，众议院认为，美国目前的法律严格限制向那些与美国有同样出口控制机制的国家自由转移武器，同时，英国和澳大利亚既不愿意也不可能符合许可证豁免的要求。因此，2005年5月，众议院国际关系委员会发布了一个关于英国和澳大利亚的严厉报告。报告突出了可能的安全威胁，包括两国取消装运前的检查和转运公司的检查，因为中间存在向非法接受者转移的危险。众议院国际关系委员会主席、共和党人亨利·海德强调说，豁免协议与美国的反恐努力是不相容的："在我国历史上，这是一个应加强对所有的武器技术出口控制的时刻，而布什却放松了，不仅应加强对大规模杀伤性武器的出口控制，也应加强对传统武器的出口控制，美国的敌人正使用它们对付我们的平民和美国军人。实际上，放松出口控制与美国的反对恐怖主义和防扩散政策是不相容的。"[3]也有一些著名的议员警告说，豁免将"几乎取消以前美国政府审查和控制防务物资的豁免的所有关键要素，这肯定会扩大转移的风险"[4]。因此，与英国和澳大利亚就实施ITAR例外条款达成的协议

1 "U.S. Weapons Technology at Risk: The State Department's Proposal to Relax Arms Control to Other Countries", Report of the Committee on International Relations of the United States House of Representatives May 1, 2004, pp. 3–4.

2 Matt Schroeder, "Transparency and accountability in arms export systems: the United States as a case study", *Disarmament forum*, no. 3, 2005.

3 Matthew Schroeder, "Senate Committee Forgoes Action on Crucial Small Arms Treaty", *FAS Public Interest Report*, vol. 57, no. 3, Summer 2004.

4 Matt Schroeder, "Defense Industry Gears Up for 'Phase Two' of Arms Export Control Reform Campaign", Strategic Security Blog, October 26, 2006, http://www.fas.org/blog/ssp/2006/10/defense_industry_gears_up_for_1.php#more.

最终没有获得国会批准。但国会并不反对与盟国的合作和放松对盟国的武器出口，小布什政府于是继续坚持扩大豁免条款的适用范围。2005年7月，国务院修改了《国际武器交易条例》，要求加强与英国和澳大利亚在防务物资和防务服务贸易上的双边交流与合作，加快向英国或澳大利亚出口与美国国家安全和《武器出口控制法》的要求相一致的防务物资和服务的许可证申请的审批。[1]这实际上是豁免条款的变通。同时，国务院仍要求国会批准与英国的防务贸易条约，负责政治军事事务的助理国务卿希伦在2006年4月21日的讲话中宣称，政治和军事事务司已经向国务卿提交了10个具有战略意义的提议，其中两个是关于防务贸易的，主要是要求增强美国与最亲密的盟国在防务上的合作。希伦说，长期以来，美国对待最亲密的盟国太警觉，国务卿同意，美国应更好地对待盟国。为此，国务院已经把向英国和澳大利亚出口防务物资和技术适用于豁免条款的建议送交国会批准。[2]实际上，国务院的建议并不限于英国和澳大利亚，而是潜在地可运用于任何国家。

另外，国会逐步改变了反对改革防务贸易出口控制的立场。2006年后，强烈反对出口控制改革的众议院国际关系委员会主席亨利·海德退休，而向来主张改革出口控制的艾伦·陶舍担任了众议院军事委员会的战略力量小组委员会的新主席。艾伦·陶舍指出，目前的出口控制制度损害了美国工业界的利益，把全球市场拱手让给了欧洲竞争者。她说，“我们自己的做法使我们不能充分利用最近全球市场的积极趋势，这意味着我们正在危害我们的国家安全”。她还说，“丧失机会意味着我们的工业基础将继续缩减，在技术市场日益扩大和工作日益增加的世界上，更

1　*Federal Register*, vol. 70, no. 132, July 12, 2005, p. 39919.

2　U.S. Department of State, The Defense Trade Advisory Group Minutes of the April 21, 2006, Plenary Session, Harry S. Truman Building, Washington, DC.

多的美国人将失去工作。这是不可接受的”。[1]在这种情况下，2008年，美国与英国和澳大利亚签订防务贸易合作条约。美国分别于当年9月底和12月初将与两国的条约提交参议院批准。这两个条约在很大程度上内容是相同的。为什么要缔结这两个条约呢？

美国与这两个国家有特殊关系。首先，美国政府认为，它们之间不仅有共同的价值观，对世界有相同的看法，而且在过去几十年里，为应对西方生活方式所面临的威胁，它们存在深厚和持久的合作。其次，两国是美国反恐战争中最坚定的盟友，坚决支持并与美国一起参加包括伊拉克和阿富汗在内的世界各地进行的反恐战争。必须共享相关信息才能有效应对这样的战争，而英国和澳大利亚在防务物资和技术方面明显落后于美国，这就需要采取措施，加速向两国转移相关防务物资和技术。再次，就英美而言，条约支持英美联合军事行动和反恐怖主义行动；加速英美研究、开发、生产并支持下一代能共同使用的防务技术；能够制定应对恐怖主义袭击的最有效的对策；能协调彼此经验，减少在研究、开发、生产和支持方面的重复努力。因为两国互为最大投资国，英国在美国的投资超过2500亿美元，美国在英国的投资超过3500亿美元。同时，英国是美国最大的防务贸易伙伴。美国国务院2007年批准超过9400个对英国的防务出口许可证，价值超过119亿美元。如何处理如此大量的防务贸易对美国来说是一个重要问题，美国认识到必须考虑继续实行逐个审查出口许可证做法的成本与收益。[2]这样，似乎除建立一个更有效的防务贸易机制外别无他途。根据条约，将建立一个美国政府和英国政府的共同体，包括各个政府部门、机构、两国的防务和安全公司以及工厂。在

---

1 Jeff Foust, “A new hope for export control reform?”, *The Space Review*, February 26, 2007, http://www.thespacereview.com/article/819/1.

2 John C. Rood, “Improvements to the Defense Trade Export Control System”, *The DISAM Journal of International Security Assistance Management*, vol. 30, no. 4, December 2008.

这个共同体内，美国大部分机密和非机密防务物资、技术和服务可以自由流动，不再需要政府的批准和出口许可证。当然，这一条约也规定了严格的限制条件，即根据条约出口到英国的防务物资，在没有得到英国国防部和美国政府批准前，不能被转移或被出口到不属于共同体的其他公司或实体，违反这一规定就是违反了英国和美国的出口控制法。对于向共同体以外的实体再出口，条约也规定了例外，即当向共同体以外的实体再出口直接有助于英国武装力量在海外的布置时，不需要美国政府和英国政府的批准。[1]

由于欧盟是美国与英国谈判时“房间里的一个静悄悄的伙伴”，与英国达成协议意味着在某种程度上是与整个欧盟达成协议。[2]

第二，放松对友好的非盟国的出口控制，加强对反恐联盟前线国家的支持。

冷战后，特别是“9・11”后国际安全形势的变化为美国加强与友好的非盟国之间的合作提供了条件。“9・11”后不久，小布什政府在“国土安全”的名义下加大了实施DTSI的力度。国防安全合作署成立了“战争室”以迅速处理盟国在全球反恐怖主义战争中的请求。[3]在恐怖袭击之后不久，布什政府说在阿富汗的战争需要获得支持，由于巴基斯坦的地缘政治地位，布什政府重新向巴基斯坦提供援助，因为布什政府想吸引在反恐怖主义的战争中具有关键战略地位的国家加入。因此，政府起草了一个反恐怖主义法案送交国会审查，其中规定在未来5年里，将解除对军事援助和武器转移的所有限制，如果这样做有助于与恐怖主义

---

1 John C. Rood, “Improvements to the Defense Trade Export Control System”, *The DISAM Journal of International Security Assistance Management*, vol. 30, no. 4, December 2008.

2 Ian Davis, Roy Isbister, “EU and Cooperation on Arms Export Controls in a Post 9/11 World: Report of a Roundtable Hosted by BASIC and Safer world”, January 23, 2003.

3 “DSCA Forms ‘War Room’ To Speed Allied Arms Requests; Unveils 10 Reforms”, *Defense Daily International*, September 28, 2001.

进行战斗或有助于应对对国际和平与安全的威胁的话。法案也明确解除了对那些曾经有违反人权或在反恐怖主义方面有不合作历史而现在参加了反恐怖主义战争并赞成防扩散的国家进行援助的禁令。2001年10月27日，国会通过了针对巴基斯坦的法案，2002和2003财年的《对外行动拨款法》放弃了军事政变条款（根据该条款，将不会对发生军事政变的国家提供武器或军事援助，除非民主得到恢复）；允许在对违反导弹及其技术控制机制或《出口管理法》的国家进行制裁方面具有更大的灵活性；不把提供军事援助与巴基斯坦不能履行偿还贷款义务相联系。它也缩短了国会就武器出口发布通告的时间，即从目前的15天缩短到5天，对所有国家的超额的武器出口则由30天缩短到15天，如果该武器出口是对国际恐怖行动的反应或为了阻止国际恐怖行动的话。在巴基斯坦总统穆沙拉夫2002年2月访问华盛顿后不久，布什政府就宣布即将恢复向巴基斯坦出口武器。[1]“9·11”以来，巴基斯坦得到13亿美元的援助，包括F-16战斗机、6架二手C-130E运输机、6套L-88r航空雷达系统、C-130s配件、UH-1H直升机和M113装甲运兵车。继巴基斯坦之后，乌兹别克斯坦、塔吉克斯坦等也获得了美国慷慨的军事装备和其他安全援助，作为对它们提供军事基地或允许美国在持久自由行动中飞越它们领空的回报。表面上没有受到影响的国家如阿塞拜疆、亚美尼亚、肯尼亚等国也获得了美国军事援助，因为美国认为它们对于美国的军事行动具有潜在的贡献。[2]

作为反对恐怖主义战争的一部分，布什政府也试图要求印度保证，防止印巴之间发生战争。印度在“9·11”后获得了7800万美元的援助，

1 “US Arms Sales Policy Related to Counter-Terrorism and Near East/South Asia”, http://www.fas.org/terrorism/at/index.html.

2 Tamar Gabelnick, “Security Assistance After September 11”, *Foreign Policy in Focus*, vol. 7, no. 4, May 2002.

包括12部炮兵瞄准雷达、海王直升机配件、霍克教练机和防空雷达。印度政府说它拥有它希望拥有的美国武器，包括P-3猎户座海上巡逻机、爱国者反导弹系统和电子战系统。[1]

美国特别重视与印度的合作。美国认为，印度是一个拥有10亿人口的民主国家，不仅有能力生产大规模杀伤性武器，且地缘战略位置重要，是美国地缘政治事务中的伙伴。印度也是下一个国防贸易出口市场，美国希望能在印度的军火市场上获得大的订单。因此，冷战后，美国逐步加强了与印度在出口控制上的合作。2000年，美国就把印度从禁止向其出口的“实体清单”中删除，解除了自印度核试验以来就对印度实施的制裁。“9·11”后，美国放松对印度出口控制的力度更大。2001年11月，印度总理瓦杰帕伊与美国总统布什决定把加强双边高技术贸易作为加强印美关系的主要措施，2002年11月双方共同制定了在高技术贸易方面进行合作的原则，2003年5月，双方就印美高技术贸易达成16点协议。不仅如此，美国还非常重视放松对印度出口控制的机制建设，双方定期举行有关部门参加的会议，到2007年2月，印美已经举行了5次副部长级的高技术合作会议，美印双边合作达到一个新高度。小布什政府不仅自己放松对印度的出口控制，而且还积极推动国际组织放松对印度的核及其相关技术的出口控制。如2005年，美国推动NSG对印度实行例外政策，要求印度实施全面的安全措施，以此作为向它提供核供应的条件。[2]这个例外对于美国实施它自己提出的与印度实行民用核合作的建议是必需的。实际上，小布什政府此举严重不利于国际防扩散事业。

在阿富汗的第一个回合战斗结束后，美国继续扩大对反恐怖主义战

1 K Alan Kronstadt, “India-US Relations”, Congressional Research Service Issue Brief, IB93079, December 19, 2002, p. 12.

2 Sharon Squassoni, “Nuclear Cooperation with India: Issues for Congress”, CRS Report for Congress, Order Code RL33016, Updated January 12, 2006.

争的定义以证明军事援助和训练的合理性。在“9·11”前美国与菲律宾的军事关系就得到加强，美国的反恐战争进一步加强了这种关系。美国正向菲律宾提供数百万美元的军事援助和大量的先进军事装备。在1992年关闭在苏比克湾的海军基地后，美国对菲律宾的军事援助几乎下降到零。90年代后期，两国再次开始通过军事谈判重建彼此军事关系。如在2001和2002财政年度，美国提供了1亿美元的援助和武器，包括1架C-130运输机、8架UH-1H军用直升机、30000支M-16步枪、1艘海岸巡逻船、榴弹发射器、迫击炮和夜视仪等。小布什政府不仅向菲律宾提供大量武器装备，而且还以根除恐怖主义为名向菲律宾派遣大量人员。据报道，有数百名美国特别行动人员被派往菲律宾以训练与阿布沙耶夫武装分子进行战斗的人员。美国政府还努力解除对印尼进行军事训练的禁令，在雅加达承诺支持美国的反恐行动后，美国政府解除了向印尼、哥伦比亚、阿塞拜疆、塔吉克斯塔、格鲁吉亚、尼泊尔、埃塞俄比亚、阿曼、吉布提等与反恐怖主义有关的国家出口非致命性武器的禁令。小布什政府不仅直接向有关国家出口武器，而且向外国提供购买美国军事装备和服务的资金，这一资金援助额度从2001财政年度的35.7亿美元上升到2003财年的41.2亿美元。[1]在这些行动中，美国政府在出口控制上的虚伪性暴露无遗。如“9·11”前，美国政府以侵犯人权为由对塔吉克斯坦、土库曼斯坦、乌兹别克斯坦等中亚国家实行武器禁运，但“9·11”后，尽管这些国家政权并没有实现民主化或尊重人权，但国会却提供了4.03亿美元的军事援助[2]；又如，“9·11”以来，在与反叛分子的战斗中严重违反人权

1 Tamar Gabelnick, “Security Assistance After September 11”, *Foreign Policy in Focus*, vol. 7, no. 4, May 2002; “Arms exports post 9/11–and the flood gates open?”, *European Security Review*, no. 11, March 2003.

2 Thomas Carothers, “Promoting Democracy and Fighting Terror”, *Foreign Affairs*, vol. 82, no. 1, January/February 2003, pp. 84–97.

的尼泊尔政府获得的美国武器是过去的10倍。对印尼的武器出口则为政府镇压亚齐省的叛乱提供了动力。[1]对亚美尼亚和阿塞拜疆等国家的武器出口禁令在“9·11”后也都废除了。[2]但当初对这些国家实行防务贸易禁运的原因现在根本没有消除或减少。

在放松或简化对盟国防务贸易审批的同时，DDTC也提高了审批的条件。无论是在“9·11”前还是在“9·11”后，在DDTC所批准的申请中，超过一半都没有附加任何条件，但是“9·11”后，有附加条件才批准的比例增加了。[3]

小布什政府的官员声称，防务贸易出口控制改革的目的是促使办理出口许可证的工作更快、更简单、更透明和更具有可预测性；努力促进改革、加强安全伙伴关系和联合作战能力这一目标和美国技术出口政策之间取得更好的切合点。但很明显，防务贸易出口控制改革把关注的焦点放在精减向盟国出口的程序上。事实上，还在小布什政府正式开始审查防务贸易后不久，就有专家指出：“因为政府表现出为实现其外交政策利益目标而把限制放在一边的意愿，一些与防务有关的技术的控制可能放松了。”[4]事实确是如此，把反恐怖主义作为美国外交政策重要目标的小布什政府认为目前的出口控制规定太严，以致盟国为获得基本的技术——如通讯装备——通常要等待数周，更快的程序将能更好地促使盟国与美国一起战斗。因此，小布什政府把防务贸易出口控制和军事援助作为直接的对外政策工具，作为谋取他国支持反恐怖主义战争的杠杆，

1 Bradford Plumer, “Arms Dealers to the World”, *The American Prospect*, January 7, 2007.

2 Ian Davis, Roy Isbister, “EU and Cooperation on Arms Export Controls in a Post 9/11 World: Report of a Roundtable Hosted by BASIC and Safer world”, January 23, 2003, p. 42.

3 GAO, “Defense Trade: Arms Export Control System in the Post-9/11 Environment”, GAO-05-234, February 2005, p. 22.

4 Shane Harris, “Administration may loosen weapons sale controls”, 13 February 2003, http://www.govexec.com/dailyfed/0203/021303h1.htm.

而对人权或对那些接受美国支持国家的民主记录不怎么关心。[1]这种做法遭到一些批评，而且，武器出口许可证作为一个短期的权宜之计，小布什政府看来有些忽视了武器出口的“飞去来器”作用或潜在的回击效果。很明显，美国放松武器出口控制必然面临这样的问题，即如果把武器出口到一个今后可能向那里派兵的国家会发生什么情况呢？

第三，强化对敌人和潜在敌国的出口控制。

冷战结束后，适应美国国家安全战略转变的需要，伊朗、利比亚、朝鲜等被美国定义为邪恶轴心国家，中国则被看作潜在的战略对手。从美国对外政策目标和国家安全战略出发，美国加强了对这些国家的出口控制。

克林顿上台后，由于认为伊朗、朝鲜在冷战后努力开发核武器，美国政府对伊朗、朝鲜等国的出口控制逐步收紧。小布什入主白宫后继承这一政策，不仅如此，随着美国在全球进行反恐战争，小布什政府以朝鲜、伊朗支持恐怖分子和开发核武器为由，进一步强化对它们的出口控制。以朝鲜为例，美国对朝出口2001年为70万美元，且大部分是食品；2002年美国对朝鲜出口为2500万美元，但谷物占了60%，肉类、蔬菜占20%；2003年对朝鲜的出口下降到800万美元，主要是日用品、谷物和捐赠品；2004年上升到2380万美元，但类型都差不多。[2]

小布什政府认为，对美国来说，绝对必要的是不使美国与盟国之间分享的技术为那些会用这些技术对付美国或美国盟国或朋友的组织或国家所掌握。在美国看来，在可以预见的将来，向俄罗斯出口技术和俄罗斯向其他国家出口技术仍将是一个严重的问题，因为莫斯科今天和未来

1 Ian Davis, Roy Isbister, “EU and Cooperation on Arms Export Controls in a Post 9/11 World: Report of a Roundtable Hosted by BASIC and Safer world”, January 23, 2003.

2 U.S. Department of Commerce, Bureau of Industry and Security, “2006 Report on Foreign Policy-Based Export Controls”.

的方针和行动仍是不确定的。俄罗斯政府是否会履行民主原则和程序仍是不确定的，而其长期以来积累的经济问题、猖獗的腐败和有组织的犯罪丝毫没有表现出减少的迹象。虽然与苏联时代相比，俄罗斯用于防务的资源已大大减少，但莫斯科仍抱有在国际社会发挥重大作用的野心。受经济强劲发展的刺激，俄罗斯采取了自由出口武器的政策，向引起最多争论的中国和伊朗出口武器。因此，小布什政府对俄罗斯包括出口控制在内的行为日益担心。至于中国，小布什政府对于中国的能力和意图并没有形成一致的认识，对美国的中国政策也没有形成一致认识。如在参议院举行的听证会上，候任国务卿科林·鲍威尔说，中国是“一个竞争对手和潜在的地区敌人”，他同时也说，中国并不是美国“不可避免的死敌”。[1]但由于对中国正在崛起的力量感到担心，小布什政府始终把中国当作其潜在的对手或敌人，甚至认为中国可能是唯一的会挑战其霸权的国家；因此，把中国作为美国出口控制的焦点，严格控制向中国出口高新技术产品，规定向中国的出口不得被用于发展军事力量。首先，在政策和出口控制主要目标上，把中国作为美国出口控制政策的焦点。小布什政府负责不扩散控制事务的代理助理国务卿范恩·范·迪彭在2002年1月在美中委员会上说，“中国是我国出口管制政策的焦点，因为中国是一个日益强大的地区性军事强国……本届政府对两用品和军品实行严格的出口管制，目的是不使中国或其他国家的核武器、导弹、化学和生物武器以及其他值得关注的军事项目从中获益”[2]。

其次，严厉禁止向中国出口敏感物项或技术。1999财年的《国防

1 “Statement by Secretary Colin L. Powell”, January 17, 2001, http://www.state.gov/secretary/index.cfm?docid=443.

2 “China the Focus of U.S. Export Control Policy, Official Says”, Statement of Vann H. Van Diepen, Acting Deputy Assistant Secretary of State for Nonproliferation Controls, Before the U.S.-China Commission, January 17, 2002, http://www.usconsulate.org.hk/uscn/2002.htm#export17 January 2002.

授权法》规定，任何对中国出口的受导弹及其技术控制机制管制的项目必须首先获得总统的认可，确定出口不会对美国的空间发射工业造成危害，而且不会使中国的导弹或空间发射能力获得“重大改善”。涉及化学和生物武器的管制包括有关拒绝出口被认为对化学和生物武器项目有实质性帮助的物资的政策。布什上台后，表示将继续执行上述规定，严格限制向中国出口军品，防止出口会极大提高中国军事能力的物资。为此，小布什政府一方面不断制定向中国出口的新规则或规定。BIS不断修订或提出新的对华出口控制政策建议。本来，美国只与中国民用最终用户进行商业往来，而不与从事或涉嫌进行大规模杀伤性武器扩散的最终用户发生商业往来。2006年，BIS建议建立新的授权方式，即对中国的有效最终用户出口不需要许可证。而且，对于那些不需要许可证就可以向中国出口的物资和技术，BIS建议美国加强控制，如果出口商知道该出口的最终用户是中国军方。[1] 2007年，BIS制定了向中国有效民用最终用户出口的新规则。根据有效最终用户计划，任何出口商或再出口商都可以在不申请单个许可证的情况下向有效最终用户出口具体的受控制的物项。最初的中国有效民用最终用户清单于2007年10月公布，包括5个最终用户（4个属于电子部门，1个属于航空部门）。新规则扩大了对经过仔细挑选的触发清单上的物资和技术向中国出口时的控制，如果出口方知道该物项的最终用途属于军用。而根据以前的规定，这些物资和技术向中国出口时一般不需要BIS的许可证。新的军事最终用途控制适用于大约20类物项和相关技术，包括贫化铀、民用航空器和航空发动机。[2]

---

1 U.S. Department of Commerce, Bureau of Industry and Security, “Bureau of Industry and Security Annual Report for Fiscal Year 2006”, p. 2.

2 U.S. Department of Commerce, Bureau of Industry and Security, “Bureau of Industry and Security Annual Report for Fiscal Year 2007”, p. 12.

另一方面，小布什政府对中国实行各种形式的出口控制，主要有：（1）核防扩散控制，即禁止任何能直接和极大提高中国核武器及其运载系统能力的物资向中国出口，对于向中国的非核项目最终使用者或商业最终使用者出口受控制出口的与核扩散有关的物资，美国政府将在很高的层次上逐案详细审查出口许可证申请。（2）导弹及相关技术出口控制。小布什政府规定，对于向中国出口的导弹技术或相关物项，美国政府将在很高的层次上逐案详细审查出口许可证申请，以决定该出口是否实质上有助于导弹扩散。如果审查发现该出口确实有助于提高中国的导弹技术，许可证申请将被拒绝。如果审查的结果是不会提高中国的导弹技术，则该出口许可证申请将经过跨部门机构的处理并批准；总统必须在许可证被批准前向国会证明出口不会损害美国的太空发射业，来自美国出口的任何间接的技术上的好处不会提高中国的导弹或太空发射能力。作为仔细审查和要求美国总统向国会提交证明的措施的结果，向中国出口受控制的导弹技术和物资的出口许可证申请罕有被批准的。正是根据上述规定，美国政府于2001年9月禁止在两年内向中国出口列入导弹及其技术控制机制附件中的任何物资。（3）化学和生物武器控制。美国禁止实质上有助于化学武器或生物武器的设计、开发、生产、储存或使用的物资的出口。这些物资的出口申请将逐案审查。另外，中国是美国需要许可证才能向其出口化学和生物武器有关的装备的34个国家之一。（4）国家安全出口控制。其他向中国的出口申请要逐案审查，以确定这些物资是否会直接和极大提高中国的军事能力。[1]2005财年的《国防拨款授权法》再次要求关键军事技术清单中的所有物资的出口都需要申请出口许可证，以限制对中国的出口。

1 "Commerce Official Suggests Ways to Improve Export Controls", Testimony of James J. Jochum, Assistant Secretary of Commerce for Export Administration Bureau of Export Administration Before the U.S.-China Commission, January 17, 2002.

小布什政府不仅自己不向中国出口防务物资或技术，而且，还坚决阻止其他国家向中国出口或转移防务物资或技术。对于欧盟不断要求解除对中国武器禁运的主张，小布什总统和赖斯国务卿多次在最高级别会议上表示反对。2005年11月3日，助理国务卿约翰·希伦在第18届全球贸易控制会议上还公开威胁说："我希望向欧盟的朋友清楚表明的是，如果欧盟解除它对中国的武器禁运，将对未来美国与欧洲在防务工业上的合作产生重大障碍。毫无疑问，国会也会产生这种想法，如果欧盟解除对中国的武器禁运，国会肯定将通过有关立法。"商务部代理副部长彼得·利希滕鲍姆（Peter Lichtenbaum）在第八次国家出口控制论坛上明确表示，"我们将不会批准任何有助于促进中国军事现代化的出口。我们将继续支持对中国实行的武器禁运并敦促欧洲盟国也这样做"。当欧盟不顾美国政府的反对决定废除对中国的武器禁运的时候，布什政府和一些议员进一步威胁说，欧盟的行为将危害美欧之间的技术分享计划，例如联合打击战斗机计划。[1]考虑到欧盟在防务技术和安全上对美国的依赖，欧盟至今仍与美国一样，对中国实行武器禁运。也正是在美国的压力下，以色列取消了中以军事技术合作。今后，美国加强与盟国的交流与加强对潜在敌国的出口控制的趋势将越来越强，越来越明显。

最后，进行严厉的许可证审查。美国对世界上所有国家出口两用物项都实行出口控制政策，但控制的水平不同，这是根据包括该国是否是防扩散机制的成员、该国在防扩散方面的可信度、待出口物资的技术复杂度、最终用途和最终用户在内的诸多因素决定的。小布什政府的做法是区别对待，即实行许可证例外，对于是防扩散机制成员的北约盟国（如英国、法国和德国）的出口几乎不需要出口许可证，而对伊拉克和伊

1 Sharon Weinberger, "Industry, Government Make Renewed Push To Change U.S. Export Control Regime", *Aviation Week & Space Technology*, July 16, 2006.

朗则实际上实行贸易禁运；至于中国，小布什政府对中国很少实行许可证例外，即向其他国家出口时不需要许可证的大量物资，向中国出口时需要许可证。根据这一安排，据商务部报告说，美国政府对中国的出口控制相对来说标准较高，审查相对也更严，因此，商务部所受理的许可证申请中申请向中国出口的数量最多，同时对向中国出口的许可证申请的处理时间也最长。根据BIS统计，2001—2005年，向中国出口的许可证申请的处理时间分别为80.2、73.1、76.6、45.4和38.3天。如果不加比较地看，美国政府在缩短对中国出口许可证申请的处理时间上所做的努力不可谓不大，因为5年内，其处理时间减少了一半还多，但如果与美国对其他国家许可证申请的处理时间进行比较，问题就出来了。同期内，BIS对其他国家出口许可证申请的平均处理时间分别为44.9、45.1、45.3、34.9和30.1天。[1]很明显，美国在许可证申请处理时间上的不同，意味着对中国的出口控制比对其他国家严厉得多。这是美国把中国作为潜在对手的必然结果。这种严厉的许可证政策不能不说是中美贸易问题的重要原因之一，尽管美国政府一再否认。

（六）加强与相关国际组织的合作

小布什政府非常注重加强与有关出口控制机制和包括联合国、八国集团（G8）在内的国际组织的合作。多边出口控制机制是具有相似意向或目的、限制敏感技术贸易的供应国之间的自愿性质的、没有约束力的安排。机制成员国同意根据它们国家的法律和规章来限制敏感物资的贸易。出口控制国际机制有导弹及其技术控制机制、核供应国集团、澳大利亚集团和《瓦斯那协议》，它们涉及美国从防止大规模杀伤性武器扩

1　U.S. Department of Commerce Office of Inspector General, "U.S. Dual-Use Export Controls for China Need to be Strengthen", Final Report No. IPE-17500, March 2006, p. 8.

散到防止敏感两用技术或物项出口的各个方面。

“9·11”后，防止“流氓国家”和恐怖主义组织获得大规模杀伤性武器和其他危险武器成为美国维护国家安全和对外政策的重要目标。在美国看来，“流氓国家”试图通过从外国供应者那里得到有关技术和零部件从而获得大规模杀伤性武器，而正试图进行大规模袭击的恐怖主义组织如基地组织所产生的威胁也在增加。毫无疑问，恐怖组织一旦获得大规模杀伤性武器就会使用它们。同时，非法武器转移也会造成地区不稳定和国家之间的冲突，这是产生恐怖主义的温床。

同时，在防止“流氓国家”和恐怖主义组织获得大规模杀伤性武器上，国际多边出口控制机制发挥了相当大的作用。四个多边出口控制机制对于防止大规模杀伤性武器的扩散发挥了重要作用。这些机制和其他防扩散条约一起，使其他国家获得大规模杀伤性武器的行为成为非法活动，也使“流氓国家”获得发展核武器、化学武器和生物武器的零部件以及运载工具更加困难。例如，由于核供应国集团和其他控制机制，伊朗在实现其武器计划方面变得非常困难。而出口控制也削弱了利比亚获得西方导弹技术的努力。

但是，目前的多边出口控制机制也有严重缺点，面临许多内部和外部的问题，它们都是非正式的，这极大地限制了它们实现防扩散目标的能力。其一，四个多边出口控制机制都是非正式国际机制，这样的非正式机制最适合一群具有同样想法的、数量不多的国家进行合作。冷战时期，当出口控制机制形成的时候，它们就是由数量不多的、有同样想法的国家组成的。但在过去十几年里，它的数量大大增加了，同时其正式性和制度却没有得到相应的加强，其有效性大大削弱了。其二，目前四个多边国际出口控制机制在涉及任何决定时都采取一致同意的规则。根据这一规则，所有的政策变化、清单或结构都要成员国做出一致的投票才能生效。这在成员国数量较少并且相对是同质的时候是没有什么问题的，但各机制成员国数量在冷战后不断增加，而且许多新成员在安全问题上与以前的国家有不同的认识和要求，这就产生了严重问题。这意味着任何一个成员国都可以通过投票来阻止其余成员国加强出口控制机制的努力。其三，目前四个多边出口控制机制既不能有效地在成员内部进行协调，也缺乏约束力和对指导方针的一致解释，指导方针完全由各成员国自己进行解释，也由各成员国自己调整它们的出口控制政策以适应它们的与多边控制机制意图相冲突的经济或政策目标。而且也没有一个正式机制来解决成员国之间对指导原则的不同解释。[1]

尽管四个国际出口控制机制有严重缺点，但AG、MTCR、NSG、WA在防扩散出口控制方面取得了许多成就。这些机制帮助制定了限制敏感物资出口的国际标准，帮助阻止了扩散，尤其是在有关受关注的国家的扩散。例如，海湾战争后，核供应国集团对那些既能用于核也能用于非核项目的物资实施新的控制，并揭露了伊拉克发展核武器计划。澳大利亚集团则通过自愿削减供应从而迫使扩散者使用更缺乏效率的方式生产化学武器，从而提高了获得化学武器的代价。MTCR则帮助制止或延迟了阿根廷、巴西和埃及的导弹开发计划。[2]通过加强与这些多边国际出口控制机制的合作，一方面，能使美国实施出口控制更具有合法性；另一方面，美国可以以自己国内出口控制标准改造国际出口控制机制，避免国际出口控制机制的上述弊端，实现国际出口控制机制和各参与国际出口控制机制的国家的出口控制制度的美国化，从而更好地维护美国国家安全。

美国与国际出口控制机制的合作主要表现在要求它们采取美国的防

1　S. Gahlaut, et al., *Roadmap to Reform: Creating a New Multilateral Export Control Regime*, The University of Georgia, Center for International Trade and Security, 2004, p. 6.

2　GAO, "Report to Congressional Committees, Nonproliferation Strategy Needed to Strengthen Multilateral Export Control Regimes", GAO-03-43, October 2002, p. 2.

扩散出口控制政策。“9·11”后，所有四个机制都讨论应对恐怖主义的办法，并努力采取更多的行动。例如，AG把反恐怖主义增加为机制的一个正式目的，并把许多为恐怖主义分子努力寻求的用于发展生物或化学武器的新物资加入到其出口控制清单中。这些物资包括毒气、生物技术装备和技术转移。WA修订了指导方针，并增加了一段内容，告诫其成员国继续防止恐怖主义分子获得常规武器和技术。NSG正考虑对各国政府审查与恐怖主义有关的出口许可证申请提供更多的指导。MTCR成员国于2002年9月宣布，它们将进一步研究如何改变MTCR的指导方针和控制清单，以降低受控制的物资和技术落入恐怖主义分子之手的风险。[1]又如，2002年6月，AG要求成员国对于敏感的化学和生物物资的出口实行“全面”（catch-all）的政策，根据该政策，对于不属于控制清单上的但如果有助于WMD扩散的物资的出口，也需要申请出口许可证。而且，AG把与两用生物装备有关的技术也纳入控制，还对能用于化学和生物武器开发的信息和技术的无形转移进行控制。[2]这基本上是美国对生物和化学武器出口控制政策的复制。到2005年，美国已把众多化学武器、生物武器和小型武器列入多边控制清单，并已获得澳大利亚集团的支持，同时美国也使导弹及其技术控制机制同意对能够播撒生物武器和化学武器的无人驾驶飞行器进行控制，而在此前，导弹及其技术控制机制只是集中关注有效射程超过500公里的远程系统。[3]

美国十分重视利用最具普遍性和合法性的联合国来实现其出口控制

1 GAO, “Report to Congressional Committees, Nonproliferation Strategy Needed to Strengthen Multilateral Export Control Regimes”, GAO-03-43, October 2002, p. 6.

2 GAO, “Report to Congressional Committees, Nonproliferation Strategy Needed to Strengthen Multilateral Export Control Regimes”, GAO-03-43, October 2002, p. 8.

3 Speech by Acting Under Secretary Peter Lichtenbaum in 8th National Forum on Export Controls, April 28, 2005, http://www.bis.doc.gov/news/2005/USNationalForum.htm.

政策目标。在美国的推动和努力下，2004年4月，联合国安理会通过第1540号决议，要求对开发、生产、获得、拥有、运输、转移或使用核武器、生物武器、化学武器及其运载系统进行控制。决议要求各国“采取并执行适当的、有效的法律禁止和/或控制上述行为”。这是美国力争国际社会加强对敏感物资和技术出口控制的一个胜利。

美国也非常注意利用八国集团作为推行其出口控制政策的平台。例如2002年6月在加拿大召开的八国集团峰会上，美国和其成员国同意建立“全球伙伴关系”，以阻止大规模杀伤性武器和有关材料及技术的扩散，到2008年，已经有13个其他国家加入“全球伙伴关系”。在2004年6月的八国集团峰会上，全球伙伴国同意把合作减小威胁援助计划扩大到原苏联以外的国家。在2006年7月的峰会上，美国与俄罗斯发出与恐怖主义战斗的全球倡议，到2007年12月，有64个国家加入了“全球伙伴关系”。

在双边合作方面，美国几乎把出口控制的触角伸到世界主要的国家或地区。例如，2001年以来，美国多次发起召开欧洲出口控制官员年度会议，这种会议超越了澳大利亚集团、核供应国集团、《瓦斯那协议》以及导弹及其技术控制机制的框架，协调美国与欧洲国家的出口控制政策，使大西洋两岸的出口控制机制更加统一。美国在日本多次举办出口控制研讨班，使日本成为亚洲地区不扩散出口控制机制最完备的国家。美国还在中国、新加坡、澳大利亚和美国本土多次举办有政府官员和学者参加的出口控制国际学术研讨会，宣传美国出口控制理念，鼓励各国采取美国式的出口控制制度。

必须指出的是，与国际社会在出口控制上的合作被认为有利于美国国家安全、对外政策目标和有利于维持美国经济繁荣时，美国是非常积极主动的，并竭力推动其他国家或国际组织也采取与美国同样或类似的行动。如，由于认为废除对中国的武器禁运不符合美国国家安全利益，多年来，美国不仅自己维持对中国严厉的武器禁运政策，而且一直要求欧盟不要解除对中国的武器禁运。但如果在出口控制上的合作被认为不利于美国国家安全、对外政策目标和不利于维持美国经济繁荣时，美国则不惜牺牲国际社会达成的共识也要选择单干。如，经过旷日持久的谈判，联合国大会以147:1通过了国际《武器贸易条约》（Arms Trade Treaty, ATT），对于这一符合全世界整体利益的决议，美国是唯一对决议投否决票的国家。美国在解释为何反对这一条约时说，美国反对一项国际武器贸易条约并不是因为美国是最大的武器出口国，而是因为美国不相信其他政府（包括那些向伊朗和苏丹出口武器的国家）会赞成对它们的武器转移施加任何真正的限制，美国认为，一个虚弱的没有约束力的武器贸易条约只会使它们糟糕的武器转移决定合法化。[1]这明显是强词夺理。美国此举根本不利于构建一个所有国家尊重国际协议的良好国际氛围，而只会鼓励各国仅仅根据自己的利益而对国际协议采取有选择的遵守的立场。

三、新的改革

尽管小布什政府从上台初期就开始进行出口控制改革，但由于没有从根本上采取措施改革出口控制，因此小布什政府时期各界要求改革出口控制的压力一直不断。因此，小布什政府的最后一年，仍宣布将继续改革出口控制。如，虽然小布什政府一直要求加快许可证审查，但由于在2003—2006年，出口许可证的申请数量极大增加了，处理许可证申请的时间有延长的趋势。据由航空工业联合会、全国制造商协会、美国商会、全国外贸理事会、电子工业联合会、制造业技术协会、信息技术工

1 U.S. Department of State, The Defense Trade Advisory Group Minutes of the March 21, 2007, Plenary Session, Harry S. Truman Building, Washington, DC.

业理事会8个最大的协会组成的新的安全与竞争联合会说，现在商务部每年收到美国公司两用物资和技术的出口申请为18000个，国务院每年要处理超过65000个许可证申请，这一数字一直以每年大约8%的速度增长。国务院去年积压了10000个出口许可证申请，正常情况下，许可证申请要花两个月才能获得批准，拖延使美国公司与外国公司相比丧失了竞争力。安全与竞争联合会强烈要求改变这种现象，主张“在继续保护我们敏感军事技术不被对手和敌人掌握的同时，实现在技术和贸易上与我们盟国和朋友合作利益的最大化”。它于2007年3月给总统写信，呼吁政府大幅度改进出口控制制度，其目标是促进出口控制更“有效、具有可预测性和透明性”，要求立即改革，他们说，“我们强烈相信，出口控制现代化是必需的，现在就是机会”。他们还提出一系列要求放松出口控制的建议：精确认定和保护敏感的和关键的军事技术；通过快速反应和更有效的管理加强美国技术领导地位和工业全球竞争力；促进与盟国和可信的伙伴的防务贸易和技术交流；支持一个强有力的美国技术工业基础和高度熟练的劳动力队伍；促进在出口控制上与盟国和朋友进行更大的多边合作。为加快出口许可证申请的处理，信件要求给国务院更多的资金并增加10个新的许可证官员。[1]

国会也不断要求改革出口控制。国会许多议员认为，目前的出口控制制度“威胁了美国的国家安全利益并阻止了新的工作岗位的增加”。2007年4月，国会成立了一个新的、由共和党议员唐·曼祖罗（Don Manzullo）等三人领导的两党共同工作组，就实现美国出口控制现代化进行研究。该工作组每个月都与政府官员和工业界代表举行一次会议。[2]

1　“New Group To Lobby Bush For Export Control Changes”, *Defense Daily*, March 7, 2007; “US industry coalition calls for export control reform”, *Interavia Business & Technology*, Spring 2007; “Business Coalition Backs GAO Report On Need For Export Control Reforms”, *Defense Daily*, January 10, 2008.

2　“House creates export control reform group”, *Manufacturing & Technology News*, April 16, 2007.

经过几个月研究，11月，唐·曼祖罗提出立法建议，其目标是实现美国政府出口控制政策的现代化，并“帮助美国公司向国外盟国出口更多的与防务有关的物资和服务”。因为目前美国出口许可证的申请要花6个月时间。在很多情况下，6个月的时间太长了。订货常常从美国公司转移到其他国家的公司。由于认为国务院目前只有42个许可证官员是导致处理许可证申请时间太长的原因，法案要求审查进出口许可证的官员增加42%。[1]由于要求改革出口控制的压力不断增加，小布什政府不得不做出反应。根据2006年国家安全战略，2008年1月22日，布什总统签署一揽子命令，改革美国防务贸易出口控制。该命令的意图在于澄清和加强美国政府监督和拒绝那些受控制的物资、技术或服务对潜在敌人出口的能力，为此，布什政府要求在以下几个方面进行出口控制改革：

第一，要求出口许可证程序更加有效和更加透明，并为许可证审查设置时间限制。为此，小布什政府要求，增加用于出口控制的金融资源和情报支持，使防务贸易许可证的处理更及时，要求商务部在网站上公布政府的指导意见、出版保证进行详细审查的外国实体清单；对大部分日常防务出口许可证申请审查所需时间做出限制，根据新的程序，国务卿将实施领导，以保证许可证的审查、分析和决定符合《国际武器交易条例》的要求，所有实行出口控制的武器、服务和技术，必须在60天内完成许可证申请的处理；同时，升级电子许可证系统，使所有类型的防务贸易许可证申请都可以通过电子许可证系统提交，使所有机构都能获得相同的电子信息。[2]

第二，建立更有效的争端解决机制。总统要求在2008年3月1日前成立一个正式的跨部门争端解决机制，由负责防务出口控制的助理国务卿

1 “Export control overhaul bill introduced in house”, *Manufacturing & Technology News*, November 30, 2007.

2 Mike Buetow, “Bush signs export control reforms”, *Circuits Assembly*, April 2008.

帮办任委员会主席，其成员是有关部门的助理国务卿帮办级的官员。国务院和国防部是该委员会的常务成员，当涉及商品管辖权问题的时候，商务部参加该委员会的讨论；当涉及遵守、执行与国土安全关切有关技术的具体的商品管辖权的时候，以及其他国务卿认为需要国土安全部参加的情况，国土安全部参加该委员会的讨论。当国务卿认为必要的时候，其他行政部门可被邀请参加委员会的讨论，或者根据总统的要求，其他行政部门也可参加委员会的讨论。国家安全委员会也将进行审查，以确保整个过程及时而高效。为加强和提高美国经济在国际市场的竞争力，小布什政府还要求改革美国两用物项出口控制政策，为与正在变化的环境和技术与市场的全球化相适应，两用物资出口控制制度将越来越多地把关注的焦点放在美国高技术产品的外国最终使用者身上，为此，美国将重新评估出口控制以确保最敏感物资得到很好的控制。其核心包括制定一个系统地审查商品控制清单的适当程序，放松对公司内部转移的控制，修改加密产品控制和审查再出口控制。通过诸如有效的最终用户计划，这种焦点的转移将进一步促进与可信的外国消费者之间的贸易。它也将采取诸如扩大实体控制清单这样的方法阻止扩散者、国际恐怖主义分子、其他与美国国家安全和外交政策利益相违背的实体获得敏感技术和物资。

第三，商品管辖权限：总统要求国家安全委员会与国务院、商务部一起，在2008年2月22日之前发布修订后的关于商品管辖权限的跨部门协调指导方针。目标是提供一个及时的、在60天内完善商品管辖权或解决跨部门争端的机制。第四，改进电子许可证系统。总统要求国务院完成其电子许可证系统的升级改造，其目标是保证所有参与审查的机构都能通过该系统接收、分发许可证，并通过该系统对所有有助于许可证审查过程的文件和材料做出回应。它使美国工业界能相互影响。第五，在7月22日前，在国防部、商务部和国土安全部的协助下，国务院将向国家安全委员会提交计划，在这些部门和其他有关行政部门中通过该系统实现相互协同工作。[1]

根据上述要求，在2008年，小布什政府改进了防务贸易控制理事会的工作程序。但仅仅这一点无法解决防务贸易许可证处理问题。因为从2003年以来，国务院受理的许可证申请数目呈绝对增长趋势，2003财年为56000个，2004财年为60000个，2005财年为65000个，2007财年则为80000个，许可证申请数目年均增长率大约为8%。这一增长速度要求每年增加三个许可证官员，但这一时期国务院实际没有增加许可证官员。据统计，许可证申请数量增加而许可证官员没有增加已经导致许可证处理的延误。虽然2005财年的平均处理时间与2004财年大致相同，即DDTC内部大约70%申请的处理时间为14天，需提交国务院其他部门和/或国防部处理的平均时间则为51天。但到2005财年底，上述情况下的平均处理时间则分别增加到20和61天。整个许可证处理时间都明显地增加了。在这种情况下，国务院、国会等都认为DDTC人力不足，不利于提高处理防务贸易许可证申请的效率。在2007年7月举行的出口控制听证会上，众议院外交事务委员会主席汤姆·兰托斯（Tom Lantos）说，国务院"只有37个许可证官员处理大约70000个许可证申请是极为荒唐的"。商务部负责出口管理事务的助理部长克里斯托弗·帕迪拉（Christopher Padilla）在听证会上也表示，DDTC负责许可证申请的工作人员是不足的，他说，"我认为国务院没有足够的资源处理这一工作"。在2007年7月的众议院恐怖主义、防扩散和贸易小组委员会举行的听证会上，民主党议员布拉德·谢尔曼（Brad Sherman）也认为DDTC没有足够的工作人员加剧了许

1 "US Announces Defense Export Control Reform Directives", *Military Technology*, vol. 32, issue 3, 2008, p. 93; Mike Buetow, "Bush signs export control reforms", *Circuits Assembly*, April 2008; John C. Rood, "Improvements to the Defense Trade Export Control System", *The DISAM Journal of International Security Assistance Management*, vol. 30, no. 4, December 2008.

可证系统的紧张。[1]根据他们的要求，小布什政府增加了DDTC工作人员数量。

另一方面，国务院建立了新的出口控制管理团队，由代理助理国务卿史蒂夫·马尔（Steve Mull）负责，具体负责日常事务的是助理国务卿帮办弗兰克·鲁杰罗（Frank Ruggiero）。鲁杰罗是美国国家安全界的一位经验丰富的人士，他又请鲍勃·科瓦奇（Bob Kovac）帮助他，科瓦奇一直致力于确保国务院的处理程序符合许可证的最终期限要求。[2]BIS成功地实施了新的简化网络应用程序系统再设计（Simplified Network Application Process System-Redesign, SNAP-R）。该系统极大提高了安全，使出口商更容易使用，它使出口商可以提交电子许可证申请和相关支持文件以及商品分类请求，使BIS以更有效和更及时的方式接收和处理许可证申请。[3]该系统于2006年10月15日投入使用。上述两项措施产生了很好的效果，自2007年5月以来，军事物资出口许可证的处理已经得到极大改进：DDTC已把未处理的许可证数量降低了51%，从7200个降低到3450个；所有为伊拉克自由行动和持久自由行动而提交的出口许可证申请现在会在7天内得到处理；大大降低了超过60天没有处理的电子许可证申请的数量，从400个下降到20个。[4]尽管取得一些成绩，但毕竟留给小布什政府的时间已经屈指可数了，这注定了小布什政府不可能完成它自己设定的出口控制改革目标。

1 GAO, "State Department Needs to Conduct Assessments to Identify and Address Inefficiencies and Challenges in the Arms Export Process", GAO-08-89, November 2007.

2 John C. Rood, "Improvements to the Defense Trade Export Control System", *The DISAM Journal of International Security Assistance Management*, vol. 30, no. 4, December 2008.

3 U.S. Department of Commerce, Bureau of Industry and Security, "Bureau of Industry and Security Annual Report for Fiscal Year 2007", p. 7.

4 John C. Rood, "Improvements to the Defense Trade Export Control System", *The DISAM Journal of International Security Assistance Management*, vol. 30, no. 4, December 2008.

相比小布什政府此前的改革，这时的改革可谓力度空前。为表明美国政府已经做了很大努力进行出口控制改革，2008年1月29日，国务院负责军备控制和国际安全事务的代理副部长约翰·鲁德（John Rood）专门就小布什政府新出口控制指令的相关问题做了说明。他说，新的一揽子改革将使国务院改进审批防务装备、服务和技术数字的出口许可证方式，使政府能对美国的朋友和盟国，尤其是参与“意愿联盟”的伙伴对军事装备的需要做出更快的反应。这一说法得到美国航空工业联合会和美国其他商业组织的欢迎，他们说，政府此举将扩大防务物资的出口而不会危害国家安全。但美国包括美国科学家联盟在内的许多团体对此并不认同，他们认为，指令中几乎没有新的或让人吃惊的内容，政府也没有释放出足够的关于大部分具体改革的信息。[1]

结　语

小布什政府上台后，随即开始了冷战结束后美国第一次重大的出口控制改革，但在小布什任期即将结束时，其结果并不如人意。从整体上看，美国工业界不仅没有对出口控制改革表现出欢欣鼓舞的样子；相反，越来越多的工业家认为武器出口控制制度伤害并阻碍了美国公司与外国同伴的竞争，他们进而认为，现在的情况甚至比2000年更糟糕。因为获得批准出口防务物资和服务变得很难，并越来越难。处理出口许可证的时间变得更长了。根据美国《航空和空间技术周刊》在2006年的调查，82%的美国公司认为在过去两年里，处理许可证的时间增加了。从小布什政府具体的重大出口控制改革举措看，作为小布什政府出口控制

1 “Bush Issue Export Control Rules for Defense Goods”, *The China Post*, January 24, 2008; Matt Schroeder, “Bush Administration Unveils New Export Control Directive”, Strategic Security Blog, January 29, 2008, http://blogs.fas.org/security/2008/01/bush_administration_unveils_ne/.

改革重头戏的DTSI并未取得当初预想的成绩，由于国会的抵制和小布什政府内部的不同意见，小布什政府根本无法把ITAR的豁免条款扩大到英国和澳大利亚之外的那些符合条件的国家，如日本、北约成员国等。作为DTSI全球计划授权（GPA）计划唯一合作项目的联合打击战斗机计划，在执行中遇到了无穷无尽的限制性条款，仅联合打击战斗机的许可证就产生了意想不到的障碍。另外，作为小布什政府改革出口控制的更雄心勃勃的措施，即第19号国家安全总统指令要求全面评估防务出口和贸易，甚至从来就没有正式提上议事日程进行讨论。[1]

毫无疑问，小布什政府的出口控制改革并未能实现其预期目标。何以如此？一方面，出口控制涉及的问题太复杂，既包括国家安全，也包括经济发展和对外政策目标，很难在各种关切之间取得平衡。这也是美国历届政府都在不断进行出口控制改革的最重要原因。另一方面，也与小布什政府没有对出口控制改革进行通盘考虑有关，与过去美国政府的改革一样，小布什政府的改革并未从根本上触动美国出口控制制度，本质上属于头痛医头、脚痛医脚的措施；同时，小布什政府相关部门，尤其是在出口控制中负有重要责任的国务院认为美国的出口控制没有必要做出重大改变，因为这一体制成功应对了“9・11”后出现的威胁。[2]美国出口控制制度运行超过半个世纪，历史地看，它确实帮助美国很好地应对了各种各样的威胁和问题。但是，冷战后，尤其是“9・11”后，美国面临的国际政治和经济环境都已发生巨大变化，美国出口控制制度自建立以来就没有进行根本性的改革，这一设计于冷战时期的制度已很难适应新的政治和经济环境。从这一意义上说，必须改革出口控制制

1　Sharon Weinberger, “Industry, Government Make Renewed Push To Change U.S. Export Control Regime”, *Aviation Week & Space Technology*, July 16, 2006.

2　GAO, “Defense Trade: Arms Export Control System in the Post-9/11 Environment”, GAO-05-234, February 2005.

度，但小布什政府不愿意从根本上采取某些措施。最后，众多参与出口控制管理的政府部门也缺乏相应的配合，尤其是国防部和国务院之间在出口控制改革上矛盾重重，国防部对出口控制改革不热心，在任何严肃的出口控制改革讨论中，它的代表都坐在后座，以致一些长期观察家认为五角大楼与国务院即使共同提出一个简报就已经是奇迹了，更不用说同意改革了。[1]

1 Sharon Weinberger, "Industry, Government Make Renewed Push To Change U.S. Export Control Regime", *Aviation Week & Space Technology*, July 16, 2006.

第五章　奥巴马政府的出口控制改革

从本质上说，冷战结束后，包括小布什政府在内的美国历届政府的出口控制改革是头疼医头、脚痛医脚的临时性措施，而非根本性变革。一些改革措施根本没有推行下去，一些改革措施在经过一段时间后又回到原点。工业界很难对政府的出口控制改革政策表示满意，他们抱怨说美国的出口控制是"在另一个时代设计的，却被用来应对当前的威胁"，它缺乏速度、效率和美国公司保持竞争力所需要的可预测性。因此，美国要求出口控制进行根本性改革的力量仍潜滋暗长。

一、奥巴马政府出口控制改革的背景

冷战后，美国历届政府一直试图改革出口控制制度，但其力度、深度和广度无一能与奥巴马政府相比。有专家指出，在出口控制改革方面，奥巴马政府"半年来所采取的行动要超过过去10年的行动"[1]。为什么奥巴马政府决心要全面改革出口控制呢？

1　Jeff Foust, "A Fading Opportunity for Export Control Reform?", *The Space Review*, October 11, 2010.

第一，出口控制机制本身不利于美国经济的健康发展和国家安全。

美国目前的出口控制机制有不同的出口控制清单、不同的许可证政策、不同的出口控制执行机构、不同的信息技术（IT）系统。这不仅不利于美国经济发展，而且削弱了美国国家安全。

有不同的控制清单。CCL上的是两用物项，包括《瓦斯那协议》两用物项清单上的物项、核供应国集团触发清单上的物项、澳大利亚集团清单上与生物和化学武器有关的装备、因美国外交政策和其他目标而实行控制的物项。USML上的物项是防务物项和服务。

有不同的信息技术系统。目前，美国国务院、商务部、财政部等参与出口许可证处理的部门都有自己的内部数据库，它们彼此不兼容，而且不能与提交机构共享许可证申请信息。这既不利于出口商申请许可证，也不利于美国政府掌握某些物项的出口状况。

有众多的出口控制执行机构。根据美国目前的出口控制法律、法规的规定，国务院、商务部、财政部、能源部、司法部、国防部和国土安全部在出口控制上都具有一定的权力和责任。每个部门都有自己不同于其他部门的利益，GAO说，这些利益"有时是相互竞争的和有分歧的"[1]。不仅如此，各部门还有不同物项的出口控制或不同物项出口控制执法，如DDTC管理用于军事或适用于军事的物项的出口，BIS管理两用物项的出口，财政部外国资产控制办公室（OFAC）对具体国家和有关实体实施经济制裁和禁运。此外，核管理委员会和能源部负责核物项和技术的出口。上述各机构尤其是三个不同的主要许可证机构缺乏有效的协调，互不了解对方的许可证政策，更重要的是，对于同样的物项，它们采用不同的程序、规则和定义。结果，美国政府根本不知道已批准了什么物项

1 "Another critique of U.S. export control system", *Manufacturing & Technology News*, June 16, 2009.

出口，也不知道它拒绝了什么。[1]结果造成许可证申请处理的低效率，使美国公司的成本增加并造成就业岗位的丧失。在出口控制执法方面，除上述机构外，ICE和司法部也都有重要职责。它们在管辖权上相互重叠和交叉，经常为管辖权发生争论，尤其是负责出口控制的两个主要机构——国务院和商务部——在商品管辖权上经常出现争端，即就某些物资由哪个部门管辖经常发生争吵。美国政府不得不花大量时间和精力来处理诸如哪个机构有管辖权等基本问题。正如琼斯将军所说："我们有多个权力彼此重复的执行机构，国土安全部和FBI有权调查违反所有三个许可证机构规定的情况，商务部有权调查违反两用物项许可证规定的情况。我们常常看到这样的情况，一个机构发起了调查，却往往由于其他机构的秘密行动而遭到破坏。"[2]这不仅导致美国政府在许可证审查上的混淆和延误，而且造成执法上的矛盾。

在管理机制不顺的同时，美国目前出口控制制度还相当不透明。其一，许可证政策不透明。目前，美国的出口控制有国家安全控制、外交政策控制和供应短缺控制等，对于具体出口行为而言，有最终用户控制和最终用途控制，还有视同出口[3]控制和根据设计意图进行出口控制，以及出口商知道或有理由知道所出口的物项应该进行控制，商务部已经告知某一出口会产生不可接受的安全风险等。上述众多控制种类繁多，标准不一。一方面使管理机构在是否同意发放许可证上有相当大的操作空

1　The White House Office of the Press Secretary, "President Obama Lays the Foundation for a New Export Control System To Strengthen National Security and the Competitiveness of Key U.S. Manufacturing and Technology Sectors", August 30, 2010, http://www.bis.doc.gov/news/2010/white_house_fact_sheet.htm.

2　"The Administration's Export Control Reform Plans Remarks by General Jones, National Security Advisor", June 30, 2010.

3　所谓视同出口，美国视同出口咨询委员会的定义是：向外国人透露具有军事和民用价值的技术或源代码。The Deemed Export Advisory Committee, "The Deemed Export Rule in the Era of Globalization", December 20, 2007, p. 4.

间；另一方面令出口商无所适从，不知道某一物项是否能出口或是否能获得许可证或向哪个机构提出申请。其二，不透明也体现在许可证审查程序上。根据目前的安排，两用物项的许可证决定由BIS提交国防部、国务院的经济能源和商务局、国际安全与防扩散局以及有关地区局审查，在有些情况下，还要提交OFAC审查。但商务部的许可证决定并不提交DDTC。DDTC会把军火许可证决定提交国防部和国务院的有关局，却不会提交商务部。OFAC只把许可证决定提交国务院的经济能源和商业局审查。结果，就会出现同一出口商向同一目的地出口的许可证申请会被一个机构批准而被另外一个机构拒绝的情况。

上述制定于美国在绝大多数科学和技术领域处于支配地位的冷战时期的出口控制制度，显然不适应现实的要求了，以致包括斯考克罗夫特在内的许多著名人士都认为这种出口控制制度损害了美国的国家和国土安全，也损害了美国的经济竞争力，因而阻碍了经济繁荣这一美国国家安全的基本要素。[1]

首先，目前的出口控制制度不利于美国经济健康发展。以两用物项为例，2007年EAR修正案规定：没有许可证，出口商不得向中国出口、再出口或转移大约20种指定产品或相关技术中的任何一种。这非常不利于美国商人，因为该规定丝毫不考虑外国“可获得性”问题，它根本不能阻止中国从其他外国竞争者那里购买到美国禁止出口的有关物项，相反不必要地阻碍了与中国的合作和商业伙伴关系。[2]就出口控制对具体产

1 Committee on Science, Security, and Prosperity, Committee on Scientific Communication and National Security, National Research Council, *Beyond "Fortress America": National Security Controls on Science and Technology in a Globalized World*, National Academies Press, 2009, p. 3.

2 Andrew F. Diamond, "Dueling Over Duel-Use Goods: The U.S. Department of Commerce's Misguided Attempt to Promote U.S. Security and Trade with China Through Restrictive Export Controls", *Brooklyn Journal of Corporate Finance &Commercial Law*, vol. 3, Fall 2008, pp. 153–183.

品的影响而言，根据战略与国际研究中心的研究，在1999年美国把商业卫星纳入USML前，美国占世界卫星市场的份额超过75%，到2005年，降低到25%。[1]很明显，ITAR对商业卫星的出口控制规定极大减少了美国卫星生产商及其组件供应商的市场份额和利润，另外，美国对卫星的严厉出口控制促使外国政府和公司努力开发自己的卫星工业并获得了卫星发射能力。[2]就出口控制对美国出口总额的影响而言，2010年，美国出口总额为1.3万亿美元，其中的17%，即2170亿美元受到许可证要求的影响。[3]其受出口控制影响的比例之高，是任何其他国家都不能比的。事实上，出口控制已成为“削弱美国经济竞争力的最大因素”[4]。

其次，目前的出口控制制度也不利于美国国家安全。出口控制最重要目的是防止敌人或潜在对手获得美国最敏感防务物项和技术，维护国家安全。但实际上，美国目前的出口控制制度却在相当程度上不利于美国国家安全。斯考克罗夫特为首的国家研究理事会认为，在现行出口控制制度下，许多以国家和国土安全为名而实施的控制，实际上没有加强国家和国土安全。

在传统威胁继续存在和新的威胁不断出现的时代，盟国和友好国家的合作与支持对维护美国国家安全至关重要。要做到这一点，美国必须“提高盟国的军事效力”和增加与其共同战斗的盟国和友好国家协同作战

1　William Matthews, “Obama Orders Broad Review of Export-Control Regs”, *Defense News*, August 14, 2009.

2　Karri Allen, “Communications Satellites and U.S. Export Controls: Correcting the Balance”, *CommLaw Conspectus*, vol. 18, 2010, pp. 463–486.

3　Remarks of Kevin Wolf, Assistant Secretary of Commerce for Export Administration, “The Obama Administration’s Export Control Reform Initiative”, U.S.-Sweden Defense Industry Conference, Washington, DC, May 17, 2011.

4　Richard T. Cupit, *Reluctant Champions, U.S. Presidential Policy and Strategic Export Controls*, Routledge, 2000, p. 3.

的能力。但美国目前的出口控制制度不利于加强与盟国的合作。因为美国对盟国和友好国家的出口控制与对其他国家没有进行很好的区分，盟国和友好国家必须与其他国家一样申请许可证。[1]刚卸任国防部长的罗伯特·盖茨（Robert Gates）认为，这种做法会削弱美国与盟国和友好国家的双边关系和美国的可信性，妨碍美国军事盟国效力的提高，考验它们的耐心和善意，削弱它们与美国武装部队合作的能力，从而最终将削弱美国的安全。[2]国防部前副部长、奥巴马的顾问保罗·卡明斯基（Paul Kaminski）也认为美国向盟国出口时面临的过多限制损害了美国工业基础和国家安全。[3]另外，控制清单太长使美国不能把有效的情报和资源用在真正关键的物项和技术的控制上，其他国家或实体就能利用这一漏洞获得一些关键的物项、技术或组件，从而威胁到美国国家安全。认识到这一点，凯文·沃尔夫（Kevin Wolf）说："改革出口控制——包括军火、两用物项和制裁规定——是我们国家安全的当务之急。"詹姆斯·米勒（James Miller）在国会作证时说，美国出口控制"从最好的方面说，导致政府和工业界的混淆和不必要的努力，从最坏的方面说，它为犯错误、执行中的纰漏等提供了更多机会"[4]。基于上述认识，斯考克罗夫特等人认为，适应于美国50年前所面临的问题的出口控制制度，损害了美国的国家和国土安全，也损害了美国的经济竞争力，许多以国家和国土安全为名而实施的控制，实际上没有加强国家和国土安全；目前的许多目标是保护国家安全的出口控制，实际上削弱了美国的创新力和在全球市场的

1 参阅刘子奎:《冷战后美国出口控制制度析论》,《世界经济与政治》，2009年第7期。

2 "Business Executives for National Security (Export Control Reform)", Remarks as Delivered by Secretary of Defense Robert M. Gates, Ronald Reagan Building and International Trade Center, Washington DC, Tuesday, April 20, 2010, http://www.defense.gov/speeches/speech.aspx?speechid=1453.

3 Sandra I. Erwin, "Obama Advisor: ITAR Is a Cold War Relic", *National Defense*, November 2008.

4 "Hearing Highlights Progress, Challenges in Export Control Reform Effort", *World Trade/Interactive*, vol. 18, issue 95, May 13, 2011.

竞争力，因而阻碍了经济繁荣这一美国国家安全的基本要素。他主张整个出口控制系统都应重建。[1]

总之，过分复杂的出口控制机制既不利于经济的发展和繁荣，也不利于国家安全，必须进行改革。

第二，社会各界要求进行出口控制改革的压力进一步增大。

苏联解体和冷战结束以来，从老布什到小布什，美国政府都对出口控制进行了一系列改革，但并未从根本上触动美国出口控制制度，因此，美国社会要求改革出口控制制度的压力越来越大。

美国工业界一直是推动政府改革出口控制的重要力量。2009年12月，超过100个工业界领导人给奥巴马写信，要求改革出口控制，使出口控制更有预测性、更透明和更有效。[2]代表美国数百个巨型公司的19个工业界院外游说集团在2010年1月发起范围广泛的出口控制改革运动，宣布现在是全面改革出口控制的最好时机。全国制造商协会甚至要求把CCL中的所有物项先移除，然后，商务部再就某一物项为什么要纳入清单进行说明。[3]据说，大约有90%的工业组织都要求改革出口控制。[4]毫无疑问，在经济衰退的背景下，工业界的要求对美国政府构成巨大压力，成为奥巴马总统发布全面审查出口控制命令的重要原因之一。[5]

众多机构和组织也敦促美国政府改革出口控制。安全与竞争联合会要求放松出口控制，把外国可得性标准同时应用到USML和CCL上。美

---

1 Committee on Science, Security, and Prosperity, Committee on Scientific Communication and National Security, National Research Council, *Beyond "Fortress America": National Security Controls on Science and Technology in a Globalized World*, National Academies Press, 2009, p. 3.

2 "Industry Leaders Encourage Export Modernization Reform in Letter to President Obama", *US Newswire*, December 3, 2009.

3 William Matthews, "U.S. Firms Launch Export-Control Reform Push", *Defense News*, January 13, 2010.

4 William Matthews, "U.S. Firms Launch Export-Control Reform Push", *Defense News*, January 13, 2010.

5 William Matthews, "Pentagon Panel Urges Streamlined Export Process", *Defense News*, January 12, 2009.

国科学家联盟呼吁出口规则应更清晰、详细，要公开报告出口的是什么物项以及向谁出口。[1]战略与国际研究中心则认为出口控制“适得其反”，妨碍美国的商业利益，敦促立法者进行改革。[2]国家科学院也认为，“目前的出口控制制度阻碍了美国国家安全，不利于我们增强经济竞争力”[3]。因为担心严格的出口控制影响国际学术合作与研究，包括斯坦福在内的众多大学要求奥巴马改革严厉的视同出口控制。[4]在出口控制改革上对奥巴马影响最大的应是以斯考克罗夫特为首的国家研究理事会的报告。还在奥巴马入主白宫前的2009年1月，国家研究理事会就公布了题为《美国堡垒之外：全球化时代关于科学和技术的国家安全控制》的长篇报告，建议当选总统奥巴马彻底审查出口控制制度。理事会科学、安全和繁荣特别委员会两主席，斯坦福大学校长约翰·轩尼诗（John Hennessy）和前总统国家安全事务助理斯考克罗夫特说，适应于美国50年前所面临问题的出口控制和签证制度现在已损害了美国的国家安全和国民经济的健康发展，“美国目前的许多控制削弱了我们国家和国土安全，窒息了美国参与全球经济、科学和技术的能力”，希望重建整个出口控制。他们进而提出一整套出口控制改革建议：改革出口控制程序，以平衡能够更有效地获得利益与防止国家安全和经济基础受到损害之间的关系，同时促进美国经济竞争力；总统应根据《武器出口控制法》和《出口管理法》直接行使行政权力，以确保美国的科学和技术竞争力。[5]可以说，斯考克罗夫

1 William Matthews, “U.S. Firms Launch Export-Control Reform Push”, *Defense News*, January 13, 2 010.

2 Jeffrey Hill, “U.S. Munitions List Review Breathes New Life into Export Control Debate”, *Satellite News*, vol. 35, no. 33, September 1, 2010.

3 Jeff Abramson, “Gates Outlines Export Control Overhaul”, *Arms Control Today*, vol. 40, May 2010.

4 S Weinberger, “Export-control laws worry academics”, *Nature*, vol. 461, September 10, 2009.

5 National Research Council, *Beyond “Fortress America”: National Security Controls on Science and Technology in a Globalized World*, National Academies Press, 2009; “Obama Urged to Make Exports and Visas a Priority”, *Nature*, vol. 457, January 15, 2009.

特为首的国家研究理事会的报告成为奥巴马政府出口控制改革的指南。

美国军方积极推动出口控制改革。历史上，国防部一直反对出口控制改革，在任何严肃讨论出口控制改革的行动中，其代表都坐在后座，以致一些观察家认为国防部与国务院即使共同提出一个简报就已经是奇迹了，更不用说同意改革了。[1]但奥巴马上台以来，军方一改过去立场，积极主张改革出口控制。作为五角大楼最高领导人，盖茨多次发表讲话，批评目前的出口控制控制得太多、太严，认为参与出口控制事务的众多“官僚机构”造成“管辖权和批准权的混淆不清”。在根据奥巴马命令建立的全面审查出口控制跨部门特别工作组中，盖茨发挥了关键作用。[2]盖茨不仅努力推动出口控制改革，还主张政府应首先行动起来，积极谋求国会的支持。2010年1月，盖茨与同事一起，会见参议员和众议员，要求议员支持出口控制改革。[3]军方积极支持成为此次出口控制改革的最重要动力之一。

第三，出口控制制度与已发生根本变化的国际安全环境和技术发展状况不相适应。

首先，国际安全环境已发生巨大变化。冷战时期，苏联是美国国家安全的最主要威胁，基于确保相互摧毁理论和国家领导人行为是理性的现实主义假设，这种威胁具有单一性、可预测性和危机的可控性等特点。尽管尖锐对峙，双方都不会冒毁灭的风险侵害对方的关键国家利益，在关键时刻都不会把对方逼到墙角。冷战结束后，国际安全环境变得日益复杂，美国面临的主要威胁是所谓的“流氓国家”、恐怖分子及其他试图获得大规模杀伤性武器及其运载工具的敌国或非国家行为体。与认为

1 Sharon Weinberger, “Industry, Government Make Renewed Push To Change U.S. Export Control Regime”, *Aviation Week & Space Technology*, July 16, 2006.

2 Marina Malenic, “Experts Skeptical on Export Control Reform”, *Defense Daily*, November 9, 2010.

3 John T. Bennett, “Obama Administration Renews Export Control Reform Push”, *Defense News*, April 15, 2010.

苏联是理性的认识不同，美国认为“流氓国家”或恐怖组织领导人是非理性的[1]，它们不仅努力发展或寻求WMD，而且核威慑对它们几乎没有作用[2]，一旦获得WMD就会毫不犹疑地投入使用。基于这一认识，奥巴马总统把核恐怖主义看作美国面临的最直接和最极端危险，认为其他国家尤其是与美国、美国的盟国以及更广泛的国际社会为敌的国家可能获得核武器，要求把阻止其他国家获得核武器能力和阻止恐怖主义组织获得核炸弹或获得制造核炸弹的物项作为最优先事项。[3]很明显，建立于冷战时期的出口控制制度已不能有效阻止“流氓国家”、恐怖组织从美国获得用于开发WMD的关键物项或技术或组件。因此，无论是美国政府高官，还是工业界领导人都认为目前的出口控制制度是时代错误，已不适应时代的需要。[4]白宫办公厅主任威廉·戴利（William Daley）说，目前的出口控制机制建立在冷战时期的地缘政治、经济和技术现实基础上，必须进行改革，适应21世纪的国家安全需要。[5]另外，冷战后的世界形势已经完全不同了。冷战时期，美国是世界科学知识和技术的中心，美国的敌人是确定的，相对于苏联集团军事力量的数量优势，美国以自己的技术优势进行平衡。为确保这一优势，美国建立了国家安全出口控制机制以防止与军事有关的物资和技术出口。同时，美国还与盟国共同建立了多

1 George Lewis, Lisbeth Gronland, and David Wright, “National Missile Defense: An Indefensible System”, *Foreign Policy*, no. 117, Winter 1999/2000; Scott D. Sagan and Kenneth N. Waltz eds, *The Spread of nuclear weapons: A Debate Renewed*, W. W. Norton, 2003, p. 14.

2 Mitchell B. Reiss, “A New Nuclear Bargain: Atoms for peace 2.0?”, *NBR Analysis*, vol. 18, no. 2, March 2007; Sidney D.Drell and James E. Goodby, “What are Nuclear Weapons for? Recommendations for Restructuring U.S. Strategic Nuclear Forces”, An Arms Control Association Report, October 2007.

3 “Nuclear Posture Review Report”, April 2010, pp. iii–v.

4 Sandra I. Erwin, “Obama Advisor: ITAR Is a Cold War Relic”, *National Defense*, November 2008; William Matthews, “U.S. Firms Launch Export-Control Reform Push”, *Defense News*, January 13, 2010.

5 The White House Office of the Press Secretary, “White House Chief of Staff Daley Highlights Priority for the President’s Export Control Reform Initiative”, July 19, 2011.

边出口控制机制，控制军事关键物项和技术转移。但冷战后的世界形势已经完全不同了，美国的敌人是不确定的，从主权国家到小的恐怖主义组织都可能是敌人。同时，在西方盟国内部，关于谁是敌人和如何遏制它们的问题再也不能达成一致了。显然，要适应新的安全环境，继续服务于美国安全和对外政策目标，必须改革出口控制。

其次，技术扩散越来越明显。美国拥有技术优势是冷战时期，甚至冷战结束后相当时期内实行有效出口控制的基础和前提。随着全球化向纵深发展，技术扩散日益加剧，以前只有美国拥有的技术，现在为越来越多的国家拥有。因此，一些国家即使不能从美国获得相关技术，也能从其他国家获得。这直接动摇了美国出口控制的基础。对此，斯坦福大学校长约翰·轩尼诗2010年1月在国会出口控制听证会上说："30年前，美国在科学技术的许多领域居于支配地位，今天，虽然美国总体上仍是领导者，但在许多领域，美国是领导者之一而不是唯一领导者。而且，在一些领域，美国并不居于前列。"尤为重要的是，许多最重要的有助于保持军事优势的技术属于商业部门而不是属于军事部门。而且，科学和工程上的技术进步正在世界范围内出现，而不仅仅是在美国。例如，今天美国失去了在半导体生产领域的垄断地位。在培育鼓励和奖励商业与科技创新的社会环境方面，许多国家正成为美国的竞争对手。由于中国、印度和其他国家的经济已经取得极大进展，许多本来打算来美国在科学和技术方面从事研究和工作的年轻人，现在倾向于在国内接受教育或在美国毕业后返回他们的祖国。所有这一切变化都意味着美国的安全和繁荣现在依赖于积极塑造世界范围内的科学和技术的发展并积极参与世界经济。[1]在这种情况下，如果让"适应于美国50年前所面临问题的

---

1 "Stanford president urges lawmakers to change export controls", Stanford Report, January 15, 2010, http://news.stanford.edu/news/2010/january11/export-panel-hearing-011510.html.

出口控制制度”继续发挥作用，而不是改革出口控制甚至重建整个出口控制系统，则美国不仅无法实行有效的控制，而且将冒失去竞争优势的风险。斯考克罗夫特为首的国家研究理事会甚至认为，继续过去的出口控制制度不仅会损害美国的国家和国土安全，也会损害美国的经济竞争力。[1]

也就是说，与美国目前出口控制制度相适应的安全环境和技术环境都已不存在了，改革过时的出口控制制度势在必行。

第四，实现美国经济复兴的必然要求。

奥巴马上台伊始，美国经济发生大萧条以来最严重的衰退，金融体系处于崩溃边缘，政府债务缠身，失业率居高不下。到2010年，超过800万美国人失业，还有数百万人未充分就业。对此，奥巴马在2010年的国情咨文中说：“每10个美国人中就有一个人失业。许多交易停止了，房屋价值直线下降，小城市和农村尤其艰难，而那些本来很贫穷的人的生活更加艰难。”[2]面对如此严重的经济危机，美国领导人认识到，如不立即行动，美国将再一次面临大萧条。因此，奥巴马明确表示“我的政府第一年的最优先的、最紧迫的任务是应对前所未有的经济危机——自大萧条以来的最严重的一次危机”[3]。在2010年3月的国家出口倡议中，奥巴马提出未来5年内实现美国出口翻一番，达到3.1万亿美元，并创造200万个工作岗位。[4]

---

1 Committee on Science, Security, and Prosperity, Committee on Scientific Communication and National Security, National Research Council, *Beyond "Fortress America": National Security Controls on Science and Technology in a Globalized World*, National Academies Press, 2009, p. 1.

2 The White House Office of the Press Secretary, "Remarks by the President in State of the Union Address", January 27, 2010, http://www.whitehouse.gov/the-press-office/remarks-president-state-union-address.

3 The White House Office of the Press Secretary, "Remarks by the President at the Export-Import Bank's Annual Conference", March 11, 2010, http://www.whitehouse.gov/the-press-office/remarks-president-export-import-banks-annual-conference.

4 The White House Office of the Press Secretary, "Executive Order 13534-National Export Initiative", March 11, 2010, http://www.whitehouse.gov/the-press-office/executive-order-national-export-initiative.

在2010年12月9日与国家出口理事会谈话时，奥巴马表示改革出口控制对于恢复美国经济的繁荣是非常重要的，他说:“出口对于我们的经济是有利的，我们的公司出口越多，它们的生产就会越多，从而它们雇用的工人就越多。出口每增加10亿美元，就会增加超过5000个工作机会。”[1]要增加出口，美国就必须从根本上全面改革美国过时的、严厉的出口控制。

二、出口控制改革目标的提出

2009年标志美国政府对出口控制政策、体制和机制进行重大改革的开始，8月13日，奥巴马总统发布《出口控制改革倡议》，要求国家安全委员会和国家经济理事会牵头，成立“具有广泛基础的跨部门机构”，全面审查美国出口控制机制，以“加强美国国家安全、外交政策和经济安全利益”。[2]奥巴马政府的出口控制改革正式拉开序幕。为全面、稳步推进出口控制改革，2010年8月，奥巴马进一步要求，美国出口控制机制应在“控制什么、如何控制、如何实施控制和如何管理这些控制”四个方面都进行根本改革。[3]跨部门机构的审查反映了这一要求，认为美国目前的出口控制机制太复杂和太分散，包含太多的物项，要控制的也太多，降低了美国“把出口控制的焦点放在与国家安全密切相关的最关键物项上的能力，削弱了我们武装力量与盟国相互协同工作的能力，也削弱了

1　John T. Bennett, “New U.S. Regs Aim To Simplify Export Controls”, *Defense News*, December 9, 2010.

2　William Matthews, “Obama Orders Broad Review of Export-Control Regs”, *Defense News*, August 14, 2009.

3　The White House Office of the Press Secretary, “President Obama Announces First Steps Toward Implementation of New U.S. Export Control System”, December 9, 2010, http://www.whitehouse.gov/the-press-office/2010/12/09/president-obama-announces-first-steps-toward-implementation-new-us-export.

对美国国家安全非常关键的行业的竞争力”[1]，建议对目前的出口控制机制进行根本改革，加强国家安全和提高反击大规模杀伤性武器扩散威胁的能力。[2]在2010年3月11日美国进出口银行年会的讲话中，奥巴马肯定了跨部门机构的看法，要求“集中精力控制最关键的技术，使美国更安全，同时，提高美国关键产业的竞争力”[3]。根据奥巴马的要求和跨部门机构的审查结论，国防部长盖茨与国务卿、商务部长、国土安全部长、国家情报总监和国家安全顾问磋商后，于2010年4月20日提出改革出口控制机制的目标：分三阶段建立单一出口控制清单、单一许可证机构、单一执行协调中心和单一IT系统。第一阶段：审查、修改美国军火清单（USML）和商品控制清单（CCL），使它们成为积极清单；制定标准化的为各出口控制机构遵守的许可证程序，建立执行协调中心和单一电子许可证平台。第二阶段：实施协调的许可证制度，完成重建USML和CCL的任务，把受控制的物项放入控制清单的不同的层次，确定USML中应转移到CCL的物项，向单一IT系统过渡，检查单方面控制的物项，与多边控制机制伙伴协商，以增加或删除多边控制清单上的物项。第三阶段：实现四个单一。[4]2010年8月，奥巴马重申盖茨提出的四个单一目标[5]，为出口控制改革提供了新动力。2011年5月17日，商务部负责出口管理事务的助理部

1 The White House Office of the Press Secretary, “White House Chief of Staff Daley Highlights Priority for the President’s Export Control Reform Initiative”, July 19, 2011.

2 The White House Office of the Press Secretary, “Fact Sheet: on the President’s Export Control Reform Initiative”, April 20, 2010, http://www.whitehouse.gov/the-press-office/fact-sheet-presidents-export-control-reform-initiative.

3 The White House Office of the Press Secretary, “Remarks by the President at the Export-Import Bank’s Annual Conference”, March 11, 2010.

4 “Business Executives for National Security (Export Control Reform)”, Remarks as Delivered by Secretary of Defense Robert M. Gates, Ronald Reagan Building and International Trade Center, Washington DC, Tuesday, April 20, 2010, http://www.defense.gov/speeches/speech.aspx?speechid=1453.

5 Debra D. Burke, “Export Control Policy Initiatives under the Obama Administration, Proceedings of the Academy of Legal”, *Ethical and Regulatory Issues*, vol. 15, no 1, 2011.

长凯文·沃尔夫提出出口控制改革的7原则。[1]至此，美国政府公布了完整的出口控制改革目标、方法和原则，相比美国政府以前的改革，这是对美国目前出口控制机制的根本、彻底和全面的改革。

三、出口控制改革的实施

根据三个阶段实现四个单一的改革安排，美国政府有条不紊地推行出口控制改革。

（一）建立单一出口控制清单

美国有两个不同的出口控制清单，即CCL和USML，它们在结构、定义和特征上完全不同，分别由商务部和国务院管理。USML根据主观标准或设计意图、全面监督等实施控制；CCL包括众多物项:《瓦斯那协议》中两用物资清单中的物资；与核有关的两用商品（根据核供应国集团的清单编制）；MTCR清单中的两用物资;《禁止生物武器公约》和《禁止化学武器公约》、澳大利亚集团清单中与生化武器有关的装备；由于美国外交政策和其他原因而进行控制的物资，包括反恐怖主义、犯罪控制、轻武器协议、地区稳定、联合国制裁和供应不足等原因应进行控制的物资。CCL一般根据技术能力和物项本身的说明进行控制，但从CCL本身所包括的内容看，它的许多物项的最终用途在一定程度上确实

1　即控制的焦点是一小部分对美国国家安全或其情报优势产生严重威胁的关键物项；与多边出口控制机制进行充分协调，使美国出口控制更有效；对那些未实行多边控制的物项，实行单方面控制；控制清单必须明确哪些物项应纳入控制，而且应是动态的；许可证办理程序应是可预测的和及时的；加强执行能力以应对不遵守出口控制法规的行为和提高阻止未获批准的转移的能力；控制应考虑反恐怖主义政策和出口有助于优先加强国土安全的物项。Remarks of Kevin Wolf, Assistant Secretary of Commerce for Export Administration, “The Obama Administration’s Export Control Reform Initiative”, U.S.-Sweden Defense Industry Conference, Washington, DC, May 17, 2011.

可以被看作军用。当然，USML上的物项更敏感，因此，其出口控制要比CCL严厉得多。这是美国目前出口控制备受指责的重要原因之一。因此，奥巴马政府把建立单一出口控制清单作为改革基石[1]，以极大的努力建立单一出口控制清单。

要建立单一控制清单，首先要审查USML和CCL，把USML转变为积极清单。所谓积极清单，就是使用客观标准（诸如马力、微米等技术参数）而不是使用广泛的、开放式的、主观的、一般的或设计意图等标准来界定受控制物项的清单。[2]

奥巴马之前的历届美国政府都曾努力改革出口控制，但都未能成功，一个重要的原因是总统没有把出口控制改革作为其优先处理的事务，没有强有力的持续领导和参与。认识到这一点，奥巴马总统从一开始就努力参与到出口控制改革进程中，并把它作为美国政府的优先事项。

如何审查USML和CCL并把它们整合为单一清单？2010年12月9日，奥巴马总统第一次宣布相关措施，在CCL和USML之间制定“明确的界限”（bright line），以决定哪些物项应作为两用物项纳入控制和哪些应作为军火纳入控制，其意图是“终结不利于我们目前出口控制机制的管辖权上的争端和模糊不清之处”，减少政府以及工业界在面对物项是由国务院还是商务部控制时的不确定性。[3]“明确的界限”之所以必要，部分因为目前的USML依赖设计意图和全面控制[4]，而CCL是一个积极清单。

---

1 John T. Bennett, “New U.S. Regs Aim To Simplify Export Controls”, *Defense News*, December 9, 2010.

2 The White House Office of the Press Secretary, “President Obama Lays the Foundation for a New Export Control System To Strengthen National Security and the Competitiveness of Key U.S. Manufacturing and Technology Sectors”, August 30, 2010, http://www.bis.doc.gov/news/2010/white_house_fact_sheet.htm.

3 The White House Office of the Press Secretary, “President Obama Announces First Steps Toward Implementation of New U.S. Export Control System”, December 9, 2010, http://www.whitehouse.gov/the-press-office/2010/12/09/president-obama-announces-first-steps-toward-implementation-new-us-export.

4 “Revisions to the U.S. Munitions List, Advanced Notice of Proposed Rulemaking”, *Federal Register*, vol. 75, no. 237, December 10, 2010, p. 76935.

2011年5月，商务部负责出口管理的助理部长凯文·沃尔夫提出建立单一控制清单的四个步骤：根据《国际武器交易条例》，确定需要保留在USML的物项；根据积极清单的客观标准，建立积极的、与三层标准一致的控制清单；把不符合USML标准的物项转移到CCL；以前的防务物项被转移到商务部新的商品军火清单（CML）进行控制。[1]

根据上述标准，美国政府成立了18个跨部门技术小组审查USML和CCL。虽然CCL在相当程度上是采用客观标准界定物项的积极清单，但整体上并不是这样。因此，商务部积极寻求公众的修改意见，2010年12月9日，商务部工业和安全局公布修改CCL的征求意见稿。征求意见稿特别要求就实现CCL上物项分层的指导原则提出建议，对CCL上哪些物项是广泛可得的提出意见，以便确认哪些物项是可以解除控制的。[2] 2011年5月20日，美国公布修改后的CCL，该规则修改了CCL中除0类以外的所有53类物项的出口控制分类编码。对于工业界来说，最大的变化是第三类，对于模拟数字转化器和数字模拟转换器的控制几乎是完全重写，对某些类型的集成电路的控制放宽了。规则也放宽了对电子测试装备的控制，如信号分析仪、动态信号分析仪、频率合成信号发生器和半导体制造设备，允许出口商与国际竞争者展开竞争。

对USML的修改要复杂得多。2010年12月10日，国务院的防务贸易控制理事会公布修改USML征求意见稿，第VII类物项（坦克和军用车辆）被分成三个层次：第一层物项能为美国提供关键军事或情报优势，几乎全部都是只有美国能够生产，或者是大规模杀伤性武器或相关物

1　Remarks of Kevin Wolf, Assistant Secretary of Commerce for Export Administration, “The Obama Administration’s Export Control Reform Initiative”, U.S.-Sweden Defense Industry Conference, Washington, DC, May 17, 2011.

2　“Export Control Modernization: Strategic Trade Authorization License Exception”, *Federal Register*, vol. 75, no. 236, December 9, 2010, p. 76666.

项；第二层物项能为美国提供实质上的军事或情报优势，几乎全部都是只有美国的多边伙伴和盟国能够生产的物项；第三层物项是能为美国提供相当的军事或情报优势，但具有广泛国外可得性的物项。[1]根据新标准，第七类12000种物项中的90%即11000种物项将被转移到CCL或被解除控制。[2]完成对第七类物项的审查后，奥巴马政府以此为模式，陆续对第八类（航空和飞机电子）、第十一类（电子）和第十五类（空间项目）进行审查。2011年5月，国防部和国务院发布中期审查报告说，商业通信卫星、有关部件、整合和发射这些卫星必需的信息，可以从USML转移到CCL而“不会有不可接受的安全风险”，报告建议卫星设计方法和制造技术诀窍、抗辐射微电子和远地点发动机仍留在USML。[3]负责USML修订工作的助理国防部长帮办詹姆斯·米勒在2011年5月12日的国会听证会上说，改革进行顺利，预计2011年7月，USML里20类物项中的19类将变成积极控制清单。BIS局长艾瑞克·赫希霍恩（Eric Hirschhorn）表示，USML和CCL将在未来12个月内转化为统一的分层次清单。[4]就是说，届时，重建后的USML将与CCL结构一致。这一估计明显太过乐观，因为直到2011年7月15日，BIS才公布把USML中相关物项转移到CCL中的计划。[5]到2011年11月7日，国务院才公布USML第八类物项的修改建议稿。[6]

---

1 “Amendment to the International Traffic in Arms Regulations: Revision of U.S. Munitions List Category VII”, *Federal Register*, vol. 75, no. 237, December 10, 2010, p. 76930.

2 The White House Office of the Press Secretary, “White House Chief of Staff Daley Highlights Priority for the President’s Export Control Reform Initiative”, July 19, 2011.

3 Departments of Defense and State, “Interim Report to Congress, Section 1248 of the National Defense Authorization Act for Fiscal Year 2010”, pp. 3–4, http://www.aia-aerospace.org/assets/Sec_1248_Report.pdf.

4 “Hearing Highlights Progress, Challenges in Export Control Reform Effort”, *World Trade/Interactive*, vol. 18, issue 95, May 13, 2011.

5 “Fact Sheet: Plan for Controlling Items Transferred from the USML to the CCL”, July 18, 2011.

6 “Amendment to the International Traffic in Arms Regulations: Revision of U.S. Munitions List Category VIII”, *Federal Register*, vol. 76, no. 215, November 7, 2011, p. 68694.

除结构外，美国政府也努力统一USML和CCL所使用的同一术语的定义，为建立单一控制清单做准备。美国政府已完成“特别设计”（specially designed）和“防务服务”（Defense Service）两个术语的单一定义。目前的“防务服务”定义太宽泛，一些不属于ITAR控制的援助或服务都被纳入控制范围。2011年4月1日，DDTC提出“防务服务”定义的修改建议。修改建议在很大程度上排除了使用公共数据提供援助的行为。根据新定义，使用公共数据对外国人提供援助不需要许可证、技术援助协议或生产许可协议。[1]修改建议稿也提出一个明确的不是防务服务的清单，这给工业界、学术界和其他与受ITAR控制物项打交道的实体提供了指导原则。根据新定义，对属于《出口管理条例》的纳入ITAR控制的物项的测试、修理或维护不再被认为是防务服务。修改意见稿减少了构成防务服务的范围。如果正式采用这一拟议的新规则，对于讨论公共领域的信息将提供极大的自由，因为不用担心这样做会提供防务服务。同时，修改建议稿提高了仍然保持控制的物项的许可证要求。“特别设计”是另一个广受争议的定义。多个出口控制分类编码都使用它，它也被USML用作对某些物项实行控制的标准。为改变这一主观性太强的定义，国务院提出了新草案对它进行定义：“最终物项、设备、配件、附件、系统、组件有下述特性：使它与某些预定的目的区分开来；直接与防御物项的功能相关；专门用于或主要用于USML中确定的防务物项或与之有关的物项。”[2]商务部也公布了自己对“特别设计”的定义，并要求公众提出修改意见。目前，商务部、国务院和国防部正就所收到的公众建议进行审查，以尽快

1 “International Traffic in Arms Regulations: Defense Services”, *Federal Register*, vol. 76, no. 71, April 13, 2011, p. 20590.

2 “Amendment to the International Traffic in Arms Regulations: Revision of U.S. Munitions List Category VII”, *Federal Register*, vol. 75, no. 237, December 10, 2010, pp. 76935–76939.

达成统一定义。[1]如果达成统一定义，将大大减少出口控制中的不确定性。

（二）建立单一许可证管理机构

根据目前的出口控制机制，美国国务院、商务部和财政部都有权发放出口许可证。其中，商务部和国务院对于战略出口许可证负有首要责任，商务部负责两用物资的出口许可证，而国务院负责军事物资的出口许可证。由于国家安全在出口控制中的考虑不断增加，国防部在出口许可证审查中也发挥着积极作用。如根据EAA，国防部长有权力审查某些出口申请：国防部长被授权审查任何物资或技术对任何国家的出口，这些出口因为国家安全上的原因而需要进行控制，不论什么时候，当国防部长认为出口这样的物资或技术会威胁美国国家安全的时候，国防部长应该向总统建议，拒绝批准这样的出口。《武器出口控制法》中有同样的要求，对于美国军火清单中MTCR附录上的物资的出口，强制性规定是，应向国防部长和军备控制与裁军署主任提交申请。不仅管理部门众多，而且各部门有不同的管理条例和审批程序，没有协调机制。出口商在判断由哪个机构管辖问题上要花大量时间，他们常常不知道应该向哪个机构申请许可证。在某些情况下，出口商需要向各部门分别申请。相应地，各机构常争夺领导权，在某些情况下，又推卸领导责任。由于没有一个机构对战略出口决定负有中心责任，在许可证上的这种共同负责的、相互纠结在一起的体制，就使有效的出口控制面临重重困难，很容易出现拖延、混淆，甚至不断出现错误。

不仅如此，对许可证决定具有重要作用的商务部承担了相互矛盾的任务，一方面要促进出口，另一方面要实行出口控制。就商务部的促

1 "Amendment to the International Traffic in Arms Regulations: Revision of U.S. Munitions List Category VIII", *Federal Register*, vol. 76, no. 215, November 7, 2011, p. 68694.

进和控制出口的两种相互矛盾的责任，国会曾于1983年举行听证会，国会在1985年试图在商务部内部建立出口管理局来处理关于战略物资和技术的出口许可证和实施出口控制而引起的国家安全利益问题。这样，商务部就有了两个责任相互冲突的局。出口管理局负责两用物资出口许可证的发放并执行出口控制，但国际贸易管理局，其首要责任是促进贸易。克林顿总统进一步提高了商务部在出口许可证决定中的地位和作用。1995年，克林顿总统成立了出口政策咨询委员会，进一步巩固了商务部在出口控制方面的地位。[1]出口政策咨询委员会由商务部、国务院、能源部和参谋长联席会议的代表组成，这是一个跨部门机构，用于解决出口控制上的争端。[2]然而，出口政策咨询委员会的主席是商务部负责出口控制的助理部长。[3]而出口政策咨询委员会的行动委员会的主席则由商务部长任命，行动委员会负责解决国务院和商务部在出口许可证问题上的任何争论。[4]另外，对出口政策咨询委员会的决定不满意的实体或个人则可以上诉到由商务部长、国务卿、国防部长、能源部长组成，商务部长任主席的内阁级的出口管理审查委员会。这样，商务部在解决跨部门的许可证争端中明显处于有利地位。这种相互冲突的许可证政策在小布什政府时期并没有得到改变。

针对上述情况，美国学者多年来一直建议由某一机构在出口许可证问题上发挥中心作用。如1999年，两个学者公开撰文建议，应由一个机构对许可证负中心责任，即把决定是否发放出口许可证的权力集中到国务院或国防部这样的机构。[5]尽管这一建议当时未获得同意，但其影响颇

1　*Federal Register*, vol. 60, 1995, p. 62981.

2　*Federal Register*, vol. 60, 1995, p. 62983.

3　*Federal Register*, vol. 60, 1995, p. 62983.

4　*Federal Register*, vol. 60, 1995, p. 62984.

5　Jere W. Morehead, David A. Dismuke, “Export Control Policies and National Security: Protecting U.S. Interests in the New Millennium”, *Texas International Law Journal*, vol. 34, no. 173, 1999.

大，以至于2009年，斯考克罗夫特为首的国家研究理事会也建议：成立一个新的管理实体作为协调出口控制的中心，其责任是协调所有的与寻求获得出口许可证有关的实体或个人，加快允许或拒绝出口许可证的审批程序。这个小型的协调实体应负责：接受所有的出口许可证申请；决定是商务部还是国务院处理许可证申请和把申请书送往适当的机构；制定对许可证申请做出决定的时间表，以免申请处理时间漫长；从指定的机构获得对许可证申请做出的决定并把决定通知申请者；接受对许可证决定所提出的申诉并请求审查最后的决定，把申诉书送达受理上诉的委员会；制定上诉委员会做出决定的时间表；接受上诉委员会的决定并把决定送达申请人；对受理上诉的委员会提供管理支持。[1]这一持续多年的建议最终为奥巴马政府所接受，因此，奥巴马的《出口控制改革倡议》把建立单一许可证处理机构作为改革的关键步骤之一。作为一站式服务机构，出口商可以从该机构获得许可证，政府则可以利用它协调许可证申请的审查工作，实现许可证程序的透明、可预测和及时。

2010年6月30日，国家安全事务助理詹姆斯·L. 琼斯将军宣布，政府将建立一个独立的许可证机构，接管BIS、DDTC、OFAC的许可证功能，此举将结束众多机构中没有一个知道已经批准（或拒绝）什么物项出口的尴尬情况。[2]

作为建立单一许可证机构的重要步骤和基础工作，国务院、能源部和财政部正制定所有出口控制机构都可使用的单一许可证申请表。各部门已经把各自管理的出口筛选清单整合为一个共同的电子格式，正就单一表

1 Committee on Science, Security, and Prosperity, Committee on Scientific Communication and National Security, National Research Council, *Beyond "Fortress America": National Security Controls on Science and Technology in a Globalized World*, National Academies Press, 2009, p. 6.

2 "The Administration's Export Control Reform Plans Remarks by General Jones, National Security Advisor", June 30, 2010, www.aia-aerospace.org/assets/speech_jones_06302010.pdf.

格所需要的关键条件进行协调。为使单一许可证申请表成为可能，政府正努力统一两个控制清单中所使用的一些术语的定义（如EAR中的“技术”和它在ITAR中相对的“技术数据”）。[1]该申请表将极大简化许可证程序。

由于建立单一许可证机构的复杂性，对于如何建立单一的许可证机构，奥巴马政府还没有具体建议。[2]因此，到目前为止，在这方面的努力主要表现为完善许可证政策。

根据建议的改革框架，一旦某一物项被置于三级结构中的其中一级，就会有相应的许可证政策。一般地，第一层的物项向所有目的地出口都需要许可证；第二层的许多物项，可根据许可证豁免或一般授权向多边伙伴或盟国出口；第三层物项的出口，一般不需要许可证。但这仅仅是原则性规定。为贯彻这一原则，奥巴马政府展开了一系列行动。

第一个重大行动是商务部对加密产品出口规则的修改。2010年6月，BIS公布对加密产品控制的重大修改，允许对更多的加密产品进行自我分类并提出加密登记概念，使自我加密物项在不承担正式的出口分类审查的情况下能够出口。[3]2011年1月，BIS进一步从《出口管理条例》中删除大部分能公开从大众市场获得的加密软件的控制。[4]通过上述修改，BIS简化并促进了软件出口，使政府可以把其资源用在最敏感的加密产品上，削减了有关审查外国可得加密产品的繁文缛节，加强了国家安全。

第二个具有重大意义的行动是公布并采用战略贸易授权许可证例外

1 “Single Export Application for All Agencies to be Unveiled, White House Official Says”, *Export Practitioner*, January 2011, p. 31.

2 Ian F. Fergusson, Paul K. Kerr, “The U.S. Export Control System and the President’s Reform Initiative”, CRS Report for Congress, Order Code R41916, July 14, 2011.

3 “Encryption Export Controls: Revision of License Exception ENC and Mass Market Eligibility, Submission Procedures, Reporting Requirements, License Application Requirements, and Addition of Note 4 to Category 5, Part 2”, *Federal Register*, vol. 75, no. 122, June 25, 2010, p. 36482.

4 “Publicly Available Mass Market Encryption Software and Other Specified Publicly Available Encryption Software in Object Code”, *Federal Register*, vol. 76, no. 5, January 7, 2011, p. 1059.

（STA）。作为修订EAR的重大举措，2010年12月，BIS发布STA征求意见稿。[1]在仔细考虑公众意见后，2011年6月，BIS公布修改后的规则。同一天，商务部长骆家辉宣布正式实施STA。新规则允许在有条件的情况下不需要许可证就可向几乎所有的欧洲国家、澳大利亚、加拿大、新西兰、日本、韩国和阿根廷出口CCL上几乎所有的物项；对于其他国家，可向它们出口《瓦斯那协议》基本清单上的物项。新规则还包括视同出口和再出口条款，当某些物项根据STA不需要许可证就可以向非美国人出口时，允许公布实施同样控制物项的源代码或技术。但实施酷刑的设备、某些毒素和组件、软件、航空发动机相关技术和加密产品不适合根据STA出口，BIS表示，将单独解决与加密产品有关物项的出口控制。STA在减少许可证要求的同时，也采取安全保障措施，建立更高的保护墙以确保物项在没有获得美国授权的情况下不会被再出口到有资格的国家以外。[2] STA将极大增加不需要许可证就能出口的物项的数量。BIS估计，根据STA，大约3000种低风险物项可能被取消出口许可证要求。[3]这非常符合奥巴马《出口控制改革倡议》的要求。

第三个重大行动是修改对双重国籍和第三国国民的许可证规定。

修改对双重国籍和第三国国民的许可证规定对建立统一的出口控制机制非常必要。因为商务部和国务院在决定一个外国人的国籍时所使用的标准是相互冲突的。据国会报告披露，商务部决定“向外国人出口技术”是建立在该人“最近公民身份或永久居住地”基础上的。而国务院

1 “Export Control Modernization: Strategic Trade Authorization License Exception”, *Federal Register*, vol. 75, no. 236, December 9, 2010, p. 76653.

2 “Export Control Reform Initiative: Strategic Trade Authorization License Exception”, *Federal Register*, vol. 76, no. 116, June 16, 2011, pp. 35277–35289.

3 Statement of Eric L. Hirschhorn, Under Secretary of Commerce, Bureau of Industry and Security, Before the House Committee on Foreign Affairs, “Hearing on Export Controls, Arms Sales, and Reform: Balancing U.S. Interests, Part I”, May 12, 2011, p. 4.

在做出决定时，不仅考虑外国人最近的公民身份情况，而且考虑他们的出生国。根据目前规则，如果一个外国实体与美国公司签订了生产许可协议或技术援助协议，国务院必须批准向外国实体所雇用的双重国籍雇员和第三国国民转让技术数据、防务服务和防务物项。[1]这不利于美国国家安全。

2010年8月，国务院公布向双重国籍和第三国国民提供防务服务修改建议稿，2011年5月，最终修正规则公布。它允许向真正的、定期由外国收货人或最终用户直接雇用的、有双重国籍或第三国国民身份的人士转让受ITAR控制的防务物项和技术数据。但这种转移必须是在最终用户所在的国家内部，而且必须遵守最终用户出口授权规定。最终用户或收货人必须采取各种措施防止任何转移，最终用户应审查雇员与ITAR上所列"被禁止或限制向其出口的国家是否有实质上的联系"。所谓实质联系指"定期到受限制或禁止的国家旅行，最近或持续与代理人或经纪人或受限制或禁止国家的国民联系，继续表现出对这样的国家的忠诚，与这样的国家的个人有商业联系，继续在这样的国家保留住宅，接受这样的国家的工资或金钱补助或其行动本身表明存在转移的风险"。[2]该规则于2011年8月15日生效。新规则将极大简化为非美国公司工作的双重国籍和第三国国民申请许可证的程序，也减轻了具有双重或第三国国民身份的非美国公司的许可证负担。

（三）建立单一出口执行机构

出口控制要发挥作用，必须能防止或发现非法出口物资和技术。这就需要一个单一的负有执行责任的机构进行控制。但实际上，与在许可证

1　GAO, "Export Controls: Observations on Selected Countries' Systems and Proposed Treaties", GAO-10-557, May 2010 .

2　"International Traffic in Arms Regulations: Dual Nationals and Third-Country Nationals Employed by End-Users", *Federal Register*, vol. 76, no. 94, May 16, 2011, p. 28174.

审查问题上存在众多负责机构一样，在执行出口控制法律、法规方面，也存在多个负有责任的机构。根据美国的出口控制机制，国土安全部的移民和海关执行局、国务院、商务部、联邦调查局等多个机构有权调查违反出口控制的行为。仅就两用物项出口控制执行而言，商务部和海关共同承担这一责任。由于分属不同部门，长期以来，商务部和海关为争夺各种调查的控制权经常产生冲突，每个机构在出口控制执行中都有自己的责任并警惕地为自己辩护。[1]这样，促进贸易与执行出口控制的责任上的分裂使商务部很难为自身的中立地位辩护并难以派出官员执行出口控制。这不利于维护美国国家安全和实现外交政策目标。这一问题一直存在着。为解决这一问题，1985年，国会修改EAA，以努力促进两个机构之间的合作并希望获得更好的执行效果。这一努力失败了，海关抱怨说，它“更多地依赖有爱国心的美国商人而不是美国商务部获得的有关敏感物资的信息”[2]。

尽管冷战结束后两个机构同意加强合作，但实际上，两个机构之间的合作极大地减少了。如在1988—1992年的5年里，海关在执行逮捕、犯罪控告和定罪方面比商务部更为有力，两个机构在执行出口控制法律、法规方面的力度下降了。[3]美国政府也一直试图努力解决这一问题。1993年，国会要求审查商务部和海关为执行EAA所拥有的工具和资源；评估这些机构正在实施的出口控制状况；列出阻碍有效实施出口控制的因素；对改革目前这些执行机构的结构提出建议。在进行调查后，GAO建议：努力改进目前共同负责的体制；成立一个全新的机构，把发放许可证和执行

1 Committee on Banking, Housing and Urban Affairs, *Enforcement of the Export Control Enforcement Act: Hearing before the Senate Committee on Banking, Housing and Urban Affairs, 98th Congress*, U.S. Government Printing Office, 1984, p. 3.

2 “Administration and Enforcement of U.S. Export Control Programs: Hearings before the Subcommttee on Oversight of the House Committee on Ways and Means, House of Representatives, One Hundred Second Congress, First Session”, April 18 and May 1, 1991, p. 233.

3 GAO, “Export Controls: Actions Need to Improve Enforcement”, GAO/NSIAD-94-28, December 1993, p. 33.

结合起来；把执行的首要责任交由商务部或海关负责。[1]这一建议会消除相互重叠的管辖权和重复的努力，并利用海关巨大的国内和海外资源；同时消除由于商务部具有促进贸易和控制贸易职责而产生的潜在的冲突。但存在来自商务部和海关的不可克服的政治上的反对，同时，该建议本身也具有不可克服的缺点，如商务部与各方面的联系有限，缺乏在国内和海外执行时解决法律问题的经验；而且，如果商务部是首要的出口控制责任机关，则商务部在进行调查时仍继续需要来自海关的支持。因此，该建议没有获得同意。尽管如此，美国政府和学者们仍不断提出类似建议。如，1999年，有学者建议，建立一个单一的负责执行出口控制的机构。[2]

小布什执政期间，尽管也进行了出口控制执行的相关改革，但并未从根本上改变上述现象。为协调所有有关机构的执行行动，确保它们把资源集中在最重要的违法者或最重要的潜在违法者身上，而不是用同等精力审查所有违法者，奥巴马以前所未有的决心和行动推行出口控制改革，要求建立单一出口执行机构。

作为第一步措施，2010年11月，总统发布第13558号行政命令，建立出口执行协调中心。该中心是协调国务院、财政部、商务部、能源部、司法部、国土安全部、国防部和国家情报总监在出口控制执行方面的“首要论坛”并解决在犯罪和管理出口控制方面的潜在冲突，是执法机构与情报部门和出口许可证机构之间的联络人。中心由国务院、财政部、国防部、商务部、司法部、能源部、国土安全部、国家情报总监办公室，其他行政部门、机构或根据总统命令建立的办公室等组成。中心建立在国土安全部内，国土安全部长负责管理该中心。中心设全职主任一名，由国土安全部长任命国土安全部官员担任，设全职副主任两名，

1　GAO, “Export Controls: Actions Need to Improve Enforcement”, GAO/NSIAD-94-28, December 1993, p. 3.

2　Jere W. Morehead, David A. Dismuke, “Export Control Policies and National Security: Protecting U.S. Interests in the New Millennium”, *Texas International Law Journal*, vol. 34, no. 173, 1999.

分别由商务部长和司法部长任命本部门官员担任，负责与情报机构联系的全职联络人由国家情报总监任命。中心的功能是：协调和加强相关部门的出口控制执行行动，确认并解决在刑事和行政调查以及涉及违反美国《出口控制法》的调查中产生的矛盾和冲突；为联邦法律执行机构和美国情报机构提供联系渠道；协调与美国出口控制有关的法律执行公众宣传活动；为美国刑事和行政控制出口执法行动建立政府范围内的统计跟踪。[1]至于该中心是否会与其他相关机构相混淆，美国司法部说，该中心不会与设在司法部的国家出口控制协调员相混淆，该协调员的责任是“确保在司法部与其他在出口控制中发挥重要作用的执法机构、许可证和情报部门之间实行全面协调”。协调员被描述为首席检察官，有权决定对哪些案件提起刑事指控。[2]中心于2011年初开始运行，如果中心运转顺利，将为建立单一的出口执行机构打下良好基础。

（四）建立单一IT系统

建立单一信息平台，促进出口控制各相关部门的信息共享一直是美国社会各界的愿望和要求。但由于涉及诸多单位和部门，这一要求一直未能得到满足。到奥巴马上台时，美国政府所有参与出口许可证处理的机构都有自己的IT系统。它们不仅彼此不兼容，而且不能共享许可证申请信息。对此，总统国家安全事务助理琼斯将军说目前的状况“使美国政府无法知道该批准还是拒绝对具体最终使用者的出口。这增加了美国政府做出错误决定的风险”[3]。因此，美国政府试图建立单一的信息技术系

1 “Presidential Documents, Executive Order 13558 of November 9, 2010, Export Enforcement Coordination Center”, *Federal Register*, vol. 75, no. 219, November 15, 2010, pp. 69573–69574.

2 Department of Justice Press Release, June 20, 2007, http://www.justice.gov/opa/pr/2007/June/07_nsd_440.html.

3 A Modern Information Technology (IT) System for Export Controls, http://export.gov/ecr/eg_main_027615.asp.

统，把与受控制物项有关的信息都收集起来，便于美国政府各个与出口控制有关的部门处理出口许可证申请，使美国政府能很好掌握从开始填写出口许可证申请到实际出口的每一个环节，提高执行能力。

作为建立单一IT系统的第一步，美国政府要求商务部和国务院采用国防部2003年建成的USXPorts系统。2010年6月，DDTC正式开始采用该系统，为使IT系统更快、更好地整合USXPorts，BIS于2010年更换了其所有计算机[1]，为采取单一IT系统做了必要准备。负责USML修订工作的助理国防部长帮办詹姆斯·米勒说，国务院和商务部分别在2011年8月和10月正式运行该系统。[2]接下来，财政部和参与跨部门审查许可证申请的其他部门、机构也将采用这一系统。估计各部门将在2012年全部采用该系统。[3]统一的IT系统在出口许可证申请过程中将提高效率和增加透明性。

四、出口控制改革面临的挑战与前景

奥巴马总统的《出口控制改革倡议》和军方的支持使本次出口控制改革的条件看来比以往任何时候都更好，人们有理由对本次改革充满希望。更重要的是，改革将获得商业界，尤其是大量中小型公司的欢迎和支持。过去，由于美国有CCL和USML两个出口控制清单，一般的中小型公司没有足够的人力和财力资源保证遵守美国出口控制规定，但奥巴马政府的改革准备把上述两个清单合二为一，就大大简化了美国出口控制机制，使大量中小型公司能够在不增加费用的前提下参与国际市场

1　"It May Take Two Years to Adopt Single Electronic Licensing System, BISer Says", *Export Practitioner*, August 2010, p. 26.

2　"Statement of Dr James N. Miller Principal Deputy Under Secretary of Defense for Policy before the House Committee on Foreign Affairs", May 12, 2011, p. 3.

3　A Modern Information Technology (IT) System for Export Controls, http://export.gov/ecr/eg_main_027615.asp .

竞争，从而会大大提高它们的竞争力。对此，航空工业联合会总裁玛丽安・布莱奇（Marion Blakey）说，把USML和CCL整合为单一控制清单对小型和中型公司的影响非常大，“这些公司没有足够的资源确保遵守目前的出口控制机制。简化这一机制就为它们提供了在国际市场变得更有竞争力的机会”[1]。但由于出口控制的复杂性，冷战后，美国出口控制改革都以失败而告终。对此，克林顿政府商务部负责出口控制的出口管理局局长比尔・赖因施（Bill Reinsch）说，美国政府“经常宣布改革出口控制，常常开始，但从未完成，真正的好消息是它什么时候结束”[2]。同时，考虑到奥巴马出口控制改革目标的广泛性以及根本性，新政府能否实现改革目标将面临一系列重大挑战。

首先，国会不积极支持，建立四个单一的出口控制改革目标面临极大不确定性。

单一控制清单是整个改革的基础，最终实现这一目标需要国会采取行动，而国会传统上反对放松出口控制，奥巴马面对的国会继承了这一传统。要建立单一控制清单，美国政府需要把USML中的一些物项转移到CCL。根据《武器出口控制法》的规定，转移或删除USML中的物项需提前30天通知众议院外交事务委员会和参议院外交关系委员会，并描述根据EAR进行的控制。针对奥巴马政府的做法，国会坚持维护自己的权力，众议院外交事务委员会主席艾琳娜・罗斯-莱赫蒂宁（Ileana Ros-Lehtinen）表示，委员会在审查把USML上的物项转移到CCL的过程中将处于出口控制改革的最前沿，意思是该委员会工作人员将与技术和安全专家一起

1 Jeffrey Hill, “U.S. Munitions List Review Breathes New Life into Export Control Debate”, *Satellite News*, vol. 35, no. 33, September 1, 2010.

2 William Matthews, “Obama Orders Broad Review of Export-Control Regs”, *Defense News*, August 14, 2009.

审查把USML中的有关物项转移到CCL的建议。[1]一旦国会参与审查清单，势必大大放缓建立单一控制清单的进程。实际上，由于国会的反对，审查出口控制清单的进程已经落后于改革时间表。根据《出口控制改革倡议》，审查USML和CCL应在1年内完成，但在两年多后的2011年5月，商务部负责出口管理事务的助理部长凯文·沃尔夫说："各部门正在审查USML和CCL。"[2]就是说，第二阶段的改革还根本不知道什么时候能完成，而合并两个清单为单一清单的第三阶段什么时候开始仍遥遥无期。

就建立单一许可证机构而言，虽然总统国家安全事务助理琼斯于2010年6月宣布将建立一个独立许可证机构接管BIS、DDTC、OFAC的许可证功能，但美国国会的研究报告说，将只把BIS和DDTC民事和行政执法职能并入新的统一许可证机构，核管理委员会对核材料的控制权和能源部对核技术的控制权不会转移到新机构。因为核材料出口许可证数量相对较少，出口商也相对较少。[3]如果国会所说属实，建立单一许可证机构的目标势必大打折扣。更重要的是，对该机构的未来具有重要影响的众议院外交事务委员会主席艾琳娜·罗斯–莱赫蒂宁认为单一许可证机构是"代价高昂的和莫名其妙的"，不是必需的。[4]该机构能否成立已蒙上浓重阴影。到目前为止，美国政府还没有提出建立单一许可证机构的具体建议。

至于单一出口执行机构，虽然已经成立出口执行协调中心，但这不大可能是建立单一出口执行机构的前奏。因为：(1) 该中心仅仅是协

1 "Export Control, Arms Sales, and Reform: Balancing U.S. Interests, Part 1, Hearing before the Committee on Foreign Affairs House of Representatives, One Hundred Twelfth Congress, First Session", May 12, 2011, p. 2.

2 Remarks of Kevin Wolf, Assistant Secretary of Commerce for Export Administration, "The Obama Administration's Export Control Reform Initiative", U.S.-Sweden Defense Industry Conference, Washington, DC, May 17, 2011.

3 Ian F. Fergusson, Paul K. Kerr, "The U.S. Export Control System and the President's Reform Initiative", CRS Report for Congress, Order Code R41916, July 14, 2011, p. 11.

4 Xiaodon Liang, "House Takes Up Export Reform Debate", *Arms Control Today*, vol. 41, June 2011.

调国务院、财政部、商务部等相关部门在出口控制执行方面潜在冲突的“首要论坛”，是执法机构与情报部门和出口许可证机构之间的联络人。这一职能定位使它在解决出口控制问题上可能不如以前的跨部门协调小组，从实际作用看，目前并无迹象表明DDTC、BIS或其他任何机构会失去执法权。（2）该中心的主体性不明。根据规定，中心主任由国土安全部高级官员担任，两个副主任由司法部和商务部任命，负责情报的官员则由国家情报总监任命。这意味着该中心在对哪个部门或领导负责和执行哪个部门或领导的命令上存在严重问题。在解决这一问题前，该中心不可能发挥有效作用。（3）该中心可能与2007年成立的国家出口控制协调员的职能交叉或重叠。国家出口控制协调员的责任是“确保在司法部与其他在出口控制中发挥重要作用的执法机构、许可证和情报部门之间实行全面协调”[1]。可见，在全面协调方面，两个机构之间存在交叉、重叠和模糊之处。因此，很容易理解为什么到目前该中心在出口控制方面还无所作为，既没有发出有重要意义的公开声明，也没有采取任何重大行动。在这种情况下，国会批准建立单一出口执行机构的可能性微乎其微。

相比较而言，建立单一IT系统是最容易的，也是目前四个单一中执行最为顺利的。但即使是单一IT系统，其未来也受国会决定的影响。据美国商务部估计，建立单一的IT系统，最初几年的费用大约为2000万美元。[2]

除四个单一外，奥巴马政府在许可证政策上所做的重大改革，即战略贸易授权许可证例外，也可能因遭到国会反对而夭折。STA的目的是加强与盟国合作和提高与盟国协同作战的能力，根据这一许可证例外，美国可向所有四个多边出口控制机制的成员国，同时也是北约成员国的

---

1 Department of Justice Press Release, June 20, 2007, http://www.justice.gov/opa/pr/2007/June/07_nsd_440.html.

2 U.S. Department of Defense, “DOD Background Briefing on the Export Control Reform Initiative”, April 19, 2010, http://www.fas.org/sgp/news/2010/04/dod-export.html.

其他机制成员国出口受控制的防务物项。这实际上是美国在2007年与英国和澳大利亚签订的防务贸易条约的扩大版。[1]美国国会至今仍继续推迟批准与两国的条约[2]，其重要原因是担心两国在未获得美国批准的情况下向第三国转移美国的物项或技术或含有美国组件或技术的物项，而美国对此无能为力。国会要求修改条约，增加“其他能确保美国技术安全的机制”，提出批准条约的前提是美国政府有权惩罚违反条约的行为。[3]根据新的战略贸易许可证例外，国会的上述担忧不仅没有解决；相反，国会的担心会更大。因为STA所涉及的国家多得多，未获美国批准而可能再出口或再转移的防务物项的规模要大得多，因此对美国国家安全的威胁可能严重得多。考虑到国会到现在仍不愿意批准与其最亲密的两个盟国签订的条约，国会批准向更大范围内的盟国或友好国家出口具有重要军事意义或价值的物项而不需要许可证的政策的可能性确实是很小的。正是由于国会的反对，冷战后美国出口控制制度并没有发生根本的变化，未来也可能很难看到这种变化。[4]

其次，行政部门内部的牵制或暗中反对也可能使改革难以推行。冷战后美国出口控制改革之所以一改再改、难有作为，其中一个重要原因就是政府相关部门（如国防部）一直对改革不积极、不支持、不配合，甚至反对。奥巴马政府的国防部一改过去立场，盖茨及其领导的国防部成为此次出口控制改革的重要推动力，但其他部门又打起了退堂鼓。美

1　关于英美防务贸易条约的相关规定，参阅Daniel Arnaudo, “U.S., UK Sign Defense Trade Cooperation Treaty”, *Arms Control Today*, vol. 37, September 2007。

2　Roxana Tiron, “Delay in Treaty Approval Frustrates United Kingdom Officials and United State Industry”, *The DISAM Journal of International Security Assistance Management*, vol. 31, no. 3, November 2009, p. 164.

3　William Matthews, “U.S. Arms Export Treaties Face Hurdles in Senate”, *Defense News*, August 17, 2009; Jeff Abramson, “Arms Experts Criticize Defense Trade Treaties”, Arms Control Association, September 24, 2010.

4　Jeff Foust, “A fading opportunity for export control reform?”, *The Space Review*, October 11, 2010.

国出口政策委员会的专家说，国务院并不积极支持国防部长盖茨的《出口控制改革倡议》，尤其是来自国务院上层的支持不多。因为国务院不希望在武器销售方面的外交权力与其他机构分享。国务院前官员、出口遵守应对措施委员会主席苏珊·帕尔默（Suzanne Palmer）说："时至今日，国务院在这个问题的讨论上在相当程度上保持沉默。"而从现实看，"来自国务院上层的支持不多，因为国务院希望保留武器销售方面的外交权力"[1]。如果在出口控制方面拥有最重要发言权之一的国务院不积极支持，出口控制改革目标恐怕很难实现。

再次，改革顾此失彼，目的不明，在加强国家安全和加强美国经济竞争力和维护经济繁荣之间徘徊。奥巴马政府把出口控制改革的目的确定为"加强美国国家安全和提高美国反击WMD扩散威胁的能力"，为此，要在"关键的技术或产品周围建立更高的墙"。主张增加出口的工业界认为这不利于经济发展，而经济因素隐然成为改革的初衷，因为奥巴马政府一再强调提高美国公司在世界市场的竞争力，"外国可获得性"和增加许可证政策的透明性与可预测性顺理成章地成为本次改革的关键措施。对此，主张实行更严厉的出口控制的人士说，该政策是致命的。他们质问，"俄罗斯有质量很好的肩扛式地空导弹，这意味着我们也应该解除控制吗？难道因为几乎任何地方都可以获得AK-47，美国就应该停止需要许可证才能出口M4s的做法吗？"[2]奥巴马政府难以回答这一诘问，这意味着上述政策会受到极大阻挠。

最后，出口控制改革不仅需要国会和其他政府部门的支持，而且需要多边机制伙伴国的同意。根据改革计划，美国政府将审查单方面控制的物项，以增加或删除多边控制清单上的物项。这就必须与多边控制机制伙

1 Marina Malenic, "Experts Skeptical On Export Control Reform", *Defense Daily*, November 9, 2010.

2 William Matthews, "U.S. Firms Launch Export-Control Reform Push", *Defense News*, January 13, 2010.

伴协商。根据目前四个多边国际出口控制机制的规定，增加或删除多边控制清单上的物项都需要成员国一致通过。就是说，任何一个成员国不同意把某物项纳入或解除控制，该建议都不可能通过。历史上，即使在世界经济蓬勃发展的20世纪50年代，美国也不能迫使多边机制成员国如英国完全接受美国的出口控制要求。[1]在世界经济不景气，尤其是各发达经济体普遍陷于衰退阴影之下的时候，要使各多边机制成员国接受美国的主张恐怕更难。多边机制伙伴如果不同意对美国提议进行控制的某些物项实施控制，则意味着美国将单方面进行控制，而单方面进行控制恰恰是奥巴马政府要避免的，也是奥巴马政府出口控制改革力图要改变的。

考虑到上述种种不利因素，美国政府看来对改革仍没有多大信心，因为美国政府只说完成改革需要三阶段，但没有时间表，只说已完成第一阶段，正在进行第二阶段，但第二阶段什么时候完成，第三阶段什么时候开始，则始终没有说明。因此，出口控制改革前景难测。

余　论

许多研究者认为美国冷战时期的出口控制在经济上是得不偿失的，而且也没有阻止苏联军事力量的发展。[2]不能说这一看法是错误的，因为它反映了苏联军事力量的现实。这里就涉及如何认识出口控制及其影响的问题。出口控制虽然具有阻止对手获得先进技术或武器的作用，但它根本无法阻止一个国家完全凭自己独立的技术和能力发展自己的力量。因此，仅凭苏联冷战期间军事力量的发展难以说明美国出口控制失败了，

1　参阅刘子奎:《英美在对苏东国家出口控制上的冲突与合作（1961—1963）》,《史林》，2009年第5期。

2　Jere W. Morehead, David A. Dismuke, “Export Control Policies and National Security: Protecting U.S. Interests in the New Millennium”, *Texas International Law Journal*, vol. 34, no. 173, 1999.

可以接受的说法是，如果没有美国的出口控制，苏联的军事力量和技术发展会快得多。因此，上述说法夸大了出口控制的作用。实际上，出口控制不能阻止苏联军事力量的发展，也不能解决冷战后愈演愈烈的扩散问题，而只能推迟或延期对手获得先进技术或武器的时间，或提高获得先进技术或武器的代价，从而为单方面或动员国际社会应对威胁赢得时间。[1]至于出口控制的影响，如果不仅仅从战后美国某位总统的任期看，而从战后长时段的历史看，视战后美国每一任总统的出口控制改革为一个连续的过程，则对美国出口控制的作用和结果的认识就会积极得多。因为它在冷战时期有助于遏制苏联及其他社会主义国家的战略安全目的，在冷战后有助于防止WMD及其运载工具扩散；同时，整体上也没有妨碍美国经济和技术始终处于世界前列或领导地位，即使冷战后技术扩散态势加剧，也没有从根本上动摇美国在科学技术上的世界领导地位。

美国出口控制的一个引人注目的目标就是利用出口控制作为阻止其他国家军事力量增长、削弱其经济力量和影响它们的国内或外交政策的工具。[2]在这一语境下，出口控制实际上是实现美国对外政策目标和国家安全战略目标的经济工具。因此，美国出口控制的目标不是控制出口，而是控制威胁——经济上和国家安全上的威胁。或许从这一视角出发，才能更清楚认识美国出口控制和奥巴马出口控制改革。

---

1 Michael D. Beck, Richard T. Cupitt, Seema Gahlaut and Scott A.Jones eds, *To Supply or To Deny: Comparing Nonproliferation Export Control in Five Key Countries*, Kluwer Law International, 2003, pp. 3–4.

2 Michael Mastanduno, "The United States Defiant: Export Controls in the Postwar Era", *Daedalus*, vol. 120, no. 4, Fall 1991, pp. 91–112.

第六章　冷战后美国对华出口控制：以卫星出口控制为中心

出口控制是美国实现对外战略目标的经济工具，它常常通过说服、奖励或者惩罚以影响国际政治和其他国家的外交行动来达到目的。出口控制实现目的的手段一般是阻止真正的或潜在的敌人得到稀缺资源，不让它获得会极大提高军事潜力的美国及其西方盟国的物资和技术。[1]美国出口控制的这一特性和目的在冷战后美国对华卫星出口控制方面体现得非常明显。

自1957年苏联发射第一颗人造地球卫星以来，美苏展开了长期而激烈的太空竞赛。[2]由于在卫星领域的垄断地位为美国军事霸权提供了巨大支持和保障，美国向来把卫星作为军火看待，对商业卫星及相关技术和部件实行严格的出口控制。20世纪80年代，鉴于中美的战略关系不断深化，美国开始向中国出口卫星，并在卫星发射领域与中国进行合作。冷战结束后，尤其是进入21世纪后，随着中国逐步复兴和加速崛起，美国逐步把中国看作潜在对手和国家安全的威胁，进而把中国作为出口控制的焦点，逐步禁止向中国出口卫星及相关技术。中国也成为认识和理解

1　John Heinz, *U.S. Strategic Trade: An Export Control System for the 1990s*, Westview Press, 1991, p. 3.

2　NASA, "Sputnik and the Dawn of the Space Age", http://history.nasa.gov/sputnik/.

冷战后美国卫星出口控制法律和政策决定的一个关键要素。

关于冷战后美国对华卫星出口控制，尽管国内外学界有诸多相关研究，但对中国与美国卫星出口控制的直接研究尚不够深入，既有研究或主要关注美国卫星出口控制政策的演变[1]；或注重考察冷战后美国卫星或空间工业出口控制改革[2]；或考察卫星出口控制对防扩散的影响。[3]与上述研究相比，随着美国逐步把中国作为出口控制的焦点，一些中国学者开始注意美国对华卫星出口控制[4]，但其重心主要是借助美国对中国的卫星

---

1 Victor Zaborsky, "Evolving U.S. satellite export policy: Implications for missile nonproliferation and U.S. national interests", *Comparative Strategy*, vol. 19, issue 1, 2000, pp. 57–67; Joan Johnson-Freese, "Alice in Licenseland: US satellite export controls since 1990", *Space Policy*, vol. 16, no. 3, 2000, pp. 195–204; Christopher B. Erickson, "The evolution of U.S. Satellite and Space Launch Technology Export Control Policy", A Thesis Presented to the Faculty of the Department of Public Administration, San Jose State University, August 2002.

2 Matthew D. Burris, "Tilting at Windmills? The Counterposing Policy Interests Driving the U.S. Commercial Satellite Export Control Reform Debate", *Air Force Law Review*, vol. 66, 2010; Karri Allen, "Communications Satellites and U.S. Export Controls: Correcting the Balance", *CommLaw Conspectus*, vol. 18, pp. 463–486; David Damast, "Export control reform and the space industry", *Georgetown Journal of International Law*, vol. 42, no. 1, Fall 2010, pp. 211–232 ; Jeff Foust, "Export Control Reform Enters the Home Stretch", *The Space Review*, June 17, 2013; Shahram Sarkani, Thomas Mazzuchi, "U.S. Space Acquisition: Challenges in the Final Frontier", *ARJ*, vol. 19, no. 1, January 2012, pp. 75–98; Michael J. Noble, "Export Control and United States Space Power", *Astropolitics*, vol. 6, no. 3, 2008；何奇松:《简析美国卫星出口管制政策调整》,《现代国际关系》，2012年第12期；何奇松:《美国的卫星出口管制改革》,《美国研究》，2014年第3期；李剑刚:《美国航天出口控制制度改革述评》,《中国航天》，2012年第8期；王冀莲，李剑刚:《〈美国航空航天法〉立法经过及主要内容》,《中国航天》，2012年第11期。

3 Michael C. Mineiro, "The Dilemma of National Security and International Cooperation in Outer Space: Space Technology Trade and Proliferation Controls and their Impact on Global Civil Space Cooperation", A thesis submitted to McGill University in partial fulfillment of the requirements of the degree Doctor of Civil Law, April 2011; John R. Wood, "Mitigating Proliferation: An Assessment of Nonproliferation Institutions, International law, and Preemptive Counterproliferation Intervention", A Thesis Presented to the Faculty of the Fletcher School of Law and Diplomacy, June 2004.

4 谢一涵:《"中国例外"的美国卫星出口管制政策分析》,《卫星运用》，2014年第9期；刘卫东:《试析美国总统的法律条款临时中止权——以美国对华出口卫星为例》,《美国研究》，2012年第1期。

出口控制来展示冷战后美国出口控制改革这一全景。

本章以美国政府文件和相关研究为基础，转换研究视角，考察卫星何以成为中美贸易中无法逾越的问题，探讨国际安全环境的变化对美国对华卫星出口控制政策的影响，揭示并深描美国对华卫星出口控制政策的复杂性、广泛性和全面性。

一、老布什政府的对华卫星出口控制政策

自1949年到20世纪70年代初，美国对中国一直实行严厉的出口控制。[1]中美之间几乎没有任何贸易往来。随着美苏冷战态势的变化，尼克松决定改善与中国的关系。作为中美关系解冻的信号，1971年4月，尼克松宣布结束对中国22年的贸易禁运。苏联入侵阿富汗后，随着中美战略关系的变化，为利用中国抗衡苏联，美国政府专门为中国制定了所谓的“绿线”政策，放松对中国的出口控制，允许向中国出口两用物项或技术，甚至允许向中国出口防御性武器。[2]里根入主白宫后，出于加强中美战略合作的需要，美国进一步放松对华出口控制。由于卫星对于提高通讯水平和收集情报信息等具有重要作用，1988年9月，里根总统宣布由中国为美国发射商业卫星，中国也同意以与其他竞争对手相近的价格承揽美国卫星发射任务，在1994年之前发射了9颗美国制造的卫星。[3]

1　参阅崔丕：《美国的冷战战略与巴黎统筹委员会、中国委员会（1945—1994）》，中华书局2005年；Luke Lee and John McCobb, “United States Trade Embargo on China, 1949–1970: Legal Status and Future Prospects”, *New York University Journal of International Law and Politics*, vol. 4, no. 1, 1971, pp. 1–28。

2　Hugo Meijer, *Trade with the Enemy: The Making of US Export Control Policy toward the People's Republic of China*, Oxford University Press, 2016, p. 7.

3　GAO, “Export Controls: Issues Related to the Export of Communications Satellites”, GAO/T-NSIAD-98-211, June 17, 1998, p. 5；刘卫东：《试析美国总统的法律条款临时中止权——以美国对华出口卫星为例》，《美国研究》，2012年第1期。

老布什继承了里根政府放松对华出口控制的政策。1989年2月，美国与巴统成员国就提高准许向我国出口的产品与技术水平达成协议，除核武器及其投送系统、情报收集、电子战、反潜战、力量投送和空中优势系统等6个领域的技术和装备不允许向中国出口外，精密仪器、电信设备、数控机床等都可向中国出口，还允许属于传统防务能力和军民两用技术的军火装备和技术在逐案审查的基础上向中国出口。[1]

苏东剧变和我国1989年发生的政治风波在相当程度上逆转了美国对华出口控制政策的趋势。苏东剧变极大增强了美国对自身价值观和政治制度的自信心，刺激了美国和平演变中国的幻想[2]，1989年的政治风波则为美国进一步对中国实施以压促变提供了契机。事件发生后，美国国会迅速通过相关法案，不仅禁止向中国出口武器[3]，而且对中国实行包括贸易在内的各项制裁，明令禁止向中国运送定于1990年4月由中国发射的美国卫星。[4]此后，向中国出口或由中国发射美国卫星必须获得美国总统豁免。[5]

老布什政府很清楚，贸易制裁和政治孤立中国不符合美国经济和安全利益。一方面，自1986年美国的高技术贸易第一次出现25亿美元赤字

1 John Heinz, *U.S. Strategic Trade: An Export Control System for the 1990s*, Westview Press, 1991, p. 84.

2 王缉思、徐辉、倪峰主编：《冷战后的美国外交（1989—2000）》，时事出版社2008年，第154页。

3 此后，美国通过官方渠道向中国运交武器的活动已经完全停止，通过商业渠道运交武器的活动几乎下降到零，参阅Harry Harding, *A Fragile Relationship: The United States and China Since 1972*, Brookings Institution, 1992, p. 288；张汉林、蔡春林：《试论美国对华出口管制政策及前景》，《美国研究》，1991年第2期。

4 GAO, "Export Controls: Issues Related to the Export of Communications Satellites", GAO/T-NSIAD-98-211, June 17, 1998, p. 5.

5 Howard Diamond, "House Seeks to Limit Space Cooperation with China", http://www.armscontrol.org/print/352; John Heinz, *U.S. Strategic Trade: An Export Control System for the 1990s*, Westview Press, 1991, p. 86.

以来[1]，美国贸易持续恶化，作为正在蓬勃发展中的中国，其巨大市场潜力自然为美国所看重，经济制裁肯定损害美国商业利益。同时，美国在国际市场上正面临日本和欧盟的强有力竞争，美国单方面对中国实行经济制裁将使其他国家从中渔利。老布什政府认识到，如果不能在国内保持其经济活力和竞争力，美国就不可能实现其外交政策目标，也不可能保持其在国外的信誉。[2]

另一方面，也是更重要的，冷战结束在很多方面改变了国家安全的定义，军事上防范苏联共产主义威胁已经变得毫无意义。国家安全的概念变得更加广泛，不仅包括军事上的，而且包括经济、环境以及与全球化和跨国问题相关的诸多领域的挑战。因而，美国正处于维护美国安全和有效发挥世界领导作用的历史十字路口，美国政府不仅要解决第三世界冲突、毒品、难民和环境恶化等新问题，而且要解决传统的意识形态和地缘政治挑战。尽管美国政府认为，苏联解体后中国在地缘政治方面的作用对于美国来说不再那么重要，但中国对东亚和太平洋地区稳定和全球力量平衡具有关键作用；另外，美国政府相信，鼓励中国继续进行“民主改革”并影响中国国内事务发展符合美国战略利益。这需要保持与中国的联系，以便在必要时支持、遏制或平衡中国的力量或影响，保护美国的利益。[3]正是出于上述经济和战略考虑，老布什不仅在中国政治风波发生后不久就派高级官员秘密访问中国，而且还于1989年12月以国家安全需要为由，宣布同意向中国出口美国通信卫星和给中国贷款。[4]

1　John Heinz, *U.S. Strategic Trade: An Export Control System for the 1990s*, Westview Press, 1991, p. 114.

2　The White House, “National Security Strategy of the United States”, January 1993, p. ii.

3　The White House, “National Security Strategy of the United States”, March 1990, p. 12; The White House, “National Security Strategy of the United States”, January 1993, pp. 7–8.

4　Ryan Zelnio, “A short history of export control policy”, *The Space Review*, January 9, 2006.

老布什政府的行为遭到国会强烈反对。在对中国的看法和认识上，美国国会几乎与老布什政府完全相反。在国会看来，尽管苏东发生剧变后国际安全环境发生巨大变化，但中国的未来仍有巨大不确定性，中国已成为美国国家安全的威胁，美国面临的“领导的机会和领导的责任从未像现在这样大”，而“出口控制政策对于我们的国防和国防工业，对于我们的贸易平衡和高技术部门的安全，对于我们与北约最亲密盟友外交政策的成功，对于发展中国家和华沙条约组织来说都是中心”。[1]因此，国会坚持对中国实行包括贸易制裁在内的措施，要求政府采取措施严格控制向中国出口卫星等高新技术，而且通过相关法案，使上述政策固定下来。迫于国会压力，1990年2月，老布什总统签署1990—1991财年《对外关系授权法》，规定暂停用中国火箭发射美国卫星；但如果向中国出口卫星符合美国外交政策目标或国家安全利益，总统有权通过例外程序批准出口。[2]据此，老布什下令禁止向中国出口3颗卫星。这是美国政府第一次在法律上限制使用中国火箭发射美国卫星。随着中美关系的改善，1991年4月，通过例外程序，老布什宣布将由中国火箭发射3颗美国卫星，在其整个任职期间，老布什总统通过例外程序，先后9次批准由中国火箭发射美国卫星。[3]

1990—1991财年《对外关系授权法》清楚表明，尽管包括老布什在内的一些政府人士对中国的认识更符合实际，但总体而言，在美国看来，中美合作对抗苏联的基础已不存在，美国对华出口控制的战略背景已发生深刻变化，美国将把中国看作是对美国国家安全或外交政策利益的威胁而逐步把出口控制的焦点转移到中国。它确立了老布什政府后的历届

1 John Heinz, *U.S. Strategic Trade: An Export Control System for the 1990s*, Westview Press, 1991, p. x.

2 http://www.loc.gov/shutdown-message.html.

3 Howard Diamond, “House Seeks to Limit Space Cooperation with China”, http://www.armscontrol.org/print/352.

美国政府对华卫星出口控制的基本走向，即出于国家安全或外交政策考虑，美国将严格控制对华卫星出口。

二、克林顿、小布什政府的对华卫星出口控制政策

克林顿政府初期的国家安全战略受苏联解体和赢得冷战的乐观情绪的影响很大，尽管承认存在不确定性和明显威胁，但主要强调冷战后美国面临使自己国家更加繁荣和安全的前所未有的机会，主张采取各种手段和措施塑造有利于美国的国际安全环境。[1]因而，上台伊始，克林顿政府奉行对华强硬政策，试图把中国的政治、经济塑造为美国所希望的模式，不仅大打人权和台湾牌，而且在经贸问题上也不断对中国施压。[2]作为在经贸问题上对华施加压力的重要手段，出口控制非常为克林顿所看重。还在大选时，克林顿就攻击老布什总统的出口控制政策太宽大，并选择在参议院向来有努力促进出口控制名声的戈尔做竞选搭档，他表示，将加强不扩散出口控制，将把不扩散出口控制当作外交政策的优先任务。[3]作为这一政策的结果，克林顿于1993年8月24日宣布对包括中国长城公司在内的全部11家防务公司实施制裁，禁止向中国出口卫星。[4]

这一政策很难贯彻实行，一方面，中国坚决维护自己的合法利益，对克林顿政府对华出口控制所作所为进行了有礼有节的斗争。另一方

1　The White House, "A National Security Strategy of Engagement and Enlargement", July 1994; The White House, "A National Security Strategy of Engagement and Enlargement", February 1996; The White House, "A National Security Strategy of Engagement and Enlargement", February 1995;The White House, "A National Security Strategy of Engagement and Enlargement", February 1996.

2　参阅陶文钊主编:《冷战后的美国对华政策》，重庆出版社2006年，第68—190页。

3　Richard T. Cupit, *Reluctant Champions, U.S. Presidential Policy and Strategic Export Controls*, Routledge, 2000, p. 160.

4　Shirley A. Kan, "China: Possible Missile Technology Transfers under U.S. Satellite Export Policy-Actions and Chronology", CRS Report for Congress, Order Code 98-485F, Updated October 6, 2003, p. 18.

面，对于美国的商业利益而言，冷战的结束为根本改革美国出口控制政策开辟了道路，如果美国解除大量控制，随着原苏联国家市场改革的进行，美国生产商将发现一个前所未有的销售机会。对美国卫星制造商来说，中国正处于蓬勃发展中的庞大市场非常有吸引力。因而，工业界游说集团加强了对放松出口控制的游说活动，要求增加商业利益在制定美国出口控制政策中的分量。包括休斯公司总裁在内的美国航空航天工业重量级人物反对制裁中国并要求扩大对中国的卫星出口。[1]最后，也是更为重要的是，作为冷战后的第一位总统，由于迫在眉睫的国家安全威胁已经消失，克林顿有机会，也有可能重新定义国家安全。这意味着国家安全不再是具有压倒性优势的考虑，克林顿政府可以不必像以前的美国政府那样在国家安全与经济利益之间进行艰难选择，而可以更多地或更主要关注经济利益，在制定美国出口控制政策时给予商业利益更大的重视，并把增加出口和扩大市场作为"最优先"的事务。因而，克林顿许诺建立一个与国家安全委员会平等的促进经济发展的委员会，并主张采取更自由的出口控制政策、简化出口控制程序和避免采取单方面控制措施，以消除冷战残余。[2]正是在这一背景下，克林顿政府提出"新经济"口号，在政治上则提出接触政策，试图通过接触影响中国政治发展议程。

1994年，克林顿政府开始改变最初的强硬对华政策，其重要表现之一就是调整出口控制制度和对华卫星出口控制政策。还在1993年9月，跨部门的贸易促进协调委员会要求对美国军火清单中的商业通信卫星等两

1 Shirley A. Kan, "Chinese Proliferation of Weapons of Mass Destruction: Background and Analysis", CRS Report for Congress, Order Code 96-767F, September 13, 1996; John Mintz, "White House Papers Trace Hughes Executive's Pressure for China Deals", *Washington Post*, July 27, 1998.

2 Richard T.Cupit, *Reluctant Champions, U.S. Presidential Policy and Strategic Export Controls*, Routledge, 2000, pp. 160-164.

用物项进行审查，以便尽快把它们转移到美国商品控制清单中。[1]商务部认为，商业卫星的最终用途是两用的，把商业卫星纳入CCL，就能与多边出口控制机制的出口控制清单和其他国家的出口控制清单保持一致。但国务院和国防部不同意，它们认为商业卫星具有军事敏感性，可能大幅提高或改进潜在对手导弹的性能和可靠性。[2]商务部向国家安全委员会和总统投诉。1996年3月，在与跨部门工作组多次商讨后，克林顿不理会国务院的反对，宣布把卫星从USML转移到CCL，由商务部负责卫星出口许可证申请的处理，1996年11月该命令生效。[3]但为回应国务院的关切，克林顿修改卫星许可证申请和决定程序，要求商务部把所有关于出口商业通信卫星的许可证申请都提交国务院、国防部、能源部以及军备控制与裁军署。卫星许可证的决定权此前由行动委员会这一跨部门机构行使，新政策规定由组成行动委员会的5个部门代表的多数票决定。为防止出口到中国的卫星及相关技术被转用于军事目的，美国与中国签订政府间协议，规定实行严格的技术安全保证，以确保敏感技术不会被无意中转移到中国。[4]这样，克林顿在强调经济利益的同时，也没有放弃国家安全出口控制。

1　美国有两个出口控制清单，一个是USML，由国务院负责，一个是CCL，即两用物项清单，由商务部负责。前者的出口控制要比后者严格得多。由于美国把卫星及相关技术作为军品，因此，卫星及相关技术一直属于军品清单，对它们的出口控制要比其他两用物项更严格。

2　GAO, “Export Controls: Issues Related to the Export of Communications Satellites”, GAO/T-NSIAD-98-211, June 17, 1998, pp. 7–8.

3　Shirley A. Kan, “China: Possible Missile Technology Transfers under U.S. Satellite Export Policy-Actions and Chronology”, CRS Report for Congress, Order Code 98–485F, Updated October 6, 2003, p. 51.

4　Ryan Zelnio, “A short history of export control policy”, *The Space Review*, January 9, 2006；安全保证机制包括技术转移控制计划和国防部全程监督卫星发射，国务院或商务部也可能把这些安全保证作为是否批准向中国出口卫星或由中国发射美国卫星的条件。技术转移控制计划由出口商制定、国防部批准，计划内容包括：在与中国官员举行技术会议时和发射现场，国防部监督人员须参加，以确保卫星的物理安全和美国公司与中国技术官员的任何现场技术会议不会泄露美国技术。GAO, “Export Controls: Issues Related to the Export of Communications Satellites”, GAO/T-NSIAD-98-211, June 17, 1998, p. 9.

这一政策调整很快反映到美国对华卫星出口上。1993年11月，克林顿同意向中国出口2颗卫星，1994年1月，克林顿宣布向中国出口3颗卫星，10月，美国放弃1993年8月对中国实施的制裁。1995年3月，美中签署新的双边太空发射协议，允许中国将多达11颗新卫星发射到地球静止轨道，并同意就恢复中美商业卫星发射国际贸易协议进行讨论。当然，克林顿政府要求中国报价应比西方同行低15%以上。1998年2月，克林顿放弃1989年对中国实施的卫星出口控制制裁并宣布向中国出口中星8号卫星，其政府高级官员还建议进一步增加出口中国的卫星数量。很快，劳拉公司与中国达成协议，用中国长征火箭发射5颗美国商业卫星。[1]

但中美在商业卫星领域的合作很不顺利。1992年尤其是1994年后，中国火箭在为美国提供卫星发射服务时，多次发生爆炸。[2]为弄清卫星发射失败原因，1996年4月，美国卫星制造商劳拉公司和休斯公司与中国联合进行分析，美国商务部也同意向中国转移分析数据。[3]这本身是中美两国在卫星领域的正常合作和交流，但却引起轩然大波，最终导致克林顿政府对美国卫星出口控制制度和对华卫星出口控制政策进行重大改革，从而逆转了中美高新技术领域的交流合作和美国对华卫星出口政策。

美国一直把卫星作为军品。美国政府诸多官员和专家认为，卫星技

1 Howard Diamond, "House Seeks to Limit Space Cooperation with China", http://www.armscontrol.org/print/352. Shirley A. Kan, "China: Possible Missile Technology Transfers from U.S. Satellite Export Policy-Actions and Chronology", CRS Report for Congress, Order Code 98–485F, September 5, 2001, pp. 41, 55.

2 中国第一次为外国提供发射服务是在1990年4月17日，从那时以来，中国逐步扩大对外发射业务。但在1996年前，中国卫星发射遭受多次失败。1992年，中国发射由美国休斯公司制造的澳大利亚B1和B2卫星时先后发生爆炸，1995年1月，长征2E火箭发射休斯公司制造的Apstar 2卫星失败，1996年2月，长征3B火箭发射劳拉公司制造的Intelsat 708卫星再次失败。Shirley A. Kan, "China: Possible Missile Technology Transfers from U.S. Satellite Export Policy-Actions and Chronology", CRS Report for Congress, Order Code 98–485F, Updated October 6, 2003, p. 49。

3 Ryan Zelnio, "A short history of export control policy", *The Space Review*, January 9, 2006.

术和实际知识与导弹技术和实际知识存在相当大共性，许多技术，如确保发射不会损坏有效载荷的耦合载荷分析，确保上面级分离和点火以及姿态控制、卫星的自旋释放的制导数据包和上面级固体火箭推进剂认证及上面级控制设计验证，将多颗卫星送入分离轨道的卫星分配器，将卫星送入正确轨道的下面级设计验证和一般质量保证及加速发动机等，既可用于火箭发射卫星，也可用于导弹发射弹头。美国太平洋部队司令约瑟夫·普理赫（Joseph Prueher）将军说，在中国发射美国卫星时，任何与导弹技术或专门知识有关的转让都会“渐进地而不是任何量子飞跃”般地提高中国的洲际弹道导弹质量，并会“加速解决其导弹的制导技术问题”。[1]美国国务院断言，“任何向中国提供的、提高空间发射能力的援助都可能应用于导弹开发”[2]。总之，美国各主要机构相信卫星发射技术有助于实现中国弹道导弹现代化。因此，从1997年开始，美国出现大量关于劳拉和休斯公司向中国转移与卫星有关的敏感技术信息的报道。1997年3月，美国空军的国家航空情报中心发布报告，说休斯和劳拉公司提供的技术专长有助于中国改进弹道导弹的制导系统。同年5月16日，国防部国防技术安全管理办公室发布报告，称劳拉和休斯公司对中国的技术转移极大增强了中国核弹道导弹的可靠性，严重损害了美国国家安全。[3]美国中央情报局则断言，中国在1970年就决定部署多弹头重返大气层运载

1 Tony Capaccio, “U.S. Firms Marginally Helped China ICBMs”, *Defense Week*, October 26, 1998; “China Benefitted From Tech Transfer, Adm. Prueher Says”, *Aerospace Daily*, October 26, 1998.

2 Loeb Vernon, “Lockheed Aided China on Rocket Motor, U.S. Says”, *Washington Post*, April 6, 2000.

3 Walter Pincus, “Pentagon, CIA Differ on Missile Threat”, *Washington Post*, June 7, 1998; Jeff Gerth, “Aerospace Firms’ Ties with China Raise Questions”, *NewYork Times*, April 13, 1998; Eric Schmitt, “Report Outlines Damage to National Security in Companies’ China Dealings”, *New York Times*, June 27, 1998; Shirley A. Kan, “China: Possible Missile Technology Transfers under U.S. Satellite Export Policy-Actions and Chronology”, CRS Report for Congress, Order Code 98-485F, Updated October 6, 2003, p. 53.

工具（MIRV），因为缺乏弹头小型化能力而失败。得益于劳拉和休斯公司的帮助，中国已经具备为目前部署的洲际弹道导弹开发MIRV系统的“技术能力”，但没有部署MIRV。然而，获得美国技术将“有助于中国为其未来的移动导弹开发MIRV”。[1]总之，美国认为卫星及相关技术在太空战场态势感知、精确打击武器、联合军事行动指挥和控制以及信息战等四个方面有助于解放军。[2]

如果说上面的指责对美国国家安全更多是一种可能的威胁，而我国核导弹和空间系统现代化的进步则被一些美国人视为美国卫星敏感信息或技术专长被转移到中国对美国国家安全所产生的现实威胁。众所周知，我国自1970年以来就用长征火箭发射本国卫星，从1990年开始用长征火箭发射外国卫星。美国国会据此坚持认为长征系列火箭与我国东风洲际弹道导弹有密切关系，或者说长征火箭就是由东风火箭演化而来的；理由是我国的西昌卫星发射中心也是军方基地，并认为我国的东风-3洲际弹道导弹使用了与长征一号助推器，东风-4洲际弹道导弹的助推器实际上是长征一号火箭的变体，东风-5A洲际弹道导弹也使用了长征二号、长征三号和长征四号系列空间运载火箭作为助推器。[3]在国会看来，美国向中国出口商业卫星和太空部件肯定会提高中国空间军事能力和改善导弹技术，而且，由于军用和民用混在一起，很难准确统计中国生产的洲际弹道导弹的数量，也使得中国能够增加可用于部署的洲际弹道导弹的

1 Shirley A. Kan, “China: Suspected Acquisition of U.S. Nuclear Weapon Data”, CRS Report for Congress, Order Code RL30143, Updated February 1, 2006 .

2 Bernard B. Cole, Paul H. B. Godwin, “Advanced Military Technology and the PLA: Priorities and Capabilities for the 21st Century”, in Larry M. Wortzel ed, *The Chinese Armed Forces in the 21st Century*, Strategic Studies Institute, 1999, pp. 159–218.

3 Howard Diamond, “Congress returns export control over satellites to State Department”, *Arms Control Today*, vol. 28, no. 7, October 1998, p. 25; Shirley A. Kan, “China: Possible Missile Technology Transfers from U.S. Satellite Export Policy-Actions and Chronology”, CRS Report for Congress, Order Code 98–485F, Updated October 6, 2003, pp. 2–5.

潜在数量。一些美国学者和主流新闻媒体也推波助澜，他们说，用于发射卫星的长征火箭最初来自更早时候研制的弹道导弹，在发射卫星的同时，中国同步推进空间运载火箭和洲际弹道导弹现代化。[1]质言之，美国向中国出口卫星或相关技术数据，威胁了美国国家安全。

中国在包括卫星和核导弹领域在内的各高新技术方面取得的进步完全是中国科研人员长期努力研究的结果。对此，克林顿政府内部许多人士对此有清醒认识。因此，针对各种不实指控，劳拉公司和休斯公司一再声明它们最严格地遵守并执行了美国出口控制法律法规，没有向中国提供任何导弹制导技术，也没有建议中国“如何解决长征火箭的任何问题”，是中国人对发射失败进行了独立调查并确定是一个低端技术问题。[2]克林顿政府也据实反驳。在1998年4月国会听证会上，克林顿的军备控制与裁军署副主任约翰·霍勒姆（John Holum）强调所有对中国的卫星出口有“健全的法律救济措施”，进行了严格的许可证审查，并采取了包括现场监督在内的严格措施，排除了对中国在卫星设计、开发、操作、维护或修理方面的任何帮助。商务部副部长威廉·赖因施强调，对中国的卫星出口的控制是有效的，不仅使美国出口商能够提高竞争力，而且降低了非法技术转移的风险，这根本没有危及美国国家安全，同时使美国赢得商业利益。[3]1998年9月，国防部首席助理部长帮办富兰克

1 John Wilson Lewis, Hua Di, “China’s Ballistic Missile Programs: Technologies, Strategies, Goals”, *International Security*, vol. 17, no. 2, 1992, pp. 5–40; Jeff Gerth, “Aerospace Firms’ Ties with China Raise Questions”, *New York Times*, April 13, 1998; Eric Schmitt, “Report Outlines Damage to National Security in Companies’ China Dealings”, *New York Times*, June 27, 1998.

2 为避免美国国会和司法部没完没了的调查，2002年，劳拉公司同意支付2000万美元罚款而免于司法部的刑事调查，2003年，休斯公司同意支付3200万美元罚款而免于美国司法部刑事调查。劳拉公司同时宣布，不承认司法部的指控。Andy Pasztor, David Cloud, “Loral Nears Civil Settlement With U.S. Over Sharing Technology With China”, *Wall Street Journal*, August 31, 2001.

3 Shirley A. Kan, “China: Possible Missile Technology Transfers under U.S. Satellite Export Policy-Actions and Chronology”, CRS Report for Congress, Order Code 98-485F, Updated October 6, 2003, pp. 56–57.

林·米勒（Franklin Miller）就重大技术转让在国会作证时说，发射美国卫星并没有给中国目前的洲际弹道导弹带来任何好处。[1]美国科学家联盟的太空政策项目主任约翰·派克（John Pike）说，中国弹道导弹的推进器与长征运载火箭的推进器之间存在显著差异。他说，长征火箭的推进器要比东风-5A洲际弹道导弹的推进器更长，因此它们在上升过程中的弯曲程度更高。它们更大的鼻锥可以容纳比弹头更大的卫星。这些特点在长征火箭上非常明显。他还认为，一箭双星技术与发射多弹头分导式再入飞行器非常不同。与卫星不同，弹头的设计是为了在重新进入大气层时能经受住更大的振动和热量。[2]

显然，美国卫星制造商向中国转移有关敏感技术信息并促进中国导弹力量现代化的说法纯属子虚乌有。但把出口控制作为阻止或剥夺真正的或潜在的敌人获得美国和西方的能极大提高军事潜力的先进物资和技术手段的冷战主张仍占据支配地位。它与随着卫星及相关技术竞争性经济活动的兴起而产生的安全关切一起，在相当程度上降低了在卫星及相关技术领域美国与中国合作的可能性或阻止了美国向中国出口卫星。因此，根据所谓的中国军事现代化是美国国家安全潜在威胁的冷战思维，美国国会和相关政府机构坚决不接受劳拉和休斯公司及克林顿政府和相关科学家的合理说法，固执地认为劳拉和休斯公司在调查中与我国工程师共享了对事故原因的分析与看法，还向中国技术人员提供了与卫星内部工作有关的、需要美国事先批准才能出口的受控技术数据。[3]而这些技术数据很可能被中国用于改进导弹能力。1997年9月，美国司法部开始对

1 Shirley A. Kan, “China: Possible Missile Technology Transfers under U.S. Satellite Export Policy-Actions and Chronology”, CRS Report for Congress, Order Code 98-485F, Updated October 6, 2003, p. 14.

2 “The China Satellite Debate”, *Proliferation Brief*, June 23, 1998.

3 Shirley A. Kan, “China’s Technology Acquisitions: Cox Committee’s Report-Findings, Issues, and Recommendations”, CRS Report for Congress, Order Code RL30220, June 8, 1999, pp. 109-115.

所谓劳拉公司向中国非法转移相关技术发起刑事调查，1998年5月，调查扩大到休斯公司。[1]

1988年里根政府批准由中国公司发射美国卫星以来，国会周期性地表达向中国出口卫星对美国国家安全的影响的关切。所谓的劳拉和休斯公司向中国出口与卫星有关的敏感技术或信息被曝光后，从1998年4月28日到9月17日，国会就该问题成立专门委员会进行了20次听证会，几乎一致要求加强对华卫星及相关技术出口控制。6月18日成立的"美国与中华人民共和国的国家安全和军事/商业关切问题特别委员会"（考克斯委员会）影响最大。[2]为给中国罗织罪名，委员会把调查范围扩大到包括克林顿政府之前的政策以及所谓的中国获取美国核秘密。1999年1月，考克斯委员会公布700页的《考克斯报告》。[3]报告说，在20多年内，中国采取了"系列而持续的"努力，非法获得美国导弹和空间技术。报告断言，劳拉和休斯公司在中国卫星发射失败后未经国务院批准就向中国提供导弹设计信息和实际知识以及西方的诊断程序等敏感信息。[4]这些技术知识可能有助于中国提高用于发射军事和民用卫星的火箭的"可靠性"，也可能提高中国所有导弹和火箭计划的"可信性"。这不仅可能极大地提升中国的情报能力，而且可能极大地提升中国的军事能力，严重损害美国国家安全。为防止此类情况再次发生，报告要求行政部门在1999年《国防授权法》中积极实施卫星出口控制规定，还说国务院是负责卫星出口控

1　Andy Pasztor, David Cloud, "Loral Nears Civil Settlement With U.S. Over Sharing Technology With China", *Wall Street Journal*, August 31, 2001.

2　Stephen W. Stathis, "Transfer of Missile and Satellite Technology to China: A Summary of H. Res. 463 Authorizing a House Select Committee", CRS Report for Congress, 98-549 GOV, June 24, 1998..

3　Shirley A. Kan, "China's Technology Acquisitions: Cox Committee's Report-Findings, Issues, and Recommendations", CRS Report for Congress, Order Code RL30220, June 8, 1999.

4　Shirley A. Kan, "China: Possible Missile Technology Transfers under U.S. Satellite Export Policy-Actions and Chronology", CRS Report for Congress, Order Code 98-485F, Updated October 6, 2003, p. 25.

制的适当机构。[1]总之，考克斯委员会认为克林顿政府对卫星的出口控制根本不充分，与卫星有关的敏感技术被转移到中国并促进了中国军事能力的提高，委员会要求把卫星出口控制管辖权重新交给国务院。正是在这种背景下，1999年2月，美国政府拒绝批准休斯公司向一家中国商业集团出口价值4.5亿美元的卫星，商务部曾于1996年批准了这一出口。但根据新的对中国的限制性方针，美国国务院和国防部以卫星轨道所需的技术将有助于中国军方提高其洲际弹道导弹的打击精度，从而提高中国的军事能力为由，否决了这一决定。[2]

克林顿政府希望通过继续对华出口卫星保持与中国的接触，为美国谋取政治和经济利益。就经济利益而言，1997年，美国与中国的航天航空贸易额达到23亿美元，1996年为17亿美元，占美国对华出口总额的17.6%。[3]这不仅是相当大的一份经济好处，而且，上升趋势非常明显。如果美国切断对华卫星出口，就不可能获得这一经济上的好处。这对以"笨蛋，关键是经济"作为大选口号并把经济发展作为第一要务的克林顿总统来说，是很难接受的。

从政治上说，克林顿政府对中国继续推行接触与参与政策，相信贸

1 Select Committee United States House of Representatives, *U.S. National Security and Military/Commercial Concerns with the People's Republic of China*, U.S. Government Printing Office, 1999, pp. 170–172; Jeff Gerth, Eric Schmitt, "House Panel Says Chinese Obtained U.S. Arms Secrets", *New York Times*, December 31, 1998; John Mintz, "China Aid Hurt U.S. Security, Panel Says", *Washington Post*, December 31, 1998; Robert S. Greenberger, "Hughes, Loral Sales Hurt U.S., Panel Says", *Wall Street Journal*, December 31, 1998.

2 Shirley A. Kan, "China: Possible Missile Technology Transfers under U.S. Satellite Export Policy-Actions and Chronology", CRS Report for Congress, Order Code 98–485F, Updated October 6, 2003, p. 60; Richard D. Fisher, Jr., "Commercial Space Cooperation Should Not Harm National Security", Heritage Foundation, June 26, 1998, pp. 1–7; Victor Zaborsky, "Evolving U.S. satellite export policy: Implications for missile nonproliferation and U.S. national interests", *Comparative Strategy*, vol. 19, issue 1, 2000, pp. 57–67.

3 "Congress Urged Not to Ban Foreign Satellite Launch", *CNN Custom News*, June 9, 1998, http://customnews.cnn.com.

易不仅有利于其内在价值，而且能赋予中国更多的国际主义和合作元素，有望促使中国进一步融入国际秩序，使其成为更负责任的行为者。[1]克林顿政府认为，与中国的接触当前尤其必要，在这种情况下，如果美国在卫星出口上对中国实行歧视性政策，再加上中国在贝尔格莱德的大使馆遭到美国轰炸，就会促进中国对美国的反感，美国就会成为中国民族主义发泄憎恨的对象，有助于中国提高政府的合法性和受公众欢迎及支持的程度。[2]质言之，克林顿政府的意图就是，如果继续对华出口卫星，美国不仅能获得经济上的好处，更重要的是能使美国通过接触改变中国，为中国走上美国欢迎和支持的道路留下空间和可能。

出于上述经济和政治利益考虑，克林顿政府官员指责国会议员“不理解”近年来的“政治和经济巨大变革”，“试图回到更简单的只有单一的两极对手的冷战时代来应对这些变革”。[3]1999年2月1日，白宫表示，对华出口卫星确实引发一些安全关切，但反对考克斯委员会加强对华卫星及相关技术出口控制的建议。[4]另外，尽管克林顿政府对华接触战略取得很大成就，中美领导人提出建设中美战略伙伴关系，但美国国内反对克林顿接触政策的力量不仅一直存在，而且还相当强大。这就使接触政策的基础变得相当脆弱。因此，克林顿政府不能完全无视考克斯委员会的要求，同时，出于国内政治争夺的需要，克林顿总统早就试图通过展示对华强硬态度来减轻国会对他在对华出口控制政策，尤其是在包括

1 James Shinn ed, *Weaving the Net: Conditional Engagement with China*, Council on Foreign Relations Press, 1996; Robert Sutter, Seong-Eun Choi eds, *Shaping China's Future in World Affairs: The Role of the United States*, Westview Press, 1996.

2 Victor Zaborsky, “Evolving U.S. satellite export policy: Implications for missile nonproliferation and U.S. national interests”, *Comparative Strategy*, vol. 19, issue 1, 2000, p. 67.

3 Shirley A. Kan, “China: Possible Missile Technology Transfers under U.S. Satellite Export Policy-Actions and Chronology”, CRS Report for Congress, Order Code 98-485F, Updated October 6, 2003, p. 27.

4 John Mintz, “Clinton: Panel's Export Rules May Delay Deals”, *Washington Post*, February 2, 1999.

卫星在内的高新技术出口控制政策上的批评。于是，1998年6月访问中国时，他与我国达成了允许美国核查出口中国的军民两用产品的安装地点和使用情况的协议。[1]克林顿的意图很清楚，即通过核查确保在发射卫星过程中不会出现对中国的技术转移，以解除国会的安全关切。

但国会对克林顿的努力并不满意，于是通过立法限制克林顿政府对华卫星出口控制。1998年5月，在克林顿总统访华前夕，国会众议院通过法案，要求切断中美在和平利用太空方面的合作。它对克林顿政府的对华出口控制政策形成强大压力。这种不满在国会通过的1999财年《国防授权法》中清楚地表现出来。关于对华卫星出口，法案规定：美国商业利益不得超越美国安全利益，总统不能根据1990—1991年《外交关系授权法》的例外程序批准向中国出口可能提升其导弹能力的卫星和技术，如果总统决定豁免，则必须向国会详细说明这样做的理由；在向中国出口导弹技术之前，总统应向国会证明，出口不会损害美国的航天发射工业，也不会显著提高中国的导弹或航天发射能力[2]；禁止美国参加中国火箭发射失败后的调查；此法通过之日起，所有卫星及其相关物项都重新被划入USML，由国务院而不是商务部根据ITAR进行管理；国防部参与美国卫星出口控制过程并负责审查所有的卫星技术转移问题。这意味着所有的卫星出口许可证都必须首先获得国防部的批准；外国火箭发射美制卫星失败，如美国公民要参与调查也必须取得国务院的许可证，并由国防部负责监控所有的相关行为。为加强对中国的出口控制，法案同时要求国防部成立由副部长帮办任局长的国防技术安全管理办公室。[3]国会的目的非常明确，以劳拉和休斯事件为突破口，进而涉及更广泛的安全

1　徐本胜、于伟：《美国军品出口最终用户和最终用途核查制度》，《环球》，2008年第1期。

2　U.S. Department of Commerce, Bureau of Industry and Security, “2011 Report on Foreign Policy-Based Export Controls”, p. 79.

3　Public Law 105-261, October 17, 1998, http://ftp.resource.org/gpo.gov/laws/105/publ261.105.pdf.

问题，防止任何潜在的安全威胁。

克林顿认为此举不利于美国经济利益，“强烈反对”把卫星出口控制管辖权重新移交国务院，表示将“采取行动，尽量减少对美国利益的潜在损害”，命令适当的机构以“符合当前两用物项出口许可证处理方式”的方式实施控制。[1]总统国家安全事务助理伯杰敦促总统行使否决权。[2]国家安全委员会与美国卫星工业协会为总统起草了一项行政命令，批准商务部继续在卫星出口许可证发放方面发挥作用，也有权对国务院关于军品清单中的物项（包括卫星）的决定提出上诉。[3]国会发出强烈警告，认为这与国会通过的法律“直接相抵触”。迫于压力，克林顿于1998年10月17日签署法案，1999年3月，法案正式生效。

相比1990—1991年《外交关系授权法》，1999财年《国防授权法》对卫星及相关技术出口中国的控制要严格得多。表面上看，与前者一样，总统可以根据例外程序对华出口卫星，为对华出口卫星留出了一定的空间。但法案又为这一空间设置了诸多条件，不仅需要提供大量涉及广泛的详细证明，而且重新把卫星作为军火纳入USML，卫星及相关技术出口再次由国务院而不是商务部审批，并赋予国防部实际上的否决权，而且不受商务部上诉的影响。[4]上述条件实际上不可能满足，因此，法案通过后，美国政府频繁对华进行制裁，中止了多个已签署的商业发射合同。从1998年2月到克林顿政府任期届满，美国政府没有根据例外程序向中国出口任何卫星。2000年2月，美国国务院暂停了向中国出口卫星的许可证

1　Shirley A. Kan, “China: Possible Missile Technology Transfers under U.S. Satellite Export Policy-Actions and Chronology”, CRS Report for Congress, Order Code 98-485F, Updated October 6, 2003, p. 34.

2　Michael S. Lelyveld, “Clinton Ripped On Satellites to China”, *Journal of Commerce*, December 14, 1998.

3　Barbara Opall-Rome, “White House Plots To Skirt Congress On Exports”, *Defense News*, December 7-13, 1998.

4　刘卫东：《试析美国总统的法律条款临时中止权——以美国对华出口卫星为例》，《美国研究》，2012年第1期。

处理。[1]这实际上停止了对华卫星出口。

克林顿政府对华卫星出口控制之所以会发生如此重大变化，与20世纪90年代中后期以来美国政府内部出现的对华认识有莫大关系。随着中国崛起的速度加快，美国社会开始出现视中国为威胁的声音。1999年4月，威斯康星核军备控制研究项目发表报告，声称，大量敏感技术和战略设备被出口到中国，并被用于核武器设计、核材料处理、核武器部件的加工、改善导弹设计、建造导弹部件和从导弹试验中传输数据。而它们是中国战略力量的支柱。报告还认为，尽管中国不是美国的敌人，但也不是盟国。中美在根本问题上仍存在不同，在人权、贸易、大规模杀伤性武器的扩散上都存在分歧和差异。美国现在对中国的接触政策意味着对中国友好。但这种政策的现实是包含使中国制造大规模破坏性武器的能力得到提高的贸易方式。美国的出口向中国提供了它所需要的提高其核军械库的潜在能力和使其导弹投送系统现代化的设备。如果这种政策不改变，美国的设备将在下一个世纪继续增强中国的军事能力。[2]

不仅民间机构这么看，更重要的是，克林顿政府内部尤其是军方开始把中国看作美国潜在的挑战者和竞争者。1998年11月，美国国防部公布的《东亚太平洋安全战略报告》认为，“中国作为一个大国的崛起提出了一系列潜在挑战”。2000年5月，美国参谋长联席会议发表《2020年联合设想》，公开声称中国不是美国的“战略伙伴”，而是美国的“战略竞争者”。[3]作为这一认识的反映，美国政府开始加强对华高技术出口控制，防止能提高或改善中国军事力量的技术或物项出口到中国。

---

1 Dianne E. Rennack, “China: Economic Sanctions”, CRS Report for Congress, Order Code RL31910, May 5, 2003, p. 8.

2 Wisconsin Project on Nuclear Arms Control, “U.S. Exports to China, 1988–1998: Fueling Proliferation”, April 1999.

3 赵刚箴:《美国新军事战略剖析》,《现代国际关系》，2002年第1期。

不过，完全终止对华卫星出口与美国防扩散利益不符。一直以来，美国总统利用例外程序对华出口卫星的主要动机是利用向中国提供发射机会来阻止更为敏感的导弹技术扩散。如果完全停止对华出口包括卫星在内的高新技术物项，则美国会失去影响中国政策的杠杆，同时，也与美国试图影响中国发展方向的利益不相符。因此，1998年，国家安全委员会提出扩大与中国的空间合作，增加中国发射卫星的数量，以换取中国在不扩散问题上的合作。2000年11月，美国国务院表示，如果中国承诺采取措施防止导弹扩散，美国将放弃对中国卫星发射的制裁并延续中美空间发射协定的效力。[1]但此时离克林顿离开白宫已为期不远了，他已经来不及调整对华卫星出口控制政策。

小布什上台时，克林顿政府时期的与中国接触政策面临严峻挑战。批评者认为中美双边贸易，尤其是卫星等高技术领域的贸易与中国经济增长和崛起以及中国军事能力提高之间有明确的线性关系，即贸易与军事现代化之间的逻辑联系清楚而明白。冷战时期，对技术转移实行强有力的控制是美国防止苏联集团国家改善军事能力的一个关键工具。冷战后，中国最可能成为美国潜在的竞争对手。他们认为，美国必须像冷战时期对待苏联那样限制先进商业技术向可能成为对手的中国转移。因为中国日益繁荣的经济使得政府有可能将更多的资源投入到包括军事现代化在内的所有国内计划中。这就可能会提高人民解放军威胁台湾或在亚洲投射力量的能力。因此，美国不仅不应该与中国进行有助于提高中国军事能力的卫星及相关技术的贸易，甚至不应该从事任何有助于中国经济增长的活动，因为增加的财富可以用来提高中国的军事能力。他们警告说，中国在二十多年的快速经济增长中获得的收益有一天可能会被用

1　Shirley A. Kan, “China’s Proliferation of Weapons of Mass Destruction and Missiles: Current Policy Issues”, CRS Report for Congress, Order Code IB92056, May 21, 2002, p. 1.

来对抗美国。美国提供的贸易、投资和技术都可能使中国在军事上更强大。对此，众议员丹·伯顿（Dan Burton）总结说："这将给中国人更多的钱，让他们用来购买吊死我们的绳索，他们已经拥有世界上最大规模的军队，它将变得更大，我们将为他们建立强大的军队付款。"[1]因此，他们声称，是时候为中美贸易画一条线了。[2]这实际上为小布什政府实行严厉的对华卫星出口控制政策提供了理论依据。

更重要的是，小布什本人也一直攻击克林顿政府把中国作为战略伙伴是个错误，认为后者对中国软弱。大选期间，小布什声称："中国是竞争者，而不是战略伙伴。我们必须不抱恶意地同中国打交道，但也不必抱幻想。"[3]他的主要助手对中美关系的定位或与他类似或更糟。在2001年1月参议院举行的听证会上，候任国务卿科林·鲍威尔说，尽管中国不是美国"不可避免的死敌"，但也"不是战略伙伴"，而是"竞争对手和潜在的地区敌人"。[4]布什的首任国家安全事务助理、后来的国务卿赖斯对中美关系更悲观，她指出，即使"中国不是'现存的'大国"，也"是一个试图改变亚洲力量均势并使自己得到好处的大国，仅凭这一点，它就是一个战略竞争对手，而不是克林顿政府宣称的战略伙伴关系"。[5]这得到美太平洋舰队司令丹尼斯·布莱尔的强烈认同，他说"目前中国是一个潜在的对手"[6]。即使过去努力促进对华关系的布热津斯基和基辛格也

1 Karen Hosler, "House OKs China Trade", *Baltimore Sun*, May 25, 2000; Richard Bernstein, Ross H. Munro, *The Coming Conflict with China*, Knopf, 1997; John J. Mearsheimer, *The Tragedy of Great Power Politics*, W. W. Norton, 2003.

2 Adam Segal, "Practical Engagement: Drawing a Fine Line for U.S.-China Trade", *The Washington Quarterly*, vol. 27, no. 3, 2004, pp. 157–173.

3 "George W. Bush Foreign Policy Speech", November 19, 1999, http://www.pbs.org/newshour/shields&gigot/number99/sg_11-19_bush.html.

4 "Statement by Secretary Colin L. Powell", January 17, 2001, http://www.state.gov/secretary/index.cfm?docid=443.

5 Condoleeza Rice, "Promoting the National Interests", *Foreign Affairs*, January/February 2000, p. 56.

6 赵刚箴:《美国新军事战略剖析》,《现代国际关系》, 2002年第1期。

认为很难相信中国对自己在未来世界中角色的定位，也难以想象该论断是否会继续面临考验。[1]“9·11”后，美国重新定义国家安全威胁，恐怖分子或恐怖组织等非国家行为体成为美国面临的最主要威胁，中国成为美国的“利益攸关方”，但“利益攸关方”本身是中性的说法，即使如此，它也没有成为美国共识。实际上，“9·11”后，美国政府的《四年防务报告》《核态势评估报告》和《国家防务战略》等仍把中国作为可能对美国构成严重地区安全挑战和可能使用核武器进行打击的国家。[2]而且，随着时间的推移，美国对中国的消极看法越来越浓。总之，小布什政府更多将中国视为竞争对手，而不是合作伙伴，甚至认为中国是美国潜在的对手或敌人，可能是唯一会挑战其霸权的国家，因而对中国的警惕与防范一直非常明显。这实际上成为小布什政府对华实行严厉卫星出口控制的政治共识。

同时，小布什政府认为，美国对华卫星技术转移或发射卫星合同，甚至卫星出口对中国卫星产业乃至军事现代化计划来说具有不可替代性。1999年以来，中国致力于军事现代化，军费每年增长超过10%，正努力加强命令、控制、通信、计算机、情报、生存和侦察能力，以使中国军队拥有更加令人敬畏的战斗力。[3]中国还制定并实施了由诸多武器组成的反卫星计划，能够损害、摧毁或暂时使敌方卫星丧失功能。[4]小布什政府相

1　亨利·基辛格，胡利平等译：《论中国》，中信出版社2012年，第500页。

2　“Nuclear Posture Review Report [Reconstructed]”, 8 January 2002; DOD, “Quadrennial Defense Review Report”, September 30, 2001, p. 4; DOD, “Quadrennial Defense Review Report”, February 6, 2006, p. 29; DOD, “2008 National Defense Strategy”, June 2008.

3　Larry M. Wortzel, “Export Controls on Satellite Technology, Testimony before the Subcommittee on Terrorism, Nonproliferation and Trade Committee on Foreign Affairs House of Representatives”, April 2, 2009.

4　American Enterprise Institute, “The Chinese People’s Liberation Army and Space Warfare”, *Astropolitics*, vol. 6, no. 2, May–August 2008, pp. 112–137; Richard D. Fisher, “China’s Aviation Sector: Building Toward World Class Capabilities, Testimony for the U.S. China Economic and Security Review Commission Hearing on China’s Emergent Military Aerospace and Commercial Aviation Capabilities”, May 20, 2010.

信，中国军事现代化的实现在相当程度上依赖于卫星和相关技术。为获得这些技术和物项，中国政府确立以进口外国技术、参与外国企业的联合开发以及国内研究和发展为“三根支柱”的战略。[1]小布什政府明白，中国独立自主地进行研究和发展以赶上世界先进技术水平是任何外部力量都无法控制或阻止的。但就目前而言，中国要实现军事现代化，需要从国外尤其是美国获得卫星等先进技术。这为美国加强对中国的出口控制并发挥作用提供了可能。因此，小布什政府上台伊始就把中国作为“出口控制政策的焦点”[2]，严格控制高新技术产品尤其是卫星及相关技术出口中国。2001年9月1日，小布什政府以导弹扩散为借口，禁止向中国出口卫星或由中国发射美国卫星。以此为开端，小布什政府不断强化对中国的卫星出口控制。

2002财年以后，国会每年都颁布相关法律，要求在发放任何向中国出口的卫星或卫星部件出口许可证之前15天，提前通知国会，还必须向国会证明出口不会损害美国的太空发射业，证明来自美国出口的任何间接的技术上的好处不会提高中国的导弹或太空发射能力。[3]2004年，国会通过了2005财年《国防拨款授权法》，规定禁止通过豁免条款向中国出口卫星等高新技术产品，要求关键军事技术清单中的所有物资的出口都需要申请出口许可证，以更好限制对中国的出口。[4]为进一步收紧包括卫星

1 U.S. Department of Commerce Office of Inspector General, “U.S. Dual-Use Export Controls for China Need to be Strengthen”, Final Report No.IPE-17500, March 2006.

2 “China the Focus of U.S. Export Control Policy, Official Says”, Statement of Vann H. Van Diepen, Acting Deputy Assistant Secretary of State for Nonproliferation Controls, Before the U.S.-China Commission, January 17, 2002, http://www.usconsulate.org.hk/uscn/2002.htm#export.

3 Dianne E. Rennack, “China: Economic Sanctions”, CRS Report for Congress, Order Code RL31910, Updated May 18, 2005, p. 8.

4 Executive Office of the President Office of Management and Budget, “Statement of Administration Policy”, May 19, 2004.

在内的高新技术对华出口，2006年的《国防授权法》要求商务部、国防部、能源部、国土安全部、国务院和CIA等机构联合对美国对中国的出口控制进行审查。审查内容包括：与向中国出口有关的法律和法规及实施程序的一致性；在有关中国的出口许可证申请存在争论时，各联邦机构在解决争论过程中的有效性；从香港向中国内地转移敏感物资的潜在可能；美国商务部在香港和中国内地进行最终使用检查计划的有效性。最后，各部门一致同意，进一步加强与中国有关的出口控制政策和规定。[1]

为严格实施上述法律和法规，有效控制对华卫星出口，防止与中国所谓的从事或涉嫌进行大规模杀伤性武器扩散的最终用户发生商业往来，而只与中国民用最终用户贸易，小布什政府不断完善对华出口控制具体措施。2006年7月，商务部决定制定新的对华出口控制措施，提出建立新的授权方式和有效最终用户。[2]其目的是在促进中美民用贸易的同时，加强对军用和卫星等两用物项对华出口控制。2007年6月，新措施出台，允许获得授权的中国民用最终用户无须再申请出口许可证，就能从美国进口CCL中的某些两用物项，但民用最终用户必须满足诸多条件和要求。[3]表面上看，这一措施旨在促进中美贸易，但实际上，它首次明确对华军民两用产品出口适用“全面控制”原则，旨在严格控制敏感两用物项

1　U.S. Department of Commerce Office of Inspector General, “U.S. Dual-Use Export Controls for China Need to be Strengthen”, Final Report No.IPE-17500, March 2006, p. ii.

2　U.S. Department of Commerce, Bureau of Industry and Security, “Bureau of Industry and Security Annual Report for Fiscal Year 2006”, p. 2.

3　包括有效民用最终用户：（a）只能将进口的科技产品用于民用领域，并且只能在位于中国属于最终用户或由最终用户有效控制的国内场所使用。（b）必须保留所有使用自美国进口的物项的记录，必须允许美国审核这些记录，包括进行现场访问。（c）在出口商或再出口商首次出口或再出口之前，必须提供关于最终使用用途和符合有效民用最终用户要求的证明。（d）其他因素有，是否有只在民用领域使用其进口的科技产品的记录；是否遵守美国出口控制的有关规定；在批准有效民用最终用户之前，可能对最终用户进行现场调查；是否同意美国政府代表进行现场访问；同美国和外国公司的关系等。*Federal Register*, July 6, 2006, vol. 71, no. 129.

对华军事用途的出口，进一步缩小了对华出口产品和技术最终用途的范围。[1]这样，不用说卫星，就是本来不属于出口控制范围的许多物项也将根据军事最终用途的要求而实行严格出口控制。

三、奥巴马和特朗普政府对华卫星出口控制政策

1999年《国防授权法》把卫星从CCL转移到USML，以及此后小布什政府采取一系列措施强化对中国的卫星出口控制，美国主要的目的有二：其一是通过阻止中国卫星及相关太空技术的进步来防止中国弹道导弹打击精度的提高和开发潜射弹道导弹，从而阻止或延迟中国军事现代化步伐，减缓太空国际化步伐，尽可能长期维持美国太空优势；其二是服务并促进美国的经济和战略利益。但上述两个目标都未能实现。

就第一个目标而言，1999年以来，中国卫星发射和卫星技术及其走向国际市场的步伐尽管因为美国严厉的出口控制而受到一定阻碍，但还是获得极大发展。一方面，中国卫星发射及相关技术不断提高，1996—2003年，中国在发射商业卫星和军用卫星上连续28次都取得成功。[2]随着中国卫星技术的提高，2007年7月，中国首次通过整星出口、星箭在轨交付的方式，为尼日利亚发射了“尼日利亚1号”通信卫星，这表明中国不需要美国参与也能继续向太空发射卫星。中国卫星技术不断成熟的重要标志是中国制订了探月、登月乃至深空探测计划，火箭和卫星技术日益成熟，与美国的技术差距不断缩小。正是在这一背景下，美国财政部于2008年6月取消了对向国际市场提供商业发射服务的中国长城工业公司实

1 徐本胜、于伟：《美国军品出口最终用户和最终用途核查制度》，《国防科技工业》，2008年第1期。

2 Shirley A. Kan, “China: Possible Missile Technology Transfers under U.S. Satellite Export Policy-Actions and Chronology”, CRS Report for Congress, Order Code 98-485F, Updated October 6, 2003, p. 2.

施的制裁。显然，美国对卫星及相关技术向中国出口实行严厉的控制根本不能阻止中国军事力量、卫星能力甚至导弹技术的发展。

另一方面，中国卫星发射市场不断扩大。面对美国制裁，中国以低于西方同行40%的价格开拓美国外新的卫星发射市场，亚洲、非洲、南美洲和欧洲许多国家都成为中国的新客户。2008年，中国成功为委内瑞拉发射通信卫星，仅2009年，中国就计划把国外15颗商业卫星送入轨道。[1]由于中国有良好的发射记录，甚至美国的欧洲盟国也成为中国卫星发射的客户，2005—2011年，中国先后发射了4颗欧洲国家出口的卫星。中国开始成为国际卫星市场重要参与者。中国不仅在商业卫星及技术上取得极大进展，而且在军用卫星方面也取得了突破。中国于2007年进行了反卫星实体拦截试验，用一枚SC-19导弹摧毁了一颗报废的气象卫星，在2010年的弹道导弹防御试验中，将SC-19导弹作为拦截弹使用。[2]

很明显，美国对华卫星出口控制效果与美国的本意相去甚远。美国不仅没有实现阻止或剥夺真正的或潜在的敌人获得美国和西方的能极大提高军事潜力的先进物资和技术的目的[3]，还在一定程度上鼓励了“国外航天能力的崛起”[4]。更重要的是，美国卫星出口控制本意是希望加强国家安全，但却引发外交和军事关切。对此，小布什总统负责防务的国防部副部长戈登·英格兰（Gordon England）说，在军事活动的每一个层面，美国和美国的朋友与盟友必须有更大的相互协同的能力，

1　George Abbey, Neal Lane, *United States Space Policy: Challenges and Opportunities Gone Astray*, American Academy of Arts and Sciences, 2009.

2　Peter B. de Selding, “China Launches New Communications Satellite”, July 6, 2007, http://www.space.com/missionlaunches/070706_chinasat6b_lnch.html；斯年：《美国拉拢印度共同遏制中国空间能力》，《国防时报》，2011年5月18日。

3　John Heinz, *U.S. Strategic Trade: An Export Control System for the 1990s*, Westview Press, p. 3.

4　Guy Ben-Ari, Pierre Chao, “Health of the U.S. Space Industrial Base and the Impact of Export Controls”, Center for Strategic and International Studies, February 19, 2008, p. 8.

但根据ITAR对卫星等实施严格的出口控制产生了一个意外后果，即严重影响了盟国的军事能力，也严重影响了士兵互相支援以完成关键任务的能力。[1]

就第二个目标而言，1999年以来，为加强国家安全，卫星出口控制政策变得更加严厉，但对潜在对手和盟友没有做出任何区别[2]，即不仅限制向中国出口卫星或限制由中国发射卫星，而且控制政策适用于所有外国发射商。[3]其结果不是促进而是严重损害了美国经济和战略利益。

其一，使美国卫星的市场占有率下降。一方面，由于美国对卫星出口控制较任何其他国家都要严，申请卫星出口许可证涵盖设计、制造、发射等全过程，不仅耗时甚多，需要几个月时间，很多情况下，这一时间还会延长，而且能否批准也不能确定，因为还需提交国会审查，美国被看作是一个不值得信任的供应者。因此，客户在很多情况下不愿与美国公司打交道，不愿意购买美国卫星甚至取消与美国签订的卫星合同，并努力寻找非美国卫星制造商。如1999年，新加坡移动通讯公司因为美国禁止中国发射美国卫星，取消了与休斯公司签订的价值4.5亿美元的商业卫星合同，转而与意大利公司签订购买合同；加拿大太空署也因为同样的原因取消了与美国公司签订的价值7.5亿美元的合同。据统计，2003—2006年，由于严格的出口控制，美国整个太空工业的直接销售损失就达23.5亿美元。在此期间，美国卫星制造业和发射服务业的增长都有所下降，美国航天部门越来越依赖美国政府的开支来为航天工业提供

1 George Abbey, Neal Lane, *United States Space Policy: Challenges and Opportunities Gone Astray*, American Academy of Arts and Sciences, 2009.

2 Joan Johnson-Freese, "Alice in Licenseland: US satellite export controls since 1990", *Space Policy*, vol. 16, no. 3, 2000, pp. 195–204.

3 Victor Zaborsky, "Evolving U.S. satellite export policy: Implications for missile nonproliferation and U.S. national interests", *Comparative Strategy*, vol. 19, issue 1, 2000, p. 57.

资金。大量美国公司，特别是规模较小的公司，由于ITAR的严格控制，不再在海外销售其产品。[1]这相当于美国拱手把海外市场让给欧洲和日本等竞争者。另一方面，出口控制培养了越来越多的国际卫星市场的竞争者。为不受美国《出口控制法》的控制，欧洲各国航空航天公司努力开发不含美国发动机和零部件的卫星，结果，在欧洲的卫星和火箭发动机中，美国的零部件和技术缓慢但逐步地被替代。[2]这使得它们能不受美国ITAR的限制而可在宽松得多的条件下出口。如2005年，法国阿尔卡特公司用中国火箭发射了第一颗不受ITAR限制的卫星，并获得中国购买两颗卫星的合同。包括摩托罗拉在内的公司甚至在广告中以不受美国ITAR限制作为卖点，并宣称它们的卫星推进系统完全不受美国ITAR限制。[3]这就导致美国卫星及相关产业的市场占有率不断下降。1999年前，美国商业卫星在世界市场占有率上处于绝对支配地位，高达75%，但在商业卫星及部件被纳入USML不到两年的2000年，这一比率骤然下降到45%，10年后，进一步下降到41%，徘徊在35%—50%之间。且上述数据只涉及整星，不包括零部件和配件。[4]2008年，在全球卫星制造业105亿美元的产出中，美国只有31亿美元。[5]相应地，其他具有卫星发射能力的国家所占份额不断上升，如法国阿丽亚娜公司自1999年美国卫星出口控制改革

1　Karri Allen, "Communications Satellite and U.S. Export Controls: Correcting the Balance", *Commlaw Conspectus*, vol. 18, p. 478.

2　"Space Foundation, ITAR and the U.S. Space Industry", 2007, http://www.spacefoundation.org/docs/SpaceFoundation_ITAR.pdf.

3　George Abbey, Neal Lane, *United States Space Policy: Challenges and Opportunities Gone Astray*, American Academy of Arts and Sciences, 2009.

4　Evelyn Iritani, Peter Pae, "U.S. Satellite Industry Reeling Under New Export Controls", *Los Angeles Times*, December 11, 2000；李剑刚、段康：《美国卫星产业协会主席就出口控制改革问题向国会提出书面证词》，《中国航天》，2012年第3期。

5　Dan St. John, "A Brief Overview of US Export Control Policy for Space Technology", April 16, 2013, http://djilp.org/3812/a-brief-overview-of-us-export-control-policy-for-space-technology/.

以来表现出色，其市场份额从1998年的10%左右，增加到2004年的20%以上，翻了一番。[1]

其二，造成美国国内卫星及与卫星相关的产业的从业人员数下降。随着美国卫星市场占有率的下降，相关企业不得不缩减生产和经营规模，这样，与卫星有关工业的就业人数不断减少：2006年，美国私营卫星制造业雇用人数达到最高峰，为32368人，但是到2012年第三季度，下降到24274人，下降幅度达25%。其中，一些小型卫星企业由于盈利能力降低而不得不离开卫星工业。[2]上述两方面结合起来，造成的经济损失非常大，如1999—2009年，严格的卫星出口控制政策给美国卫星产业造成208亿美元的损失，仅对华卫星出口就使美国损失15亿—30亿美元。[3]

不仅仅是经济利益受损严重，美国几十年来在全球卫星产业中的主导地位也遭受侵蚀，威胁美国长期以来在商业和军事上的竞争优势。[4]由于严格的卫星出口控制，美国卫星行业不得不把美国政府作为主要购买方，这对诸如波音等美国超级军火商固然不会有什么损害，但大量中小卫星生产商无法获得政府合同，又不能像其他国家一样出口卫星，必然萎缩甚至破产。问题是，进入21世纪以来，中小企业对美国技术进步和技术革新的推动力越来越大，它们收入的减少或破产意味着美国科技创新动力不断弱化。这必然削弱美国卫星工业发展势头，进而动摇其卫星

---

1 John Hillery, "U.S. Satellite Export Control Policy", Center for Strategic and International Studies, September 20, 2006.

2 AIA, "Competing for Space: Satellite Export Policy and U.S. National Security", January 2012, pp. vi, vii, http://www.aia-aerospace.org/assets/CompetingForSpaceReport.pdf.

3 Ryan Zelnio, "The Effects of Export Control on the Space Industry", *The Space review*, January 16, 2006; Doug Messier, "AIA: Satellite Export Rules Have Cost $20.8 Billion, Quarter Million Jobs", February 12, 2012, http://www.parabolicarc.com/2012/02/12/aia-satellite-export-rules-have-cost-20-8-billion-quarter-million-jobs/.

4 关于出口控制对美国太空地位或力量的不利影响，参阅Michael J. Noble, "Export Controls and United States Space Power", *Astropolitics*, vol. 6, no. 3, pp. 251−312。

工业基础。同时，美国对卫星出口实行严厉控制也培育了竞争对手。长期以来，欧洲制造的卫星或多或少都包含美国的部件。根据美国《出口控制法》，包含美国部件的卫星的出口或再出口必须获得美国批准，否则，美国将进行制裁。为不再受制于美国，欧洲决定研发完全由自己部件组装的卫星，欧洲这一努力取得很大成绩，2005年欧洲发射了第一颗不受美国治外法权限制的卫星，此后，许多外国客户就与欧洲国家洽谈生意。欧洲相对于美国卫星制造业的竞争力越来越强。相应地，美国卫星行业的竞争力有所下降，这可能直接威胁到美国基于太空优势而建立起来的军事战略优势。

总之，克林顿政府末期和小布什政府的卫星出口控制政策严重损害了美国经济利益，也损害了美国太空工业硬实力和软实力乃至国防工业的基础，从而损害了美国国家安全。因而，自1999年美卫星出口控制政策改革以来，美国国内各界的严厉批评一直不断。他们认为，把卫星及其部件作为军火置于ITAR之下实施严格出口控制完全是美国官僚政治作祟[1]，是冷战“遗迹”和“时代错误的”，是过时和破坏性的，也是“傲慢”和“反生产力的”。[2]奥巴马政府也强烈批评1999年以来的卫星出口控制政策，他的国防部副部长林恩三世说，美国卫星出口控制政策使“我们陷于两难境地。我们在国际市场上伤害了我们的供应商，但根本没

1　Eligar Sadeh, “Viewpoint: Bureaucratic Politics and the Case of Satellite Export Controls”, *Astropolitics*, vol. 5, no. 3, 2007.

2　Eligar Sadeh, “Reforming Export Controls of Space Technologies in the United States”, *Astropolitics*, vol. 10, no. 2, 2012; Jason A. Crook, “National Insecurity: Itar and the Technological Impairment of U.S. National Space Policy”, *Journal of Air Law and Commerce*, vol. 74, no. 2, 2009; David Damast, “Export control reform and the space industry”, *Georgetown Journal of International Law*, vol. 42, no. 1, Fall 2010; Karri Allen, “Communications Satellite and U.S. Export Controls: Correcting the balance”, *Commlaw Conspectus*, vol. 18, 2010; Major Matthew D. Burris, “Tilting at Windmills? The Counterposing Policy Interests Driving the U.S. Commercial Satellite Export Control Reform Debate”, *The Air Force Law Review*, vol. 66, 2010, p. 265.

有阻止我们所关切的国家获取敏感太空技术”[1]。美国卫星出口控制到了非改不可的时候。

正是在上述情况下，2009年8月13日，奥巴马发布《出口控制改革倡议》，要求成立“具有广泛基础的跨部门机构”以全面审查美国出口控制机制；当年12月，奥巴马总统签署第八号“总统研究指令”，要求采取必要的步骤，改革包括通信卫星在内的诸多物项的出口控制政策。为此，建立单一的管制清单；设立单一主要执行机构；建立单一信息技术系统；成立单一许可证机构，处理两用物项和军火出口。[2]单一控制清单使美国政府把焦点放在控制什么，而不是由国务院还是商务部控制。[3]借助对美国整个出口控制机制进行改革的东风，奥巴马政府开始改革卫星出口控制政策，2009年10月通过2010财年《国防授权法》，第1248节要求政府就1999财年《国防授权法》中有关卫星出口控制的规定进行调查，评估把商业卫星从USML转移到CCL给国家安全造成的风险。[4]2011财年《国防授权法》第1237节进一步要求国防部长评估出口控制改革计划在多大程度上影响国防部防务安全技术管理和国防部在出口控制政策上的作用。2011年5月11日，国防部向国会提交第1248节中期报告，报告指出，改革后的出口控制管辖权不是问题，最主要的是评估物项的敏感性、合适的最终用途、有效最终用户和对美国国家安全的全面影响。而单一清单的层级控制将极大加强美国基于国家安全的重要性对物项进行控制的能力，也将极大提高美国在出口物项的国家安全意义基础上做出明智决

1 William J. Lynn III, “Remarks on Space Policy at U.S. Strategic Command Space Symposium”, November 3, 2010, http://www.defense.gov/speeches/speech.aspx?speechid=1515.

2 刘子奎:《奥巴马政府出口控制改革评析》,《现代国际关系》，2012年第3期。

3 Department of Commerce, “Department of Defense submits ‘1237 Report’ to Congress on plans to reform the export control system”, May 2, 2011, p. 4.

4 “National Defense Authorization Act for Fiscal Year 2010”, http://www.gpo.gov/fdsys/pkg/BILLS-111hr2647enr/pdf/BILLS-111hr2647enr.pdf.

定的能力，单一许可证机构也将极大提高美国政府出口控制的效率和加强美国的国家安全。[1]这为放松对包括卫星在内的高技术物项出口控制铺平了道路。

2012年4月18日，国防部和国务院联合向国会提交名为《美国卫星出口控制政策的风险评估》的报告，报告说，美国是目前唯一一个将商业卫星及相关技术作为军品进行控制的国家。随着太空技术越来越国际化，继续这一政策既不能有效维护国家安全，也不能有效维护美国军事技术优势，同时，不利于美国卫星产业在国际市场上的竞争力。相应地，由于大量的商业卫星、部件和相关技术在过去10年已经由军事用途转为民用，对于国家安全的重要性显著降低，向盟国和最亲密的伙伴国出售与太空相关的物项，给国家安全带来的风险较低。报告建议，USML只保留单纯用于军事或情报侦察的高性能遥感卫星及相关技术，把通信卫星及相关技术和零部件从USML中转移到CCL中，以便"美国航天工业更有效地参与全球竞争"[2]。报告还建议国会把卫星与部件的出口控制管辖权重新归还总统。

2013年1月3日，奥巴马总统签署2013财年《国防授权法》，正式接受并实施《美国卫星出口控制政策的风险评估》报告所提出的相关建议。法案规定，撤销1999财年《国防授权法》的有关规定，把卫星及其相关物项的出口控制恢复到1999财年《国防授权法》之前的状态，商业卫星及相关技术重新列入CCL。[3]这样，奥巴马政府大大放松了对商业卫星的出口控制，不需要出口许可证就可向36个北约盟国和多边出口控制机制

---

1 Department of Commerce, "Department of Defense submits '1237 Report' to Congress on plans to reform the export control system", May 2, 2011.

2 Departments of Defense and State, "Report to Congress, Section 1248 of the National Defense Authorization Act for Fiscal Year 2010", April 18, 2012, p. 6.

3 "National Defense Authorization Act for Fiscal Year 2013", http://www.gpo.gov/fdsys/pkg/BILLS-112hr4310enr/pdf/BILLS-112hr4310enr.pdf.

伙伴国出口。[1]同时，对盟国或友好国家再出口的控制也放松了，它们再出口卫星及相关技术时，适用“最小豁免”条款，即外国制造的卫星中，如果源自美国的技术或产品的价值低于25%时，不需要向美国申请出口许可证。[2]

这种放松不适用于中国等国家。奥巴马政府在放松对盟国或友好国家卫星出口控制的同时，进一步加强了对中国等国家的卫星出口控制。2013财年《国防授权法》规定，任何列入或未列入CCL，但根据《武器出口控制法》进行管理的卫星或者相关物项均不得向本法规定的任何国家政府或者代表该国政府的个人、机构或者实体出口、再出口或者转让，也不得在该国发射，或者成为该国政府或者代表该国政府的个人或者实体所拥有、操控或者制造的发射工具的一部分。[3]这就是所谓的“推定拒绝”条款。这里“本法规定的任何国家”是指美国对其实施全面武器禁运的国家，1989年以来，美国一直对中国实行武器禁运。也就是说向中国出口卫星及其相关物项适用于“推定拒绝”。[4]这样，从USML中转移出来的卫星和相关物项被禁止向中国出口、再出口、转让或者在中国发射。具体而言，对于那些从USML转移到CCL的卫星及相关物项来说，根据2013财年《国防授权法》第1263节和1264节的要求，商务部必须与

1 这36个国家是：阿根廷、澳大利亚、奥地利、比利时、保加利亚、加拿大、克罗地亚、捷克、丹麦、爱沙尼亚、芬兰、法国、德国、希腊、匈牙利、冰岛、爱尔兰、意大利、日本、拉脱维亚、立陶宛、卢森堡、荷兰、新西兰、挪威、波兰、葡萄牙、罗马尼亚、斯洛伐克、韩国、西班牙、瑞典、瑞士、土耳其和英国。Department of Commerce, “Department of Commerce submits NDAA for FY 2013 ‘1263 Report’ to Congress on Country Exemptions for Licensing of Exports of Certain Satellites and Related Items”, May 1, 2013, p. 1.

2 Departments of Defense and State, “Report to Congress, Section 1248 of the National Defense Authorization Act for Fiscal Year 2010”, April 18, 2012, p. 6.

3 “National Defense Authorization Act for Fiscal Year 2013”, http://www.gpo.gov/fdsys/pkg/BILLS-112hr4310enr/pdf/BILLS-122hr4310enr.pdf.

4 “National Defense Authorization Act for Fiscal Year 2013”, http://www.gpo.gov/fdsys/pkg/BILLS-112hr4310enr/pdf/BILLS-122hr4310enr.pdf.

司法部和国土安全部以及其他适当部门协商，就卫星和相关物项向某个国家出口实施许可证豁免提交报告，要求国务院和国防部磋商，就出口卫星及相关物项实行最终用途监督提交报告。据此，商务部为从USML中转移出来的商业卫星及相关物项在CCL内建立了一个新的出口控制分类编码，即515系列，属于515系列的所有卫星及相关物项向所有国家出口都需要获得商务部工业和安全局的有效许可证，向2013财年《国防授权法》第1261节所列国家的出口申请会被拒绝。[1]中国名列其中。“最小豁免”条款也不适用于中国，法案明确规定，任何欧洲国家向中国出口由欧洲制造，但包含美国专门为卫星设计的部件时，都适用于“推定拒绝”条款，就必须获得美国颁发的出口或再出口许可证。为防止美国向中国转移卫星信息，报告建议对卫星失效与异常分辨分析、发射技能、发射服务、发射失败分析等服务活动，实施特别出口控制。[2]据此，美国企业出口任何用于制造中国卫星的部件，都是违法的。

奥巴马政府不仅关闭了向中国出口卫星的大门，也关闭了由中国火箭发射美国卫星或包含美国零部件的卫星的大门。为实现这一目标，奥巴马政府把发射服务看作防务服务，应根据USML实施出口控制。[3]因此，国防部将继续以前的对那些不是北约成员国或不是美国的非北约主要盟国发射美国卫星进行监督的监督计划，而根本不考虑美国卫星本身是由

1　这些国家包括：阿富汗、白俄罗斯、缅甸、中国、刚果、科特迪瓦、古巴、塞浦路斯、厄立特里亚、斐济、海地、伊朗、伊拉克、朝鲜、黎巴嫩、利比里亚、利比亚、索马里、斯里兰卡、苏丹、叙利亚、委内瑞拉、越南和津巴布韦。对这些国家的禁运范围是不同的，涉及从部分禁运到全面禁运。Department of Commerce, “Department of Commerce submits NDAA for FY 2013 ‘1263 Report’ to Congress on Country Exemptions for Licensing of Exports of Certain Satellites and Related Items”, May 1, 2013.

2　Departments of Defense and State, “Report to Congress, Section 1248 of the National Defense Authorization Act for Fiscal Year 2010”, April 18, 2012, pp. 7–8.

3　Department of Commerce, “Department of Commerce submits NDAA for FY 2013 ‘1264 Report’ to Congress on End-Use Monitoring of Exports of Certain Satellites and Related Items”, May 1, 2013.

商务部管理的物项还是国务院管理的物项。最终用途核查由美国向中国在内的6个国家派出的出口执法官员负责，中国最受关注，有2名出口控制执法官。[1]从美国利用外国火箭发射本国卫星的历史看，到目前为止，除美国的盟国和友好国家外，美国只利用过中国火箭为其发射卫星。因此，本质上，这一最终用途监督主要还是针对中国的。

这样，从USML中转移出来的卫星和相关物项，即使未列入CCL，也禁止向中国或者代表中国政府的个人、机构或者实体出口、再出口、转让或者在中国发射。可以说，这是冷战结束以来美国最严格的对华卫星出口控制政策。

特朗普上台后，中美之间的竞争态势不断强化和扩大，从经济和金融领域扩大到政治和安全领域，从东海到南海，从陆地到太空，从亚太到非洲，中美看起来几乎在各个层面都呈现出战略竞争态势。特朗普政府明确把中国列为战略竞争者，甚至成立所谓的“应对中国当前危险委员会”这一专门应对中国挑战的组织，与中国对抗或敌视中国得到美国朝野一致支持。作为这一共识在卫星出口领域的反映，特朗普政府继承了奥巴马政府的做法，在放松对其他国家卫星出口控制的同时，严厉控制对华卫星出口。[2]同时，特朗普政府进一步强化对华卫星出口控制，主要是为了防止中国和其他美国战略对手获得美国“具有重大军事意义或能提供情报优势”的最尖端技术。为此，特朗普政府进一步加强太空工业出口控制改革，为进一步强化对华卫星出口控制提供坚实的制度基础。2018年2月21日，美国商务部长威尔伯·罗斯（Wilbur Ross）提出改革太

1 Department of Commerce, “Department of Commerce submits NDAA for FY 2013 ‘1264 Report’ to Congress on End-Use Monitoring of Exports of Certain Satellites and Related Items”, May 1, 2013.

2 Taisei Hoyama, “US to ease restrictions on space tech tie ups-except with China”, November 24, 2018, https://asia.nikkei.com/Politics/International-relations/US-to-ease-restrictions-on-space-tech-tie-ups-except-with-China.

空工业的建议，主张加强太空工业出口许可证和机构改革。[1]以此为基础，5月24日，特朗普发布太空政策第二号指令，要求改革美国商业太空管理框架，确保美国太空工业的领导地位。[2]在完成上述一系列准备之后，2020年1月初，美国商务部工业和安全局发布了新的系列高新技术出口控制清单，把对中国的卫星出口控制扩大到与卫星有关的先进技术，如卫星成像技术等。[3]同时，制定并随意使用“实体清单”，该黑名单上的任何中国实体都被禁止获得美国高新技术，就是说控制的是最终使用者，而不是产品或技术本身。这一行动具有极大的象征意义，如果说以前美国对华卫星出口控制是防御性的话，则特朗普政府包括卫星在内的高新技术对华出口控制则是明显进攻性的，目的是防止中国获得美国认为可能会用于军事目的的关键技术。出口控制成为美国与中国对抗的一个进攻性工具，它标志着美国开辟了与中国对抗的新战线。

奥巴马和特朗普政府对中国卫星出口的控制何以不断强化并扩大到与卫星相关的高新技术领域？首先，两届美国政府认为，在中美在经济、金融、政治等诸多领域的竞争态势不断加强和扩大的态势下，中国包括卫星在内的高新技术行业的发展壮大是对美国国家利益潜在的严重威胁。奥巴马政府特别关注中国高新技术发展规划，认为2006年的《国家中长期科学和技术发展规划纲要（2006—2020年）》所包含的“基础研究”“前沿技术”“重点领域和重点课题”“重大专项”等都是中国科技攻关的重

1 “Space Council Focuses on Regulatory Reform”, February 21, 2018, https://www.space.commerce.gov/space-council-focuses-on-regulatory-reform/.

2 “Space Policy Directive-2, Streamlining Regulations on Commercial Use of Space”, Presidential Memorandum, May 24, 2018, https://www.whitehouse.gov/presidential-actions/space-policy-directive-2-streamlining-regulations-commercial-use-space/.

3 Bureau of Industry and Security, “Addition of Software Specially Designed to Automate the Analysis of Geospatial Imagery to the Export Control Classification Number 0Y521 Series”, *Federal Register*, vol. 85, no. 3, January 6, 2020, pp. 459–462.

点，每个方面都包含与空间有关的技术，且都与军事有关。为突破技术封锁、消除跨行业技术障碍和提高国际竞争力，中国已经确定雷达、反卫星能力和命令、控制、通信、计算机、情报、生存及侦察能力等作为研究的关键领域和优先主题，并计划提高本国生产高分辨率卫星、载人航天和月球探险的能力。作为这一努力的结果，中国仅在2010年就发射了包括商业卫星在内的15颗卫星，而同年美国只发射了14颗。中国所有的发射都是为了国内计划，包括天基情报、监视、侦察、导航、气象和通信卫星网络。与此同时，中国还制订了一项多层面计划，以提高在危机或冲突期间限制或防止对手使用天基资产的能力。而无论是成像卫星，还是侦察卫星、地球资源卫星和环境监测卫星，都具有明显的军事功能。[1]作为唯一超级大国，美国军事优势相当程度上建立在太空和卫星技术优势的基础上，美国向来担心卫星技术及相关敏感技术转移到中国会极大提高中国导弹和反卫星武器能力，从而使中国拥有破坏、摧毁美国太空资产的能力，同时提高中国非对称作战能力和反介入/区域拒止能力。在奥巴马政府看来，中国军事力量的现代化，特别是与空间有关能力的现代化，有助于提高中国的外交优势或在争端中获得有利于中国的解决方式。[2]这不仅会对美国军事优势构成巨大挑战，而且非常可能损害美国的国家安全利益。

其次，美国认为中国航天系统的设计和集成能力很大程度上依赖国外，特别是通过逆向工程获得美国先进技术。美国政府认为，尽管中国卫星及相关先进技术进步很快，取得了很大成就，但中国卫星行业在设计和系统集成能力方面很大程度上还依赖美国及其西方盟国。中国主要

1 Departments of Defense and State, "Report to Congress, Section 1248 of the National Defense Authorization Act for Fiscal Year 2010", April 18, 2012, Appendix 4.

2 Departments of Defense and State, "Report to Congress, Section 1248 of the National Defense Authorization Act for Fiscal Year 2010", April 18, 2012, Appendix 4.

从欧洲的Spot Image和Infoterra公司、印度的Antrix公司、加拿大的MDA公司、美国的GeoEye和Digital Globe公司获得高分辨率、合成孔径雷达图像等卫星技术。[1]考虑到中国的经济规模和全球化的深入发展，对中国实行全面的经济遏制根本不可能。但对中国相关高新技术行业或产业实行有效的出口控制还是可以做到的。因此，美国政府相信，如果美国加强对中国的卫星及相关技术出口控制和再出口控制，并利用美国在国际社会的地位，要求盟国或友好国家加强对中国的出口控制，美国就可能阻止或延缓中国与卫星有关的太空技术的进步。

结　语

冷战后，美国对华政策无论是在接触中防范，还是在防范中接触，抑或是特朗普政府明确把中国作为最主要对手，都明确有警惕或把中国作为威胁的内在成分，“中国威胁论”也应运而生。因而，在发展中美关系和促进中美贸易的时候，美国政府都极力防止或阻止会直接或间接提高或改善中国军事能力的物资或技术出口中国。就卫星而言，美国政府内部诸多部门乃至学术界许多学者，致力于在美国卫星及相关技术对中国出口与中国军事现代化之间建立联系，努力展示中美贸易，尤其是高技术贸易有助于中国崛起，为中国军事现代化做出了巨大贡献。尽管美国政府内部也承认“很难证明中国的双边贸易顺差与中国的军事预算有任何直接联系”[2]，但这并未妨碍美国政府据此调整美国对华卫星及相关技

1 Departments of Defense and State, “Report to Congress, Section 1248 of the National Defense Authorization Act for Fiscal Year 2010”, April 18, 2012, Appendix 4.

2 U.S.-China Economic and Security Review Commission, “The National Security Implications of the Economic Relationship Between the United States and China”, July 2002, p. 175, www.uscc.gov/researchreports/2000_2003/reports/anrp02.htm.

术出口控制政策。就此而言，美国对华卫星出口控制政策并不是建立在客观事实基础之上，而更多或更主要是建立在假设基础上。在当前以至今后相当长的一段时期内，美国把中国视为主要战略对手的战略不会改变，对华出口控制尤其是包括卫星在内的高新技术出口控制政策将不断趋向严厉。

纵观冷战后美国对华卫星出口控制历史，可以看到这样一条清晰的轨迹，即随着美国逐步把中国作为主要战略对手，美国逐步把中国作为出口控制的焦点，在发展一般物项贸易的同时，越来越难以容忍向中国出口卫星及相关技术，以致逐步乃至最后完全禁止向中国出口卫星及相关技术。显然，尽管卫星出口控制改革与美国其他物项的出口控制改革一样，呈现出放松—收紧—再放松的轨迹，但具体到对华卫星出口控制政策，却没有体现同样的轨迹，而是基本呈现为不断加强的趋势。这是美国国内几十年来对中国的认识与看法发生根本性变化的必然结果，也是美历届政府努力平衡经济利益与国家安全/政治利益的结果。

尽管美国政府抛出许多看似合理的“证据”，但实际上，很难证明中国卫星技术及其发展从中美卫星贸易中获得十分明确的具体好处，更难找到中国利用美国出口中国的卫星技术促进中国太空军事能力提高的证据。这从中国与美国和其他外国先进飞机制造商在航空领域的合作可见一斑。西安、成都等地的主要航空生产商都曾与外国合作，但国际主要航空生产企业与中国航空公司的合资企业一直没有生产出现代化的军事打击平台，中国的航空航天工业一直无法利用合资企业转让的少量技术，因而，中国的战斗机计划受中外技术合作的影响很小。[1]很难相信在

1 U.S.-China Economic and Security Review Commission, “Hearing on Military Modernization and Cross-Strait Balance: Hearing before the U.S.-China Economic and Security Review Commission, One Hundred Eighth Congress, Second Session”, Ferbuary 6, 2004, pp. 96–103, www.uscc.gov/hearings/2004hearings/transcripts/04_02_06.pdf.

战斗机领域没有向中国转让技术的美国生产商，会在同样敏感甚至更敏感的卫星及相关技术领域中向中国转移有关技术。

客观地说，美国努力平衡经济利益与国家安全/政治利益并无不妥，不仅美国，任何其他国家在发展对外贸易时都会表现出一定程度的合理的国家安全关切。美国确实存在对卫星及其部件的出口实施严格控制的理由，而且，很难找出强有力例子来说明太空产业更符合美国国家经济利益。因此，美国国家安全利益往往压倒商业太空关切。[1]问题是，中国与美国的关系绝非是冷战时期苏美关系的复写，也绝非是简单的敌友关系可以涵盖。美苏经济彼此独立，经济利益完全服从国家安全目标。相反，中国与世界经济紧密融合在一起，形成你中有我、我中有你的局面。以中美经济而论，中美关系可以说是世界上最复杂，也是最紧密的关系。随着中美正常外交关系的建立，两国经济越来越复杂地纠缠在一起，两国贸易从1981年的50亿美元增加到2012年的5360亿美元，中国是美国除加拿大外的最大贸易伙伴。[2]中国一直是美国公司快速增长的出口市场，2000—2011年，美国对中国出口增长542%，相比而言，对世界其他市场出口的增长只有80%。[3]尤其是，中国成为美国高技术产品的一个主要出口市场。2000—2009年，美国高技术产品生产量不断扩大，年均增长13%。[4]2012年，美国对华高技术产品出口达222亿美元，占美国对华出口总额的20.1%。[5]在全球化不断深入发展的时代，这样一种复杂而深度融合的联系，使任何一种简单的禁止或阻止高新技术转移的政策很难不

1 Eligar Sadeh, "Export Controls of Space Technologies", *Astropolitics*, vol. 6, no. 2, 2008, p. 105.

2 Wayner Morrison, "U.S.-China Trade Issues", CRS Report for Congress, RL33536, 2013, p. 2.

3 Charles Freeman, "The Commercial and Economic and Economic Relationship", in David Shambaugh ed, *Tangled Titan: The United States and China*, Rowman & Littlefield Publishers, 2013, p. 181.

4 Hugo Meijer, *Trade with the Enemy: The Making of US Export Control Policy toward the People's Republic of China*, Oxford University Press, 2016, p. 2.

5 Wayner Morrison, "U.S.-China Trade Issues", CRS Report for Congress, RL33536, 2013, p. 9.

伤及双方合理的商业利益，也很难真正维护各国追求的安全/政治利益。两败俱伤不符合中美双方的经济利益，更不符合双方的政治/安全利益。

利益的多重性和矛盾的冲突性同时存在是冷战后中美关系最主要的特点。这使得中美经济有着深度联系却根本未能消解双方军事和安全上的彼此忧虑。就中美卫星贸易而言，即使在中美卫星合作最顺利的时候，美国国内对中国安全上的关切也存在；同样，即使美国国内出于安全考虑而极力限制中美经济交往时，美国国内主张发展两国卫星贸易的声音或力量仍是不小的。实际上，这样一种关系不仅存在于中美关系中，也存在于美国与其他主要国家的关系中，同样也存在于中国与其他主要国家的关系中。因此，如果以存在安全关切为由而实行经济上的限制或控制甚至脱钩，并非明智之举，根本不是解决问题的有效方法。

随着中国国家实力的不断增强，美国继续像几十年以前那样对待中国肯定行不通。中国国家实力的增强是通过为全世界都认可尤其为美国所主导的自由贸易这一和平发展方式积累起来的。为维护自己的经济和技术优势，美国严格控制或禁止高技术物项出口中国自然有其合理考虑，但把贸易问题政治化或安全化不仅极大地损害了美国实际的经济利益，也损害了美国过去几十年所塑造的自由国际主义秩序维护者的形象，这相当于美国自我否定；同时，也会发出一种美国不会接受任何可能与其竞争的国家的力量增强的信号，即使是通过和平发展增强的也不行。这无疑会促进国际关系军事化的倾向。

把贸易与政治和安全联系起来，对中国严厉的出口控制政策更多的是损害了美国自己的利益。由于美国的盟国并没有与美国实行同样的对华出口控制，因而，中国在获得高技术方面并没有面临多大障碍，但美国公司却失去了中国这样一个关键市场。这既不符合美国的商业利益，也不符合美国的战略利益。从冷战后美国对华卫星出口控制结果看，尽管美国对中国的卫星出口控制确实在一段时间内对我国卫星事业的发展产生了消极影响，但并未能阻止中国卫星事业的发展和进步。不仅未能阻止，相反，它刺激中国决心发展自己的卫星事业，结果，中国不仅提高和改进了卫星发射能力，而且独立开发了全球卫星导航能力。可以说，在相当程度上，美国对中国的歧视性卫星出口控制几乎产生了完全相反的结果。就此而言，美国新的卫星出口控制政策根本无法影响中国的卫星事业发展，更无法影响中国的政治发展道路。

美国对中国卫星出口控制表明，只有建立和发展完全自主的知识产权，中国的产业以及经济和社会发展才能不受制于人，否则，我们将面临重大的风险和挑战，在美国把我国作为最主要战略威胁的今天乃至未来，尤其如此。

结语：美国出口控制的特点与未来趋势

一、冷战后美国出口控制的特点

冷战后，美国出口控制表现出以下特点：

第一，出口控制适用制度上的歧视性。主要表现为美国和西方盟国中主要武器出口国在武器和相关技术出口上的例外论。冷战后，美国和西方盟国可以向它们选定的国家或地区出口武器、技术和相关服务。据美国国务院的报告，1997年，世界武器进口国的前15个国家全部是美国的西方盟国，1993—1999年，世界武器进口国的前15个国家同样全部是美国的西方盟国。从武器出口的比例看，1999年，发达国家武器出口占当年世界武器出口总额的96.2%，其中美国占当年世界武器出口总额的64%，西欧占22.5%，而发展中国家的武器出口占世界武器出口总额的比例从1989年的8%下降到4%。

冷战后，美国执行出口控制法律、法规也表现出明显的差别性，即对所谓的民主国家或友好国家违反国际防扩散出口控制制度的不仅不制裁，反而是鼓励和纵容，而对所谓“流氓国家”或潜在对手则实行严厉制裁。如，美国认为印度和巴基斯坦是民主国家，都不是美国的“敌对国家，美国与印度或巴基斯坦发生军事冲突的前景是很小的”[1]。而且，“今天，我们开始把印度看作是世界上一个力量日益增长的国家，而且与我们有共同的战略利益”[2]。因此，在印度进行核试验后，一向坚决反对核扩散的美国不仅没有对印度实施认真的出口控制制裁，只是轻描淡写地说“对印度开发核武器及其导弹计划和经济改革计划，（美国与印度之间）仍然存在不同的看法”，而且小布什总统还亲自出马为印度辩护，说印度是一个“负责任”的国家，因而小布什总统很快就解除了对印度有名无实的制裁。尤为严重的是，2007年，美国与印度达成核合作协议，还在2008年9月6日迫使核供应国集团放弃长期以来对印度实施的核贸易制裁。[3]奥巴马政府继续实行这一政策，他支持美印民用核合作，同意免除印度履行《不扩散核武器条约》的义务，以培育更加稳固的印美战略伙伴关系。[4]据此，美国可向印度出口本来应该禁止向其出口的某些物项和技术。当美国政府在核能问题上对伊朗和印度采取截然不同的政策而遭到强烈质疑时，时任美国驻联合国代表约翰·R. 博尔顿辩解说，印度和巴基斯坦是通过合法途径获得核武器的，而伊朗则试图通过非法途径制造核武器。就是说，通过合法途径是可以开发核武器等WMD的，而通过非法途径是不允许开发核武器的。结果，到1998年底，据估计，巴基斯坦拥有足够制造10—20颗原子弹的浓缩铀，而印度则拥有可制造300枚原子弹的钚。到2013年9月，印度成功进行能把北京和大部分欧洲地区纳入打击范围的能携带核弹头的导弹试验。这明显超过最低威慑要求。美

---

1 DNSA, WM00532.

2 The White House, “The National Security Strategy of the United States of America”, September 2002, p. 27.

3 Wade Boese, “NSG, Congress Approve Nuclear Trade with India”, *Arms Control Today*, vol. 38, no. 8, 2008, http://www.armscontrol.org/act/2008_10/NSGapprove.

4 Stephen I. Schwartz, “Barack Obama and John McCain on Nuclear Security Issues, Feature Story”, CNS Feature Story, September 25, 2008.

国对以色列开发核武器也没有采取严厉的出口控制，到2013年，以色列已经拥有80枚核弹头。虽然不能说这是美国不对它们实行严厉出口控制的结果，但美国在出口控制上的选择性做法无疑在一定程度上促成了这一结果。

美国在对友好国家违反防扩散出口控制机制的行为熟视无睹甚至纵容鼓励的同时，对所谓“流氓国家”或潜在对手实行严厉出口控制。冷战后，美国反对甚至阻止别国，尤其是潜在对手的合法武器和技术出口，一旦发现或怀疑这些国家出口为美国所关切的物资，就利用特殊地位进行制裁。如，1993年，美国以中国向巴基斯坦出口导弹为由，对中国实施电子、航空和航天技术的出口控制。2001年，美国又以中国有关机构向巴基斯坦出口2000年11月达成的美中不扩散协议的物资为借口，禁止在两年内向中国出口任何列入导弹及其技术控制机制附件中的任何物资，并对中国一家公司和中国政府的某些活动实施制裁。

第二，出口控制对象的有选择性。美国的西方盟国和友好国家可自由获得美国或其他国家的敏感物项或技术，但美国定义的“流氓国家”和潜在的敌对国家则不允许获得美国或其他国家的敏感物项或技术。防扩散是美国冷战的重要战略目标，但美国出于战略考虑，不仅不防止美国对盟国的扩散行为，相反，为加快向盟国出口武器和技术，美国提出《防务贸易安全倡议》，加强与主要盟友在防务工业上的合作，规定不需要出口许可证就可向盟国出口。但是，美国对被认为是敌对国家的扩散行为进行严厉的制裁和打击。中国是其出口控制的重点。1999年的《国防授权法》规定，任何受导弹及其技术控制机制控制的物项向中国出口，必须获得总统的批准，确定不会对美国空间发射工业造成危害，而且不会使中国的导弹或空间发射能力获得重大改善。2005年的《国防授权法》再次要求关键军事技术清单中的所有物项的出口都需要出口许可证。美国不仅自己不向中国出口有关物项，还迫使其他国家不得放松对中国的出口控制。当欧盟决定放松对中国的武器禁运时，小布什政府威胁说，欧盟的行为将危害美欧之间的技术分享计划，例如，联合打击战斗机计划。美国的压力也是以色列取消中以军事技术合作的原因。

第三，美国出口控制具有明显的治外法权特征，即美国政府强迫其他国家遵守美国出口控制规定。

1979年的《出口管理法》规定，美国政府有权对源自美国的产品和零部件的出口实施再出口控制，接受美国商品的国家在再出口这些物资之前，必须获得美国政府的同意。这样，美国把控制扩大到美国的国外附属公司和外国公司。对于不遵守美国规定的国家和公司，美国将进行制裁。同时，不遵守美国规定的公司还会被列入黑名单，美国会禁止向黑名单上的公司出口。冷战后，这一规定继续发挥作用。这种再出口控制是典型的治外法权，在冷战时期和冷战后都遭到有关国家的强烈反对。

二、冷战后美国出口控制改革的影响

虽然学者们对冷战时期美国出口控制对实现美国战略目标是否有直接的作用或影响存在许多争论，但毫无疑问，冷战后，美国出口控制政策的改革与调整不仅对美国，而且对世界都将产生重大影响。

第一，有利于保持美国对潜在敌人或对手的科技和军事优势。出口控制作为美国实现国家安全和对外政策目标的重要工具，一般是防止真正的或潜在的敌人得到稀缺资源，不让它（它们）获得会极大提高其军事潜力的美国和西方的物资和技术[1]，以保持它们与美国在军事和科技上的差距。第二次科技革命以来，尤其是第二次世界大战以来，美国的科技在世界上遥遥领先，这种技术上的优势是冷战时期美国对苏联集团进

1 John Heinz, *U.S. Strategic Trade: An Export Control System for the 1990s*, Westview Press, 1991, p. 3.

行遏制和出口控制的重要的物质基础，也是以美国为首的西方国家获得冷战胜利的重要原因之一。

冷战后，全球化浪潮以不可阻遏之势迅猛扩展，新发明、创造呈爆炸式增长，技术升级换代的周期越来越短，技术扩散尤其是与武器有关的技术扩散日益加剧。美国也不再拥有以前的技术优势地位，在一些关键技术如航空制造业、加密技术软件和高性能计算机方面，美国已经失去或正在失去市场垄断地位。越来越多的公司加入到了战略物资的生产和贸易中。在这种情况下，美国对出口控制制度进行的一系列调整和改革，就可能最大限度地加强对高新技术、物资的出口控制，保持美国的军事、科技优势，确保美国冷战后一超独霸的地位；同时也促进了美国一般物资的出口，从而为经济发展增添动力。

出口控制改革有利于维持美国的军事和技术优势，这是从两个方面实现的。一是通过出口控制使对手或潜在敌人花更长的时间才获得能与美国军事技术匹敌的物资或技术。如助理国务卿约翰·希伦在2005年11月举行的第18届全球贸易控制会议上说，绝对必要的是不使美国及其盟国分享的技术落入那些将用这些技术对付美国或美国盟国或朋友的人的手里，出口控制是美国阻止敌人获得用来反对美国的武器的第一条防卫线。[1]二是通过调整出口控制政策，允许美国科研机构与世界其他国家合作，促进美国科技的发展，从而继续保持其在基础研究和应用研究中的世界领先地位。如第19号国家安全总统指令的重要目标之一就是通过调整技术转移政策以推动美国学术界、美国政府、私人企业和其他有关组织的基础研究的发展。[2]这也是美国大学联合会不断要求美国政府进行出口控制改革的最重要原因。

---

1 http://www.fas.org/asmp/campaigns/control/Hillen09nov05.htm.

2 U.S. Department of State, The Defense Trade Advisory Group Minutes of the December 17, 2003, Plenary Session, Harry S. Truman Building, Washington, DC.

第二，强化美国在国际多边出口控制机制中的地位。

美国在国际多边出口控制体制中向来具有举足轻重的地位，改革将进一步加强这种地位。首先，美国通过放松对盟国的出口控制，促使盟国建立与美国类似的出口控制制度而加强美国对盟国的影响。美国放松对盟国的出口控制不是没有条件的，其条件就是要求并鼓励其他国家在出口控制方面采取美国的标准和实行与美国一样或类似的法律。

美国出口控制比盟国严，它一直希望盟国采取它的标准，由于各国具体利益有所不同，盟国采取与美国一样严格的出口控制制度存在相当的困难。从前面美国改革的措施看，美国要求盟国采取与它一样严格的出口控制制度有三种方式：其一是说服。美国一直试图使西方其他国家相信，在加强出口控制尤其是武器出口控制方面，它们有共同的利益，出口控制会加强共同安全。美国负责政治和军事事务的副国务卿布卢姆菲尔德在2003年12月的讲话中就说，美国出口控制改革的目的之一是“促进美国和盟国应对我们共同安全挑战的能力，尤其是减少那些出现内部冲突或有可能成为失败国家的国家的武器数量，这是恐怖主义、有组织的犯罪和武器扩散的根源”[1]。其二是以向盟国提供先进技术或产品为条件，压迫盟国同意美国的出口控制标准。这是由盟国在军事技术和先进武器上对美国存在相当的依赖性决定的。如《防务贸易安全倡议》规定：其实施对象是与美国签订了双边协议，采取并展示了能与美国的出口控制制度相提并论的出口控制体系的盟国。这样，加强出口控制的过程实际上在相当程度上是盟国接受美国要求而采取严格的、与美国类似的出口控制制度的过程。其三是在美国获得世界最大军火利润的情况下，以保证其他西方主要军火大国也获得

1 U.S. Department of State, The Defense Trade Advisory Group Minutes of the December 17, 2003, Plenary Session, Harry S. Truman Building, Washington, DC.

相应的好处为条件，换取它们同意采用美国的出口控制标准。美国和其他西方国家实际上一直是世界上最大的武器扩散者。最近几年，西方在全世界的武器销售占全世界总额的比例超过70%，欧盟是1999年“世界第二大武器出口地区，占整个世界武器出口总额的23%”。至于美国，根据美国国务院的年度报告，“美国在1999年的武器出口占全世界武器出口的64%（330亿美元）。这是一个新纪录……比1989年增加52%”。2005财年，美国防务服务出口为280亿美元，全部防务物资出口为2950亿美元。[1]很明显，美国出口控制政策的改革和调整根本没有涉及美国和西方其他主要武器出口国家如何减少武器出口。这样，瓜分武器市场上的利益，就成为美国成功要求西方其他主要国家支持其出口控制标准的手段之一。

其次，美国以其他国家接受美国的出口控制条件和不扩散为前提才向其出口，从而加强了美国在出口控制领域对其他国家的影响。如对中国、俄罗斯和印度等国的出口，美国都要求遵守最终使用或最终使用者协议，并要求允许美国派驻有关人员进行现场检查和监督。

显然，美国的出口控制改革和调整实际上是力图实现世界各国出口控制政策的美国化，美国国务院自2000年底以来实际上一直在考虑如何建立一个（关于出口控制的）国际行动准则。[2]因此，出口控制改革后，美国在出口控制领域里的影响大大加强了。正是在这种前提下，美国总是能以维护和平和力量平衡等为理由向任何它选定的国家或地区出口军火，可以说，美国在实现世界各国出口控制政策美国化的过程中不仅收获了战略上的好处，也实实在在地得到了经济上的利益。

1 US Department of State, Bureau of Verification and Compliance, *World Military Expenditures and Arms Transfers 1999–2000*, U.S. Government Printing Office, 2003.

2 Ian Davis, Roy Isbister, “EU and Cooperation on Arms Export Controls in a Post 9/11 World: Report of a Roundtable Hosted by BASIC and Safer World”, January 23, 2003, p. 3.

第三，强化以美国为首的西方政治、军事联盟在世界事务中的影响力。

美国加强与盟国的合作有两根支柱，一是政治、外交和军事手段；另一个支柱是通过调整、改革出口控制实现防务贸易和技术共享。因此，美国改革出口控制的过程，在一定意义上就是在政治上找到可以接受的方式来鼓励与可信任的盟国进行防务合作的过程，是加强以美国为首的军事、政治联盟的过程。

美国主要是通过把国家战略很好地融入出口控制改革过程中来实现这一目标的。如布什总统2003年5月提出的《扩散安全倡议》是布什政府“在防止大规模杀伤性武器扩散方面最重要的措施”，最初有11个国家加入，到2005年则超过70个国家支持《扩散安全倡议》。国际社会相信《扩散安全倡议》是让具有相似目的的国家承担反扩散政治义务一个成功方法。

美国明确表示要通过出口控制改革来加强或重组战略联盟。2006年4月，国务院负责政治军事事务的助理国务卿希伦说，政治和军事事务司已经向国务卿提交了10个具有战略意义的提议，其中两个是关于防务贸易出口控制改革的，另一个要求增强美国与盟国在防务上的合作，并将以此为基础加强有63个国家参加的“意愿联盟”建设。美国在阻止欧洲和以色列解除对中国的武器禁运上的成功充分表明，通过出口控制改革加强以美国为首的西方联盟和建立新联盟的努力已产生相当程度的效果。

第四，使美国更好地应对恐怖主义的威胁和从事反恐战争，同时也会加剧武器和技术扩散，导致某些地区或国家的局势动荡与不稳，造成美国的安全困境。

美国进行出口控制改革和调整加强了美国在国际多边出口控制体系中的地位，这有利于美国应对恐怖主义的威胁和从事反恐战争，据美国国务院统计，仅《扩散安全倡议》从2004到2005年就阻止了11起与大规模杀伤性武器有关的转移，2005—2006年则至少阻止了24起这样的转移。[1]但这种改革和调整所造成的某些地区或国家的动荡和带给美国的安全困境也不可小视。

尽管美国有世界上最严格的出口控制制度，但冷战后尤其是“9・11”后，美国的出口控制改革还是不可避免地加剧了武器和技术扩散，从而导致某些地区或国家的局势动荡与不稳和美国的安全困境。如前所述，恐怖袭击后不久，美国放松了对印、巴和中亚等国家的出口控制，向它们出口大量军事装备、各种军用物资和军事援助。这些援助对于反恐的作用是不容置疑的，但也使世界更加动荡。世界政策研究院的研究报告表明，当今世界50多起地区冲突中，其中40多起冲突的重要武器供应国是美国，“在墨西哥、哥伦比亚、巴尔干、斯里兰卡、印尼、菲律宾、苏丹和非洲地区的冲突中，美国武器起着支配性作用”。“9・11”后，美国向18—25个发生冲突的国家出口武器，如国内存在严重冲突的尼泊尔“9・11”后获得的美国武器是过去的10倍。这类武器销售在增加人权灾难方面远远超过了“基地”组织的袭击。[2]另外，对高加索地区的出口加剧了当地的混乱，向巴基斯坦、印度出口武器和技术，加剧了南亚的紧张局势和该地区的军备竞赛。

美国的出口控制改革也加剧了美国的安全困境。美国在向盟国或友好国家或反恐前线国家转让武器或技术时，虽然采取了诸多措施保证武器和技术不被再出口或再转移到支持恐怖主义的国家、组织或个人手里，但随着经济全球化的推进，防务工业等跨国公司的重组、合并，一体化的发展，技术尤其是与武器有关的技术扩散日益加剧，能够生产战略物资和两用物资的国家不再限于少数，尤其是某些所谓的“无赖国家”也

1 Sharon Squassoni, “Proliferation Security Initiative (PSI)”, CRS Report for Congress, Order Code RS21881, Updated September 14, 2006.

2 Bradford Plumer, “Arms Dealers to the World”, *The American Prospect*, January 7, 2007.

掌握了这些技术和能力，可能对美国造成威胁。这与美国的防止武器和技术扩散的目标背道而驰，势必造成美国的安全困境。如2005年12月23日荷兰人弗朗斯·范·安拉特被逮捕并被判处15年监禁。因为他从美国公司弄了1000吨制造芥子气的化学物资出口到萨达姆统治时期的伊拉克。萨达姆后来正是用这些化学物资制造的武器杀死了许多人。[1]又如，一家加拿大公司曾在90年代末期把美国产的先进武装直升机和装甲车通过欧洲向伊朗出口。[2]这不仅会导致某些地区或国家的局势动荡，而且对美国本身也构成很大危害。美国政府意识到了武器出口的“飞去来器”作用，因为没有什么武器比M-16在海外射杀了更多的美国人。更重要的是，美国进一步扩大向盟国转移先进武器和技术的规模，如第19号国家安全总统指令明确表示，要增加盟国产业界的参与或接近参与美国技术生产的能力，提高盟国的军事效力，“增加能有效地与我们共同战斗的盟国和朋友与我们协同的能力”。这势必引起有关国家的疑虑，从而引发军备竞赛，加剧美国安全困境。

第五，可能进一步扩大美国外贸逆差，加剧与有关国家的外贸争端。

出口控制改革的目标就是不让敌人或潜在敌对国家获得高新技术和物资，从而有助于美国国家安全和实现对外政策目标。但这势必减少美国的出口，增加美国贸易逆差，加剧与有关贸易伙伴国的贸易争端。

最近几十年来，美国外贸一直是逆差，但美国是世界最大的高技术及其相关物资的供应者，因此，美国在高技术产品的生产与出口上向来有很大优势，多年来美国在此类产品的出口上一直拥有较大顺差。根据美国航空航天工业协会的报道，1998年美国航空航天产品外贸顺差高达

1 Peter A. Quinter, “Post 9/11 Increased Export Controls by U.S. Government”, *International Law Quarterly*, vol. 22, no. 1, Summer 2006.

2 Tamar Gabelnick, Rachel Stohl eds, *Challenging Conventional Wisdom: Debunking the Myths and Exposing the Risks of Arms Export Reform*, Federation of American Scientists, 2003, p. 10.

370亿美元（当年美国高技术产品顺差为44亿美元），居外贸盈余行业之首，对缓解美国贸易赤字起了重要作用。虽然如此，进入21世纪后，美国外贸逆差还是越来越大，增长速度惊人，从2002年的4352亿美元增加到2006年的7636亿美元（美国商务部统计数据）。这与2001年以后美国加强出口控制，尤其是加强对高技术产品的出口控制有直接关系。关于高技术及其相关物资的出口，国务院负责不扩散事务的代理助理国务卿范恩·范·迪彭在2002年1月的美中委员会上说，当商业关系涉及受到控制的两用品时，要严格实施出口控制政策和审定每一项许可证的发放，适当地兼顾传统的安全考虑和美国的经济安全。正是出于这种考虑，“9·11”后，美国加强了高技术产品的出口管制，航空产品成为加强控制的重点对象，使得2002年高技术产品出现166亿美元的逆差，2003年这一数额扩大到274亿美元。另外，对一般涉及国家安全的物资的控制也加强了。据统计，在1999—2001年度，防务贸易控制理事会批准的许可证申请占总数的56%，有条件批准的占29%，退回的占13%，拒绝批准的占1%；2002—2004年度（到2004年4月30日），批准的占52%，有条件批准的占34%，退回的占13%，拒绝批准的占1%。很明显，“9·11”后，附加条件才批准的比例增加了。[1]毫无疑问，这些措施在增强美国安全的同时，也会在相当程度上减少美国出口，增加美国贸易逆差，从而引发并加剧美国与有关国家日益增多的外贸争端。

1 GAO, “Defense Trade Arms Export Control System in the Post-9/11 Environment”, GAO-05-234, February 2005, p. 18.

主要参考文献

（1）Bennett, Philip A., "Globalization: U.S. Export Control Policy and Implications for U.S. Military Dominance", *Strategy Research Project*, April 07, 2003.

（2）Bertsch, Gary K. ed, *Controlling East-West Trade and Technology Transfer: Power, Politics, and Policies*, Duke University Press, 1988.

（3）Bertsch, Gary K., Richard T. Cupitt, Takehiko Yamamoto, *U.S. and Japanese Nonproliferation Export Controls: Theory, Description and Analysis*, University Press of American, 1996.

（4）Bertsch, Gary K., and Steven Elliott-Gower eds, *Export Controls in Transition: Perspectives, Problems, and Prospects*, Duke University Press, 1992.

（5）Grimmett, Richard F., "Military Technology and Conventional Weapons Export Controls: The Wassenaar Arrangement", CRS Report for Congress, RS20517, September 29, 2006.

（6）Cupit, Richard T., *Reluctant Champions: U.S. Presidential Policy and Strategic Export Controls*, Routledge, 2000.

（7）Heinz, John, *U.S. Strategic Trade: An Export Control System for the 1990s*, Westview Press, 1991.

（8）Long, William J., *U.S. Export Control Policy: Executive Autonomy vs. Congressional*

Reform, Columbia University Press, 1989.

(9) Mastanduno, Michael, *Economic Containment: CoCom and the Politics of East-West Trade*, Cornell University Press, 1992.

(10) Mastanduno, Michael, "The United States Defiant: Export Controls in the Postwar Era", *Daedalus*, vol. 120, no. 4, Fall 1991.

(11) Parkhe, Arvind, "U.S. National Security Export Controls: Implications for Global Competitiveness of U.S. High-Tech firms", *Strategic Management Journal*, vol. 13, issue 1, 1992.

(12) The Department of State, "End-Use Monitoring of Defense Articles and Defense Services Commercial Exports". (1994–2008)

(13) United States General Accounting Office (GAO), "Export Controls: Change in Export Licensing Jurisdiction for Two Sensitive Dual-Use Items", NSIAD-97-24, January 1997.

(14) U.S. Congress, Office of Technology Assessment, *Export Controls and Nonproliferation Policy, OTA-ISS-596*, U.S. Government Printing Office, May 1994.

(15) U.S. Department of Commerce Bureau of Industry and Security, "Report on Foreign Policy-Based Export Controls". (1993–2010)

(16) U.S. Department of Commerce Bureau of Industry and Security, "Annual Report to the Congress". (1993–2009)

(17) 樊吉社:《美国军控政策的调整与变革：从制度建设到志愿者同盟》,《美国研究》，2006年第4期。

(18) 李彬:《军备控制理论与分析》，国防工业出版社2006年。